徽學研究文存

叶显恩 著

中山大学出版社
·广州·

版权所有　翻印必究

图书在版编目（CIP）数据

徽学研究文存/叶显恩著. —广州：中山大学出版社，2020.7
ISBN 978 - 7 - 306 - 06888 - 0

Ⅰ. ①徽… Ⅱ. ①叶… Ⅲ. ①文化史—徽州地区—文集
Ⅳ. ①K295.42 - 53

中国版本图书馆 CIP 数据核字（2020）第 106346 号

HUIXUE YANJIU WENCUN

| 出 版 人：王天琪
| 责任编辑：潘弘斐
| 封面设计：刘　犇
| 责任校对：赵　冉
| 责任技编：何雅涛
| 出版发行：中山大学出版社
| 电　　话：编辑部 020 - 84111996，84113349，84111997，84110779
|　　　　　发行部 020 - 84111998，84111981，84111160
| 地　　址：广州市新港西路 135 号
| 邮　　编：510275　　　　传　真：020 - 84036565
| 网　　址：http://www.zsup.com.cn　　E-mail: zdcbs@ mail.sysu.edu.cn
| 印 刷 者：广州家联印刷有限公司
| 规　　格：787mm × 1092mm　1/16　24.75 印张　450 千字
| 版次印次：2020 年 7 月第 1 版　2020 年 7 月第 1 次印刷
| 定　　价：84.00 元

如发现本书因印装质量影响阅读，请与出版社发行部联系调换

炽热的学术情怀　执着的学术追求
——叶显恩《徽学研究文存》序

王世华

叶显恩先生是我素所敬仰的史学家,虽年已耄耋,但仍壮心不已、笔耕不辍。近日,他欲将历年来有关徽学研究的文章结集出版,嘱我为序。我虽不文,但前辈不弃,敢不从命。

我和叶先生相识多年,亦师亦友。每次相逢,亲承謦欬,总是获益良多。记得2003年我和李琳琦教授到广州洛溪海龙湾水如轩叶府登门拜访,受到叶先生的热情款待,既招待我们喝功夫茶,又邀请我们吃海鲜,畅叙友情,其乐融融,至今难以忘怀。

叶先生的大名,在徽学界是如雷贯耳的。一谈起叶先生,人们无不油然而生敬意。一个无权无势的外省人,为什么能够享受如此赫赫声望,这绝非偶然。

叶先生从年轻时就具有一种炽热的学术情怀,至老不衰。早在1965年,那时全国可以说是"山雨欲来风满楼",很多学者都不敢做学问了。可就是在这样的情况下,二十出头的叶先生还是一名研究生,竟然只身从广州来到徽州,独立开展徽州土地制度和佃仆制的调查。可以说,叶先生是"文化大革命"前第一位赴徽州实地调查、研究徽州的学者,反映了叶先生的敏锐的学术眼光和学术勇气。可是,这样的调查很快就被迫中断了。1979年,当很多学者刚苏醒,甚至还没缓过神来的时候,叶先生就整顿行装,第二次来到徽州调查研究。皇天不负苦心人。两次调查叶先生收获甚丰,获得了大量第一手资料,他利用搜集到的谱牒、簿册、档案、方志、契约文书、乡邦文献以及口述资料,经过认真的爬梳剔抉,从中发现了一颗颗宝贵的"珍珠",然后又将其巧妙地串成一条精美绝伦的"项链"。1983年,他出版的《明清徽州农村社会与佃仆制》就是两次徽州行的结晶。在这部著作中,叶先生提出了一系列关于佃仆制的新观点：肯定了佃仆制的形成是以租佃关系为前提的，其身份属于农奴，带有宗族农奴的性质；佃仆制与庄田制、劳役地租是互相依存、互相影响的；主人对佃仆的奴役也施行奴隶制的一些原则，但佃仆不同于奴隶；明末地主用于生产的所谓奴仆，绝大部分实是佃仆；佃仆制之所以能以农奴制的残余形态留至新中国成立前，这同徽州封建宗法势力强大、程朱理学的力倡、商业资本的发展是密切相关的。叶先生关于徽州佃仆制的研究，廓清了史学界此前的一些迷雾，解决了一些悬而未决的问题，推动了学术的进步。这部著作可以说是改革开放以后最早出版的、最有分量的徽学研究著作，既决定了他半辈子的学术道路，也奠定了他在徽学研究中的崇高学术地位，甚至可以说他开辟了一个学术研究方向。30 多年来，这部著作已成为无数徽学研究者的必读书之一，许多学者从中获得了营养和启迪。

不仅如此，叶先生对徽州的研究，更是开启了区域文化研究的先河。区域文化是中华文化的组成部分。"要想真正认识中华文化，不仅要理解共同的中华文化核心基因，还必须关注到中华文化的区域差异。换言之，唯有认识到不同区域间的文化差异，中华文化共同的核心基因才能真正被揭示，中华文化也才能真正被认识和理解，区域文化研究也就成了必由之路。"[①] 但在 20 世纪 80 年代，人们对区域文化研究还是比较陌生的，还没有充分认识到区域文化研究的重要价值，叶先生的《明清徽州农村社会与佃仆制》恰恰树立了一个区域文化研究的典范。从此，区域文化研究渐趋火热，如今正呈方兴未艾之势。

发覆徽州佃仆制以后，叶先生怀着炽热的学术热情，又开始研究其他徽州历史问题。他敏锐地觉察到，徽州历史文化是个宝库，值得深入发掘和研究。所以，1984 年他石破天惊地第一次提出"徽州学"的概念，第二年又发表了《徽州学在海外》的文章，介绍国外研究徽学的成果。提出这样的概念，这在当时确实要有相当学术勇气和战略远见的。叶先生的观点得到很多学者的支持和肯定，一些以"徽学（徽州学）"命名的研究机构、学术团体、社团组织纷纷建立，作为一门学科的徽学被越来越多的学者认同。如今，徽学已蔚然成为一门国际显学，徽学研究队伍也堪称一支学术大军。每当回首这段历史，人们不能不佩服叶先生的先见之明，不能不感谢叶先生当

---

① 卜宪群：《中国区域文化研究·发刊词》，见安徽师范大学中国区域文化研究院主办《中国区域文化研究》第一辑（创刊号），社会科学文献出版社 2019 年版。

年的首倡之功。

在提出建立"徽州学"的倡议后,叶先生继续研究了徽州历史上的一系列问题:徽商、徽州刻书和版画、徽州宗族、徽州人才、徽商文化、徽州人物、徽州契约等,都提出了一系列真知灼见。

正是循着这样的学术理路,叶先生对徽州文化有了新的认识。他很早就指出,徽州文化既是地域文化,又是中华正统文化传承的典型。它集中地、典型地体现了中华传统文化的精华。中华传统文化,本源于中原地区。但明清时期,文化中心已经移往东南一带。在一般人的心目中,多以苏州、杭州为其中心地。但考究起来,中华正统文化的传承与创新,最具代表性的当属徽州。徽州文化虽然糅合了一些地方性的因素,但其保留正统文化的原典最多,发展光大的成分亦众,成为中华优秀文化传承的典型。这是给徽州文化明确定性定位,充分肯定了徽州文化的价值。今天,徽州文化研究得越来越深入,无疑证明了叶先生的论断是正确的。再如,他在对徽州历史的总体把握下,认为徽州文化之所以灿烂辉煌、博大精深,是因为徽州人成功地抓住了两次历史机遇,从而赢得了巨大的成功:宋代以尚文重教来回应首次出现的机遇,通过科举仕宦而进入统治集团,赢得"名臣辈出"的徽州,这是历史性第一回合的成功;明中叶,以发展商业为主,超越常规地增殖财富的战略抉择,来回应与中国社会经济开始转型时代俱来的机遇,赢得占据商界鳌头的历史性第二回合的成功。这确是高屋建瓴,空谷足音,促人深思。

对于徽商的研究,叶先生可谓情有独钟。早在《明清徽州农村社会与佃仆制》一书中,叶先生就辟专章论述了"徽州商业资本"。关于商业资本的来源,他在藤井宏教授归纳的七种类型的基础上,又提出依附农民的山租和劳役地租也是徽商商业资本的一个重要来源,并以文献和文书以及实地调查做了雄辩的论证。他还首次提出佃仆在徽商经营活动中的应用,而这一点却被人们所忽略。除此之外,该章还第一次论述了徽州商人的缙绅化、徽州商人商业利润的封建化以及徽商的衰落与历史作用。

此后,叶先生又研究了徽商的一系列问题,他的国际眼光和宽广视野也在这些问题上得以充分显现。他联系当时的国际大背景,大胆为汪直正名。他认为16世纪(明中叶)是发现新大陆、开通东方航线、肇始世界一体化的海洋商业殖民的时代,是建立殖民地和商业系统最活跃的时代,是西方重商主义盛行、海洋贸易发生历史性变化的时代。西方海商冒险东来中国沿海寻找商机,并建立殖民地,由此出现了东西半球海商直接交遇的新局面。东亚海域的贸易网络,既联结太平洋彼岸的南美洲,又重新伸展到永乐之后中断往来的印度洋，并扩及大西洋，初步形成横跨亚、非、欧、美四大洲的世界性海洋贸易圈。就亚洲内部而言，16世纪中叶的日本，正是盛产金银之时，有50多座金矿、30多座银矿开采。当时的中国，争用银而不用"大明宝钞"。由于中国缺银，除西班牙人从美洲的秘鲁和墨西哥运来白银外，日本所产的白银也源源不断地输入中国。由此，日本在东亚海域的贸易也日益活跃起来。与此同时，中国境内商品经济趋向繁荣，商机愈益增多，以商业增殖财富的途径日益广阔。在杭州湾附近的舟山群岛的双屿港成为当时国际贸易市场。中国传统社会经济开始发生转型，即商品经济空前发展，而且从高价奢侈商品向民生日用百货商品转化；民间海上商人兴起，打破了势家豪绅垄断海上贸易的局面，为长途贸易提供了宽阔的活动平台。以汪直为代表的徽州商人正是在这一背景下加入向海洋挑战的行列，掀起了海洋贸易的第一波。汪直仿效西方海商的做法，制造大舰，并武装起来，称雄于东亚海域，曾在日本建立商业殖民地。这一具有时代意义的重大事件，未被视为加入世界商战的举动，反而被史家称为惊动朝野的"嘉靖倭难"。汪直虽被当做"倭寇"而为明王朝镇压，最终被剿灭，但表现了中国一代海商的胆略与气度。叶先生认为，汪直海商集团的失败，从某种意义上说，是传统农耕经济战胜新型商业经济的表现。正是本着这样的认识，叶先生提出徽商是海洋文化的代表。叶先生不仅在论文中详细论证了这一系列观点，而且多次在不同的场合和会议上强调这些，说明他是经过深思熟虑而又充满学术自信的。学术研究最忌讳人云亦云，最需要力破陈说，创新观点，这样才能推动学术进步。叶先生在这方面为我们树立了学习榜样。关于"嘉靖倭难"和汪直的评价，尽管学术界还有不同的争论，但叶先生这一系列的观点，无疑对学界是有重要启发意义的。

难能可贵的是，叶先生这种炽热的学术热情和不懈的学术追求，并没有到此止步。本世纪初，叶先生敏锐觉察到海洋的重要性，就开始转向海洋文化的研究。此时他已年过花甲，精力虽不如前，但学术思想更加成熟，治学方法更加老道，凭借多年的积累和思考，很快在海洋文化史研究方面又推出了一系列重要成果，并产生了广泛的影响。

叶先生不仅治学严谨，而且为人谦和，平易近人，从没有一点大学者的架子，与他交谈，如沐春风。本书中收有他为许多人的著作所写的序，这些人中有一些是名不见经传的草根学人。只要对一些问题有自己的研究、自己的见解，言之成理，持之有故的，他都称他们为"博雅之士"，很乐于为他们的著作写序。这体现了一位史学家的博大胸怀和对普通学人的支持、期许和提携。他每次来到徽州,无论走到哪里,都受到政府官员和"博雅之士"的接待和欢迎,良有以也。

值此叶先生《徽学研究文存》即将面世之际,写下以上一些感想。我们衷心祝愿叶先生亲手培育浇灌的学术之树常青。"老树春深更著花"。叶先生的学术之树永远指引、激励莘莘学子在学术道路上不断前行。

2019 年 9 月 5 日

(作序者为安徽师范大学教授、原副校长,安徽省徽学研究会会长)

目　录

徽州文化的定位及其发展大势
　　——《徽州文化全书》总序 / 1
徽州文化的定位与走势
　　——应《中国徽学》创刊号之约作 / 10
徽学一些问题的管见（代序）
　　——《徽商》杂志特别专访稿 / 18
徽州学在海外 / 26
我与区域社会经济史研究
　　——应《学林春秋》之约而作 / 30
论徽商文化 / 43
儒家传统文化与徽州商人 / 55
明中叶中国海上贸易与徽州海商 / 76
徽商的历史性贡献 / 100
徽商的"新四民观"及其诚信贾道 / 107
徽商的辉煌业绩源自高文化素质与创新精神 / 121
长三角地利与长途贸易：徽商超常增殖资本的两大要素 / 127
徽商的衰落及其历史作用 / 132
试论徽州商人资本的形成与发展 / 142
徽商利润的封建化与资本主义萌芽 / 163
徽商称雄三百年
　　——中国地域文化之徽风皖韵：徽文化出版精品展销月启动仪式上的演讲稿 / 184

徽州和珠江三角洲宗法制比较研究 / 200
明清时期徽州的刻书和版画 / 215
徽州人才杰出繁盛探秘 / 228
《古徽州之清官廉吏》引言 / 239
明清徽州佃仆制试探 / 244
关于徽州的佃仆制 / 279
从祁门善和里程氏家乘谱牒所见的徽州佃仆制度 / 300
新时代与徽学研究刍议
　　——2019年6月18日在"首届徽学大会"上的主旨报告 / 311
关于徽学学科构建的几点思考 / 313
站在时代的制高点，共推徽学研究 / 319
在徽学成长发展中做出了历史性贡献
　　——杭州徽学研究会成立30周年庆典感言 / 323
明山秀水与人类智慧的完美结合
　　——《名人故里绩溪》丛书总序 / 326
学术使命感与全情投入
　　——王振忠著《徽州社会文化史探微》序 / 330
科学技术影响的隽永魅力
　　——汪明裕主编《徽州千年人物》序 / 333
史学的探幽索微与投入现实情怀
　　——《徽州文化研究》序 / 337
有待深入开发的学术富矿
　　——《中国徽州文书》序 / 339
徽商与徽州的文化底蕴
　　——汪明裕主编《古代商人》序 / 345
徽学研究的一座丰碑
　　——评介《徽州文化全书》/ 349
站在时代的制高点，共推徽学研究
　　——《徽州学概论》序 / 353
《徽州文献书目综录》序 / 359

目 录

潘志义先生《金瓶梅研究论文集》序 / 361

《黄山市徽州文化研究院研究员文集丛书》序 / 365

《陈平民文集》序 / 368

以才艺传世，亦不枉此生
　　——《胡云文集》序 / 371

胡成业编著《绩溪牛片羽》序 / 373

洪振秋《徽州掌故》序 / 375

吴宪鸿《故园风》小说集序 / 377

周维平著《胡雪岩与胡适家世家乡》序 / 379

后记 / 382

徽州文化的定位及其发展大势
——《徽州文化全书》总序*

20世纪80年代中期，徽学勃然兴起。诚如学术界先贤王国维所说："古来新学问起，大都由于新发现"。徽学的勃兴，显然是以新资料的大量发现为直接导因的。20多万件反映徽州民间实态的文书契约的陆续发现，乃学术界空前的盛事。其内容广泛，包含契约字据、公文案牍、书信手札、乡规民约、鱼鳞图册、宗教科仪、财务账本、手书稿，等等。有的可"归户"①，跨年代长。这些原始的文字资料，由于具有原始性、唯一性和文物性的品格而弥足珍贵，堪称为20世纪继甲骨文、汉晋简牍、敦煌文书、明清大内档案之后的第五大发现。加之有3000种徽州典籍文献和1000余种族谱（中国国家图书馆所藏善本族谱400余部，其中徽州族谱占一半以上）传世，可供与文书契约互相参证。又加之遗存的地面文物极其丰富，据调查统计有5000余处，文物有20多万件，内有明清的住宅、庙宇、祠堂、碑坊，以及惊动世人的花山谜窟等，黄山和古村落宏村、西递，被联合国列入"世界文化遗产"。徽州可谓是明清文物之乡、文物之海，堪称文物"聚宝盆"、文物"博物馆"。丰富的文物，可以帮助解读，或印证文献典籍和文书契约的记载。对如此丰富的文书契约、文献典籍和地面文物的开发和利用，才刚刚开始。它为田野考察，为专题、专科的研究，乃至跨学科的综合研究，提供了广阔的天地和优越的条件。徽州吸引着国内外莘莘学人络绎不绝地前来考察，并加入徽学研究的行列。徽学在短暂的近20年间，从默默寡闻而勃然兴起，今已蔚然成大观，耸立于学界之林，成为一门令人注目的显学。

为了推进徽学的研究，"徽州文化全书"课题被确定为全国社会科学1999年度重点项目。这是一项巨大的文化建设工程。《徽州文化全书》（以下简称《全书》）从历史文化学的角度，宽视野、多层次地研究徽州的文化

---

* 拙稿先后承范金民、周晓光、韦庆远、郑培凯、王世华、王廷元、李琳琦、李庆新、栾成显、王振忠、卞利、汪炜、唐力行等先生审阅，并提出宝贵意见，谨致谢忱。

① 所谓"归户"，是指分散的、零碎的契约文书，经考证可复归原属的同一户。

现象，并探索各种文化现象的形成、演进情况，以及彼此间的互动关系。《全书》分为徽州土地所有制、徽州宗族制、徽州商人、新安理学、徽州科技、徽州朴学、徽州工艺、徽州建筑、徽州民俗、徽州戏剧、徽州版画、徽州篆刻、徽州刻书、徽州文献、徽州历史档案、徽州教育、徽州村落、徽州方言、徽州历史人物、新安画派、新安医学和徽菜等20卷，由国内40多位徽学学者分别撰写。《全书》不设总主编，文责由各卷作者自负。各卷都具有相对的独立性，并允许不同的观点并存。参加撰写的各位同仁，都是对相应的专题素有研究的徽学专家，大都曾有著作问世，饮誉学界。各个分卷凝聚了作者的智慧和研究所得，都有自己的特色和创新的见解。《全书》作为内容如此广泛，几乎囊括徽学方方面面的文化建设工程，应该说，在一定程度上反映了时代的学术特点，代表了时代的学术成果。

经过6年的努力，《全书》20卷均已完稿，由安徽人民出版社出版发行。这是中国学术界值得庆贺的一件大事。我受嘱为《全书》写总序，荣幸之余，在此向各卷的作者祝贺，并趁此略抒管见。

徽州文化既是地域文化，又是中华传统文化传承的典型。它集中地、典型地体现了中华传统文化的精华。

"徽州文化"，指的是原徽州属下歙县、黟县、休宁、祁门、绩溪和婺源六县所出现的既有独特性、又有典型性，并具有学术价值的各种文化现象的总和。它根植于本土"小徽州"，伸展于中华大地，尤其伸展于以江南（苏州、松江、常州、镇江、江宁、杭州、嘉兴、湖州、太仓）和淮扬地区，以及芜湖、安庆、武汉、临清等城市为基地形成的所谓"大徽州"，由大、小"徽州"互动融合形成的博大精深的文化。它包含着物质文化、制度文化和精神文化，为人文学科、社会科学、自然科学等多门学科的研究提供丰富的内容和广阔的天地。

我们之所以说它是地域文化，是因为它具有宗族文化和儒商文化的地域特色。徽州的宗族制度最为严密，其势力也最为强大；明中叶勃兴的徽商，其势力伸展于中华各地，尤以江南地区与运河沿岸的淮扬、临清等地为其商业基地，作为海洋商人的代表而与代表内陆商人的晋商共占商界之鳌头，两者代表着中国地缘经济的两面性、二元化。徽州文化因受宗族与商业氛围的浸染而留下深刻的烙印。时至今日，凡到徽州观光的人，尚可领略这种遗风余韵。诸如那与大自然相协调的古建筑，讲究风水的村落格局，被誉为"古建三绝"的明代祠堂、石坊、宅第等，既传承了中华正统的文化，也隐含着徽商雄厚的经济背景，同时显示集建筑、书画、雕刻于一体的高超的综合艺术；从院落、古井、古街、小桥古道，到室内陈列的古字画、古家具、古器皿，乃至徽刻的书籍、大量的契约文书，都浸透着独特的地域性的儒商文化和宗族文化。

中华传统文化本源于中原地区。但明清时期，文化中心已经移往东南一带。在一般人的心目中多以苏州、杭州为其中心地。但考究起来，中华正统文化的传承与创新，最具代表性的当属徽州。徽州文化虽然糅合了一些地方性的因素，但其保留正统文化的原典最多，发展光大的成分亦众，成为中华优秀文化传承的典型。

以宗族文化而言，徽州宗族制是从中原移植而来，系属正宗传承。古老的宗法制，虽然几经改变其形式和内容，以适应社会变迁的需要，但前后依然有一脉相承的关系。徽州衣冠巨族，在迁移之前，宗法组织严密，皆有系统的谱牒，门第森严。移住徽州后，依然保持原来的宗族组织。他们聚族而居，尊祖敬宗，崇尚孝道，讲究门第，以家世的不凡自诩。他们撰写家法以垂训后代，力图保存和发扬其传统的家风。凡此种种，旨在维护和强固原有的宗法制。从中原移植于徽州的宗族制，成为在这块待开发的荒服地进行竞争的工具。世家大族在靠武力扩张其势力的同时，又以浸透着宗法思想的中原正统文化进行教化。他们终于在越人酋长控制下的徽州地区，取而代之，反客为主。随着时间的流逝，汉人的源源移住，唐代以后，不仅越人的习俗日渐泯灭，山越之称也不见了。尽管历代战乱、兵燹所及，各大族都难逃厄运。尤其在唐末黄巢起义中，中原世家大族遭到毁灭性的打击，士族官僚"丧亡且尽"。谱牒也在战火中烧毁或散佚。唯幸逃战乱而移住徽州地区的世家大族却安然无恙，他们原有的谱牒、祖坟，也自然被保存下来了，并且一直坚持聚族而居。在这块"辟陋一隅，险阻四塞"的土地上，经过长期的土、客争斗和融合，遗留下来的是："聚族成村到处同，尊卑有序见淳风"。宗族组织成为当地社会结构的基础。

宋代以降，程朱理学对其故乡徽州的影响尤其深远。通过程朱理学的熏陶，把宗族伦理提到"天理"的高度。张载提出以宗法制来"管摄天下人心"。程颐则认为加强对家族的管制，治家者"礼法不足而渎慢生"，对族众，要绳之以宗规家法。朱熹也亲订《家礼》等书，制定了一整套宗法伦理的繁文缛节，用以维系与巩固宗族制度。经与理学糅合起来的宗族组织，越发制度化了。"尊祖"必叙谱牒；"敬宗"当建祠堂、修坟墓；"睦族"需有族产以赈济。修族谱、建祠墓和置族产，成为实现尊祖、敬宗和睦族必不可少的举措。根据理学的伦理纲常制定的宗规家法，则作为约束族众，以及佃仆举止的规范。当地各大族都按一家一族来建立村落，形成一村一族的制度。村内严禁他姓人居住，哪怕是女儿、女婿也不得在母家同房居住。具有主仆名分的佃仆一类单寒小户，则在村落的四周栖息，以起拱卫的作用。随着宗族的繁衍，有的支房外迁另建村寨，也仍然保持派系不散。以父系为中心的严格的血缘关系，并与地缘相结合的徽州宗族制，坚持严格的尊卑长幼的等级制度和主仆名分，重坟墓祠堂，恪守尊祖敬宗和恤族，崇尚孝道，坚持"官本位"的价值观，其主要功能在于谋求并维护本宗族的社会地位和特权。因此，以注重教育子弟列入族规家法而必须遵行，并规定以儒家伦理道德加训迪，以期"养正于蒙"，"淑俊秀"。族产丰厚的宗族设立学校，供子弟读书。对那些"器宇不凡，资禀聪慧者"，尤应精心栽培。凡"聪明俊伟而迫于贫者"，由祠堂助以膏火笔札之资，或由徽商资助，务必使其业之能精，学有所成。就族中子弟而言，个人的升迁荣辱，是与王朝的钦赐（即科举仕宦），与家族的盛衰隆替联系在一起的。光宗耀祖是家族伦理观念的核心。在这种不同于个人主义的家族主义社会中，只有求得家族的发展和荣耀，才有可能求得自身的前途。由此可见，一方面家族为子弟读书仕宦设置保障和激励机制；另一方面，子弟又以显亲扬名作为博取功名仕途的道德动力。徽州宗族制尽管也因时代的变迁而有所创新，但总的来说它是保持与正统文化一致的，堪称正统宗法制传承的典型。

徽州乃"程朱阙里"，被视之为"道学渊源"之所在。程朱理学在其家乡的影响尤其深远。朱熹承担改造儒学的重任，重整伦理纲常、道德规范，建构了一个富有思辨色彩、哲理化的理论架构。他所创新的理学，是宋儒对前代儒学的修正和发展，它有别于汉代的天人学、魏晋的玄学和隋唐的佛学。朱熹生前虽受贬谪，但死后其思想却被元明清三代钦定为正统。程朱理学成为中华文化发展的主流。朱熹通过在其家乡授徒讲学，及通过其门生、弟子的代代相传，由他开创的"新安理学"影响愈加深远。继他之后，当地"先儒名贤比肩接踵"，"肩圣贤而躬实践者，指盖不胜屈"（赵吉士《新安理学》）。理学渗透徽州社会、政教、风俗各个方面。异端邪教很少掺入徽州；释道等宗教虽也掺入徽州，但其影响有限。徽州的知识分子，在理学的熏陶下，以"读书穷理""格物致知"为职责，以"明道正谊"为一生追求的理想。徽州被视为"儒风独茂"之区，堪称"东南邹鲁"。明清时期，"以才入仕，以文垂世者"愈来愈多，所谓"一科同郡两元者"，"兄弟九进士，四尚书者，一榜十九进士者"；"连科三殿撰，十里四翰林"等佳话频传。单以歙县为例，居科名之先者，如中状元的有唐皋、金榜、洪莹、洪钧等，立相国之隆者有许国、程国祥等，阐理学之微者有朱升、唐仲实等，大经济之业者有唐文凤、杨宁等，宏政治之才者有唐相、吴湜等，擅文章之誉者有汪道昆、郑桓等，副师武之用者有汪宏宗、王应桢等，因商致富而上交天子者有得乾隆帝欢心的盐商江春、鲍廷博等。这里只略举一二，但已足见人才之盛。徽州共出28位状元（包含寄籍者在内），占全国状元总数的二十四分之一；当过宰相的达17位，也占全国宰相总数的二十四分之一。徽州的精英才俊，有的在其所在的领域享有崇高的地位。例如，朱熹、戴震和胡适就是历史上学术界的巨擘，也是思想史上的三个丰碑。徽州人才之杰出超群于此可见。他们智慧高超，贡献卓著，为中华文化浓墨重彩地写下了遒劲的一笔。

徽州的人才不拘一格，具有广泛性，且繁若群星。其中不乏名臣能吏、富商大贾、学者名儒、文坛才俊、艺苑名流、科技群彦、能工巧匠、隐士名僧、名媛闺秀，等等，有文献可征而为之作传者多达5399人。其专长涉及政治、经济、哲学、经学、文学、艺术、科技、工艺、建筑、医学、雕刻、印刷、绘画、戏剧、饮食等各个领域。出现"人文郁起"的局面。这些宗奉理学的众多精英才俊，各怀经纶，各有专长，各具技艺。他们为世人奉献璀璨的成果，诸如"新安医学"、古建"三绝"（宅第、祠堂、石坊）和"三雕"（木雕、砖雕、石雕）、刻书、版画、文房四宝、篆刻、绘画、盆景、漆器、徽菜，等等，不一而足。科技发明创造有的在国内处于领先地位，甚至有的发明或著作在国外也产生了广泛的影响。徽州如此光辉灿烂、博大精深的文化成就，既有其地方性的特点，又具有超越徽州本身的典型性与普遍性的一面，它集中地、典型地体现了中华传统文化的精华。

自五代以后，"取士不问家世"。这是中国官僚选拔制度的一次大转变。移住徽州的衣冠大族，此时已经不能恃其门第之高崇而取得官职和社会特权。在科举文官制度确立之际，他们以尚文重教来回应与时俱来的第一次挑战。徽州的衣冠大族本是中原的精英，是门阀制度下既得利益的分享者，享有特权和地位。移住徽州后，他们既失去了原先的优势，又为当地贫乏的经济资源所局限。艰难的环境铸就了刻苦耐劳的坚毅性格和奋发进取的精神（胡适先生所说的"徽骆驼"精神源于此）。又由于脱离了原来的文化中心，对自己的文化传承有了危机的反省而形成创造性的转化。徽州终于取得宋代科举的成功，出现"名臣辈出"的局面。这对尔后徽州历史文化发展的走向——其核心为官本位的价值观，产生了十分重大和深远的影响。

应当指出，宋代徽州政治上的成功，源自"尚文重教"和"奋发进取"

这两个文化基因,不断传递,不断延续,造成智慧的不断积累和文化成果的不断扩大。它没有裂变,但又不是一成不变。在传递延续中,它不断地创新,不断地强大,终于在明清时期酝酿出光辉灿烂、博大精深的徽州文化。

明中叶,以发展商业为主,以超越常规地增殖财富的战略抉择来回应与中国社会经济开始转型时代俱来的机遇,赢得占据商界鳌头的历史性第二回合的成功。这是继宋代取得政治上的优势之后,又取得经济上突破的辉煌成果。

16世纪(明中叶)是西方重商主义盛行,海洋贸易发生历史性变化的时代,出现了中西两半球海商直接交遇的新局面,初步形成横跨亚、非、欧、美四大洲的世界性海洋贸易圈。与此同时,中国境内商品经济趋向繁荣,商机愈益增多;以商业增殖财富的途径,日益广阔。中国传统社会经济开始发生转型。社会经济转型,意味着新旧交替,机遇与挑战并存。

徽人从商的历史,见诸文献记载可追溯至东晋。但作为一个以乡族关系为纽带的商帮,其崛起于明中叶,繁盛于嘉靖、万历之际。徽州人沿着故乡四出的河流走向四方。从婺江、阊江入鄱阳湖,可通江西、湖广、闽粤;从徽溪、乳溪顺流而下可到江南,经长江转运河可通往北方各地,尤其顺新安江东下可直奔杭州湾,走向东部沿海,走向海洋。徽州海商集团之所以冒险犯禁,从事海上走私贸易活动,加入了由伊比利亚半岛人发起的世界性向海洋挑战的行列,有新安江通海之便是其中重要原因。嘉靖年间,在杭州湾外舟山群岛双屿、大茅港出现的带有国际性的海贸市场,是由徽州的许栋兄弟、汪直和福建的邓獠(当系僚字的讹写)等纠集葡萄牙、马六甲、日本等国家和地区的海商创建的。汪直仿效西方海商,制造大舰,并武装起来,称雄于东亚海域,进行海上贸易扩张,显示了徽州海商的气度和魄力,掀起了空前的声势浩大的中国海洋贸易的第一波。

从事海洋贸易的海商,是导致传统经济(包括习俗经济、命令经济、道义经济等)向市场经济转换的一种"专业商人"[参见约翰·希克斯:《经济史理论》,商务印书馆1987年版]。徽商善于抓住明中叶海洋贸易带来的机遇,全面参与,并作海陆相结合地建立起商业网络。尤其是在长江中下游和运河沿岸极力推进商业化和城市化,沿着水陆交通线建立商业网络,并在南京、芜湖、安庆、武汉、扬州、苏州、杭州、临清等城市建立商业殖民地。没有大规模的商业,没有海洋贸易,是制造不出商业性的大中城市来的。徽商趁世界海洋殖民贸易高涨时机,开辟了长江中下游和运河沿岸"无徽不成镇"的局面。

汪直等海商集团的走私活动，历史上称之为"嘉靖倭难"。作"倭寇"专题研究者，认为汪直等"倭寇"使江南地区惨遭破坏、摧残；但是，从事江南社会经济史研究的当代学者，却认为正是这个时期江南经济开始加速成长。

目下学术界对汪直等海上走私活动看法的分歧，其源盖出于史实评判（亦即作实证分析）和价值判断（或称规范分析）的不同。对于史实评判，大家都共抱史实求是的共识。问题在于留存下来的关于汪直等海商活动的记载，皆出自持官方观点者的手笔。关于这些历史记载的真实性，尤其需要作实证主义的分析。在作规范分析时，则应当用我们今天的历史知识和当今的价值观作为分析的根据，不仅要评判汪直等海商对当时社会经济的作用，还应分析其对后代以至今人的影响或潜在效应，应当坚持以历史长期的合理性作标准。

徽商善于抓住机遇，善于应变，败而不馁。从汪直海商集团被镇压后的举措，也可以看出来。盐是传统社会由国家控制的专卖商品。因它系日食所需，销量巨大，最能从中获利而积成巨资。晋商是趁明初实行开中制之机从事盐业而发迹的。徽商自然对之垂涎而力求分得其利。早在弘治五年（1492），趁户部尚书叶淇以纳银运司代替中盐纳粟供边，改订盐法的机会，纷纷进入扬州、杭州，夺取自明初起在此霸占盐利的晋商阵地。汪直被镇压之后，徽商更是大举移资盐业，从事盐的贩销。这可谓是徽商战略性的大转移。

徽商单就海上贸易方面而言，是夭折了。但以其总体来说，插足于海洋经济[①]的努力却是成功的。万历以后，他们取得了盐业的优势，其经营的规模和资本额也已达到了传统商业的巅峰。之所以能积聚如此巨大的资本，是由于他们善于把经济资本与人力资本（指贾而好儒的文化素质，丰富的营商经验）、社会资本（指广阔的商业网络，与官府的深相结托）结合起来；尤其善于抓住明中叶海洋贸易带来的机遇，全面参与，并用海陆相结合地建立起商业网络，快速地、非常规地创造与增殖其资本。

徽商的成功有其深远的思想文化渊源。他们在政治伦理上，是以程朱理

---

① 文中所谓"海洋经济"，是指与依赖、利用、开发海洋有关的经济活动。它包含对海岸带的利用、开发（近海捕捞、养殖，在涂滩的垦殖、制盐等）和海上贸易活动，以及以海贸为导向的商品生产和商业贸易，乃至于海外殖民等经济活动。近代以前，它是一种耕田和耕海相结合，耕田服务于耕海的一种经济模式。

学为依归的,坚持"官本位"的价值观。通过科举仕宦,不断增强宋代奠基的在政治舞台上的地位,从而为徽商提供了强有力的政治靠山。而在经济伦理上,则以王学的说教为本。王学提出"四民异业而同道""百姓日用即道",企图打破传统的"荣宦游而耻工贾"的价值观。徽商以追求商业的成功与推进文化、培育人才并举,既提高商人的素质和层次,又制造了一个官僚集团。从"贾而好儒"而进入"官商互济"。徽商辉煌的业绩能保持400年而不衰,实在得益于"官商互济"的法宝。

机遇是一种突然事变,只有抓住它,才能使事业得以非常规地发展,才能取得非常规的效果。如前所述,宋代和明中叶出现的两次大的机遇,徽州人都善于把握而取得超常规的成功。当徽州海商被镇压后,遇变不惊,审时度势,大量移资盐业,终于在与晋商的较量中取得鹾业的优势。

关于徽州海商的历史地位,尤其对明中叶江南社会经济所起的作用,有待深入研究和作出评估。明清江南社会经济的研究,历来是学术界的热门。对此要有突破性的进展,对徽州海商作进一步的研究是一关键。不仅如此,对徽商本身的研究,要取得进一步的突破,似也仰赖于对这一问题研究的拓展。

徽州是一个移民的社会,是由中原精英才俊移住并与土著越人融合的社会,是由大、小徽州交流互动的社会。自魏晋南北朝至隋唐,中原士族的纷纷移入;明代,尤其嘉靖、万历以后,则因"徽民寄命于商"而从移入转为向外移出,"十三在邑,十七在天下"。当地流行的"十二三岁,往外一丢"的民谚,反映徽人自少流徙他乡,置之于逆境中陶冶锻炼。大凡移住或乔居他乡的徽人,都根据距家乡水程的长短定期回乡探望。这种经常变易不居,内外流动的社会,有利于精英激发其活力和创造性;有利于人才保持蓬勃的生机和活力,避免因循守旧和蜕化变质;有利于大、小徽州间互相吸纳而推进文化的繁荣。

徽州重视教育,重视知识。人的文化素质高,是一真正的长项。用今日的术语表述,即注重对智力的投资,占有人力资本优势。我们知道,人力资本的优势,可实现生产要素的交换。在传统社会,自然资源禀赋的不同,往往构成地区间优势差异。由于徽州本身是一开放的社会,当时统一的中华大帝国又为经营商业提供广阔的天地,可以通过流通交换达到资源共享。所以,徽州人采取生产要素间(如资本、人力资源和自然资源之间)互相替代交换的办法,即运用自己占优势的人力资本去换取外地,乃至海外的自然资源(汪直海商活跃时期尤其如此)。他们发挥其资源利用的能力,不仅使自己富裕起来，而且促进了江南社会经济的进步，出现"无徽不成镇"的商业化、城市化局面。徽州以自己人力资本的优势，弥补本身自然资源匮乏的做法，在当今社会是屡见不鲜的，犹太人、日本人就是这方面的能手。难能可贵的是数百年前的徽州人已经懂得这么做了。

徽州的社会结构和社会功能，也有利于徽州全面协调地发展。徽州是乡族士绅控制下的宗族社会。一般地说，其士绅相对开明，又由于徽商具有雄厚的经济势力，对公益事业和慈善事业的投入，从不吝啬，社会保障和社会控制的措施是完善的，因而出现被誉为"世外桃源"的稳定社会局面。更难得的是，徽州社会不仅呈现稳定，而且不乏竞争的机制和功能。这就是徽州人的心灵深处，受强劲的伦理道德动力所激励：在程朱理学的熏陶下，坚持"官本位"的价值观以显亲扬名，必然策励对科举功名的不懈追求；在提倡"新四民观"的重商思想支配下，坚持以家族为本，以追求光宗耀祖为终极目标的理念，势必转化为驱策徽州人经商的精神力量。正源于此，宗族制与商业发达两者之间，在过去一度流行的分析模式中被视为互相冲突、互相矛盾，事实上却相辅相成，相得益彰。科举仕宦与商业致富，对于徽州就犹如车之两轮，鸟之双翼，"相若践更"，相互为用。这是徽州历史总体全面发展，取得辉煌成就的两个支点。

徽州对中华民族的灿烂文化所作的贡献是不可磨灭的，有文献可征，有实物可鉴。所以，当人们回眸审视中华民族往昔光辉的传统时，便情不自禁地把目光投向徽州。这也是徽学近年来勃然兴起的动因。今天，探索、揭示徽州历史文化的底蕴，发扬优良传统，以便于我们中华儿女再创辉煌，便成为一项严肃而有魅力的历史使命。

（原刊于《黄山学院学报》2005年第2期）

徽州文化的定位与走势
——应《中国徽学》创刊号之约作

关于徽州文化的定位，一直为人们所关注。学术界曾经进行深入的讨论。许多徽学研究者已经发表卓有见地的意见（可参见朱万曙编《论徽学》一书）。但对这一问题的看法，仍存在一些歧异。目前比较流行的一种看法，是把徽州文化和藏学、敦煌学并称为三大地域（或称地方）文化，并认定同属一种地域（地方）文化。我想从这一问题谈起，对徽州文化的历史定位及其走势，发表一些浅见，以就正于广大读者。

一、中华优秀传统文化的典型

我们知道，敦煌为古代中西通道——丝绸之路的重要枢纽，中西文化交汇地，印度佛教就从此地传入中国内地，是中古佛教徒朝拜的圣地。寺庙所藏的经卷典籍和石窟艺术等文物十分丰富，蕴含着中国中古历史文化、中亚文化乃至世界文明。敦煌学虽以地为名，却不是以其地域为研究对象，而是研究其所藏的丰富文物资料，并置之于整个东方文化来把握的一门国际性的显学。

藏学，则是以藏族璀璨的文化遗产和独特的社会形态为研究对象，涉及中国藏族历史、宗教、文化、经济、政治、社会等各个领域的综合性学科。从其研究队伍的庞大，著作之丰富，是举世瞩目的，堪称一门国际性的显学。

徽州学与敦煌学、藏学有所不同（详下）。但是，如果从徽州文化近年来迅速崛起，脱颖而出，蔚成大观，竟与敦煌学、藏学比肩而立看，并且仅限于这一意义，因而并称为三大显学，是未尝不可的。

诚然，把徽州文化视为一种地域文化，是有一定理由的。这是因为任何地方上的文化不可能与中央倡导的主流文化完全契合，必然掺杂地方性的因素。在偌大的中华大地，五彩缤纷，绚丽多姿，各具特色的地方性文化，显然都可以称之为地域文化，如江淮文化、岭南文化、齐鲁文化，等等。但是，只说徽州文化是一种地域文化，则没有揭示徽州文化最重要的特点。

"徽州文化",指的是原徽州属下歙县、黟县、休宁、祁门、绩溪和婺源六县所出现的既有独特性,又有典型性,并具有学术价值的各种文化现象的总和。它根植于本土"小徽州",伸展于中华大地,尤其伸展于以江南(苏州、松江、常州、镇江、江宁、杭州、嘉兴、湖州、太仓)和淮扬地区,以及芜湖、安庆、武汉、临清等城市为基地形成的所谓"大徽州",由大、小"徽州"互动融合形成的博大精深的文化。它包含着物质文化、制度文化、精神文化和生态文化,为人文学科、社会科学、自然科学等多门学科的研究提供丰富的内容和广阔的天地。

我们之所以说它是地域文化,是因为它具有宗族文化和儒商文化的地域特色。

徽州的宗族制度,是根据程朱理学精神和朱熹在《家礼》中所设计的模式创建的。从组织之严密、势力之强大所体现出来的宗族文化之深邃,是其他地域所罕见的。按照血缘和地缘相结合的宗族原则组织起来的商帮,在内部实施互相扶持的道义经济,以及从显亲扬名的宗族热情转化为以经商致富作为追求科举仕宦成功之阶,意味着宗族文化与儒商文化间的彼此互动。

明中叶勃兴的徽商,其势力伸展于中华各地,尤以江南地区与运河沿岸的淮扬、临清等地为其商业基地,作为海洋商人的代表而与代表内陆商人的西商共占商界之鳌头,两者代表着中国地缘经济的两面性、二元化。徽商不仅财雄势大,而且"贾而好儒",以儒商著称。他们从经商的实践中总结经验,写成专书,以求从商职业技能的专业化,创建了独特的儒商文化。其中值得注意的是在政治伦理上以程朱理学为依归,坚持官本位,以科举仕宦为终极关怀;而经济伦理则以王(阳明)学的立教为本,提倡"士商异术而同志",主张把"士农工商"的传统职业顺序,改为以"商"置于"工农"之上而与"士"相并列的"新四民观",注入重利文化——商业发展的前提。这里将素来贬损为"末业"的商人,抬高到与"士"并列的地位,无疑可起到使徽商振奋精神的作用。"天理"是明代儒家的最高理念。徽商不同于西方的清教徒,把创造业绩以得上帝的恩崇,视为"天职观"。但徽商也表现出一种内在的超越精神,就是说,相信按照明儒的立教去修养,就可建立名德与功业,就可通"天理"。服膺"天理",就得作"诛心贼"的修养,培养敬业、自重、自强的精神。其中最重要的是宗奉勤、俭、诚、信、义等儒家传统信条。这些信条,可以克制人的自然性欲望,使人回到理性的状态中来。男人长至十三四岁,便使其投身商场,用"徽骆驼"精神进行磨炼，从勤与俭中培养出奋发进取精神和善于积财的能力。他们以诚、信为本，主张义中取利，因义而用财，建立起富有特色的商业伦理，以使商业的宗旨不偏离既定的轨道。他们对商业文化的贡献，是其他商帮所不能比肩的。

时至今日，凡到徽州观光的人，尚可领略宗族文化和儒商文化的遗风余韵。诸如那与大自然相协调的古建筑，讲究风水的村落格局，被誉为"古建三绝"的明代祠堂、石坊、宅第，等等，既传承了中华正统的文化，也隐含着徽商雄厚的经济背景，同时显示集建筑、书画、雕刻于一体的高超的综合艺术；从院落、古井、古街、小桥古道，到室内陈列的古字画、古家具、古器皿，乃至徽刻的书籍、大量的契约文书，都浸透着独特的地域性的宗族文化和儒商文化。

基于以上的看法，我们同意徽州文化具有地域性的因素。但是，对徽州文化的认识仅停留在地域性的层面，是远远不够的。我们知道，中华传统文化，本源于黄河中下游的中原地区。明清时期，文化中心已经移往东南一带。在一般人的心目中，多以苏州、杭州为其中心地。但考究起来，中华正统文化的传承与创新，在明清时期最具代表性的当属徽州。徽州文化虽然糅合了一些地方性的因素，但其保留正统文化的原典最多，发展创新的成分亦巨。

首先，主要表现在朱熹创建的新安理学，为元明清三代钦定为国家正统的统治思想，取得国家主流思想的地位。

朱熹承担改造儒学的重任，重整伦理纲常、道德规范，建构了一个富有思辨色彩、哲理化的理论架构。他所创新的理学，是对前代儒学的修正和发展，它有别于汉代的天人学、魏晋的玄学和隋唐的佛学。朱熹生前虽受贬谪，但死后其思想却被元明清王朝钦定为正统。程朱理学成为中华文化发展的主流。

徽州乃"程朱阙里"，被视之为"道学渊源"之所在。朱熹也自称"新安朱熹"，以徽州自居。程朱理学在其家乡的影响尤其深远。朱熹通过在其家乡授徒讲学，及通过其门生、弟子的代代相传，由他开创的"新安理学"影响愈加深远。继他之后，当地"先儒名贤比肩接踵"，"肩圣贤而躬实践者，指盖不胜屈"（赵吉士《新安理学》）。理学渗透徽州社会、政教、风俗各个方面。纂修宗谱以朱熹撰写的《茶院谱序》为楷模；冠婚丧祭等民风习俗，也无不以朱熹编订的《家礼》为依据。诚如赵汸所指出：

> 自井邑田野,以至于远山深谷,居民之处莫不有学,有师,有书史之藏。其学所本,则一以郡先师朱子为归。凡六经传注、诸子百氏之书,非经朱子论定者父兄不以为教,子弟不以为学也。是以朱子之学虽行天下,而讲之熟,说之详,守之固,则惟新安之士为然。①

异端邪教很少掺入徽州;释、道等宗教虽也掺入徽州,但其影响有限。徽州人在理学的熏陶下,以"读书穷理""格物致知"为职责,以"明道正谊"为一生追求的理想。徽州被视为"儒风独茂"之区,堪称"东南邹鲁"。所以,我们可以说,明清时期正统中华文化的代表,是非徽州莫属的。

其次,徽州宗族制是将古老的宗法制与理学相糅合而形成的以"祠堂族长族权"为特征的基层社会主要控制力量;而且越发制度化:"尊祖"必叙谱牒,"敬宗"当建祠堂、修坟墓,"睦族"须置有族产以赈济。修族谱、建祠墓和置族产,成为实现尊祖、敬宗和睦族必不可少的举措,也成为判断一个聚居同一血统的群体是否形成宗族组织的三个指标。

徽州宗族制坚持以父系为中心的严格的血缘关系,并与地缘相结合,坚持严格的尊卑长幼的等级制度和主仆名分;重坟墓祠堂,坚守尊祖敬宗和恤族,崇尚孝道。这些都表明传承了正统宗族制度的精髓。

东南沿海如珠江三角洲的宗族制,虽然也参照宗族制的原则,但已经发生变异。例如,大姓名宗虽也"蝉连而居",但并非坚持聚族而居,一味追求单姓村。其宗族是允许"通谱联宗",甚至出现合数姓而成的虚拟宗族。它着力扩大宗族的经济功能,有的宗族直接经营产业,并出现向经济实体转变的趋向。宗族内部也相应出现利益分沾,而不是徽州的余缺互济的道义经济。他们经商致富之后,通过发挥货币经济的力量,直接谋求与士绅并列的社会名流地位,并在本地区农业商业化、商业企业化、乡村工业近代化中,充当支持者、组织者的角色。"官本位"的价值观,已经有所松动。徽州宗族制尽管也因时代的变迁而有所变更,但总的来说它是保持与正统文化相一致的,堪称正统宗法制传承的典型。

徽州文化的其他方面,如人文社会科学、科技、艺术等,都取得骄人的成就,为世人所瞩目。就是琴棋书画,篆刻金石,以及堪舆星相,剑槊歌吹者流,也以其技艺名冠一时。作为新安理学的故乡,这些文化上的成就很自然地无不浸透着儒学的韵味。

---

① 道光《休宁县志》卷1《疆域·风俗》

综上所述，徽州文化既是地域文化，又是中华优秀传统文化的典型。它集中地、典型地体现了中华传统文化的精华（可参阅拙作《徽州文化全书》总序）。这是徽州文化最鲜明的特点。

它成为中华优传统文化的名片。正因为如此，近年来徽州已经成为国内外莘莘学者从事中华传统文化研究的园地，成为世人追寻中华传统文化的精神栖息地。

二、通过科举仕宦和经商致富而先后取得政治的成功和经济的突破

徽州文化能达到如此辉煌的成就，并非一蹴而就。它经历着先科举仕宦的成功，继而致力于商业而取得经济突破的漫长历史过程。长期形成的"崇文重教"与"徽骆驼"精神这两个文化基因，在传递延续中，不断积累、扩大文化成果，终于酝酿出明清璀璨的徽州文化。

宋代确立的科举文官制度，是中国官僚选拔制度的一次大转变。对移住徽州的衣冠士族既是挑战，也是机遇。他们以崇文重教来回应首次面临的机遇，通过科举仕宦而进入统治集团，赢得"名臣辈出"的徽州历史性政治上的成功。

我们知道，唐代之前，实行门阀士族制度。按门阀选官、品人、通婚。为了确保门阀士族血统的纯洁性，重视谱牒的修撰。当时的谱牒分家传、家谱和簿状、谱籍。簿状和谱籍（前后称谓不一）是由朝廷设置的图谱局来主持修撰，得到朝廷认可的官撰谱牒。它具有法律的效力。正由于以谱籍为根据诠选官职，才能保证所谓"上品无寒门，下品无势族"。唐朝立国后，新兴的士族，自当与旧士族发生矛盾斗争，加之科举制度的兴起等原因，导致了门阀士族制度的衰落。唐末黄巢起义，更对门阀士族以毁灭性打击，官修的谱牒也毁于战火。门阀士族制度终于退出历史舞台。

宋代正是在这一新的政治格局下实行了官僚选拔制度的改革，即通过科举选拔朝廷和地方的各级官僚。面对宋代官僚选拔制度的改革，徽州人是怎么面对和回应的呢？

徽州僻处万山丛中，四面险阻，本是越人故地，山民"愿而朴"。由于移住的世家大族治儒学风气的感染和影响，自宋代起，徽州养成了崇文重教的风习。徽州风俗也从"愿而朴"而逐渐向"文雅"转化。原先越人的风俗日渐泯灭，也无人称土著居民为山越了。移住徽州的衣冠大族，本有治儒

学的家风，有深厚的家学渊源。他们既已不能恃其门第之高崇来取得官职和社会特权，便抓住宋代官僚体制改革的机遇，以崇文重教，走科举仕宦之路，来回应面临的政治层面的挑战。他们注重教育，"以诗书训子弟"。在他们的带动和影响下，文化教育不断发达起来。"十户之村，不废诵读"，读书科举，蔚成风气。终于通过科举进入统治集团，取得首次历史性的成功，为尔后徽州文化的发展奠下政治基础。

徽州的士子在宋代科举的成功，标志着徽州世家大族在政治舞台上的崛起。他们本是中原的精英，是门阀士族制度下分享既得利益者，享有特权和地位。离开了本地，移住徽州，意味着失去了原先的优势。他们新到的这块山区，虽然山明水秀，风景优美，也有利于木植和因地制宜地发展手工业生产，但山多田少的格局，几乎无发展农耕的潜力。当地经济资源的局限，迫使他们在徽州这片"依山阻险，不纳王租""勇悍尚武""断发文身""火耕水耨"的新环境接受新的挑战，铸就了其刻苦耐劳的坚毅性格和奋发进取的精神（胡适先生所说的"徽骆驼"精神源于此）。也由于脱离了原来的文化中心，对自己的文化传承有了危机的反省而形成创造性的转化。正因为如此，他们对土著居民山越，着力于儒学的教化，即使施加暴力，也是在儒家的道德和正义旗号下进行，自然显出优越于原先的豪强统治。所以，他们慑服人心，移风易俗，终于启开一个更为广阔的多变化的有生机活力的新生活，创造一个读书成风，"名臣辈出"的胜境，取得了政治上的成功。这是逃过战乱，幸存下来的徽州士族奋发进取的第一个成果。它的功绩尤其在于为尔后徽州历史文化发展的走向——其核心为官本位的价值观，产生了十分重大而深远的影响。

应当指出，宋代徽州政治上的成功，首先源自崇文重教。"崇文重教"意味着徽州人重视文化知识的含量；再是"奋发进取"（亦即"徽骆驼"精神），指的是徽州人昂扬的精神状态。崇文重教与"徽骆驼"精神，是徽州的两个文化基因，构成了徽州人的文化素质。难能可贵的是，从徽州的历史可以看到这两个文化基因不断传递，不断延续。它造成智慧的不断积累，文化成果的不断扩大。它没有裂变，但又不是一成不变，终于明清时期酝酿出光辉灿烂、博大精深的徽州文化。

第二次是抓住在明中叶出现的社会经济开始转型的机遇，以发展商业为主，超越常规地增殖财富的战略抉择，来回应大航海时代出现的机遇，率先占据长三角，以此为商业基地，致力于海洋贸易和长途贸易，从而取得经济上的突破。

16世纪（明中叶）是发现新大陆，开通东方航线，肇始世界一体化的海洋商业殖民的时代；是建立殖民地和商业系统最活跃的时代；是西方重商主义盛行，海洋贸易发生历史性变化的时代。西方冒险海商来中国沿海寻找商机，并建立殖民地；由此出现了中西两半球海商直接交遇的新局面。东亚海域的贸易网络，既联结太平洋彼岸的南美洲，又重新伸展到永乐之后中断往来的印度洋，并扩及大西洋，初步形成横跨亚、非、欧、美四大洲的世界性海洋贸易圈。与此同时，中国境内商品经济趋向繁荣，商机愈益增多；以商业增殖财富的途径，日益广阔。中国传统社会经济开始发生转型。

社会经济转型，意味着新旧交替，机遇与挑战并存。作为山多田少的徽州，是坚守以耕读为主的传统道路，还是改弦易辙，抓住新的机遇，奋起接受新的挑战？对机遇富有敏感性的徽州人，做出走出山区，寻找商机，以发展商业为主，非常规地增殖财富的战略抉择。如果说，他们在政治上早已在宋代取得地位；那么，此时他们又力争以商业上的成功，来取得经济上的突破，求得越常规的发展。

徽州人从商的历史，见诸文献记载可追溯至东晋。但作为一个以乡族关系为纽带的商帮，其崛起则在明中叶，繁盛在嘉靖、万历之际。徽州人沿着故乡四出的河流走向四方。从婺江、阊江入鄱阳湖，可通江西、湖广、闽粤；从徽溪、乳溪顺流而下可到江南，经长江转运河可通往北方各地，尤其顺新安江东下可直奔杭州湾，经运河入江南（长三角）更便捷，尤其是可从杭州湾走向东部沿海，走向海洋。以汪直为首的徽州海商集团，之所以冒险犯禁，从事海上走私贸易活动，加入了由伊比利亚半岛人（西班牙人和葡萄牙人）发起的世界性向海洋挑战的行列，其中重要原因就是因为有新安江通海之便。当时在杭州湾外舟山群岛双屿、大茅出现的带有国际性的海贸市场，是由徽州的许栋兄弟、汪直和福建的邓獠（当系僚字的讹写）等纠集葡萄牙、马六甲、日本等国家和地区的海商创建的。汪直仿效西方海商，制造大舰，并武装起来，称雄于东亚海域，尤其是他在日本五岛建立商业殖民地，进行海上贸易扩张，显示了徽州海商的气度和魄力，掀起了空前的声势浩大的中国海洋贸易的第一波。徽商以海上贸易与盐、典、木、茶等行业相结合，以长三角为基地，建立起商业网络，致力于长途贸易。当海洋贸易受挫后，徽商便移资盐业，进而控制了这一商界的龙头行业。

徽商敏于洞察商机，善于利用和把握机遇。他们具有超人的气魄和胆识，临危不惧，遇变不惊，且具有高超的变通补救的应变能力，所以赢得了超越常规的商业成功。

宋代科举仕宦的成功至明代徽商崛起取得经济突破，经历数百年，终于演化出贾儒结合、官商互济的局面，造就了徽州文化的辉煌。

2008年9月21日于广州洛溪海龙湾水如轩幽篁室

徽学一些问题的管见（代序）
——《徽商》杂志特别专访稿

问：据我们所知，40年前，当"徽州学"和"徽州文化"的概念还没有提出的时候，您就早已注意对徽州经济社会历史文化问题的研究，并有研究成果问世。我们想知道，您为什么要把注意力投向徽州，而且几十年如一日，对徽州（今天的黄山市）一往情深？

叶显恩（下简称叶）：上个世纪60年代初，我攻读中山大学研究生时，便以徽州的社会经济史作为研究生毕业论文题目。我之所以选定徽州社会经济史作为毕业论文题目，是考虑到：1958年后陆续发现的一大批徽州民间契约文书尚乏人做系统的研究利用；《安徽文献书目》一书的出版，又使我发现徽州文献的传世特别丰富；徽州作为徽商的故乡，又有广阔的研究前景。当全情投入，涉猎颇深时，我惊奇地发现徽州的历史底蕴深厚、丰富多彩，是一座值得开采的学术富矿。

1965年和1979年，我先后两度往徽州做田野考察。当踏入这一片神奇的热土，我便被这里的山山水水所着迷。黄山神圣威仪，齐云山恬适静谧，被誉为"画廊"的新安江沿岸风景美不胜收。山川的秀美、迷人，令我流连忘返。

随着对徽州人文精神和文化底蕴认识的深化，我更感到：徽州，是明山秀水和人类智慧的完美结合。其山水形胜，乃至院落、古井、古街、小桥古道，村落水口，处处都暗藏玄机，最具风水人文景观，也最有难以破解的神奇色彩。从新都，而新安，而歙州，而徽州，作为一个具有悠久历史文化的载体，承载着一部绚丽多彩的历史。

如果说，秀丽的自然景观已令我着迷，那么，徽州深厚的历史积淀、厚重的文化传统、独特的精神气质，更使我惊叹、倾倒、陶醉。我为此与徽州结下了不解之缘，已经记不住多少次踏上这片令我魂牵梦萦的热土。徽州，很自然地成为我40多年来的学术家园。在研究过程中，我付出了汗水和心血，对徽州历史的一些问题有所会心，有所创获，自然也就乐在其中了。这就是为什么几十年如一日，对徽州一往情深的缘故了。

问：到目前为止，您在徽州文化或徽州学研究方面，主要学术成就有哪些？

叶：我对徽州学研究的心得，或说创获，就是我从徽州的历史中提出具有关键性的问题，并发表了我的看法。诸如缙绅地主势力的强大且久而未衰，商业资本的发达，宗族土地所有制的发展和宗族势力的强固，文化的发达，理学的盛行，佃仆制的顽固残存，等等。而这些问题又互相关联、交相作用。例如，缙绅地主势力的强大是徽商得以发展的政治后盾，而徽州商业资本又是促进当地文化发达，培植科举仕宦的经济基础。徽商捐资修建祠堂，购置族产，撰写家谱，又对宗族制的强固起了直接的作用。理学也和宗族制互相浸渍，互相影响。佃仆制的盛行及其顽固残存，又与上述的几个问题有着密切的联系。为了要对以上这些问题，做出理性的解释，又将它置之于徽州历史的总体中考察，并做区域体系（Regional System）的分析。就一个具有典型性的地区做区域体系的分析研究，在国内可以说是具有开创性的。

问：现在知识界乃至社会各界对什么是"徽州学"，什么是"徽州文化"，在概念、内涵的界定上都很不一致。请您给出一个权威的界说。

叶：学术的进步是以独立自由的精神为前提的，也需要构建平等争鸣的平台。关于"徽州学"和"徽州文化"的含义，应当各抒己见。我不敢，也不可能做权威的界说。在此，我想谈个人的见解。

先说"徽州文化"的含义。我在《徽州文化全书》总序中是这么说的：

> "徽州文化"，指的是原徽州属下歙县、黟县、休宁、祁门、绩溪和婺源等六县所出现的既有独特性，又有典型性，并具有学术价值的各种文化现象的总和。它根植于本土"小徽州"，伸展于中华大地，尤其伸展于以江南（苏州、松江、常州、镇江、江宁、杭州、嘉兴、湖州、太仓）和淮扬地区，以及芜湖、安庆、武汉、临清等城市为基地形成的所谓"大徽州"，由大、小"徽州"互动融合形成的博大精深的文化。它包含着物质文化、制度文化、精神文化和生态文化（按：原无生态文化，于今看来应补上），为人文学科、社会科学、自然科学等多门学科的研究提供丰富的内容和广阔的天地。

时至今日，我还是坚持这一看法。徽州文化，从地域上看，主要指小徽州六县的文化。由于大、小徽州的文化互动，使彼此相得益彰，因而可兼及大徽州的相关文化。

关于"徽学"（"徽州学"）的含义，我曾发表这样的看法：徽学（徽州学）是一个有张力的、弹性的概念。往往根据不同的时期，不同的条件，以及学者自身的视角与理解，做出概述。一般地说，总是从简到繁，从粗糙到精细，且不断地扩大范围。1984年，我在拙作《徽州学在海外》一文中，从自身专业的角度考虑，曾提出徽学的研究对象是徽州社会经济史。在此之前，徽学还只限于少数人耕耘；徽学正处于兴起之时。到了今天，徽学已经蓬勃发展，耸立于学界之林，成为一门令人注目的显学。我对徽学含义的理解，自然也就不同了。

我以为"徽学"可做这样简要的直截了当的表述：徽学是以徽州文书档案、典籍文献、地表文物和生态文化遗存为基本资料，以徽州文化为研究对象的一门综合性学科。

问："徽州学"、"徽州文化"是否可以简称为"徽学""徽文化"？"徽州学""徽州文化"二者是什么关系？

叶："徽学""徽文化"，显然是"徽州学""徽州文化"的简称。我最初用"徽州学"，旨在避免误解。后来，我觉得"安徽"之名取自安庆和徽州，简称为"皖"（因地处春秋时皖国之故）。徽似不能误指安徽。所以，我后来也用"徽学"之称。至于将"徽"解读为"安徽"，那是近日兴起的概念。

至于"徽学"与"徽州文化"的关系，我认为"徽学"是因"徽州文化"的博大精深，富有学术研究价值而兴起的；"徽州文化"是学术研究的客体；"徽学"是以之为研究对象而创设的。一个是学术研究的对象、客体，一个是以之为研究对象的一门综合性学科；两者不同，又彼此关联。没有徽州文化，就没有徽学；没有徽学，徽州文化则得不到揭示和彰显。

问：相当较长一个时期以来，不少人都自觉不自觉地使用这样一种表述："徽州文化（或徽文化、徽州学、徽学）与藏文化（或藏学）、敦煌文化（或敦煌学）并称为中国三大显学（或三大地方显学）"。不知道先生您是否也表示认同？

叶：是的。我也注意到目前的确流行这一看法，就是把徽州文化和藏学、敦煌学并称为三大地域（或称地方）文化，并认定同属一种地域（地方）文化。我个人认为此说值得商榷。

我们知道，敦煌为古代中西通道——丝绸之路的重要枢纽，中西文化交汇地，印度佛教就从此地传入中国内地，是中古佛教徒朝拜的圣地。寺庙所藏的经卷典籍和石窟艺术等文物十分丰富，蕴涵着中国中古历史文化、中亚文化乃至世界文明。敦煌学虽以地为名，却不是以其地域为研究对象。而是研究其所藏的丰富文物资料，并置之于整个东方文化来把握的一门国际性的显学。

藏学，是以藏族璀璨的文化遗产和独特的社会形态为研究对象，涉及中国藏族历史、宗教、文化、经济、政治、社会等各个领域的综合性学科。就目前而论，并没有以藏族居住地做地域分析研究的对象。而且其地域也没有连成一片，更没有构成彼此间联系密切的有机体。当然，从其研究队伍的庞大，成果之丰富，是举世瞩目的，堪称为一门国际性的显学。

徽州学，如前面我所说的，是"以徽州文化为研究对象的一门综合性学科"。把徽州文化视为一种地方文化，有一定理由。这是因为任何地方上的文化不可能与中央倡导的主流文化完全契合，必然掺杂地方性的因素。中国五彩缤纷，绚丽多姿，各具特色的地方性文化，显然都可以称之为地方（或地域）文化，如江淮文化、岭南文化、齐鲁文化，等等。但是，只说徽州文化是一种地方文化，则没有揭示它最重要的特点。徽州文化虽然糅合了一些地方性的因素，但其保留正统文化的原典最多，发展创新的成分亦巨。所以，它既是地方文化，尤其是明清时期中华传统文化传承的典型。它集中地、典型地体现了中华传统文化的精华。这就是它最鲜明的特点。它成为中华传统文化的名片。正因为如此，近年来徽州已经成为国内外莘莘学者从事中华传统文化研究的园地，成为世人追寻中华传统文化的精神栖息地。

这就是它与敦煌学、藏学的不同之处。

如果从徽州文化近年来迅速崛起，脱颖而出，蔚成大观，竟同敦煌学、藏学，比肩而立看，并且仅限于这一意义，因而并称"三大显学"，我是赞同的。但不应当在其前冠"地域性"的称号。

问：有人称"徽州文化是中华优秀传统文化的重要组成部分"，也有人说"徽州文化是中华优秀传统文化的典型或标本（或缩影）"。请谈谈您的见解。

叶：前一种说法，有它的道理，因为徽州文化不可能囊括所有的中华优秀传统文化。但我认为后一种说法更准确，所以我历来持此说。因为徽州的新安理学、宗族文化、儒商文化，等等，既有地方特色，更是体现了中华传统文化的精髓。我们知道，朱熹创建的新安理学，为元明清三代钦定为国家正统的统治思想，取得国家主流思想的地位。将古老的宗法制与理学相糅合而形成的以"祠堂族长族权"为特征的徽州宗族制，也成为宋代以降宗族制的标本。商业文化浸透着儒家精神，所以徽州被视为"儒风独茂"之区，堪称"东南邹鲁"。正由于徽州文化体现、代表了明清时期中华传统文化的主流，所以，我们称之为"中华优秀传统文化的典型或标本（或缩影）"。

问：我曾听您说徽州人在历史上曾成功地把握过两次机遇，这两次机遇对徽州文化和徽商的发展都至关重要，请您具体谈谈这个过程并对我们今天推进经济社会大发展有何启示谈些想法。

叶：徽州人的确在历史上曾成功地把握过两次机遇，从而铸造了徽州文化的辉煌。他们对机遇有高度的敏感性。在宋、明出现的政治官僚体制和社会经济转型时代，他们善于回应与时俱来的机遇，取得科举与商业两次历史性的成功。

第一次机遇是怎样在宋代出现的呢？

在唐代之前，实行门阀士族制度，按门阀选官、品人、通婚。为了确保门阀士族血统的纯洁性，重视谱牒的修撰。当时的谱牒分家传、家谱和簿状、谱籍。簿状和谱籍（前后称谓不一）是由朝廷设置的图谱局来主持修撰，得到朝廷认可的官撰谱牒。它具有法律的效力。正是以谱籍为根据诠选官职，才能保证所谓"上品无寒门，下品无势族"。唐朝立国后，新兴的士族，自当与旧士族发生矛盾斗争，加之科举制度的兴起等原因，导致了门阀士族制度的衰落。唐末黄巢起义，更对门阀士族以毁灭性打击，官修的谱牒也毁于战火。门阀士族制度终于退出历史舞台。

宋代，确立了科举文官制度，这是中国官僚选拔制度的一次大转变。对移住徽州的衣冠士族既是挑战，也是机遇。他们以崇文重教来回应首次出现的机遇，通过科举仕宦而进入统治集团，赢得"名臣辈出"的徽州历史性的政治上的成功。

徽州僻处万山丛中，四面险阻，本是越人故地，山民"愿而朴"。由于移住的世家大族治儒学风气的感染和影响，自宋代起，徽州养成了崇文重教的风习。徽州风俗也从"愿而朴"而逐渐向"文雅"转化。原先越人的风俗日渐泯灭，也无人称土著居民为山越了。移住徽州的衣冠大族，本有治儒学的家风，有深厚的家学渊源。他们既已不能恃其门第之高崇来取得官职和社会特权，便抓住宋代官僚体制改革的机遇，以崇文重教，走科举仕宦之路，来回应面临的政治层面的挑战。他们注重教育，"以诗书训子弟"。在他们的带动和影响下，文化教育不断发达起来。"十户之村，不废诵读"，读书科举，蔚成风气。徽州人终于通过科举进入统治集团，取得首次历史性的成功，为尔后徽州文化的发展奠定了政治基础。

徽州的士子在宋代科举的成功，标志着徽州世家大族在政治舞台上的崛起。他们本是中原的精英,是门阀士族制度下分享既得利益者,享有特权和地位。离开了本地,移住徽州,意味着失去原先的优势。他们新到的这块山区,虽然山明水秀,风景优美,也有利于木植和因地制宜地发展手工业生产,但山多田少的格局,几乎无发展农耕的潜力。当地经济资源的局限,迫使他们在徽州这片"依山阻险,不纳王租""勇悍尚武""断发文身""火耕水耨"的新环境接受新的挑战,铸就了刻苦耐劳的坚毅性格和奋发进取的精神(胡适先生所说的"徽骆驼"精神源于此);也由于脱离了原来的文化中心,对自己的文化传承有了危机的反省而形成创造性的转化。正因为如此,他们对土著居民山越,着力于以儒学的教化为主,即使施加暴力,也是在儒家的道德和正义旗号下进行的,自然显出优越于原先的豪强统治。所以,经过他们慑服人心,移风易俗,终于启开一个更为广阔的多变化的有生机活力的新生活,创造一个读书成风、"名臣辈出"的胜境,取得了政治上的成功。这是逃过战乱,幸存下来的徽州士族奋发进取的第一个成果。它的功绩尤其在于为尔后徽州历史文化发展的走向——其核心为官本位的价值观,产生了十分重大而深远的影响。

应当指出,宋代徽州政治上的成功,首先源自崇文重教。"崇文重教"意味着徽州人重视文化知识的含量;"奋发进取"(亦即"徽骆驼"精神)指的是徽州人昂扬的精神状态。尚文重教与"徽骆驼"精神,是徽州的两个文化基因,构成了徽州人的文化素质。难能可贵的是,从徽州的历史可以看到,这两个文化基因不断传递,不断延续。它造成智慧的不断积累,文化成果的不断扩大。它没有裂变,但又不是一成不变,终于在明清时期酝酿出光辉灿烂、博大精深的徽州文化。

第二次是抓住在明中叶出现的社会经济开始转型的机遇,以发展商业为主,超越常规地增殖财富的战略抉择,来回应大航海时代出现的机遇,从而赢得经济上的成功。

16世纪(明中叶)是发现新大陆,开通东方航线,肇始世界一体化的海洋商业殖民的时代;是建立殖民地和商业系统最活跃的时代;是西方重商主义盛行,海洋贸易发生历史性变化的时代。西方冒险海商东来中国沿海寻找商机,并建立殖民地;由此出现了中西两半球海商直接交遇的新局面。东亚海域的贸易网络,既联结太平洋彼岸的南美洲,又重新伸展到永乐之后中断往来的印度洋,并扩及大西洋,初步形成横跨亚、非、欧、美四大洲的世界性海洋贸易圈。与此同时,中国境内商品经济趋向繁荣,商机愈益增多;以商业增殖财富的途径,日益广阔。中国传统社会经济开始发生转型。

社会经济转型，意味着新旧交替，机遇与挑战并存。作为山多田少的徽州，是坚守以耕读为主的传统道路，还是改弦易辙，抓住新的机遇，奋起接受新的挑战？对机遇富有敏感性的徽州人，做出走出山区，寻找商机，以发展商业为主，非常规地增殖财富的战略抉择。如果说，他们在政治上早已在宋代取得地位；那么，此时他们又力争以商业上的成功，来取得经济上的突破，求得越常规的发展。

徽人从商的历史，见诸文献记载可追溯至东晋。但作为一个以乡族关系为纽带的商帮，其崛起在明中叶，繁盛在嘉、万之际。徽州人沿着故乡四出的河流走向四方。从婺江、阊江入鄱阳湖，可通江西、湖广、闽粤；从徽溪、乳溪顺流而下可到江南，经长江转运河可通往北方各地，尤其顺新安江东下可直奔杭州湾，经运河入江南（长三角）更便捷，尤其是可从杭州湾走向东部沿海，走向海洋。以汪直为首的徽州海商集团，之所以冒险犯禁，从事海上走私贸易活动，加入了由伊比利亚半岛人（西班牙人和葡萄牙人）发起的世界性向海洋挑战的行列，其中重要原因就是因为有新安江通海之便。当时在杭州湾外舟山群岛双屿、大茅港出现的带有国际性的海贸市场，是由徽州的许栋兄弟、汪直和福建的邓獠（当系僚字的讹写）等纠集葡萄牙、马六甲、日本等国家和地区的海商创建的。汪直仿效西方海商，制造大舰，并武装起来，称雄于东亚海域，尤其是他在日本五岛建立商业殖民地，进行海上贸易扩张，显示了徽州海商的气度和魄力，掀起了空前的声势浩大的中国海洋贸易的第一波。徽商以海上贸易与盐、典、木、茶等行业相结合，抓住机遇，率先占据长三角，以此为商业基地，进行海洋贸易和长途贸易，这是徽人取得成功的关键。汪直海商集团被明王朝剿灭，海洋贸易遭到严受挫重。徽商大量移资盐业，终取得在这一商界的龙头行业中的优势，并与山西商人共占明清商界的鳌头。

至于徽州人在历史上曾成功地把握过两次机遇，创造辉煌的业绩，给我们后人的启示是什么呢？

首先，徽州人敏于洞察先机，善于利用和把握机遇，更敢于接受机遇带来的挑战。我们常说，机不可失，时不再来。都知道机遇的重要，但是又往往失去机遇，或把握不住，怯于应对。这需要气度和胆识。徽州的先人做到了，所以取得成功。

其次，着力提高其自身的文化素质和培养创新、敬业精神。人的素质直接影响其事业的成败，这是毋庸置疑的。明清时代的徽商在注重提高自身的文化素质的同时，又重视对文化事业做经济上的全面支持和慷慨投入，着意于社会上的人才培养，高扬人文精神，营造一个有利于人才成长的文化氛围。因此，保持徽州人才不断涌现的后续局面。这很值得今日的徽商学习。人的素质还直接影响社会体系的构建与运行。徽州要重现昔日的辉煌，关键在人，在于提高人的文化素质，在于建立一个文化建设与经济建设互动的战略机制。

创新、敬业精神是文化持续传承的生命力。没有与时俱进的创新精神，文化就会僵死。持续辉煌数百年的徽商文化，正是徽州人坚持创新、敬业精神所铸成的。我们弘扬徽商文化，就要弘扬徽商敢于迎接挑战，化挑战为机遇；就要弘扬不因循守旧，富有创新的精神；就要弘扬徽商敬业、自重、自强，不断自我超越，不断开拓、进取的精神；就要弘扬徽商克服投机取巧，确立经济理性的精神；就要弘扬徽商热心公益，回报社会的思想。做一个不愧于信息时代的道德人、知识人、创新人。

徽州的先人留下了一笔丰厚的、光辉的历史文化遗产，对后人是一笔宝贵的精神财富。自改革开放以来，徽州这一颗在明清时期人们心目中耀眼的"夜明珠"，越来越为人们所关注。这不仅因为国家对历史文化遗产的重视，更重要的是形势的发展，正在给徽州以日俱增的机遇。今日徽州正以其光辉灿烂的历史文化展示于国人，展示于世界各国，因而引起人们的注目和关怀。今日能否如同其先人般抓住机遇，继宋代取得政治上的优势和明代取得经济上的突破两次徽州历史性的成功之后，在落实科学发展观，构建小康、和谐社会的雄伟事业中，继往开来，融入长三角，走向世界，掀起再创辉煌的第三波，即赢得徽州历史性第三回合的成功呢？我们对徽州寄以热切的厚望。

（原刊于《徽商》2008年第3期）

徽州学在海外

著名的经济史学家傅衣凌教授在最近的一篇文章中写道:"关于徽州社会经济的研究,在四十年代初我曾作过初步的探讨,日本的藤井宏教授亦有这方面的著作问世,嗣后作者如林,附庸蔚成大国。"这几句概括了国内外关于徽州社会历史研究的进展情况,今天,徽州的历史已经成为世界各国史学界关注,并致力研究的一个课题。本文拟对海外研究徽州历史的情况作一简单的介绍。

在海外,研究徽州历史的学者中,较早发表有分量著作的,当首推日本的藤井宏教授。他在《东洋学报》1953—1954年第36卷第1-4期上连续发表了《新安商人的研究》(此文由傅衣凌、黄焕宗合译成中文,连载于《安徽历史学报》1958年总第2期及《安徽史学通讯》1959年第1-2期)一文。此文首先考察了明末清初中国各省商品流通的概况,以便了解徽商商业活动的舞台,继而探讨了徽商的活动范围与经营项目。他指出,除云南、贵州两省尚未发现徽商活动的具体材料外,其他各省均有徽商活动的踪迹,尤以在江苏、浙江等经济发展的先进地带活动为最多。"其营业种类是以盐商、金融商为首,以及竹木商、陶瓷器商、铁商、米谷商、茶商、木棉商、绢丝商、饮食商等,几乎从事所有商业种类的活动。新安商人,有一人而兼营数种的商业。又客商、坐贾、牙行的活动,在同一经营单位之中同时进行的场合,亦复不少。故其活动是复杂的,多角的"。徽商除以国内为活动舞台外,还雄飞海上,"以汪直的活动为其顶点"。又对商业资本蓄积过程和经营的诸形态作了探讨。认为徽州商人商业资本的形成分为共同资本、委托资本、婚姻资本、援助资本、遗产资本、官僚资本和劳动资本等7种。指出其商业经营是以血族、乡党的结合为核心进行的。不仅在一个商业经营单位中是如此,就是在若干个商业经营单位之间也都有乡族的联合关系。而商业活动中,奴隶的使用是相当盛行的。作者还就徽州商人的客商活动与生产者和消费者,特别是以与生产者的接触面为中心进行了考察。此文尽管有些问题尚待商榷,但不失为一部研究徽商甚具工力的论著。在这部著作发表之前,有藤井宏教授的《明代盐商的一考察——边商、内商、水商的研究》(刊于《史学杂志》第54编第5-7号,1943年)、根岸佶博士的《中国基尔特的研究》（斯文书院 1938 年版）、佐伯富的《盐与支那社会》（刊于《东亚人文学报》第三卷第一号，1943 年），以及后来发表的斯波义信和夫马进教授的《长江下游区域的都市化与市场的发展》（见黑格编的《宋代的危机与繁荣》一书，美国塔森克 1975 年版）等论著，都曾论及徽商的问题，但并没有把徽商作为专题进行系统研究。牧野巽教授根据休宁《茗洲吴氏家典》一书记载的资料而写成的《明代同族的社祭记录之一例》（刊于东京《东方学报》第 11 册），也对徽州商业资本与乡族组织的关系作了考察。日本的学者还对徽州历史的其他方面做了研究，仁井田陞教授于 1962年出版的《中国法制史研究》这部巨著中，就以《关于明末徽州的庄仆制——特别是劳役制》为题，辟专章探讨了佃仆制的问题。斯波义信的《宋代徽州的地域开发》（见《山本博士还历纪念东洋论丛》，东方 1972 年版）一文，研究了徽州山区在宋代开发的情况；秋贺多五郎教授的《关于〈新安名族志〉》（刊于《中央大学文学部纪要》1956 年第 6 期）一文，则对记载徽州宗族制度的文献作了研究。其他诸如徽州的明代住宅、文化艺术等方面，日本的学术界也不乏人研究。

美国和加拿大的历史学界对徽州历史的研究兴趣，也愈来愈浓。居蜜教授是对徽州历史研究功力颇深的一位美国学者。她在《十九、二十世纪中国地主制溯源》（见《沈刚伯先生八秩荣庆论文集》，联经出版事业公司 1976 年版）和《地主与农民——十六至十八世纪》（刊于美国《近代中国》第 6 卷第 1 期，1980 年 2 月）两篇大作中，都论及徽州的佃仆、世仆，指出这些人都被用于田间劳动和经营商业。她的《主与奴：十七世纪的农民怒潮》（刊于美国《明史研究》第 8 期，1979 年）一文，对徽州的佃仆、奴仆起义做了探讨。她的《1600—1800 年皖南的土地占有制和宗法制度》（由笔者翻译成中文，刊于《中国社会经济史研究》1982 年第 2 期）一文，考察了宗法制度、土地占有制，以及宗法制度与土地占有制、商业资本之间的关系。她最近为拙著《明清徽州农村社会与佃仆制》所写的长篇书评（原刊于美国《近代中国》学刊，中译本已出《江淮论坛》刊出）结合论述了徽州历史的许多问题，提出了自己独特的见解。美国的赵冈教授和加拿大的魏安国（Edgar Wickberg）教授，则分别以明代的鱼鳞图册和明清佃仆的契约为依据，研究了徽州的土地制度。老一辈的美国史学家何炳棣教授在《中国社会流动的概况，1368—1911》（刊于《社会历史比较研究》第 1 卷第 4 期，1959 年）一文中，也就徽州的文化成就作了论述。目前正致力于徽州历史研究的美国学者周绍明（Joseph P. McDermott）博士和贺杰（Keith

Hazelton）博士，因他们研究有年，功力甚深，其雄文巨著是指日可待的。美国正在攻读硕士、博士学位的年轻一代学者中，有的也以徽州历史的某一方面做专题研究。

在研究徽州历史的美国学者中，还需要特别提到的是今任荷兰莱顿大学汉学研究院副教授宋汉理（H. T. Zurndorfer）博士。她为了研究徽州的历史，曾进行了长期的资料搜集工作。她不辞劳苦，几度来中国披阅许多科研单位、图书馆、博物馆所藏的有关徽州文献档案资料，并深入徽州地区作实地考察。她还曾在日本花费很长的时间，利用日本所藏的有关徽州历史资料进行研究。她在《〈新安大族志〉与中国士绅阶层的发展》（原文发表于莱顿大学1981年《通报》上，笔者翻译的中译本连载于《中国社会经济史研究》1982年第3期、1983年第2期）一文中，关于明代以前徽州社会的士绅、小商品生产、货币经济、社会组织、税收和劳役，农民起义，佃仆制和国家权利等问题都论及了，是一篇通史式的论文。她认为唐代是徽州阀阅之家早期发展的时期，宋代是徽州学术上取得成就的时期；元代明初，徽州社会经历了一个经济上开发和动乱恢复的过程，明代中叶，尤其16世纪是徽州社会由质朴趋向奢侈，发生两极分化的急剧转变的时代。她把农业的商业化和商人资本的发展，当作徽州社会经济的重要内加以论述。指出徽州宋代商品性农业的发展，促进了商业的发展。认为徽州商人源自唐代专门贩卖徽州名茶的行商集团。而这些商人又是与当地最显贵之家族有联系。明中叶（16世纪上半叶），"越来越多的人转为营商，并且获得了巨额的利润。"他们把"经营商业和致力于科举两者结合起来"，即所谓"贾为厚利，儒为名高，贾儒相辅相成"。她的《徽州地区的发展和当地的宗族》（刊于1984年莱顿大学《通报》，谭棣华同志已翻译成中文）一文，则以明代休宁范氏宗族为典型，叙述了该宗族自唐代元和末年迁居休宁博村后至明末不同时期的发展过程，以及范氏如何从一个家族发展成拥有若干房派，分居数处的宗族的情况。分析了范氏宗族从一个家族发展成16世纪时一个既获得财富，又取得仕宦成功的地方名族的原因。指出范氏宗族在地方上的地位之所以能够不断地提高并长久保持，就在于它经济上连续取得成就。该宗族从宋代起经商，到了15世纪，其经营的商业因其家属的加入，而带有宗族性。出现了范岩贞、范张，范活那样数代相承，拥资越百万的大盐商。与此间时，又致力于科举仕宦，曾出现范启、范准、范再等在学术上取得成功而给范氏宗族带来声望与地位的学者。尤其到了16世纪末，范涞考中进士，官至福建左布政使，从而使范氏宗族取得了显贵的地位。这篇论文采用的是西方流行的个案研究的方法,把论断寓于叙述,以逻辑的分析服从于纵的历史叙述。虽难免显得头绪纷纭,但它反映了历史动态的发展过程,宋汉理教授近期的研究计划是致力于探讨从唐代至明代的徽州社会,尤其对16世纪徽州社会的变化将作专题的深入的研究。有的今已写成论文。她用功之勤,成果之丰硕,甚堪称许。

以上所述,仅是笔者所知道的一些情况,囿于阅历,海外已从事徽州历史的研究,而这里没有提及的学者还不知凡几。

40年来,自傅衣凌教授始,对徽州历史作研究的学者愈来愈多论著灿若群星。这是因为徽州不仅以它传世文化典籍之丰富而对学者产生吸引力,而且其本身的历史丰富多彩,在许多方面既有独特性,又有典型性。去年我访问哈佛大学期间,著名的历史学家、哈佛大学费正清研究中心主任孔飞力(Philip Kuhn)教授曾对我说,徽州的研究丰富了中国的历史,使人们懂得了许多以前不知道的历史。的确如此。对徽州历史的深入研究,将有助于我们从一个侧面探求中国历史的底蕴。面对徽州学研究方兴未艾的局面,去年夏天在纽约,周绍明博士和贺杰博士就曾同我谈及建立国际性徽州学研究会的问题。我认为,徽州学的研究热潮正在日本、美国等国家兴起,研究的学者越来越多。为了交流研究成果,共推这一研究课题,国际性徽州学研究会的诞生不是不可能的。

(1984年7月)

(原刊于《江淮论坛》1985年第1期)

我与区域社会经济史研究
——应《学林春秋》之约而作

崇实求真是史学家的终极关怀和追求目标。空泛的议论和情绪化的论述是与史学无缘的。要理智而平实地叙述、议论史事,需要淡定、理智。性格容易冲动的我,从事史学研究似是有一定难度的。而我偏偏选中历史学,并以此为终生职业,实在是一种自我挑战。30多年来,对于我所选择的职业不仅无悔,且对它的热爱与日俱增。

记得1957年秋,我满怀兴奋地跨入了武汉大学历史系的门槛,但一经接触了专业课之后,觉得史学枯燥乏味,曾请求转系而未果。幸得诸多老师的教诲和疏导,才逐步培养了对历史专业的兴趣。当时系里的老师中,有治隋唐史的唐长孺、治近代史的姚薇元、治经济史的李剑农和彭雨新、治墨经的谭戒甫,治世界史的则有吴于廑、曹绍濂等,各治一史,各有所长,可谓是群贤集聚。这些老师除李剑农先生因年老体弱,曹绍濂先生因被错划为"右派",不能给我们上课外,都先后给我们上基础课或专题课,老师们授业专注,认真负责。年近八十的谭戒甫老先生,当年在课堂上给我们讲解老子"守柔说"的情景,虽事隔近40年还是历历在目。可惜当时我学识太浅,不能领悟老师们学术的要旨精义,徒有景仰、羡慕之情罢了。但他们都从不同的角度启迪了我的思维,培养了我的学术兴趣,尤其是彭雨新、唐长孺和吴于廑等,即使离校后,依然得到他们一如既往的爱护和具体指导。武大历史系的老师为我走向学术铺平了道路。每当念及武大,如沐春风,总是洋溢着欢乐和感激之情。

幸遇良师,受益终生

青年时代的际遇,往往影响一个人一生所走的道路。真正影响我学术生涯的是有幸遇到业师梁方仲先生。1962年夏,我在武大毕业后,有幸被著名的经济史学家梁方仲教授收为入门弟子。对于梁先生,只听武大的唐长孺、吴于廑和彭雨新等老师作过介绍,但知之甚少,更不了解先生的学术造诣。首次谒见先生时,他并非如我想象的那样是一位魁梧或英气逼人的教授,而是一位清癯而目光有神的蔼然长者。他住的是红墙绿瓦高敞的洋房。陈设朴素,但显得雅趣。引人注目的是住宅的空间几乎充满了中外各种版本的图书典籍。尤令我难以忘怀的是书房只留下刚够供先生下榻的单人床的空间。每当我步入先生的住宅就有一股书卷气迎面扑来。先生以书为伴,以书为友,徜徉于浩瀚的知识海洋之中。他以读书、著述、传授为乐。先生注重发挥学生的独立思考,给我们指定了必读的文献典籍和必须熟悉的工具书,定期给我们上版本目录学和经济史文献学,并将他的藏书供我们作所学的实习和训练。对遇到的疑难问题,以讨论式地循循诱导。在治学方面给我印象最深的是强调学风的扎实和科研方法的训练。刚入学时是三年困难时期过后处于国民经济恢复期间,政治气氛相对比较宽松。他对当时强调的阶级分析是唯一研究方法,殊为反感。他曾对我说:"难道数量统计等就不是研究方法吗?"当我被推选为中山大学研究生班会主席后,大概他担心我因此而热衷于社会活动从而滋长当官的欲望,曾约我作一次长谈。他谈及他是广州十三行商人的后人,先祖中曾出过翰林官等官员。对官场的黑暗,他每每听先人道及,最后说:"想当官就不要当我的学生。"先生逝世后,从其令弟梁嘉彬教授回忆其兄的一封信中才知道先生原名"嘉官",后来改为"方仲"。从此可证先生提醒我不要当官,实为至诚之言。

　　研究生时代,毕业论文的选定对一个人治学的方向和道路之影响是深远的。梁先生对确定我的毕业论文题目十分慎重。他认为应从主客观条件,以及未来学术的发展方向来确定论题。要考虑是否有潜在的可供开发的足够的资料;据此资料,自己是否有可能作出突破性的研究;是否有可能以此为起点继续拓展这一课题。后来我才意识到这是先生的经验之谈。先生正是以一条鞭法为中心,拓展出粮长制度、黄册制度、土地、田赋、人口等自成体系的明清赋役制度的研究。我自拟的题目为先生所否定。先生经与他的好友、中国社会科学院经济研究所副所长严中平先生商量后,建议以徽州的佃仆制度为我的毕业论文题目,因为1958年后陆续发现的一大批徽州民间契约文书尚乏人作较全面系统的利用,又从刚出版不久的《安徽文献书目》一书中得知关于徽州的文献传世甚丰,徽州作为徽商的家乡对之作研究,有广阔的研究前景。难度是有关资料分布的地域广阔而且分散,加之我的所在地广东所藏甚少,唯有先生采购的一批徽州鱼鳞图册藏于中大历史系图书资料室可供利用。1965年,我随先生赴京搜集资料。经先生介绍,有幸与一批蜚声国内外的专家、老前辈,如吴晗、严中平、李文治、彭泽益、章有义等先生相识;还有一批当时正处中年的学者,如魏金玉、许大龄等先生,也是于此时有幸结识的。从他们那里得到诸多的教益。吴晗先生带我等前往十三陵参观途中，曾考我路旁遇到的文物遗址，因愧不能作答而难过了好几天；常叼烟斗的严先生就徽州佃仆制问题侃侃而谈，对我作许多具体的指导，并专请刚在《历史研究》上发表租佃制度方面长文的魏金玉先生给我作进一步的具体指导。魏先生不仅给我谆谆教导，而且将经整理的一批关于徽州的资料相赠，使我体会到学术的无私。许大龄先生不仅给我解答疑难，还亲自将我需要的书送到北大招待所供我参考。此次北京之行，使我眼界大开，懂得真正学者的风范，增进了对学术的理解和酷爱。于今想来，能得如此众多的名家教导，我实在太幸运了。

梁先生还就我草拟的毕业论文写作计划作了认真的批改和补充。先生着我尽可能将有关的论著读完，了解前人已作出的贡献，在此基础上确立自己应在哪些方面作出补充和突破；要先了解有关的资料分布的地址，搜集务求完备；还要到徽州进行实地调查，搜集散佚于民间的文书契约和档案文献，注意访问长于地方掌故的老先生。先生的这一教导几乎成了我以后学术研究的规范。

在京告别先生后，我独自前往各地搜集资料。为了供比较研究用，我先到山东曲阜搜集孔府有关守墓户一类的封建依附者的资料。忆及杜甫《望岳》中"会当凌绝顶，一览众山小"的名句，我晚上独自攀登泰山，藉以开阔自己的学术情怀。继而前往芜湖、合肥，搜集安徽师范学院、安徽大学，以及当地图书馆、博物馆所藏的有关文献资料。再到徽州的屯溪、歙县、祁门、绩溪、休宁、黟县等地作实地考察与搜集资料。遵先生之嘱，除到世家大族的村庄访问老农（其中有的是当年的老佃仆）外，还访问了祁门的胡樵璧、黟县的程梦余等先生。胡、程两位，皆系晚清举人，当时正任安徽省政协委员、文史馆员。胡先生还与我结下了忘年交，屡承他将其著作、手稿相赠。这次实地考察，使我得到许多感性的知识，增加了对徽州史料的敏感性，并有可能对史料作出切实的解释。此举令我尔后30余年的史学研究工作，几乎都与社会调查联结一起。

一篇习作的保留，使我在"区域社会经济史研究"的领域中耕耘了大半辈子

梁方仲先生的言谈举止，都体现出对学术的执着追求和一丝不苟。这在我青年时代的心灵上刻下了深刻的烙印。研究生毕业后，我被留校任教，但

因"文化大革命"愈演愈烈，继而学校停办，我往粤北乐昌"五七干校"劳动改造。先生因受"文化大革命"的摧残，终于得了不治之症。记得1969年冬，我趁请假回校到先生病榻之前请安。师生相见，激动不已，颇有隔世之感。他强打精神，起身找出他珍藏的一个羽毛球盒庄重地递给我。他说："这是你论文的手稿。为了躲过红卫兵抄查，我装入羽毛球盒，置于不被注意的角落，终于被保留下来了。"我手持此文感觉沉甸甸的，显得格外地重。我感动得潸然欲滴。这倒不是来自对拙作的自我珍重，因为在这动乱的时代，注意力已不在文章的价值了。动情的是老师的一片苦心和对我研究所得的重视。正是这一篇文章的保留，使我日后得以在先生所指引的"区域社会经济研究"的领域中，耕耘了大半辈子。也正是这次晤见，先生含泪对我说："明春你回来，我还有学术的事情给你交待。"一听此话，顿然伤感得难以克制，胡乱说了一些不着边际的安慰话，藉以掩饰。次年春，干校搞所谓"清理阶级队伍"的政治运动，不准请假，未能返校探望先生。未料与先生的这次相见竟成了永别！

先生在我心灵中种下的学术根苗，虽遭"文化大革命"的摧残，但经过改革开放的春风一吹，又复活了。我想到在业师悉心指导下，在诸多先贤、学术前辈的苦心指教、帮助下，经过不惜劳苦地奔波南北搜求资料而写出的毕业论文，虽未得先生一句赞语，但他如此细心审阅、批改，又如此苦心呵护，岂不是表明他对此文的重视吗？于是我经压缩后，以《明清徽州佃仆制试探》为题，在《中山大学学报》1979年第2期上发表。由于此文采用了实证的研究方法，史料充实，颇得同行的称许，后来获得广东省社会科学研究优秀成果奖。其实这点成绩的取得，是同梁先生的精心指导、师友谭彼岸、魏金玉等的帮助分不开的。但它却给我巨大的鼓励，使我信心遽增，从此与徽学的研究结下了不解之缘。尽管自20世纪80年代起，我已转以珠江三角洲区域作为我研究的对象，但依然没有忘情于徽学的研究，或写一些徽学的文章，或以珠江三角洲与徽州作比较研究。

由佃仆制而扩及徽州社会的各个方面，
以此为典型，作"区域体系"的分析

新中国成立以来经济史的研究，多局限于生产关系史的研究。改革开放以后，以经济建设为中心，经济史的研究才成为学术界的一个热点，并延伸与拓宽其研究领域。社会经济史的区域性研究，也是于80年代才勃然兴起

的。众所周知,我国素以方志学之发达著称。地方是指中央以下的行政区。地方志记载山川、形势、风俗、方物、职官、人物、艺文等内容丰富的史迹,理应推动地方史或区域史的研究。但是,事实上新中国成立后至实施改革开放政策之前,地方史与区域史的研究,或被排斥于主科之外,或成为主科的附庸。区域史不同于地方史研究之处,在于其研究地域范围是根据题旨的要求来确定的,未必与行政区划相叠合。其研究范围可以小到有经济、人文内在联系的某一山区或平原,也可大到按经济联系或有地缘关系的跨国地域。法国年鉴学派率先作出举世瞩目的区域性研究成果。社会经济史区域性研究已成为国际性的学术潮流。但是,自从1949年以来,由于种种原因,我对法国的年鉴学派一无所知。直至1976年,美国耶鲁大学郑培凯先生来访广州,以及1978年美国洛杉矶加利福尼亚大学黄宗智教授访问中山大学,才先后简略地向我介绍了这一学派,以及美国学者从事区域性专题研究的情况。当时我正在重新整理资料,准备继续研究徽州;郑培凯、黄宗智先生的启发,坚定了我拓展关于徽州社会史的研究。

1979年春,我制定了扩大研究徽州社会史的计划,经历史系同意后,又得到副校长刘嵘的支持。于是我再次到安徽搜集资料。在合肥,我利用了安徽省图书馆、档案馆、博物馆所藏关于徽州的资料。当时的图书资料部门,以被利用其所藏为荣,对来利用图书资料者,竭诚欢迎,鼎力帮助。安徽省图书馆、安徽省博物馆的先生们对我这个后学的指导、爱护,令我难以忘怀。省图腾出一间小房供我专用,免去登记手续,凡有关徽州的文献,按顺序搬来供我使用。有的则借出让我晚上复印。由于有朋友和在当地工作的我的学生的帮助,又用了复印手段,所以工效甚高。仅仅两个多月,当地所藏,我已基本涉猎,并作了抄录、复印。我继而转往徽州地区再次做社会调查。动身前一晚上,洗澡时滑倒,摔伤了腿,多亏同窗挚友卞恩才兄深夜背我上医院作紧急处理,次日又背我上飞往屯溪的飞机。我一直拄着拐杖,坚持爬山越岭,深入农村做社会调查。由于有了第一次经验,又有朋友相助,尤其是得到当地领导如地委常委、宣传部长朱泽等的重视,提供了诸多方便,调查工作的进展更为顺利了。由于对徽州社会史由知之甚少到知之渐多,许多疑难也得到了合理解释,虽然历尽了艰苦,却赢来了研究所得的欢乐。

1980年12月,中美史学界首次在北京举行学术交流会。我有幸被遴选为中国史学代表团团员出席此会。我提交会议讨论的题为《关于徽州佃仆制的调查报告》的论文,就是把在祁门的查湾和休宁的茗洲调查所得,参证以文献资料而写成的。不期此文颇得与会学者的称赞。刚创办不久的我国哲学社会科学界最高学刊《中国社会科学》于会后将此文发表在1981年第1期上,并翻译成英文在 Social Sciences in China（见 No. 1, 1981, PP. 90 - 119）刊出。我既受到了鼓舞,又感到不足,决定继续拓展并深化这一课题的研究。我通过种种渠道,尽可能地将有关徽州的文献资料搜罗。例如,收藏在中国社会科学院历史研究所的徽州文书档案,未经整理,无法借阅。于是我直接找林甘泉所长,请求整箱、整捆地让我翻阅。终于得到林所长的慨允,并临时腾出一间小房,由我专用。当时作为一个没有多大知名度的青年学者（美国史学代表团回国后报道史学交流会动态中称为第三代学者）,在利用徽州文献资料过程中能得到各学术科研单位如此支持,于今看来是不可思议的。说明当时的学术还没有商品化,也没有等级化。

对徽州社会史的研究,由于文献资料都在外地,需要有一定的研究经费和离校外出的时间。幸好得到分管文科工作的副校长刘崚教授的理解和支持,给我半年假期,并专拨了一笔经费。1980年,我正是利用这一假期和这一笔经费,在北京等地白天到学术单位搜集资料,晚上写作。为了节省经费,得学长邝柏林研究员之助,获准利用中国社会科学院哲学研究所办公室当我的寓所（当时商品意识未兴,还没有收费之举）,里面的办公桌既可供我晚上写作,又可充我的卧床;反正我白天不在,不影响他们白天办公。我的第一部学术著作《明清徽州农村社会与佃仆制》就是在四处奔波中这样写成的。

随着我对徽州地区历史资料掌握的增多,明清时期徽州农村社会的许多问题逐渐在我的脑海中明晰起来,诸如缙绅地主势力的强大,且久而未衰,商业资本的发达,宗族土地所有制的发展和宗族势力的强固,封建文化的发达,理学和礼学的盛行,佃仆制的顽固残存,等等,都是很有特点的。而这些问题又互相关联、交相作用。例如,缙绅地主势力的强大是徽商得以发展的政治后盾,而徽州商业资本又是促进当地文化发达,培植缙绅的经济基础。徽商捐资修建祠堂,购置族产,撰写家谱,又对宗族制的强固起了直接的作用。理学也和宗族制互相浸渍,互相影响。佃仆的盛行及其顽固残存,又与上述的几个问题有着密切的联系。对以上这些问题,要作出合理的解释,必须置之于徽州历史的总体中考察,并作区域体系（Regional System）的分析。历史的方方面面本是纠缠交错一起的,应当按照其本来面目进行研究,专题是为了叙述的方便而人为地分割出来的。愈加专题化,愈需要沟通。基于以上的认识,《明清徽州农村社会与佃仆制》一书,曾着重探讨以上问题，但诸如徽州的历史地理、资源、土地与人口的变动、徽州人的由来及其素质等，都曾涉及，并作详略不同的论述。此书完稿于1981年，由安徽人民出版社于1983年2月出版。

《明清徽州农村社会与佃仆制》一书出版后，从国内外的学刊上看到的近十篇书评，从不同的方面作了肯定。这对一位处于中青之交年龄段的学者来说是极大的鼓舞。国内治明清史的老前辈傅衣凌先生与杨国桢教授联名写的书评中赞誉有加，称此书为"后来居上，超越前者，为我国社会经济史坛新添了一朵奇葩"。以治明史称誉海内外的老前辈王毓铨先生1985年在全国明史研讨会上致开幕词时誉之为"中国地区史研究之榜样"。复旦大学的伍丹戈先生阅读后，也表示特别嘉奖，赐函称之为犹如"空谷足音"。区域性"市场结构"理论的开拓者施坚雅（William Skinner）教授于1983年3月底在美国斯坦福大学的办公室与我相见时说："您的新著，我读过了。我原也想选中国的一个地方作研究，看了您的书，我不作了。"我知道他正致力于宁波、绍兴地区的研究。他还邀我在他办公室挂有刻写"宁绍研究计划"汉字的木牌前合照留念。美国的居蜜博士和日本的学者都著文评介。日本名古屋大学副校长森正夫教授、美国伯克利大学魏斐德（Frederic Wakeman）教授等曾将此书指定为其研究生课堂讨论的著作。魏斐德教授还主持将此书翻译成英文（译者为穆素洁博士和区㻞教授）。

由于我发表了受到称许的关于徽州社会经济史的一系列论著，美国Luce基金会和美中学术交流委员会在同一时间内都准备邀我访问美国。经征询我意见，终由黄宗智教授提名被聘为Luce访问学者，负责接待者是洛杉矶加利福尼亚大学（UCLA）。这次，以及1988年、1990年应邀访问北美时，曾受聘为UCLA客座副教授（1983年我已被历史系提升为副教授，但还来不及为学校一级评委会通过。当时的四位正副校长联名特批为以副教授的名义于1983年访美）、美国东西中心高级研究员，先后有机会访问了哈佛大学、耶鲁大学、斯坦福大学、普林斯顿大学、宾州大学、哥伦比亚大学、佩斯大学、奥本尼纽约大学、夏威夷大学等，以及加拿大卑诗大学（UBC）。尔后，又受聘为日本大阪大学客座教授，访问了京都大学、东京大学、名古屋大学、九州大学、金泽外国语大学及东洋文库等高等学校和学术机构；继而受聘为瑞典隆德大学客座教授，访问了斯德哥尔摩大学、哥德堡大学等。1992年冬至1994年初，先后在日本、瑞典作学术访问期间，还得到荷兰莱顿大学、英国牛津大学，以及美国夏威大学等多所大学邀于1994年上半年往访，以作学术交流。洛杉矶加利福尼亚大学还聘请为一个季度的客座教授。由于种种原因，我遵照所在的历史研究所所长的指令，于1994年初中断访问计划回国。与同行学者作学术交流，开阔了学术视野，增加了对北美、日本和欧洲等地汉学研究的了解。眼前豁然开朗，深深地感到学术领域是如此的广袤、浩瀚无边，又如此的深邃、多彩多姿。学问之道，固不能单以模式、架构之新奇，放论之高超而邀宠，亦不能闭目塞听，闭门造车而拒绝引进新的研究方法和吸收新的见解。人类科学技术的进步和人文学科的成就，本是在彼此间互相交流、互相启迪中取得的，其先后又有传承和发展的关系。随着交通的便捷，地球愈益变小，各地区间学术的相互交流和相互借鉴，也随之而不可或缺。作为一个学者，既要勤奋耕耘于学术之一隅，又要力求洞悉学术的整体。没有学贯中西的学识，没有高瞻远瞩的视野和情怀，没有自甘寂寞的艰苦劳作，恒久性的、世界性的著作，自成一说的名家，是不可能出现的。深知自己不敏，无大家的才具，但既作为学林中的一员，与世界各国学者之交流，体悟和理解中西学术之本源，就成为提高自己学术水平的关键。中国史的研究，已经不是中国人的专利，而是世界学者的公器。

基于这一认识，1984年，我从中山大学转往广东省社会科学院历史研究所组建经济史研究室，并任首任主任，之后与我广州的同事（中山大学、暨南大学等单位的同行），以广东省社会经济史研究会名义不定期地主办了一系列的学术报告会。曾先后邀请中国大陆与中国台湾的韦庆远、刘永成、庄吉发、刘石吉、徐泓、陈其南，国外的黄宗智、滨岛敦俊、西川喜久子、滨下武志、片山刚、魏斐德、赵冈、王业键、伍若贤、郑培凯、李弘祺、孔飞力、华琛、苏耀昌、魏安国、科大卫、萧凤霞、罗多弼、穆素洁，等等学者，作学术报告。其中有历史学家、社会学家、人类学家，彼此间互相交流，互相切磋。我和我的同事希望像一块吸水的海绵，从海内外学者身上吸取有用的学术元素，经不断地消化，做出有自己特点的学术来。

区域研究的再尝试，在珠江三角洲的研究中蹉跎岁月

从80年代起，我转为以珠江三角洲为研究对象。之所以对珠江三角洲情有独钟，固然有地缘之便利，但更重要的还在于珠江三角洲具有独特的历史特点：本是僻处边陲，栖息于历史的角落，明中叶以降一跃而成为经济发达的地区、中西文化的交汇地、走向海外的通道。尤其在近代，珠江三角洲在资本主义浪潮的冲击下，因其处于首当其冲的地位，中国传统社会与资本

主义世界体系互相冲突、互相适应的互动关系有极其复杂的表现。所以，拟探讨珠江三角洲经济的发展，及其与当地的生态环境、人口增长、宗族组织、民间社团、文化风尚、价值观念等问题的相互关系。以经济发展与社会结构的变迁作为本研究课题的主旨。想着重探讨如下几个问题：

一、经济演进的过程，及其在各个发展阶段的特点，力求从社会的总体把握经济现象；

二、16世纪后半叶广州市场的转型及珠江三角洲由此而引起的商业化，19世纪穗、港、澳三足鼎立所形成的市场优势对珠江三角洲经济的推动；

三、资本主义世界体系对城乡的冲击与后果在该地区的表现；

四、农村基层市场组织，交换网络的结构、功能及其有效性；基层市场与中心市场的关系，市场因素对农村社会的影响，并由此而引起的从业结构的变迁；

五、血缘性、地缘性和业缘性社会组织的社会分层、社会控制和社会流动的方式和运作，以及阶级结构的演变；

六、基层行政组织与地方社会的权力结构，村民与国家政权关系的演变；

七、近代华工出洋及其对侨乡政治、经济和人文社会的影响；

八、价值观、行为规范的变化，及其与经济发展、社会结构的关系。

一般被视为保守因素的宗族制，在珠江三角洲却与商业化相辅相成，甚至相得益彰。这种情况在东南沿海商业发达地区有代表性。对此也力图做出切实的理论上的阐释。不仅力图就珠江三角洲地区社会的经济结构、阶级结构、职业结构、基层组织结构、行政组织结构等等方面作全面的结构与功能的分析；而且把珠江三角洲的各种变迁作互动的综合分析，既要注意其短期性的，或周期性的变迁，尤其要揭示其长期趋势的演变；既要探讨其变迁的缘由、历程，更要揭示其变迁的趋向。

顾及历史有其继承性与延续性，又基于珠江三角洲原为中西矛盾、冲突的交汇地，社会变化急速，因之而出现的许多问题，直接延伸至当代。对珠江三角洲进行区域体系的研究，有助于解释为何珠江三角洲不仅是民族资本近代工业化的先鞭、是近代革命的策源地，而且成为今日社会主义市场经济的先行者。从更深层的意义看，有助于揭示中西文化冲突、交汇的地区，如何从守成到开拓，从传统到现代演变的底蕴。珠江三角洲正以其取得经济的腾飞而引起国际社会的瞩目。它作为社会主义市场经济先行者，是一种传统的历史基因所使然。希望通过这一研究揭示传统在当代的转换趋势，在历史与现状的研究中找出连接点。

　　我虽然自 80 年代起作的依然是区域性的研究，但从以上所谈的指导思想看，已明显地力图另辟蹊径，从不同的角度作出新的探讨。如果说对徽州的研究断续耗费了我 16 年的岁月，那么作珠江三角洲的研究至目前为止已经蹉跎了近 20 年的时光，而且迄今为止，这一课题的研究尚未结束。明中叶才形成的官僚士绅集团为珠江三角洲留下的地方文献远比"宋兴则名臣辈出"的徽州逊色。特别是反映清中叶以前的文书契约、账簿、族谱等不多，而海外学者、商人、传教士写下的反映近代商业社会情态的著作却相当丰富。这与海外贸易发达有关。基于这一情况，通过实地调查考察文物遗址，搜集散佚于民间的文书档案、碑文，以及口述资料，尤其显得重要而且必不可少。根据我在徽州做社会调查的体会，文献上的记载，有的是特殊事例。从某种意义上看，正因为其为特例，才为当时的文献作者所注意并记录下来。一般的习以为常的、童叟皆知的事情，反而往往被当时人忽视而未见诸文字。若仅凭文献记载推断，有时可能陷入以偏概全之弊。

　　这些年来，我花费了大量的时间从事农村社会调查和搜集市、县所藏的资料。1984 年前，我还在中山大学任教时，已鼓励学生以珠江三角洲历史的某一专题为毕业论文题目，并带领他们到佛山等地做社会调查，搜集了广州市、佛山市档案馆、图书馆所藏的有关资料，发掘出大批民间土地契约和一些藏于民间的未刊手稿，如何仰镐的《小榄何氏发家史》等。80 年代几乎每年我都有一段时间在珠江三角洲乡村做社会调查。有的是同海外学者，如先后与华琛（当时在美国匹兹堡大学，今在哈佛大学）、孔飞力（美国哈佛大学）、李弘祺（当时在香港中文大学，今在纽约大学）、麦礼谦（美国华侨历史学会）、穆素洁（美国杜克大学）等一起下去作短期的考察。从 1989 年起，我和我在广州的同事先后分别与海外学者作联合定点调查，如与日本大阪大学滨岛敦俊、片山刚选定顺德龙江、大良，番禺万顷沙，台山赤溪、四九等地作调查点；与科大卫（英国牛津大学）、萧凤霞（美国耶鲁大学）共同主持的以番禺沙湾、三水芦苞、南海沙头为点所作的民间信仰、民间宗教活动和民俗的调查。香港中文大学陈其南主持的"华南社会文化形态"研究计划，我也被聘为顾问而参加过部分活动。这些社会调查中，中方的主力是陈春声、刘志伟、陈忠烈、戴和、罗一星等年轻学者。中外学者联合做社会调查，有助于学术交流。从调查的视角、内容、方法，可以看到一个人的学养。在共同调查中，我从不同学科的学者身上得益甚多。作学术性的社会调查，从某种意义上说，是一种有效的综合学术训练。在广泛搜集有关珠江三角洲文献资料和社会调查的同时，按照前面所谈的研究构想，先作专题研究，不断扩大研究面。然后就一些问题作交叉研究。十几年来我先后就北方士民的南迁与珠江三角洲的开发，广州市场的转型与珠江三角洲的商品性农业、手工业的兴起，沙田的开发、宗族组织与商业化，水上运输与地方墟市网络，华侨、侨汇与珠江三角洲经济的演进，等等专题，在《中国社会科学》（含英文本）、《中国史研究》、《中国经济史研究》、《中国社会经济史研究》、《广东社会科学》和港台地区，以及国外学刊共发表了30余篇论文。应台北稻禾出版社之约，从中选20余篇结成集子，以《珠江三角洲社会经济史研究》为书名，交由该出版社出版（80年代与谭棣华合著的有关论文，因他早已擅自收入名为《广东历史的几个问题》一书出版，未收在内）。另外，以珠江三角洲为重点，我主编（兼撰稿者）《明清广东社会经济研究》（广东人民出版社1987年版）和《广东航运史——古代编》（人民交通出版社1989年版）等专著；又参与《珠江三角洲历史、地理、经济状况及南洋华侨发展史》（与王赓武、许学强分别撰文合集，由霍英东先生写前言，作为第二届世界华商大会指定参考书，1993年11月在香港印行）一书的撰写。这些论著，都是从微观，或较大层面上对珠江三角洲社会经济史作阐释，以便进一步地作"区域体系"的综合研究。

17年前，谈及区域性研究与全国性研究的关系时，我曾指出：由于地区历史发展的不平衡，"全国性的综合研究，自当以各地区的研究为基础；同样，地区的研究，也不能局促于狭窄的小天地，而必须放眼于全国历史发展的总体"（拙作《明清徽州农村社会与佃仆制》"前言"）。珠江三角洲作为中西文化交流的前沿、走向世界的通道，对之进行研究更应放眼于世界历史的总体。因此，在我研究珠江三角洲的同时，始终关注中国历史发展的总体，乃至放眼于与珠江三角洲相关的世界历史的研究。这期间，我与张难生合著的《海上丝绸之路与广州》（刊于《中国社会科学》1991年第1期；又 *Social Sciences in China*，No. 2，PP191-214，1992），拙作《十九世纪下半叶夏威夷华人首富陈芳》（《华侨华人历史研究》1990年第4期），以及我与韦庆远共同主编的《清代全史》第五卷（辽宁人民出版社1991年版），等等，都有力求了解珠江三角洲在中国历史、世界历史的格局中充当的角色和所起的作用的目的在其中。

我在从事社会经济史研究中，从理论到研究实践都一直力倡区域体系（Regional System）的研究。在1983年出版的《明清徽州农村社会与佃仆制》一书，如果说是笔者关于区域体系研究的一个尝试的话，那么，为了推进区域社会经济的研究，我很想通过对珠江三角洲的研究，在学术功能上对"区域体系"的研究方法也有所推进。因此，我于1986年已和中华书局订有撰写《珠江三角洲的商业化与社会变迁》一书的合约。为了从理论到学术实践上了解并吸取国内外学者对区域研究的有益见解，曾请中国社会经济史研究的重要奠基者傅衣凌先生为主持人，于1987年以"区域社会经济研究"为主题，在深圳召开了有200余人出席的国际学术研讨会。与会学者的成果已收入由笔者主编的《清代区域社会经济研究》（中华书局1992年版）一书。对于中华书局的约稿，80年代末也已写出了初稿。但在修改过程中，由于认识的深化，现在正在重新改写。此书已经历了十余年，至今尚未脱稿。

崇真求实，本是我追求的目标，并一直以此自许、自励、自勉。我理解的"求真"，就是绝对尊重史实，言必有征，以占有资料为第一位。要透过史实来显示历史的归趋，也要从历史的归向中看出具体史实的意义。"求真"，就是忠实的态度，因为即使"求真"达到了自然科学般可靠，也只有相对的"真"，绝非已达到"真"的尽头。历史是人和过去不断的对话，是永无止境的对话。只要投入赤诚心灵的气息、理性的精神，根源于史实，据此论人事的兴衰，时间的迁化，而不是怀有诡谲的心机，轻率的态度，"求真"便自在其中了。就我个人对史学研究的感受而言，在应学刊《社会科学家》约写的"语丝"中有云："追求'藏之名山'之作，是未入道之时。王国维'人生过后唯存悔，知识增时转益疑'最能道出我心路的历程。"（1998年第4期封2）我觉得历史学的研究最大的困惑是无法验证过去，加之历史的演进如此错综复杂，纷繁多变，以经济运作过程而言，对发生于当前的已难以预测，更遑论发生在古代的了。所以，对于自己所写下的东西，究竟距历史的实际有多远，实在惊恐得很。常常扪心自问：对于自己所探讨的问题，在史料上掌握、理解的程度如何？对其纵向和横向的交叉把握如何？是否已置之于总体史学的格局中作了考察呢？这期间有多少独立的见解？在作诸如此类的自我审视中，惊恐多于自信。自己还在怀疑的东西，怎么便能匆忙向社会推销呢！这就是我为什么发表的东西越来越少，而且手头正在重新修改、补充的《珠江三角洲的商业化与社会变迁》一书难以定稿，尚处于难产状态的原因了。

目前，区域社会经济史作为一个分支的历史学，其面临的挑战，既是严峻的，也是前所未遇的。自然科学的各门学科研究进展之神速令人目眩口呆。人文学科的历史学能按常规匐行吗？医学上动物的基因密码、地球以外的一些星球的奥秘,等等,纷纷地被解答。科技的发展,正在飞速地改变人类社会的生活。面临电脑网络的出现和不断完善,传媒工具的变革,视觉文化的兴盛,历史学还能在多大的程度上保持现有的传统?历史学科如何克服无法验证过去的缺陷而趋向科学化呢?人类社会历史演进奥秘的揭示,能否如同自然科学一样取得日新月异的进展呢?21世纪的历史学还能保持现有的形态吗?这是经常浮现于我脑际的问题。

1998年7月29日于广州天河北幽篁室

(原刊于张世林编《学林春秋》三编下册,朝华出版社1999年版,第609–626页)

论徽商文化

关于商业文化，没有经典定义。笔者的理解是，传统社会的商业文化是随着商品交换的产生而出现的，在商业实践中，由长期养成的贾道、商业伦理，以及从业人员的品德、经营理念、业务技能等所铸成的商业道德和行为取向，包含商道、商业伦理、商业理念，以及网络系统、组织规程、营销观念等。

徽商，以贾而好儒，具备高文化素质为其特色。在明清商界称雄三百年的漫长历史中，创建了富有特点的辉煌的商业文化。徽商文化内涵的丰富精致，兹就以前笔者研究成果和当下思考所得，再次就徽商文化的几个重要问题，即徽商文化的基石"新四民观"，贾而好儒与贾儒结合的特色，奉勤俭为信条的"徽骆驼"精神，以诚信为本、勇于创新的精神，以及徽商文化的局限性等几个问题，发表一些粗浅的看法，以就正于学界的同仁。

至于广义的徽商文化，诸如：徽商的衣食住行、仪表风貌、人际关系、婚丧嫁娶，等等，限于篇幅，不在本文讨论之列。

一、破"荣宦游而耻工贾"的旧俗，立尊商重利的"新四民观"，是徽商文化的基石

徽州自宋代以降，"名臣辈出"，"先贤名儒比肩接踵"，有"东南邹鲁"[①]之称。以程朱故乡自居的，宋明程朱一派对当地的影响是深远的，"虽僻村陋室，肩圣贤而躬实践者，指盖不胜屈也"[②]。在弥漫传统"荣宦游耻工贾"价值观的氛围中，如果没有思想观念的突破，尊商重利的商业文化是难以树立，并形成风气的。

明代中叶，特别是发现新大陆，开通东西方航线，出现大航海时代后，中国传统的商业日渐转型，商业趋向空前的繁荣。国内各地间长距离的贸易往来日益加强。随着商品经济对日常生活的渗透，商人势力的增强，"士农工商"的四民观发生了动摇。正是在商业发生转型的 16 世纪，出现了王守

---

① 赵汸：《商山书院学田记》，道光《休宁县志》卷1《疆域·风俗》。
② 赵吉士：《寄园寄所寄》卷11《泛叶寄》。

仁的"致良知"说,及与之有师承关系的泰州学派。这一派系(下面简称之为王学)与16世纪商业转型之间互相激荡,其在经济伦理上对儒学作了令人注目的创新与发展。

王守仁创立致良知说之后,新儒学才真正深入民间。在他看来,商人、田夫、市民、村夫都具有"良知"。他提出:"虽终日作买卖,不害其为圣为贤。"① 又说:"四民异业而同道"②。他提出的这些儒学的经济伦理是前所未有的。显然是当时"士农工商"四民职业观松动的一个注解,企图打破传统的"荣宦游而耻工贾"的价值观。正因为如此,他的致良知说,为商人、窑工、樵夫、灶丁、田夫等民众所乐于接受。不少人投其门下,并为弘扬与发展其学说做出了贡献。他的高足王艮继承并发展了他的学说,创立泰州学派。王艮承继于师又不同于师。他说"圣人之道,无异于百姓日用。"③ 他较之其师走得更远,而距野老村夫更近了。泰州学派后学李贽又把王艮的"百姓日用即道"加以发挥,把穿衣吃饭等人生的基本要求、人对物质和精神的欲望(包括情欲)、对私利的追求等,都视之为道,合乎天理。这在当时,实是一种惊天动地之举。李贽最大限度地把儒学世俗化和社会化了。

王守仁一派的心学,由于对儒学的修养简易直截,尤其重要的是其抬高了商人地位的经济伦理,为徽商所乐于接受。对于王学,自"嘉靖以迄于明末",徽州人趋之若鹜。休宁程默"负笈千里,从学阳明",歙县程大宾"受学绪山(王守仁弟子钱德洪)","及东廓(王守仁弟子邹守益)之门"④。王守仁的高足王艮、钱德洪、王畿、邹守益、刘邦采、罗汝芳等更是集聚徽州,主讲盟会⑤。王学在徽州掀起大波,令人耳目一新。王学提出"四民异业而同道""百姓日用即道";徽州就有"士商异术而同志"⑥、"以营商为第一生业"⑦、"良贾何负闳儒"⑧ 的石破天惊的说法,彼此呼应。这意味着力图在徽州把"商"置于"农工"之上而与"士"并列。王学崇商重利的观念,"士商农工"的新四民观,被渗透到家法、族规和乡约中,成

---

① 《传习录拾遗》第14条,转引自余英时《士与中国文化》,上海人民出版社1987年版,第518页。
② 《王文成公全书》卷25。
③ 《心斋王先生全集》卷3《语录》。
④ 黄宗羲:《明儒学案》卷25,《南中王门案一》。
⑤ 《紫阳书院志》卷18,《中国历代书院志》,江苏教育出版社1995年影印版。
⑥ 徽州《汪氏统宗谱》卷116,《弘号南山行状》引李东阳语。
⑦ 凌濛初:二刻《拍案惊奇》卷37。
⑧ 汪道昆:《太函集》卷55《诰赠奉直大夫户部员外郎程公暨赠宜人闵氏合葬墓志铭》。

为规范人们的自觉行动。

从传统的"荣宦游而耻工贾"和轻贱商人的观念中,走到贾为厚利、儒为名高、士商异术而同志这一步,至为关键。它可鼓舞人们从商的热情和树立商人职业的自豪感,从而出现经商的热潮。明代嘉靖、万历时,歙县汪道昆多次强调徽州以业商为最主要。他说,"新都(徽州的古称)业贾者什七八","大半以贾代耕"①;艾衲居士著的《豆棚闲话》中也说:"人到十六岁就要出门学做生意。"② 乾隆《歙县志》中更说:"商贾十之九。"③ 几乎是全民经商了。可见破旧四民观,立尊商重利风气,是徽商文化得以创建和发展的基石。

二、贾而好儒,贾儒结合,互相为用,这是徽商文化的一大特色

移居徽州的中原士族在宋代开局的成功,"宋兴则名臣辈出"④,由此引发了尔后徽州一系列的胜境。其源来自崇文重教的传统,以及中原士族移居徽州后对文化传承危机感的反省和身处逆境中铸就的奋发进取的精神(后不断传承弘扬,胡适称之为"徽骆驼")。"崇文重教"意味着徽州人重视文化知识的含量;"徽骆驼"精神,指的是徽州人坚韧不拔、奋发进取的精神状态。崇文重教与"徽骆驼"精神,是徽州的两个文化基因,形成于宋代,也在宋代开始结出硕果。

在徽州,以家族为核心的宗族观念特别牢固。个人的升迁荣辱,是与家族的盛衰隆替联系一起的,亦即个人的身份地位,取决于封建王朝的覃恩钦赐,取决于他本人所在的差序等次的伦理架构中的位置,取决于所属社会集团的势力。由于恪守官本位的价值取向,科举仕宦被认为是荣宗耀祖、提高本宗族地位最重要的途径。科举仕宦不仅成为人生的追求目标,更是个人、宗族的终极关怀。

徽州科举仕宦和徽商"贾而好儒"的文化基因是崇文重教。元代休宁学者赵汸曾指出:"自井邑田野,以至于远山深谷,居民之处莫不有学,有

---

① 汪道昆:《太函集》卷16《兖山汪长公六十寿序》。
② 艾衲居士:《豆棚闲话》第3则《朝奉郎挥金倡霸》。
③ 乾隆《歙县志》《风俗》卷。
④ 罗愿:《新安志》卷1《风俗》。

师，有书史之藏。其学所本，则一以郡先师朱子为归。凡六经传注、诸子百氏之书，非经朱子论定者父兄不以为教，子弟不以为学也。是以朱子之学虽行天下，而讲之熟，说之详，守之固，则惟新安之士为然。"赵汸在这里将崇文重教的情景描述出来了，也说出了由朱熹教导下所形成的文风昌盛，"儒风独茂"的氛围。明清时期，崇文重教愈加注重，文化越发昌盛。"十家之村，不废诵读"，社学、书院林立。据康熙《徽州府志》记载统计，弹丸之地的徽州府社学达562所，书院有54所。① 官办学校依然繁盛。"科举必由学校"。官学的设置、管理制度，愈加健全和规范。这显然有利于科举中夺得优势。

各宗族子弟，少时先业儒，家贫而聪慧者可得族产的资助。及长，或科举，科举未遂，转而为商；或从商，从商之后又不忘儒业，有的又转身走科举仕宦之路。总之，贾而兼儒，贾儒相结合。贾儒结合，既意味着一个人儒贾兼治，也体现在业商、业儒的分工。汪道昆指出："新都（徽州的旧称）以文物②著，其俗不儒则贾，相代若践更。"③ 笔者根据张海鹏等主编的《明清徽商资料选编》一书所作的粗略统计，弃儒从商者便有143例，商而兼儒（包含贾而好儒、弃商归儒、贾服儒行、以儒服事贾、迹贾而心儒等）有36例。商而兼儒，如歙县吴希元（明万历时人）"下帷之暇，兼督贾事；时而挟书试南都，时而持算客广陵"，后以捐输得授文华殿中书舍人④。有的则通过科举而官宦。例如，歙县程晋芳，业盐于淮，兼治儒术，"招致多闻博学之士，与共讨论"，终于举乾隆朝"辛卯进士"，授翰林院编修⑤。

贾而兼儒，固然有附庸风雅的成分，但主要的是贾而好儒所使然。他们奋迹江湖，没有忽视文化的修养。歙县盐商吴炳寄寓扬州时，"往往昼筹盐策，夜究简编"⑥。休宁汪志德"虽寄居于商，尤潜心于学部无虚日"⑦。据李斗《扬州画舫录》记载，徽商多工诗书画，有的还著书立说；有的在自己的庭院、山馆中举行文会以广交士大夫；视读书、藏书、刻书和诗赋琴棋

---

① 康熙《徽州府志》卷7《学校》。
② "文物"，这里是指礼乐典章，与科举、衣冠连。
③ 汪道昆：《太函集》卷55《诰赠奉直大夫户部员外郎程公暨赠宜人闵氏合葬墓志铭》。
④ 《丰南志》第5册，《从嫂汪行状》。
⑤ 昭梿：《啸亭杂录》卷9。
⑥ 《丰南志》第5册，《嵩堂府君行状》。
⑦ 《汪氏统宗谱》卷12《行状》。

书画为雅事，以雅致自娱。他们注重谈吐、风仪、识鉴，以儒术饰贾，或贾服儒行，显得情致高雅。歙商江兆炜在姑苏"尤乐与名流往来"，其弟江兆炯亦然。"吴中贤大夫与四方名士争以交君为叹"①。总之，身为商人，却显得儒雅高贵，富有书卷气。

贾而好儒，通过科举仕宦转化为官，又可通过经商致富再以叙议捐纳取得虚职荣衔，成为亦官亦商，一身二任。《歙风俗礼教考》指出："歙之蹉于淮南北者，多缙绅巨族。其以急公议叙入仕者固多，而读书登第，入词垣、跻膴仕者，更未易仆数。且名贤才士往往出其间，则固商而兼士矣。"②

贾儒结合导致"官商互济"，两者相得益彰。汪道昆（1525—1593）曾经指出："新都三贾一儒，要之文献国也。夫贾为厚利，儒为名高。夫人毕事儒不效，则弛儒而张贾。既则身飨其利矣。及为子孙计，宁弛贾而张儒。一弛一张，迭相为用，不万钟则千驷，犹之转毂相巡，岂其单厚然乎哉！"③比较精确、全面而且准确地指出了贾为厚利，儒为名高，两者犹如车之两轮、鸟之双翼、相互配合、相互为用的关系。

应当指出，贾儒结合是徽州文化在宋明朱、王两派共同浸渍、熏陶下的产物。这表明：在政治伦理上以程朱的官本位为依归，经济伦理上却以陆王的尊商立教为本。"官商互济"，则是儒商结合的演化与结果。

三、"徽骆驼"精神是徽商文化的支柱

移居徽州的中原士族，一方面对自身原先优越文化的继续传承产生危机感，另一方面直面尚待开发的重峦叠嶂、几乎无发展农耕潜力的生态环境而困窘。这双重困境迫使他们在这片"依山阻险，不纳王租""勇悍尚武""断发文身""火耕水耨"的新环境中，铸就了奋发进取、勤勉俭朴的精神，亦即后人所称的"徽骆驼"精神。这是中原精英才俊接受逆境的磨炼，并与土著越人融合的成果。历史证明，"徽骆驼"精神，代代相传，日久弥弘。这是徽商成就大业的必备条件。

明代嘉靖、万历以后，因"徽民寄命于商"，"十三在邑，十七在天下"。大凡从商者要流离他乡，含辛茹苦，经受精神和肉体的种种磨炼。作

---

① 歙县《济阳江氏族谱》卷9。
② 江侬瀌：《橙阳散志》末卷。
③ 汪道昆：《太函集》卷52《海阳处士金仲翁配戴氏合葬墓志铭》。

为移民社会的徽州,经历着中原正统文化与越人文化相互激荡与相互融合的过程,因而社会充满活力。他们以勤、俭著称。勤与俭,本是儒家传统文化中最古老的训诫。安贫乐道、内圣外王、入世拯救,是儒家传统的精神。韦伯把新教伦理概括为勤、俭两大要目,新教伦理也正是启动西方资本主义的文化因素。徽商也以勤与俭,作为宗奉的信条。他们把勤、俭载于家法、族规,用以规范族众;将勤、俭写入商业专书之中,以供商人时时自省。

勤、俭在当地蔚然成风,据康熙《徽州府志》记载:"家居也,为俭啬而务畜积。贫者日再食,富者三食,食惟馕粥。客至不为黍,家不畜乘马,不畜鹅鹜……女人尤称能俭,居乡者数月不占鱼肉,日挫针治繲纫绽。"① 顾炎武在《肇域志》中也说:"新都勤俭甲天下,故富亦甲天下。"② 所以,有的徽商致富之后,依然以勤俭自律,"居安逸而志在辛勤,处盈余而身甘淡泊"③。勤与俭,正是"徽骆驼"精神的体现。

"徽骆驼"精神,是徽商成大业的精神支柱。许多名商大贾是依靠这一精神磨炼出来的。盐醝世家歙县鲍氏,乃徽州望族。但难免其间有家道中落、陷入贫困者,鲍志道即一例。他"年十一即弃家习会计于鄱阳。顷之,转客金华,又客扬州之栟茶场,南游及楚,无所遇。年二十乃之扬州佐人业盐,所佐者得公起其家。而公亦退自居积操奇赢,所进常过所期。久之大饶,遂自占商数于淮南",曾被推为两淮总商,先后受朝廷敕封的官衔达六个之多④。

又据《歙县新馆鲍氏著存堂宗谱》记载:

(鲍直润)尚志公次子,……十四赴杭习贾。贾肆初入者惟供洒扫。居半年,虑无所益,私语同辈曰:"我曹居此,谁无门闾之望,今师不我教,奈何?请相约,如有所闻,必互告勿秘,则一日不啻两日矣。"师闻而嘉之,遂尽教。恩既卒业,佐尚志公理醝业,课贵问贱,出入罔不留意。遇事必询,询必和其辞色。虽厕仆亦引坐与语,以故人多亲之。市价低昂,闻者莫之或先。贸易不占小利,或以为言,大父曰:"利者人所同欲,必使彼无所图,虽招之将不来矣。缓急无所恃,

---

① 康熙《徽州府志》卷2《舆地志下·风俗》。
② 顾炎武:《肇域志·江南十一·徽州府》(抄本)。
③ 《汪氏统宗谱》卷31《汪材传》。
④ 《歙县棠樾鲍氏宣忠堂支谱》卷21《中宪大夫肯园鲍公行状》。

所失滋多非善贾之道也。"人服其远见，尚志公晚年事皆委任焉。①

鲍直润虽系鲍尚志之子，也得先当学徒，从事店铺商肆的洒扫等粗活。

徽商"徽骆驼"的开拓进取精神，不受狭隘的地域限制，转毂四方。他们沿着长江和运河，开辟了长江中下游和运河沿岸"无徽不成镇"的局面，进而开拓了全国性市场，并走向世界。在东南亚各国，徽商也留下了踪迹，尤其曾在日本五岛建立了商业王国。

徽商既勤于商务的历练，也勤于学习儒家的传统文化，从书本中攫取商业知识。他们从历史上的名商，如三致千金的范蠡、精通经商之道的计然和白圭、富比王侯的猗顿、与国君分庭抗礼的子贡，等等，取得榜样的力量和经商的知识；从经商的历练中总结经验，有的还写成商业专书。其目的是为了提高商业经营水平，并力图使商业职场技能专业化，极力创造商业文化的新境。

四、诚信可通天理，诚信是徽商文化的核心

"天理"是明代儒家的最高理念。王守仁说："四民异业而同道。"道，即天理。徽商不同于西方的清教徒，把创造业绩以得上帝的恩宠视为"天职观"。但徽商也表现出一种内在的超越精神，② 相信按照明代新儒的立教去修养，其中最重要的是宗奉儒家诚和信的传统信条，就可建立名德与功业，就可通"天理"。他们以诚、信为本，主张义以制利，义中取利，因义而用财，建立起富有特色的商业伦理，以使商业的宗旨不偏离既定的轨道。把历来被贬为"末业"的商人，抬高到与"士"并列，以具有可通天理的人格。这无疑可起到振奋精神，自重、自信、自强的作用。

徽商强调"服膺天理""蹈道守礼"，就得要做"诛心贼"的修养，培植诚信的精神，克制人的自然性的欲望，使人回到理性的状态中来，以求得符合天理。歙县商人胡山，经常"耳提面命其子孙曰：'吾有生以来惟膺天理二字，五常万善莫不由之。'……因名其堂曰：'居理'"③。歙人黄玄赐行商于齐鲁间，"伏膺儒术，克慎言动"，也是按儒家圣人的立教去修养。

---

① 《歙县新馆鲍氏著存堂宗谱》卷2《中议大夫大父凤占公行状》。
② 关于商人按照的新儒的立教去修养，就可通天理，是一种内在的文化超越形态之说，参阅余英时的《近世宗教伦理与商人精神》一书。
③ 李维桢：《大泌山房集》卷73。

他对朝廷慨然捐输,对族党邻里不吝施舍①,都是为了立功、积德,亦即为了通向天理。

诚信是徽商文化的核心。社会经济活动是由群体组织,而非个人所完成。诚信直接影响群体组织的凝聚力,以及影响社会交往能力的发挥,并由此而影响经济活动的效果。经济的繁荣总是与高诚信度的群体相联系,总是在高诚信度的地区出现。所以,诚信成为社会品德的主要成分。徽商因具有强劲的凝聚力而结成商帮,并形成庞大的商业网络,而且在商业上取得辉煌成就,显然与其恪守诚信有关。他们往往宁可损失货物或财产,也要保住信誉。婺源洪胜,平生"重然诺,有季布风,商旅中往往藉一言以当质券"。洪辑五"轻货财,重然诺,义所当为,毅然为之",因此受人敬重,推为群商领袖。②歙商江氏,以诚信为商人立命之基,世代守之不息。传至承封公,"惧祖德湮没不传,倩名流作《信录》,令以传世"③。

大凡取得商业成功的徽商几乎都以诚信为本。歙商许宪说:"惟诚待人,人自怀服;任术御物,物终不亲。"他因诚信而享誉商界,"出入江淮间,而资益积"④。黟商胡荣命经商于江西吴城50年,以信誉自重,童叟不欺。晚年告老还乡,有人"以重金赁其肆名",被他拒绝。他说:"彼果诚实,何藉吾名?欲藉吾名,彼先不实,终必累吾名也。"⑤罢商之后依然以其招牌声誉自重。歙县商人江长遂,"业鹾宛陵,待人接物,诚实不欺,以此致资累万"⑥。

清代歙人凌晋从商以诚信为本,交易中有黠贩蒙混以多取之,不作屑屑计较;有误而少与他人的,一经发觉则如数以偿。结果他的生计却蒸蒸"益增"⑦。其中缘由,道光年间,黟县商人舒应刚作这样的解释:"钱,泉也,如流泉然。有源斯有流。今之以狡诈求财者,自塞其源也。"⑧ 在他看来,以义为利即生财之大道。婺源巨贾李大嵩传授其生意经时也说:"财自道生,利缘义取。"⑨徽商不是不言利,而是遵守儒家传统,取财要符合商

---

① 见歙县《竦塘黄氏宗谱》卷5。
② 《敦煌洪氏统宗谱》卷59《福溪雅轩先生传》《辑五先生传》。
③ 歙县《济阳江氏族谱》卷9《清诰封奉直大夫承封公传》。
④ 《新安歙北许氏东支世谱》卷3。
⑤ 《黟县三志》卷6下《人物》。
⑥ 歙县《济阳江氏族谱》卷9《清布政理部长遂公、按察司经历长遇公合传》。
⑦ 凌应秋:《沙溪集略》卷4。
⑧ 《黟县三志》卷15《舒君遵刚传》。
⑨ 婺源《三田李氏统宗谱》《环田明处士李公行状》。

道，以义制利。用义抑制狡诈，使之坚守诚信。这是对商人一种软的制约。

西方制度学派认为因以义制利，压抑了商人法制的出现，以致缺乏对商人以法律做硬的约束。从西方人的眼光来看，有其道理。但是，利以义制，是不能从儒家的道德中割裂出来的，它与同仁、诚、信等一起构成一个完整的道德体系，起合力作用。事实说明，大凡以利以义制，非义之财不取为圭臬者，都往往取得商业的成功。

徽商以诚实取信于人，且多行义举，在其家乡以及其聚集的侨居地，实行余缺互济的道义经济，以种德为根本，形成其贾道。在此氛围下成长的徽商子孙，受其熏陶，其以诚信为核心的徽商文化得以传承不息。

五、创新精神是徽商文化的灵魂

创新与人的高文化素质是密不可分的。由于对传统文化的酷爱和执着追求，徽商成为具有高文化素质商人集团。表现为儒学的深邃造诣，商业职业技能的专业化，以及坚守商业理念和商业道德。徽商在注重提高自身的文化素质的同时，又重视对文化事业做经济上的全面支持和慷慨投入，着意于社会上的人才培养，高扬人文精神，营造一个有利于人才成长的文化氛围，以保持人才不断涌现的后续局面。

徽商为了商业发展的需要，运用自己的学识经验和已知的信息，突破旧的思维定式、旧的常规戒律，提出新的商业理念、新的经营管理模式，推进了商业的功能。他们把儒家传统的优秀文化落到实处时，进行了创造性的运用。

他们既传承了儒家的道统，又做了大的解构，为传统激活了生命力：在政治伦理以程朱理学为依归，坚持官本位，以科举仕宦为终极关怀；经济伦理则以王学的尊商立教为本，提倡"士商异术而同志"，主张把"士农工商"的传统职业顺序，改为以"商"置于"工农"之上而与"士"相并列的"新四民观"，注入重利文化。

这里把明儒朱、王两派互相抵牾的主张，糅合在一起加以综合运用，本身就是一种创造。重利文化是商业发展的前提，引入陆王的尊商思想，显然是为了发展商业的需要。前述的把传统的商德"诚信"，提高到可通"天理"的高度，倡导诚信可通天理的商业理念；传统文化中最古老的训诫"勤"与"俭"，崇奉为日常必尊的信条，并竭诚实践；提出"利以义制"，对商人做软的约束。凡此种种，都是一种观念和商德贾道上的创新。

徽商在商业组织和经营管理上，也有诸多创造性的建树。商业组织是以血缘为核心建立起来的，并构建以血缘与地缘相结合的庞大的商业网络。徽商在寄籍地和侨居地总是按照血缘、地缘聚居，其内部互相扶持，互相接济。徽商的组织网络和地域网络合为一体。徽商网络既有集聚资金、组织货源、推销商品、公关，以及加强竞争力等经济功能，又有引进、吸收外地文化效用，从而使其文化充满活力。人们把徽商建立的以长江中下游和运河两岸名都大邑为主的商业网络称为"大徽州"。"大徽州"和本土的"小徽州"之间的互动，使其经济、文化处于吐纳、流动之中，因而充满活力，蓬勃发展。应当说，在中国的商业史上，徽商的网络是最庞大、最强有力、最成功、最富有创新精神的。

其他如会票制、合股制、伙计制等，较以前商业营运形式有了明显的进步，已经推进了商业的功能。商号出资者与经理（或称掌计、副手）有的是分开的。歙县许承尧的先祖在江浙开典当四十余肆，伙计几及二千。每处当铺都分别由各掌计掌管。① 按规矩，家庭开支与铺店财务是分开的。这里已开始出现所有者与经营者分离的近代化商业的特征。又如，明末出现了汇兑业务的会票制度，虽然仅限于徽商内部，但它使货币便于携带流通，减少了运输现金的成本和风险，有利于商业资金的运作。其异地支付的汇兑方式已带有近代金融的意义。在实施伙计制中，有的伙计虽不出资，但经考绩，表现经营得力，绩效突出者，可分享利息。这也已带有人力资本入股的色彩。有一布商，凡织工将他的"益美"名号织入布匹作为商标者给银二分。此举已经含有品牌、商号、商标的意识了。

凡此种种，在当时商业经营管理上皆系崭新的形式，体现了徽商的创新精神。

应当特别指出，徽商最具创新进取精神的是，以汪直为首的徽州海商走私集团，抓住16世纪大航海时代提供的机遇，利用新安江通海之便，东下杭州湾，直奔海洋。效法当时西方海商，制造大舰，并武装起来，称雄于东亚海域，甚至在日本的五岛建立商业王国，掀起空前的声势浩大的中国海洋贸易第一波。② 这一引领时代潮流的壮举，既是徽商最辉煌的一页，又使徽商文化注入了浓重的海洋文化的元素。顺带指出，清末同治、光绪年间，曾

---

① 见俞樾：《右仙台馆笔记》，转引自许承尧《歙事闲谭》卷17，手写本，藏安徽省博物馆。
② 参见叶显恩：《明中叶中国海上贸易与徽州海商》，刊于朱诚如、王天有主编《明清论丛》第五辑，紫禁城出版社2004年版，第242–257页。

出现显赫一时的红顶商人胡雪岩。他经营丝茶出口贸易，并敢于与西方海商一争雌雄，俨然口岸出口巨商。但是，从时代精神、经商的规模、个人的气度境界看，胡雪岩都不能与汪直相提并论，只能说他是明清徽州海商历史的最后一波。

传统社会的商帮中，如果分为农耕文化商人和海洋文化商人的话，徽商无疑是海洋文化的代表。至于靠海洋文化起家，于近代崛起的粤商（以十三行商为代表），因属后起，不做同等类比。关于徽商作为近代之前的明清商界海洋文化的代表，有俟今后另撰专文探讨。

六、徽商文化的局限性

徽商的辉煌业绩，无疑是璀璨的徽商文化所铸成；徽商的衰落，显然也暴露了徽商文化的局限性。徽商在走到传统商业的高峰和极限而止步，终于在嘉、道年间（18世纪末19世纪初）衰落。这里所谓衰落是指它从占据商界鳌头的地位跌落而为后起的广州十三行商人所取代。其具体的历史原因，在以前发表的拙稿中均有谈及，于此不赘。在文化的层面，徽商衰落"最重要的也是最深层的原因还在于：徽商缺乏自身转化的动力，不能更新商业的理念。18世纪世界商业革命的浪潮逐渐波及中国，随着与西方签订的丧权辱国的不平等条约，被迫开放通商口岸之后，中国传统商业的经营理念和运作方法，越发显得落后。作为传统商业的代表——徽商，尽管走到了传统商业的高峰，发展到了极致，但由于缺乏转化的动力，受自身商业理念的束缚而不能摆脱，终于不能超越传统社会所规范的商业运作的轨道，走到传统商业的极限而止步。徽商之所以缺乏转化商业理念的动力，是因为它在政治伦理上以程朱的官本位为依归，受到了宗族伦理的制约"。①

迄今，笔者仍然坚持前述的这一看法。徽商文化是明清时期特定历史条件下的产物，难免有其历史局限性。徽商在商业理念上，他们积聚资本仅视为手段，而不是目的。徽商并没有一味追求其商业上的成就，不同于西方的商人以商业作为终生的事业来追求，也没有以"创业垂统"为目标建立商业帝国的企图。徽商也不同于近代珠江三角洲的粤商，亦即广州十三行商人般进一步提出"以商立国"的思想，或因商致富之后，通过发挥货币经济

---

① 参见叶显恩：《儒家传统文化与徽州商人》，《安徽师范大学学报》2008年第4期。

的力量直接谋求与士绅并列的社会名流地位①；进而转身为买办，成为近代商人。而徽商却坚持"官本位"，以儒术为体，以商贾为用。科举仕宦，荣宗耀祖，才是徽商的终极关怀。

还要指出的一点是，徽商的尊卑等级、主仆名分的观念，也是徽商的软肋。奴仆，在早期对徽商的发展做出了贡献。奴仆可从商致富，但钱财并不能洗刷主仆名分的烙印，亦即不能改变其社会身份地位。这与近代自由商人的身份地位是格格不入的。

徽商的诚信、利以义制、公益善举，等等之目的，在于积德，以图子孙得善报，亦即使家族荣华富贵和绵延不衰。积德可通天理，已形成心中的道德律。如果没有受到这一心中道德律的支配，公益慈善之举，是不可能如此自觉地行之久远，且坚持不懈的。徽商大量的商业资本就是在以家族为本的宗族伦理及其制约下的"官本位"价值观支配下，做"封建性的耗费"了。② 可见，为光宗耀祖而引发的经商致富的动机中，已包含了否定或摧残商业企业发展的因素。③ 加之其贾道受儒家的宗旨"致中和"的影响，主张"和为贵"，与外界相和谐，自当力求和谐而缺乏转化世俗的力量。徽商文化既作为传统社会文化的附丽，而不是其异化的因素，它自不可能越过传统社会的文化形态的规范。

徽商文化是一笔丰厚的精神财富。今天，我们弘扬徽商文化，就要弘扬徽商注重提高人的文化素质，敢于迎接挑战，化挑战为机遇；就要弘扬不因循守旧，富有创新的精神；就要弘扬徽商敬业、自重、自强，不断自我超越，不断开拓、进取的精神；就要弘扬徽商以诚信为本的商德，克服投机取巧，树立商业理性精神；就要弘扬徽商热心公益，回报社会的思想。

（原刊于《江淮论坛》2016 年第 1 期）

---

① 在宗族伦理问题上，徽州与珠江三角洲的同异，请参阅拙作《徽州和珠江三角洲宗法制比较研究》，《中国经济史研究》1996 年第 4 期，第 1 - 9 页。

② 《徽商利润的封建化与资本主义萌芽》一文中"徽商利润的封建化"部分，见《中山大学学报》，1983 年第 1 期；收入《中国史研究》编辑部编：《中国封建经济结构研究》，中国社会科学出版社 1985 年版，第 254 - 277 页；又收入《江淮论坛》编辑部编：《徽商研究论文集》，安徽人民出版社 1985 年版，第 382 - 406 页。

③ 参见叶显恩：《儒家传统文化与徽州商人》，《安徽师范大学学报》2008 年第 4 期。

儒家传统文化与徽州商人*

徽商是明清时期在商界占据鳌头的商帮，徽商的故乡——徽州又是中国正统文化传承的典型地区。因此，以"贾而好儒"的徽商做个案分析，探讨儒家文化传统与商业发展的关系，理出徽商如何利用儒家的经济伦理发展贾道，应该说是具有典型意义的。

一、明代的新儒学与徽商的"新四民观"

中国传统的商业于明中叶（16世纪）发生了转型①，即从以贩运奢侈品和土特产、为社会上层集团服务为主的商业，向贩卖日用百货、面向庶民百姓的商业转化。商业趋向空前的繁荣。国内各地间长距离的贸易往来日益加强。广州海外贸易，通过以葡人租借的澳门为据点，以及通过西班牙侵踞的菲律宾马尼拉，恢复了经印度洋、阿拉伯海而抵达西亚、东南非洲的传统商道，并拓展了越过太平洋到达美洲墨西哥、秘鲁等地的商路；尤其值得注意的是，庶民海商冲破由地方帅臣和土酋垄断海上贸易的格局，敢于犯禁走私东南亚各地并建立了商业网络。正当此时，徽商应运而崛起，并和山西商人成为控制商界的两大商帮。徽商不仅以盐、典、茶、木等行业著称，而且也插手海上贸易，歙县许栋、汪直的贸易集团横行海上的事例是学术界所熟

---

* 由于儒家文化圈东南亚地区经济的崛起，尤其中国自改革开放以来取得的令人瞩目的经济成就，人们对华人文化群体的特性顿然产生了特殊的兴趣，并由此而引发了儒家伦理与经济发展关系的探讨。海外学者如余英时、陈其南、金耀基、黄进兴等先生都曾发表文章，做过深入的讨论。中国大陆也掀起儒家文化热，一扫过去传统文化与经济发展互不相容的观点，导致以儒家为主的中国传统文化价值的再发现。笔者在追随诸先生之后，仅就明代新儒学与徽州商人的关系发表一些浅见，以就正于学术界的同仁。

此文曾提交中国经济史学会1998年上海年会讨论。曾出席此会的台北"中央研究院"王业键先生阅后提出一些宝贵意见。编入本书时，已根据王先生的意见作了一些修订。在此顺向王先生致谢。唯王先生指出"本文最后一点与何炳棣讨论扬州商人一文观点大致相同"。但本文完稿之前未曾读到王先生所示的何先生这一大文。特此说明。

① 关于明中叶中国商业的转型，请参见叶显恩、林燊禄：《明后期广州市场的转型与珠江三角洲社会变迁》，《明史研究专刊》第12期，1998年。

悉的①。

随着商品经济对日常生活的渗透，商人势力的增强，战国以后出现的以商居末的"士农工商"的职业观发生了动摇。在这一具有划时代意义的商业发生转型的16世纪，出现了王守仁的致良知说，以及与之有师承关系的泰州学派。这一派系（下面简称之为王学）是受中唐以降佛教的入世转向影响下②而出现发轫于陆九渊的儒学世俗化，与16世纪商业转型之间互相激荡的产物。其在经济伦理上对儒学做了令人注目的创新与发展。

王守仁（1472—1528），字伯安，又称阳明先生，浙江余姚人。自小秉性异于常人，为一些高僧术士所注目，并期许以成佛、成圣③。及长，先是学辞章，继而致力于宋儒格物之学，曾"遍求考亭（朱熹）遗书读之"，又以其父于京师官邸之竹，循序格物，不得其理，反而遇疾④。正德三年（1508），被贬谪贵州龙场驿时，才顿悟格物致知之旨，"吾性自足，不假外求"，"自此之后，尽去枝叶，一意本原，以默坐静心为学的"。入江西之后，"专提致良知三字"⑤。他于正德十一年（1516）九月升为都察院左佥都

---

① 关于嘉靖年间的海商，有学者辨之为"倭寇"而非商。以今人的眼光视之固然可判之为盗，但若以当时的标准衡量它，却是商人无疑。亦盗亦商本是世界历史上海商的惯习。以17、18世纪的欧洲海商为例，其商船武装完备，既可自卫，也可进行掳掠。1637年英商威得尔率领由四艘船组成的船队潜入虎门私测水道，为当时清朝汛防船队所阻，于是恃其船坚炮利，攻陷汛防阵地，掳掠渔船等财物。又如英商汉密尔顿于1704年，于柔佛掳掠中国帆船，得款6000元。1716年，英国的"安妮号"在厦门也干过海盗的勾当。可见17、18世纪西方殖民海商在从事贸易的同时，也是烧杀掳掠，无恶不作的（参见马士《东印度公司对华贸易史》第二章、第十三章、第十四章，区宗华译，中山大学出版社1991年版）。

② 唐代，佛教处于主流地位。慧能的"若欲修行，在家亦得，不由在寺"的主张，标志着其教义从出世转向入世。在当时，这不失为惊天动地之说。过了约一个世纪，禅宗南派百丈怀海（749—814）的《百丈清规》及其建立的丛林制度，主张"一日不作，一日不食"，更使佛教经济伦理有了突破性发展。由慧能发端的入世苦行，到宋代已扩及教外的世俗社会。儒学起而效之，也力图使儒学深入民间，扩大儒学的影响。早在唐代，韩愈便想挽回儒学的颓势，他在《原道》中提倡的正是后来宋明理学所谓的"人伦日用"，旨意在于恢复儒学对人们生活的指导作用。宋儒吸取佛教的修心，创立心性之学；又受佛教的"彼岸"观的影响而创立"天理"。这个"理"就是超越世俗的彼岸世界。程伊川说的"天有是理，圣人特循而行之，所谓道也。圣人本天，释氏本心"，是儒、释分界的重要标志。新儒的彼岸世界与佛教的不同。佛教的彼世背离此世，陷于虚幻；而儒家的彼世却面对此世，与此世相连，是本于天的实理，所以引发出积极的入世拯救的精神，以天下为己任。关于释氏的俗世化和宋儒的入世拯救，请参见余英时：《近世宗教伦理与商人精神》，台北联经出版事业公司1987年版。

③ 参见《阳明全书》卷32，附录1《年谱》"五岁"条与"十一岁寓京师"条，四部备要本。

④ 参见《阳明全书》卷32，附录1《年谱》"二十一岁"条。

⑤ 黄宗羲：《明儒学案》卷10《姚江学案》。

御史巡抚南赣汀漳等处，次年（1517）入赣就任，至正德十六年九月方离开江西。他的"致良知"说，创立于此时。嘉靖元年至六年（1522—1527），他在浙江。据他的弟子王畿说，这期间他的致良知说，"所操益熟，所得益化"，"如赤日当空而万象毕照"①，亦即达到了极致而圆熟的境界。

王阳明的致良知说，与陆九渊的"心即理"是有一脉相承的。他俩都主张以直接简便的途径，亦即顿悟的方法作道德修养，不同于朱熹主张循序渐进、拘泥儒家章句之学。很显然，新儒中的程朱一派，是放眼于士大夫阶层，以其为施教对象的，同庶民大众相隔离。而陆子的心学，因当时商人势力虽已抬头（这是陆子心学出现的一个原因），但尚缺乏广泛的社会基础，得不到推广。唯到王守仁创立致良知说之后，新儒学才真正深入民间。他提出的格物致良知说，是个个都可以做到的，并非只是读书人的专利。在他看来，商人、田夫、市民、村夫都具有"良知"。致良知，是使心本有之良知得以"不为私欲遮隔，充拓得尽"②。这样，人就可以为贤为圣。圣贤功夫从庙堂、书斋走向市井、村落。这就是他所谓的"满街是圣人"③的含义。他提出："虽终日作买卖，不害其为圣为贤"④，又说："四民异业而同道"⑤。由他提出的这些儒学的经济伦理是前所未有的。显然是当时"士农工商"四民职业观松动的一个注解，也是他企图打破传统的"荣宦游而耻工贾"的价值观之举。正因为如此，他的致良知说，为商人、窑工、樵夫、灶丁、田夫等民众所乐于接受。不少人投其门下，并为弘扬与发展其学说做出了贡献。他的高足王艮继承与发展了他的学说，创立泰州学派。王艮承于师又不同于师。他说："圣人之道，无异于百姓日用"。⑥他较之于其师，走得更远，而距野老村夫更近了。其徒陶匠韩贞"以化俗为任，随机指点农工商贾，从之游者千余。秋成农隙，则聚徒谈学，一村毕，又之一村"⑦。泰州学派后学李贽又把王艮的"百姓日用即道"，加以发挥。他引入"迩言"的概念，以此来概括反映百姓日常生活情趣、心态的流行通俗话语。

---

① 黄宗羲：《明儒学案》卷10《姚江学案》。
② 《阳明全集》卷1。
③ 《阳明全集》卷3。
④ 《传习录拾遗》第14条，转引自余英时：《士与中国文化》，上海人民出版社1987年版，第518页。
⑤ 《王文成公全书》卷25。
⑥ 《心斋王先生全集》卷3《语录》。
⑦ 黄宗羲：《明儒学案》卷32《泰州学案》。

认为"迩言"才是"真圣人之言",亦即王艮所说的"百姓日用"。他肯定先儒所讳言、反对的"利""欲"①,提出"穿衣吃饭,即是人伦物理"②。又提出"夫私者,人之心也。人必有私,而后其心乃见"③。"私"既是"心",自然亦即"理"。在这里,李贽把穿衣吃饭等人生的基本要求、人对物质和精神的欲望(包括情欲)、对私利的追求等,都视之为道,合乎天理。剥下了程朱一派新儒加于"道""天理"之上的圣光,还其赤裸裸的日常生活的情态。在当时,实是一种惊天动地之举。尽管他被当道者所迫害致死,但他极大限度地把儒学俗世化和社会化了。

王阳明而后,其学益大,是由于王艮、王畿、李贽等后继者弘扬、发展所致。也正是由于后学们不懈的努力,王学才广泛深入民间,成为普通百姓的精神要求。我们可以说,王阳明的新儒学,是宋代以来新儒的社会化和商业日益发展彼此间相互激荡的终结与成果。徽商"新四民观"的出现,"贾而好儒"之风的形成,正是宋明新儒学深入民间的表现,使新儒学社会化达到了极致的阶段。

徽州处于万山丛中,四面险阻,是一个安全的避难地。北方士族自东汉起不断迁入,西晋末年永嘉之乱和唐末黄巢起义期间迁入者尤多,经过长期地与当地越人融合而形成徽州人。入住的北方士族,带来了治儒学的家风,"十家之村,不废诵读",人文之盛,无以出其右者。④ 同时,传入经商之习俗和货殖之术,经商的风气至迟可上溯至东晋⑤,可谓源远流长。山区的自然环境,虽有利于木植和因地制宜地发展手工业生产,但也受到交通条件的局限。山多田少的格局,几乎无发展农业的潜力。当地经济资源的局限,促使徽州人利用其业儒业商的传统寻找生活出路。随着徽商在明中叶的崛起与强盛,更有足够的经济实力从事儒业。因此,贾而好儒,弃儒从贾,成为徽商的一个特色。

---

① 《答邓明府》,《焚书》卷1;《明灯道古录》,《李氏文集》卷19。
② 《明灯道古录》,《李氏文集》卷19。
③ 《德业儒臣后论》,《藏书》卷24。
④ 参见叶显恩:《明清徽州农村社会与佃仆制》第五章"徽州的封建文化",安徽人民出版社1983年版,第187—231页。
⑤ 《晋书》卷28《志十八·五行志中》。

徽州是以程朱故乡自居的①。宋明新儒中程朱一派对当地的影响自属深远。但是，陆王一派的心学，由于对儒学的修养简易直接，尤其是其抬高商人地位的经济伦理，亦为徽商所乐于接受。黄崇德（1469—1537）初有意于举业，其父对他说："象山之学以治生为先。"② 于是遵父命经商于山东，终于成巨富。受教于父时，王学尚未出现，王阳明尊商之说是后话。徽州出身商人世家、历任朝廷和地方官僚的汪道昆（1525—1593），其则把陆王连在一起了。他"于学则远推象山，近推东越"③。"嘉靖以迄于明末"，对于王学，徽州人趋之若鹜。休宁程默"负笈千里，从学阳明"，歙县程大宾"受学绪山（王守仁弟子钱德洪）"，"及东廓（王守仁弟子邹守益）之门"④。王守仁的高足王艮、钱德洪、王畿、邹守益、刘邦采、罗汝芳等更是齐集徽州，主讲盟会⑤。王学在徽州掀起大波，令人耳目一新，纷纷"崇尚《传习录》，群目朱子为支离"⑥。由此可见陆王一派与徽人的关系。可以说，徽商在政治伦理上，是以程朱理学为依归的，而在经济伦理上却以王学的说教为本。王学提出"四民异业而同道""百姓日用即道"，徽州就有"士商异术而同志"⑦、"以营商为第一生业"⑧、"良贾何负闳儒"⑨ 的风俗和说法。王学崇商的观念被渗透到家法、族规⑩、乡约中。其经济伦理因而被广泛地推向社会，并变成规范人们的自觉行动。

战国中期以后出现的"士农工商"本已形成传统的职业构成的顺序，

---

① 据程昌：《祁门善和程氏谱》记载，程颢、程颐"胄出中山，中山胄出自新安之黄墩，实忠壮公之裔也。"此说明人似信非信。吴琦：《新安程朱阙里记》云：明代方弘静"尝睹程伯子书于豫章唐氏，有忠壮公裔之章。"得此证据后说，"千载疑之而一朝决之也。"赖一章而决疑，近人许承尧也觉得牵强。朱熹先人亦婺源人。

② 歙县《竦塘黄氏宗谱》卷5《明故金竺黄公崇德公行状》。

③ 转见自许承尧《歙事闲谭》卷6。

④ 黄宗羲：《明儒学案》卷25，《南中王门学案一》。按：笔者在绩溪1998国际徽学研讨会上有幸读到李琳琦先生《徽州书院略论》一文，从中转引了此条及注23、24等三条为他所引用的资料。特此附笔致谢。

⑤ 《紫阳书院志》卷18，《中国历代书院志》，江苏教育出版社1995年版。

⑥ 《紫阳书院志》卷16，《中国历代书院志》，江苏教育出版社1995年版。

⑦ 徽州《汪氏统宗谱》卷116，《弘号南山行状》引李东阳语。

⑧ 凌濛初：二刻《拍案惊奇》卷37。

⑨ 汪道昆：《太函集》卷55《诰赠奉直大夫户部员外郎程公暨赠宜人闵氏合葬墓志铭》。

⑩ 撰修含有家法、族规的谱牒在宗法制强固的徽州是最为普遍的。据学人统计，今国内明清族谱遗传至今最多者首推徽州。详见居蜜、叶显恩：《明清时期徽州的刻书与版画》，赵华富编：《首届国际徽学学术研讨会论文集》，黄山书社1996年版，第288-304页。

此时也相应地发生了变化。"贾为厚利，儒为名高"，贾、儒迭相为用①，意味着"商"已置于"农工"之上而与"士"并列。这一"新四民观"和"以营商为第一生业"的习俗，是该地区的特定环境，以及明代新儒影响下的文化因素等合力作用下出现的。

二、儒家的传统文化与徽人贾道

黄巢起义期间及其之前移住徽州的中原大族，多宗奉儒学。宋代确立科举制度之后，凭其家学渊源而取得科举仕宦成功者甚多。正如宋人罗愿所指出，"宋兴则名臣辈出"②。明清时期，"自井邑田野，以至于远山深谷，居民之处莫不有学、有师、有书史之藏"③。"先贤名儒比肩接踵"，"虽僻村陋室，肩圣贤而躬实践者，指盖不胜屈也"④，有"东南邹鲁"⑤之称。在氤氲儒学的氛围中出现的徽商，自当与儒学有难解之缘。了解这一点，就不难理解徽州文献上"贾而好儒""贾服儒行""儒术饰贾"等贾儒结合的记载了。徽商或从儒而趋商，或商而兼儒，或弃儒从商而后又归儒。一般而言，徽商集团的文化水准是比较高的。他们有可能把儒学的优秀文化传统运用到商业活动中来。

王守仁说："四民异业而同道"。道，即天理。徽商是以建立功名、显宗耀祖为目标的。立功、积德，就能通天理。他们不同于西方清教商人，以在俗世间永无止境地赚钱，不断地创造业绩视为上帝的恩宠，视为一种天职，即所谓"天职观"；但徽商的确有不少人表现出一种超越精神，就是说，相信按照新儒的立教去修养，就可建立名德与功业，就可通天理，是一种内在超越的文化形态⑥。

天理是明儒的最高理念，徽商"蹈道守礼"，旨在求得符合天理。歙县商人鲍士臣兴贩四方，以义制利，对人乐善好施，对己以勤俭自处，尝曰：

---

① 汪道昆：《太函集》卷52《海阳处士金仲翁配戴氏合葬墓志铭》。
② 罗愿：《新安志》卷1《风俗》。
③ 道光《休宁县志》卷1《疆域·风俗》。
④ 赵吉士：《寄园寄所寄》卷11《泛叶寄》。
⑤ 赵汸：《商山书院学田记》，道光《休宁县志》卷1《疆域·风俗》。
⑥ 关于商人按照的新儒的立教去修养，就可通天理，是一种内在的文化超越形态之说，参阅余英时的《近世宗教伦理与商人精神》一书。

"傥来之物，侈用之是谓暴天，吝用之亦为违天，惟其当而已矣。"① 歙商胡山经常"耳提面命其子孙曰：'吾有生以来惟膺天理二字，五常万善莫不由之。'……因名其堂曰：'居理'"②。歙人黄玄赐行商于齐鲁间，"伏膺儒术，克慎言动"，也是按儒家圣人的立教去修养。他对朝廷慨然捐输，对族党邻里不啬施舍③，都是为了立功、积德，亦即为了通向天理。

既服膺天理，就得不断进行"诛心贼"的修养，培植敬业、自重的精神。其中最重要的是宗奉勤、俭，以及诚、信、义的传统信条。这些信条可以克制人的自然性的欲望，使人回到理性的状态中来。因此，其成为发展其商业的要诀。

徽商在把勤与俭，以及诚、信、义等儒家优秀文化传统落到实处过程中，建立起有自己特点的贾道和营运的形式。

勤与俭，是儒家传统文化中最古老的训诫。安贫乐道、内圣外王、入世拯救，是儒家传统的精神。韦伯的新教伦理概括为勤、俭两大要目，也正是以此为特征的新教伦理成为启动西方资本主义的文化因素。作为移民社会的徽州，经历着中原正统文化与越人文化相互激荡与相互融合的过程，因而社会充满活力。他们以勤俭著称，勤与俭成为他们日常宗奉的信条并竭诚实践。勤，促使他们极尽人事之运用，富有进取冒险的精神；俭，使他们善于积财。他们把勤、俭载于家法、族规，用以规范族众。例如：

《武口王氏统宗世谱》的《宗规》写道："天下之事，莫不以勤而兴，以怠而废。"

《休宁宣仁王氏族谱》的《宗规》记载："士农工商，所业虽别，是皆本职。惰则职惰，勤则职修。"

《华阳邵氏宗谱》的《家规》记载："财者难聚而易散……吾宗子弟当崇俭。"

勤、俭还被写入明代出现的商业专书之中，以供商人时时自省。如：《又附警世歌》中写道：

　　　　不勤不得，不俭不丰；俭约可培，浪侈难植。④

---

① 《棠越鲍氏宣宗堂支谱》卷21，《鲍先生传》。
② 李维桢：《大泌山房集》卷73。
③ 见《竦塘黄氏宗谱》卷5。
④ 见杨正泰：《商贾一览醒迷》，山西人民出版社1992年版。

前句意为勤俭乃积财之本，后句是说俭、侈可作为其人是否堪加造就、培植的依据。

勤、俭在当地蔚然成风，据康熙《徽州府志》记载：

> 家居也，为俭啬而务畜积。贫者日再食，富者三食，食惟饘粥。客至不为黍，家不畜乘马，不畜鹅鹜……女人尤称能俭，居乡者数月不占鱼肉，日挫针治繲纫绽。①

在《悲商歌》中对商人勤劳困苦的情状描述道：

> "四海为家任去留，也无春夏也无秋"。"四业唯商最苦辛，半生饥饱几曾经；荒郊石枕常为寝，背负风霜拨雪行"。"万斛舟乘势撼山，江愁风浪浅愁滩"②。

有的将"筋力纤啬"的勤俭行状，"勒石堂右"③，以警醒后人。有的以勤俭为座右铭，提出"唯勤唯俭，是勉是师"④。他们坚信：勤与俭是致富之道。顾炎武在《肇域志》中也说："新都勤俭甲天下，故富亦甲天下"⑤。所以，有的徽商致富之后，依然以勤俭自律，即"居安逸而志在辛勤，处盈余而身甘淡泊"⑥。

诚然，在《扬州画舫录》等文献中，的确有关于徽州富商大贾花天酒地、极端奢侈的描写，但这种奢侈之举，往往是为实现其某一特定目标的一种手段。例如，有的大盐商，"入则击钟，出则连骑，暇则召客高会，侍越女，拥吴姬，四座尽欢"⑦。"尽欢"者，当是盐商为某种原因而巴结的对象。康熙《徽州府志》讲得更清楚："当其（指徽州富商）出也，治装一月，三十里之外即设形容，炫新服，饰冠剑，连车骑。若是者，将以媒贷高

---

① 康熙《徽州府志》卷2《舆地志下·风俗》。
② 见《商贾一览醒迷》，第300页。
③ 歙县《许氏世谱》《朴翁传》。
④ 祁门《张氏统宗世谱》卷3《张元涣传》。
⑤ 顾炎武：《肇域志·江南十一·徽州府》（抄本）。
⑥ 《汪氏统宗谱》卷31《汪材传》。
⑦ 汪道昆《太函集》卷2《汪长君论最序》。

资，甚至契领官货"。① 由此可见，其奢侈之举，出自为攀附权贵，或抬高身份以取信于人的公关目的。

大凡取得事业成功的徽商几乎都以"诚"为本。歙商许宪说："惟诚待人，人自怀服；任术御物，物终不亲。"他因诚而享誉商界，"出入江淮间，而资益积"②。黟商胡荣命经商于江西吴城 50 年，以信誉自重，童叟不欺。晚年告老还乡，有人"以重金赁其肆名"，被他拒绝。他说："彼果诚实，何藉吾名？欲藉吾名，彼先不实，终必累吾名也。"③ 罢商之后依然以其招牌声誉自重。歙县商人江长遂，"业鹾宛陵，待人接物，诚实不欺，以此致资累万"④。

守信用，重承诺，是徽人商德的核心。宁可损失货财，也要保住信誉。婺源洪胜，平生"重然诺，有季布风，商旅中往往藉一言以当质券。"洪辑五"轻货财，重然诺，义所当为，毅然为之"。因此受人敬重，推为群商领袖⑤。歙商江氏，以信用为商人立命之基。世代守之不息。传至承封公，"惧祖德湮没不传，倩名流作《信录》，令以传世"⑥。

徽商不是不言利，而是遵儒家传统，"利以义制"。这是对商人一种软的制约。西方制度学派认为因之而压抑了商人法制的出现，并致使缺乏对商人以法律作硬的约束。从西方人的眼光来看，不无道理。但是，利以义制，是不能从儒家的道德中割裂出来的，它与诚、信、仁等一起构成了一个完整的道德体系，起合力作用。事实说明，大凡以重义轻利，非义之财不取为标榜者，都往往取得商业的成功。清代歙人凌晋从商以仁义为本，交易中有黠贩蒙混以多取之，不作屑屑计较；有误于少与他人的，一经发觉则如数以偿。结果他的生计却蒸蒸"益增"⑦。其中缘由，道光间，黟商舒应刚做这样的解释：钱，泉也，泉有源方有流。"狡诈生财者，自塞其源也"；"以义为利，不以利为利"，自当广开财源。在他看来，以义为利即生财之大道。⑧

徽商以诚实取信于人，且多行义举，在其家乡以及其聚集的侨居地，实

---

① 康熙《徽州府志》卷 2《舆地志下·风俗》。
② 《新安歙北许氏东支世谱》卷 3
③ 《黟县三志》卷 6 下《人物》
④ 《济阳江氏族谱》卷 9《清布政司理部长遂公、按察司经历长遇公合传》。
⑤ 《敦煌洪氏统宗谱》卷 59《福溪雅轩先生传》《辑五先生传》。
⑥ 歙县《济阳江氏族谱》卷 9《清诰封奉直大夫公传》。
⑦ 凌应秋：《沙溪集略》卷 4。
⑧ 见《黟县三志》卷 15《舒君遵刚传》。

行余缺互济的道义经济,以种德为根本,形成其贾道。在此氛围下成长的徽商子孙,受其熏陶,传承贾道不息。

徽商还建立起一套与其贾道相适应的经营形式,即所谓"商业网络""股份制""伙计制"和"行商与坐贾相结合"等。建立以血缘为核心的商业组织和以血缘与地缘相结合的商业网络。家族本位的传统意识,在营商中也有鲜明的体现。一人取得商业的成功,往往可以把一个家族,乃至一个宗族带动起来。休宁汪福光"贾盐于江淮间,舻至千只,率子弟贸易往来"[1]。其组织如此庞大,非举族经商不可。有的宗族出现"业贾者什七八"。徽人的商业,在汉口,为绩溪胡氏所开辟;在通州,则由仁里程氏所创。还出现某一宗族垄断某一行业的情况,如绩溪上川明经胡氏,以胡开文墨业名天下,上海的墨业几为之所垄断。徽人利用血缘和地缘的关系在各地建立商业网络,互通消息,彼此照应,相互扶持。必要时,可采取联合行动与同行竞争。南京500家徽商当铺联合起来,凭其雄资,用低息借出,终于击败与之抗衡的闽商典当业。在扬州的盐业,始为黄氏所垄断,尔后汪、吴继起,清代则受制于江氏。徽商对扬州盐业的垄断,在山东临清"十九皆徽商占籍"[2],以及长江沿岸"无徽不成镇"的谚语,都说明扬州和临清等以及长江两岸的一些城镇是徽商带领族人开辟的"殖民地"。

合股(或称合伙)制是徽商筹措、扩大商业资本的重要方法。程锁"结举宗贤豪者得十人,俱人持三百缗为合伙,贾吴兴新市"[3]。也有的是中间参股,例如,金朝奉在浙江天台县开当铺,其内弟程朝奉,带着儿子阿寿前往找他,要参资入股,合伙开当。[4] 这种合股经商而立下的契约规范的合约格式被载于当时流行的商业书中。其格式书写如下:

> 立合约人×××窃见财从伴生,事在人为。是以两同协议,合本求利。凭中见,各出本银若干,同心竭胆,营谋生意。所得利钱,每年面算明白,量分家用,仍留资本,以为源源不竭之计。至于私己用度,各人自备,不得支动店银,混乱账目。故特歃血定盟,务宜苦乐均受,不得匿私肥己。如有犯此议者,神人共殛。今欲有凭,立此合约一样两

---

[1] 《休宁西门汪氏宗谱》卷6。
[2] 谢肇淛:《五杂俎》卷14。
[3] 汪道昆:《太函集》卷61《明处士休宁程长公墓表》;又《休宁率东程氏家谱》卷4《明故礼官松溪程长公墓表》记载:程锁"结举宗贤豪者得十人,俱各持三百缗为合从,号曰'正义'"。
[4] 初刻《拍案惊奇》卷10《韩秀才乘乱聘娇妻,吴太守怜才主姻簿》。

纸，存后照用。①

由此可见，投资合股，按股分红，在当地是流行的做法。

伙计制，是徽商所习用，并凭此而扩大其经营规模的。大致来说，在商人本人或在协助主人管理商务的"经理"②、"副手"③、"掌计"④等的指挥下，管理某一具体业务者，均称伙计。伙计各司其职，诸如，管账的（有"能写能算"⑤本事者可充任）、"司出纳"⑥的，等等。伙计是分大小等级的⑦，其数量之多寡，由经营的规模而定。伙计出身的绩溪汪彦，经过十余年的积攒，拥资"二十余万，大小伙计，就有百十余人"⑧。近人歙县许承尧的族祖许某，"十数世之积，数百万之资"，在江浙间开的典当铺店，"四十余肆"，"管事者以下"即包括掌计、伙计在内，"几及二千"⑨。技术性较强的行业如盐业，伙计是须经培训的，或与父兄当学徒，或先见习于师傅，方能当正式的伙计，进而有擢升的希望。据《歙县新馆鲍氏著存堂宗谱》记载：

（鲍直润）尚志公次子，……十四赴杭习贾。贾肆初入者惟供洒扫。居半年，虑无所益，私语同辈曰："我曹居此，谁无门闾之望，今师不我教，奈何？请相约，如有所闻，必互告勿秘，则一日不啻两日矣。"师闻而嘉之，遂尽教。思既卒业，佐尚志公理鹾业，课贵问贱，出入罔不留意。遇事必询，询必和其辞色。虽厮仆亦引坐与语，以故人多亲之。市价低昂，闻者莫之或先。贸易不占小利，或以为言，大父曰："利者人所同欲，必使彼无所图，虽招之将不来矣。缓急无所恃，

---

① 《新刻徽郡补释士民便读通考》，转引自谢国桢《明代社会经济史料选编》（下），福建人民出版社1981年版，第275页。
② 黟县《环山余氏宗谱》卷21《余蒿三公传赞》。
③ 顾炎武：《肇域志·江南十一·徽州府》（抄本）。
④ 《丰南志》第8册《溪南吴氏祠堂记》。
⑤ 天然痴叟：《石点头》卷11《江都市孝妇屠身》。按：作者为明末时人。说的虽是唐末事，实系明末情态。
⑥ 《歙县新馆鲍氏著存堂宗谱》卷2《例授奉直大夫州同衔加二级鸣岐再从叔行状》。
⑦ 艾衲居士：《豆棚闲话》第三则《朝奉郎挥金倡霸》；汪道昆：《太函集》卷52《南石孙处士墓志铭》。
⑧ 艾衲居士《豆棚闲话》第三则《朝奉郎挥金倡霸》。
⑨ 俞樾：《右台仙馆笔记》，转引自许承尧《歙事闲谭》卷17。

所失滋多非善贾之道也。"人服其远见，尚志公晚年事皆委任焉。①

鲍直润虽系鲍尚志之子，依然先当学徒；帮助其父管理盐业后，也处处向他人求教，以提高业务水平。

有本事又忠心的伙计，可望被提升为掌计，协助主人管事、掌钱财。待遇较伙计优厚，积攒一笔钱后，可自立门户，独自经营。从伙计而起家致富者，屡见不鲜。歙西岩镇人闵世章，"读《史记·蔡泽传》，喟然思欲有见于世，遂走扬州，赤手为乡人掌计簿，以忠信见倚任。久之，自致千金，行盐策，累资巨万"②。伙计出身的鲍志道更曾一度成为盐业的头号大贾。鲍志道"年十一即弃家习会计于鄱阳。顷之，转客金华，又客扬州之槚茶场，南游及楚，无所遇。年二十乃之扬州佐人业盐，所佐者得公起其家。而公亦退自居积操奇赢，所进常过所期。久之大饶，遂自占商数于淮南"。他曾被推为总商，先后受朝廷敕封的官衔达六个之多③。

正如徽州《桃园俗语劝世歌》中对伙计所劝诫的，只要对主人忠心，拿出真本事来，自当为主人赏识而擢升，从而可以发家致富。《劝世歌》中写道：

生意人，听我劝，第一学生不要变。最怕做得店官时，贪东恋西听人骗。争工食，要出店，痴心妄想无主儿，这山望见那山高，翻身硬把生意歇。不妥帖，归家难见爹娘面，衣裳铺盖都搅完，一身弄得穿破片。穿破片，可怜见，四处亲朋去移借。倒不如，听我劝，从此收心不要变，托个相好来提携，或是转变或另荐。又不痴，又不呆，放出功夫擂柜台，店官果然武艺好，老板自然看出来。看出来，将你招，超升管事掌钱财。吾纵无心掌富贵，富贵自然逼人来。④

徽商不仅注重对伙计的训练与培养，而且对有才干而忠心者，给予擢升，并允准其离主自立经营。这种做法有利于激发伙计的敬业和专注精神，无疑对商业的发展是起了促进作用的。

---

① 《歙县新馆鲍氏著存堂宗谱》卷2《中议大夫大父凤占公行状》。
② 《初月楼闻见录》，见于《歙事闲谭》卷28。
③ 歙县《棠樾鲍氏宣忠堂支谱》卷21《中宪大夫肯园鲍公行状》。
④ 转引自张海鹏等主编：《明清徽商资料选编》，黄山书社1985年版，第264-265页。

伙计的来源，一是来自奴仆。世家大族经商者多用奴仆充之，休宁程事心"课僮奴数十人，行贾四方，指画意授，各尽其材"①。歙县吴敬仲"课诸臧获，贾于楚、于泗、于广陵之间"②。有的家仆甚至被委以重任。歙县黄武毅就"遣仆鲍秋，掌计金陵"③。二是来自族人，这是最重要的来源。汪道昆的曾祖父玄仪，便将"诸昆弟子姓十余曹"带去当伙计或掌计等，后来这些昆弟子姓都发了财，有的甚至积资超过他④。歙人富商吴德明"平生其于亲族之贫者，因事推任，使各得业"⑤。这种吸引族人经商之举，导致"业贾者什七八"⑥，甚至有举族经商的盛况，孙文郁便"举宗贾吴兴"⑦。三是从社会招聘的人。这些人或为亲戚朋友所推荐，或由自己所物色。他们多有某一方面的才能。除僮仆出身的外，伙计与商人之间是自由的雇佣关系。一般要立下受雇契约。在当地流行的商业专书中，收录有伙计给主人立还的契约。原文如下：

> 立雇约人某某，今雇到某人。男某，挈身在外，做取某艺。议定每月工银若干，不致欠少。如抽拔工夫，照数扣算。凭此为照。⑧

从此契约看，以当伙计为业当已很流行，并且伙计与业主的关系已经规范化。

徽商把行商与坐贾结合，既做长途贩运，又建立销售基地。长江中下游，尤其江南地区和运河沿岸是明清时期富人聚集之地，也是商品消费量最大的地区。徽商经过不断开辟"商业殖民地"，这一带市镇的商业终于为徽商所控制，"无徽不成镇"之谚语即说明这一问题；扬州、南京、杭州、汉口、临清等要镇更是徽商的大本营。家庭是以宗族为依托的，侨居异地的单个家庭并不能形成社会力量，所以徽商总是按血缘、地缘聚居，组织网络和

---

① 《从野堂存稿》卷3《故光禄丞敬一程翁墓表》，又据《清史类钞》第39册《奴婢类》记载：徽州大姓"恒买仆，或使营运，或使耕凿"。
② 《丰南志》第5册《从父敬仲公状》。
③ 歙县《谭渡黄氏族谱》卷9《故国子生黄彦修墓志铭》。
④ 汪道昆：《太函副墨》卷1，《先大父状》。
⑤ 《丰南志》第5册《德明公状》。
⑥ 汪道昆：《太函集》卷16《阜成篇》。
⑦ 汪道昆：《太函集》卷50《明故礼部儒士孙长公墓志铭》。
⑧ 明人吕希织《新刻徽郡补释士民便读通考》，见谢国桢：《明代社会经济史料选编》（中），福建人民出版社1980年版，第220页。

地域网络结为一体。他们"观时变察低昂","急趋利而善逐时"。他们转毂四方,尤其是沿长江和运河做东西、南北的双向商品交流。他们从书本中攫取知识,从实践中吸取经验。他们从历史上的名商,如三致千金的范蠡、精通经商之道的计然和白圭、富比王侯的猗顿、与国君分庭抗礼的子贡等,取得榜样的力量和经商的知识;从经商的实践中总结经验,有的还写成商业专书,前引的《商贾一览醒迷》一书即一例。诚如清代歙商鲍建庭所说:"自少至壮,以子身综练百务,意度深谨,得之书史者半,得之游历者半。"①由于徽商具有广博的历史知识,又有丰富的实践经验,所以当天下万物之情了然于胸之后,能够做出比较正确的判断。歙商阮弼一到芜湖,观其形势,便以芜湖为拓展其商业的根基,并决定经营当时尚无人经营的赫蹄(缣帛)业,继而立染局,兼业印染缣帛,后扩设分局并在吴、越、蓟、梁、燕、豫、齐、鲁等地要津贩卖,终成大贾。②他的成功也是来自了解商情,善作灵活经营的结果。

三、家族伦理驱策下的"官商互济"

徽州作为程朱理学故乡,与程朱一派新儒的渊源久远。宗法制强固,以家族为本的宗族观念特深。徽州以营商为第一生业的习俗,则与王学破旧"四民观"的经济伦理相融通。因此,在宋明新儒朱、王两派对徽州的浸渍下,出现了儒商结合、互相为用的局面。"官商互济",则是儒商结合的演化与结果。

以程朱理学为依归的、家族本位的宗族理念中,个人的升迁荣辱,是与宗族联系在一起的,即个人的身份地位取决于所在的等差次序的伦理构架中的位置,取决于所属社会集团的势力。唯有提高本宗族的社会地位,方能实现自己的价值。非科举仕宦,"不足振家声"。由于恪守在官本位的价值取向,科举仕宦是荣宗耀祖、提高本宗族地位的途径。但是,读书科举一途,是需要经济做基础的。正如汪道昆为程长公之母汪孺人写的《行状》中所指出的:

> 夫养者,非贾不饶;学者,非饶不给。君(程长公)其力贾以为

---

① 歙县《竦塘黄氏宗谱》卷5《黄公莹传》。
② 汪道昆:《太函集》卷35《明赐级阮长公》。

养，而资叔力学以显亲，俱济矣。①

清人沈垚（1798—1840）也认为：“古者士之子恒为士，后世商之子方能为士。此宋元明以来之大较也。天下之士多出于商。”他又指出，非营商者，"子弟无由读书以致通显"②。这一看法是符合明清社会实际的。毫无疑问，缺乏经济基础，想读书仕宦是不可能的。求富最便捷之途莫过于营商，而商业的成功则关系着家族的荣耀及其延绵不衰。

从这一意义上看，以追求家族荣耀为终极目标的价值理念，却转化为驱策徽州人经商的精神力量。正源自于此，宗族制与商业发达两者之间，在中国大陆一度流行的分析模式中被视为互相冲突、互相矛盾，事实上却相辅相成，相得益彰。从东南沿海地区看，宗族组织是随着商业的发达而趋向庶民化与普及化的。③

明中叶的汪道昆多次强调徽州以业商为最主要。他说，"新都（徽州的古称）业贾者什七八"、"大半以贾代耕"④；艾衲居士著的《豆棚闲话》中也说："人到十六岁就要出门学做生意"⑤。乾隆《歙县志》中更说："商贾十之九"⑥。几乎是全民经商了。这在明清时期，是十分特殊的地方。徽商经商的地域非常广阔，大江南北，运河两岸，边陲海隅，乃至日本、东南亚地区，无不涉足。而且经营的盐、典、茶、木等行业，资本雄厚，非列肆叫卖之小商贩可比，所以对从商者的文化水平要求较高。而徽州又正是文化发达的地方。唐末以前，每当战乱，"中原衣冠，避地保于此，后或去或留，俗益向文雅，宋兴则名臣辈出"⑦。明清时期，文化愈加发达。"十家之村，不废诵读"，社学、书院林立。据康熙《徽州府志》记载统计，弹丸之地的徽州府社学达562所，书院有54所。⑧少时先业儒，及长转而从商；从商之后又往往没有忘情于儒业，贾而兼儒。这就是所谓儒贾结合。儒商结合，

---

① 汪道昆：《太函集》卷42《明故程母汪孺人行状》。
② 沈垚：《落帆楼文集》卷24。
③ 关于这一问题，请参阅《徽州与珠江三角洲宗族制比较研究》第四节"宗族组织与商业发达"，见《中国经济史研究》1996年第四期；周绍泉、赵华富主编：《'95国际徽学学术讨论会论文集》。
④ 汪道昆：《太函集》卷16《充山汪长公六十寿序》。
⑤ 艾衲居士：《豆棚闲话》第3则，《朝奉郎挥金倡霸》。
⑥ 乾隆《歙县志》《风俗》卷。
⑦ 淳熙《新安志》卷1《风俗》。
⑧ 康熙《徽州府志》卷7《学校》。

既意味着一个人儒贾兼治，也体现在诸子中业商、业儒的分工。程长源"三子异业，命贾则贾，儒则儒。贾则示以躬行，儒则成以专业"①。正如汪道昆所指出："大江以南，新都以文物著，其俗不儒则贾，相代若践更"②。根据张海鹏等主编的《明清徽商资料选编》一书所做的粗略统计，弃儒从商者便有143例，商而兼儒（包含贾而好儒、弃商归儒、贾服儒行、以儒服事贾、迹贾而心儒等）有36例。商而兼儒，如歙县吴希元（明万历时人）"下帷之暇，兼督贾事；时而挟书试南都，时而持算客广陵"。后以捐输得授文华殿中书舍人③。有的竟经科举而官宦。例如，歙县程晋芳，业盐于淮，兼治儒术，"招致多闻博学之士，与共讨论"，终于举乾隆朝"辛卯进士"，授翰林院编修④。这是个例。贾而兼儒更普遍的意义是为了附庸风雅，以清高自诩，便于结交权贵。他们奋迹于江湖的同时，没有忽视文化的修养。歙县盐商吴炳寄寓扬州时，"往往昼筹盐策，夜究简编"⑤。休宁汪志德"虽寄居于商，尤潜心于学部无虚日"⑥。除研读儒家经典外，尤其究心于与治生、货殖有关的典籍。甚至诗赋琴棋书画，篆刻金石，堪舆星相，剑槊歌吹，皆有涉猎。据李斗《扬州画舫录》记载，徽商多工诗书画，有的还著书立说。有的在自己的庭院、山馆中举行文会以广交士大夫。视读书、藏书、刻书和诗赋琴棋书画为雅事，以雅致自娱。他们注重谈吐、风仪、识鉴，以儒术饰贾，或贾服儒行，显得情致高雅，旨在抬高身份，便于公关以攀援权贵。部曹、守令，乃至太监、天子都在结托之列。歙商江兆炜在姑苏"尤乐与名流往来"，其弟江兆炯亦然。"吴中贤大夫与四方名士争以交君为叹"⑦。徽商控制享有专利的两淮盐业，就说明其与官府深相结托，盐商鲍志道、邓鉴元、江春等都曾得到乾隆的恩宠。有了各级官僚，乃至天子做靠山，商业上自然可以化险为夷了。

除结托权贵，以求庇护外，徽商还可通过自身的缙绅化，亦官亦商，一身兼二任焉。但是，更重要的还在于徽商通过培育子弟，经科举仕途而成为朝廷内外的官僚，以充当他们的代言人。据笔者统计，徽州明代举人298

---

① 汪道昆：《太函集》卷60《明故长原程母孙氏墓志铭》。
② 汪道昆：《太函集》卷55《诰赠奉直大夫户部员外郎程公暨赠宜人闵氏合葬墓志铭》。
③ 《丰南志》第5册，《从嫂汪行状》。
④ 昭梿：《啸亭杂录》卷9。
⑤ 《丰南志》第5册，《嵩堂府君行状》。
⑥ 《汪氏统宗谱》卷12《行状》。
⑦ 《济阳江氏族谱》卷9。

名，进士 392 名；清代举人 698 名，进士 226 名。① 这些中举者，都成为中央和地方的官僚。有的还成为朝廷的肱股大臣。以歙县为例，立相国之隆者有许国、程国祥等；阐理学之微者有朱升、唐仲实等；大经济之业者有唐文风、杨宁等；宏经济之才者有唐相、吴湜等；擅文章之誉者有汪道昆、郑桓等；副师武之用者有汪宏宗、王应桢等。② 通过"急公叙议"（明代）和"捐纳"而得官衔者（一般不求实职，与士子捐纳、候补上任者不同）也不少。明代万历年间，歙县富商吴养春为国捐输三十万两银子，明朝廷同一日诏赐其家中书舍人凡六人，即时俸、养京、养都、继志、养春和希元。③ 清代捐纳制盛行，以捐纳得荣衔者，当属更多。嘉庆《两淮盐法志》记载，在捐输的代表者名单中，有不少的便属徽州两淮盐商陈、程、黄、吴、汪、洪诸氏。这些人自当获得高低不同的荣衔。至于鲍志道、郑鉴元、江春等，更是上交天子，得到皇上的隆恩。④ 正如《歙风俗礼教考》中所指出的：

  歙之醯于淮南北者，多缙绅巨族。其以急公议叙入仕者固多，而读书登第，入词垣、跻膴仕者，更未易仆数。且名贤才士往往出其间，则固商而兼士矣。⑤

这些出任中央和地方官僚，乃至朝廷显宦的徽商子弟，乡土、宗族观念极强。"凡有关乡间桑梓者，无不图谋筹划，务获万全"⑥。对徽商在外地的利益，更是着力维护。⑦ 总之，所谓"官商互济"，即徽商培植了官僚，而官僚又维护了徽商的利益。官商互济，两者相得益彰。正如汪道昆（1525—1593）所指出：

  新都（徽州）三贾一儒，要之文献国也。夫贾为厚利，儒为名高。夫人毕事儒不效，则弛儒而张贾。既则身飨其利矣。及为子孙计，宁弛

---

① 根据朱保炯、许沛霖：《明清进士题名碑索引》和《徽州府科第录》（手抄本）做的统计。
② 参阅洪愫庵：《歙问》，见张潮：《昭代丛书》甲集卷 24。
③ 见吴士奇：《征信录》《货殖传》；又许承尧：《歙事闲谭》卷 10。按：明制中书贵于清制中书有由御史翰林迁者。
④ 详见叶显恩：《明清徽州佃仆制与农村社会》第三章第四节"徽州商人的缙绅化"。
⑤ 江依濂：《橙阳散志》末卷。
⑥ 《许氏阖族公撰观察蓬园公事实》，见《重修古歙东门许氏宗谱》。
⑦ 详见叶显恩：《徽州佃仆制与农村社会》第三章第四节"徽州商人的缙绅化"。

贾而张儒。一弛一张，迭相为用，不万钟则千驷，犹之转毂相巡，岂其单厚然乎哉！①

这一段话，比较全面且准确地指出了贾为厚利、儒为名高，官与商相互为用的关系。

这里应当指出，徽商并没有一味追求其商业上的成就，不同于西方的商人以商业作为终生终世的事业来追求，也没有以"创业垂统"为目标建立商业帝国的企图。徽商也不同于近代珠江三角洲的某些粤商有的因商致富之后，通过发挥货币经济的力量直接谋求与士绅并列的社会名流地位②；而是千方百计地谋求向缙绅转化。其途径有二：一是明代"以急公议叙"而得荣衔，清代通过"捐纳"而获官位，即用财富来实现其缙绅化；二是精心培养子弟，通过读书科举而仕宦。由于受家族伦理的支配，通过仕宦官爵来荣宗耀祖，提高家族的社会地位，才是徽商追求的终极目标。

四、走到传统商业的极限而止步

徽商源远流长，在四世纪初的东晋已见载于文献。明嘉靖、隆庆（16世纪）以后，至清嘉庆（18世纪）之前，是她的黄金时代③。他们转毂天下，边陲海疆，乃至海上，无不留下其踪迹；称雄于中国的经济发达区——长江中下游及运河两岸，控制着横贯东西的长江商道和纵穿南北的大运河商道。其财雄势大，手可通天，与晋商共为伯仲，同执中国商界之牛耳。作为一个商帮，从16世纪至18世纪称雄商界，竟长达三个世纪。

在商业的规模和资本的积累方面，明代徽商中，最大的商人已拥有百万巨资，应已超过1602年荷兰东印度公司最大股东勒迈尔拥资8100英镑的额数④。清代，徽商的商业资本激增至千万两之巨。就其经营的规模和资本

---

① 汪道昆：《太函集》卷52《海阳处士金仲翁配戴氏合葬墓志铭》。
② 在宗族伦理问题上，徽州与珠江三角洲的同异，请参阅拙作《徽州和珠江三角洲宗法制比较研究》，《中国经济史研究》1996年第4期，第1—9页。
③ 关于徽商的起源与发展过程，请参见叶显恩：《试论徽州商人资本的形成与发展》，《中国史研究》1980年第3期。
④ 见《孔恩文件》第一卷第167页，转引自田汝康：《15至18世纪中国海外贸易发展缓慢的原因》，《新建设》1964年8—9合期。按：当时的英镑与中国银两的比价不清楚，难以换算而做比较。但当时拥资5500英镑至7500英镑而几与勒迈尔比肩的中国海商，较之于徽商要逊色多了，故作此断语。

额，也已达到了传统商业的巅峰。之所以能积聚如此巨大的资本，是由于他们善于把经济资本与人力资本、社会资本结合起来，并在以贸易为主体的长途交换过程中被创造出来。① 与海洋贸易的关系尤其值得注意。徽商善于抓住明中叶海洋贸易带来的机遇，全面参与，并用海陆相结合地建立起商业网络，以此创造与增殖其资本。②

徽商厕身于商场而不忘情于儒业的举动，有力地推动了其故乡徽州及其聚居地南京、杭州、扬州等市镇人文的发展。以其故乡歙县江村为例，据村志《橙阳散志》由笔者所做的统计，该村便有78位作者，编著155种书。这一数字仅限于1775年之前。又据近人统计，徽州（缺休宁）历代著述者达1852人，成书4175种。为了迎合商业社会的需要，徽商斥巨资板刻一批批天文、地理、物产、科技、医药，乃至行旅路程、书契格式等士农工商出外居家、日常生活必备的常识通俗读物。士商要览、行旅程途一类的商务书籍，尤其反映徽商实用的需要。

尤其值得称道的是，徽商根据明儒的立教，倡导"新四民观"，大破战国以来商居末位的传统职业次序。吸取儒学的优良传统，创立其贾道和营运形式。合股制、伙计制、经营网络等，已经推进了商业的功能。需要特别指出的是，商业组织形式已经相当完善。商业资本家与经理（或称掌计、副手）有的是分开的。如前面提及的歙商许某，在江浙开典当四十余肆，伙计几及二千。每处当铺都分别由各掌计掌管。按规矩，家庭开支与铺店的财务是分开的。这已具有商业近代化的色彩了。徽商在把儒学的优良传统从书斋带入商业活动即所谓"习儒而旁通于贾"③，在商业发展过程中发挥了促进作用。歙商吴彦先"暇充览史书，纵谈古今得失，即宿儒自以为不及。"他将儒术用诸商业，"能权货之轻重，揣四方之缓急，察天时之消长，而又知人善任，故受指出贾者利必倍"④。徽商又受以家族为本位的宗族伦理的驱策，以异乎寻常的热情投入商业，也势必推进商业的发展。他们败而不馁。正如《祁门倪氏族谱》所载："徽之俗，一贾不利再贾，再贾不利三贾，三贾不利犹未厌焉。"⑤ 很显然，徽商的成就与此有密切关系。徽商以商业的成功与推进文化、培育人才并举，既提高商人的素质和层次，又制造

---

① 参见科大卫：《中国的资本主义萌芽》，《中国经济史研究》2002年第1期。
② 参见本书《明中后期中国的海上贸易与徽州海商》一文。
③ 《丰南志》第4册《从父黄国公六十序》。
④ 《丰南志》第5册《明处士彦先吴公行状》。
⑤ 《祁门倪氏族谱》卷下《诰封淑人胡太淑人行状》。

了一个官僚集团。从"贾而好儒"而进入"官商互济"。在利用传统文化促进商业发展方面，已经达到极致的境界。

徽商无论在贾道和商业营运形式方面，抑或经营规模和资本的积累方面，都走到了传统的极限，但是却至此而止步不前。他们积聚资本仅视为手段，而不是目的。既没有以商业为终生终世的事业来追求、没有如同珠江三角洲的商人般进一步提出"以商立国"的思想，也没有建立商业帝国的宏图；徽商既没有将其商业资本转为产业资本，如同珠江三角洲商人投入机器缫丝业，实行近代工业化，反而用来结托官府，或用于科举仕途，以实现其"缙绅化"。徽商在走到传统商业的极限而止步，其原因是多方面的，与政治体制、经济制度、生产力发展的水平等均有密切的关系，应当放眼于总体历史做考察。如果从文化的角度，对徽商作探讨的话，我认为最根本的是浸透尊卑主仆等级的家族伦理及其制约下的"官本位"价值观。

徽州的家族组织严密，有系统的谱牒，门第森严。清初的官僚赵吉士曾指出：

> 新安各姓，聚族而居，绝无一杂姓搀入者。其风最为近古。出入齿让，姓各有宗祠统之。岁时伏腊，一姓村中千丁皆集。祭用文公家礼，彬彬合度。父老尝谓，新安有数种风俗，胜于他邑；千年之冢，不动一抔；千丁之族，未常散处；千年之谱，丝毫不紊。主仆之严，数十世不改，而宵小不敢肆焉。①

其中尊卑等级、主仆名分，最为讲究和注重。钱财是不能洗刷主仆名分烙印的。例如，万雪斋自小是徽州程家的书童，与程家有主仆名分。自十八九岁起，便在扬州当盐商程明卿的小司客（伙计）。平日积聚银两，"先带小货，后来就弄窝子。不想他时运好，那几年窝价徒长，他就寻了四五万银子，更赎了身出来。买了这所房子，自己行盐，生意又好，就发起十几万来"。而原主子程明卿生意折本，回徽州去了。但是，万雪斋并不能因发了财而改变与程家的主仆名分。当万家与翰林的女儿结亲时，程明卿忽然来到，坐在正厅，万家惊恐万状，连忙跪拜，行主仆之礼，并兑了一万两银子出来，才将程明卿打发走。因昔日仆人身份未被说破，才保住了面子。② 可见，发财只

---

① 赵吉士：《寄园寄所寄》卷11《故老杂纪》。
② 吴敬梓：《儒林外史》第22回《发阴私诗人被打，叹老景寡妇寻夫》。

能致"富",而不能使其"贵",亦即不能改变其社会身份地位。

业儒仕宦,从而荣宗耀祖,才是徽商的终极关怀。江终慕,从贾而致富饶,仍感有憾。他发感慨说:"非儒术无以亢吾宗"①。歙人吴雪中承父业为盐商。贾而兼儒,以先儒的嘉言懿行自励。慷慨负气,"内收宗族,外恤闾巷。亲交遇,其赴人之急,即质剂取母钱应之,亦不自德色。恒叹曰:'士不得已而贾,寄耳。若龌龊务封殖,即一钱靳不肯出,真市竖矣。'"② 他以"士"自居,务贾是出于"不得已"。后弃贾,日督诸子读书。尽管身为官宦的汪道昆等嘴里也说"商贾何负闳儒?"但心里却始终盯着"官宦"。他们依然坚持"官本位"的价值观,即以科举仕宦、显宗耀祖为终极目标。可以说,他们是"以儒为体,以贾为用"。儒是根本,商是权宜之计。徽商不同于珠江三角洲商人般因商致富之后,通过组织商会,捐资公益事业,发挥货币经济的力量取得社会名流的地位而与士绅分庭抗礼。诚然,徽商也建立行会、公所等组织,但旨在加强本地区的凝聚力,共谋乡梓的福利。他们对建桥葺路、扶孤恤寡、乐善赈贫等慈善公益事业,始终未曾吝惜。有的"行数十年不倦"③。族内实行余缺相济的道义经济,而与珠江三角洲的宗族内部趋向于经济上的公平分益迥异④。其目的在于积德,以图子孙得善报,亦即使家族荣华富贵和绵延不衰。积德可通天理,已形成心中的道德律。如果没有受到这一心中道德律的支配,公益慈善之举,是不可能如此自觉地行之久远,且坚持不懈的。徽商大量的商业资本就是在以家族为本的宗族伦理及其制约下的"官本位"价值观支配下被耗费了。可见,为光宗耀祖而引发的经商致富的动机中,已包含了否定或摧残商业企业发展的因素。⑤ 加之儒家的宗旨是"致中和",主张"和为贵",与外界相和谐,徽商的贾道自当力求和谐而缺乏转化世俗的力量。商业经济既作为传统社会经济的附丽,而不是其异化的因素,徽州商人资本也自不可能超越传统社会所规范的商业运作的轨道。

[原刊于《安徽师大学报》(哲学社会科学版)1998年第4期]

---

① 歙县《溪南江氏族谱》,《明赠承德郎南京兵部车驾署员外郎事主事江公暨安人郑氏合葬墓碑》。
② 《初月楼闻见录》,见于《歙事闲谭》第28册。
③ 民国《歙县志》卷9《人物·义行》。
④ 参见《徽州与珠江三角洲宗族制比较研究》,《中国经济史研究》1996年第6期。
⑤ Godley, *The Mandarin - Capitalists from Nanyang*, pp. 37 - 38,转见于陈其南:《再论儒家文化与传统商人的职业伦理》,台湾《当代》1987年第11期。

明中叶中国海上贸易与徽州海商

16世纪是国际海洋贸易发生划时代变化的时代，也是中国海上贸易因应发生转型的时代。无论是贸易的形式、商品结构、商人构成，还是市场功能、运作方式，都表现出与以前有所不同。[①] 中国海上贸易的转型是与西方殖民者的东来而引起的东亚海域海洋贸易格局的变化，以及在海洋贸易的推动下国内商品经济的繁荣联系在一起的，是中外商贸形势相互激荡的产物。徽州商人正是抓住了这一机遇而迅速发展起来，并占据商界的鳌头。徽商于明中叶崛起的原因固然是多方面的，但它与16世纪东亚海域贸易格局的变化所提供的历史机遇是有密切关联的。本文仅就在明代中叶东亚海域贸易的变化及其对中国陆地的影响，以及徽商在其中所充当的角色发表一点浅见，请批评指正。

一、16世纪后东亚海域贸易的历史性变化

自15世纪末起，伊比利亚半岛人发起海洋挑战，发现新大陆，开通东方航线，继而前来东亚海域建立贸易据点和寻找商机。先是葡萄牙人于1511年占据马六甲，尔后东进到摩鹿加群岛，并进入广东、福建和浙江沿海活动，多方尝试建立贸易据点。1543年，到日本九州。1553年用租赁的形式占据我国澳门作为其在远东的贸易中心，形成东通长崎，西达果阿、里斯本的海上贸易线。葡萄牙人以澳门为据点，经营东亚海域和印度洋、欧亚各地的贩运贸易。16世纪中叶至17世纪30年代，葡萄牙人不仅几乎垄断了中日贸易[②]，而且其租借的澳门也成为远东贸易的中心。其后是西班牙、荷兰、英国等相继前来。

西班牙人先在美洲获得广大殖民地后，再从美洲越过太平洋前来东亚海

[①] 参见拙作《明后期广州市场的转型与珠江三角洲的社会变迁》，《珠江三角洲社会经济史研究》，台湾稻禾出版社2001年版。

[②] 参见曹永和：《英国东印度公司与台湾郑氏政权》，《中国海洋史论文集》，台湾"中央研究院"1984年版，第389–405页。

域。于是便与早到东亚海域的葡萄牙人发生了争夺。1529 年葡西两国签订 Zaragoza 条约。按照条约规定，西班牙放弃摩鹿加群岛的权利。西班牙人 1565 年占据宿务（Cebu），开始经营菲律宾，1571 年占据马尼拉作为其贸易据点。早已侨居于此的华商通过西班牙人为他们从马尼拉到亚卡布鲁哥（Acapulco，墨西哥西南部城市）打开贸易机会。1573 年，当每艘装载 712 匹的中国丝绸、23300 件"精美烫金瓷器和其他的瓷器制造品"、胡椒和丁香的两艘马尼拉大型帆船抵达亚卡布鲁哥①时，新的横渡太平洋的海上丝路从此被开通。由此开始形成了中国—马尼拉—墨西哥的太平洋丝路。

西班牙人力图在亚洲贸易与传教，以扩张其势力。但遭到葡萄牙人和晚来的荷兰人的抵制。然而，西班牙人源源不断地从墨西哥运来的大量银元，吸引中国、日本、暹罗、柬埔寨和摩鹿加群岛的商人前往马尼拉贸易。马尼拉因而成为东亚国际贸易的一个重要据点。通过马尼拉，持续两个半世纪的大量白银流入中国；用来自秘鲁和墨西哥矿坑的白银与中国的丝绸和南洋的香料相交易，成为当时贸易的主要内容。这一贸易有极大的利润可图，美洲的西班牙商人能够把其最初投入的商业资本增至 4～5 倍，因此之故，导致一些中国商人于 1585 年初越过太平洋径往墨西哥推销其商品。作为马尼拉商货主要供应者的中国商人表现出色。正如总督吉多·迪·莱夫扎里斯（Guido de Lauezaris）于 1573 年所说："中国人每年不断增加他们的商务。在中国人来到马尼拉以前，他们为我们准备了许多物品，如糖、小麦和大麦面粉、果核、葡萄干、梨和柑橘、丝绸、上等瓷器和铁器，以及其他我们在这块土地上缺乏的小东西。"其利润是优厚的，如糖，一般都卖得好价钱，每担可卖 6 里亚尔。16 世纪 70 年代，每年自中国开往马尼拉的糖船有 20 艘，往后的世纪增加到 40 多艘。② 其实，在马尼拉进行的银与丝的贸易更大的意义，还在于它为中国增加了白银的流通量，为大规模商业的发展提供了条件，又直接引发了江南和珠江三角洲的商业化。

荷兰人以海洋为立国根基，自 1568 年起，掀起了反抗西班牙统治的独立战争。西班牙兼并葡萄牙后，禁止荷兰到里斯本贩运香料，从而使荷兰人

---

① Sucheta Mazumdar（穆素洁），*Sugar And Society In China*，*Peasants*，*Technology And The World Market*，P. 77，Published by the Harvard University Asia Center and distributed by Harvard University Press，Cambridge（Massachusetts）1998.

② 参见全汉昇：《自明季至清中叶西属美洲的中国丝货贸易》，《中国经济史论丛》第 1 册，香港新亚研究所印行；全汉昇：《略论新航线发现后的海上丝绸之路》，台湾"中央研究院"历史语言研究所集刊，第 57 本第 2 分册，1986 年。

直航东方进行香料贸易的企图更加强烈。自1595年，荷兰的船队绕过好望角到达印度，继而东达爪哇和摩鹿加群岛。1597年船队回国后，引起国内商人竞相组成公司前来东亚海域寻找商机。由于本国各公司间的竞争，以及遭到对手葡萄牙、西班牙商人的抵制，感悟到只有把本国的各个公司联合起来，壮大实力，才能在东亚海域站稳脚跟。于是，1602年各公司组成联合东印度公司（通常称之为荷兰东印度公司），并配有强大的武装舰队。当荷兰东印度公司来到东亚海域后，便极力排斥葡萄牙、西班牙势力，甚至进攻其贸易基地。1609年在平户设立商馆，开展对日本的贸易。1619年营建巴达维亚城，作为侵占爪哇的据点。不久，又占锡兰和马六甲。1622年派舰队进攻澳门失败后，即转往澎湖，筑城据为基地。在此拦截从澳门至长崎间的葡船，以及航行于漳州、马尼拉间的中国商船。这种从事海盗的勾当，在荷兰档案馆存藏的档案中有详细的记载。[①] 荷兰人虽然想方设法与中国建立贸易关系，从中国边防官员处得到的却是敷衍应付，不了了之。明朝福建当局视其占据澎湖为对中国领土的侵占，1624年派重兵包围荷兰人在澎湖构筑的城堡。由于华商李旦的斡旋，荷兰人终于在1624年8月撤出澎湖，转往台湾大员（即今安平）筑城作为贸易据点。当时侨居日本平户的李旦与大陆厦门的许心素结成一伙，正以台湾为据点从事中日间的走私贸易。他们同荷兰人，以及晚来的英国人都有来往，是当时著名的海商。荷兰人以巴达维亚和大员两据点形成犄角之势，相互奥援。通过这两个据点，在东亚海域进行贸易。荷兰在台湾大员建立的据点于1662年为郑成功所收回后，只能靠通过巴达维亚来和中国做间接的贸易。荷兰由于资产阶级革命的成功，国力大振。17世纪，其造船业已居世界首位，有"海上马车夫"之称。它继葡萄牙人之后称雄于东亚海域。

英国是一岛国，有冒险航海的传统。16世纪，对外贸易由本国商人经营，并得国王特许组织贸易公司，专营海外某一地区的商业。1600年组织的东印度公司，独占东方所有国家的贸易，后来还享有对殖民地军事和政治的全权。由于国内毛织业的发展，也需要到东方来寻找推销毛织产品的市场。1600年英国东印度公司一成立便前来加入东亚海域的商战。由于其资本和武装力量皆不及荷兰东印度公司，不能与之相抗衡。1613年开设在日本平户的商馆，因经营不善，也于1623年关闭。在17世纪20年代，把重点转移到印度和波斯。唯留下爪哇的万丹作为在东亚海域的基地。英船在

[①] 参见程绍刚译注《荷兰人在"福尔摩沙"》，联经出版公司2000年版。

1635年首次来到广州,由于不谙习俗,交易很不顺利。英国与中国的贸易直到康熙五十四年(1715)在广州成功地设立办事处后才得转机,并快速兴隆起来,从而取代了荷兰而称雄于东方,那是后话。

在古代历史上,特别是近代化发展初期,商业是与海盗、走私、掠夺和奴隶贩卖联系在一起的。16世纪,欧洲人对海盗掳掠和合法贸易是不加区分的,贸易就是掳掠,掳掠就是贸易。到18世纪欧洲理论界才开始谈论国际法上海盗和合法贸易的区别。① 正如马克思在《资本论》所指出:"商业资本在优势的统治地位中,到处都代表着一种劫夺制度,而在旧时代和新时代的商业民族内,商业资本的发展,也与暴力的劫夺、海盗、奴隶、劫盗,在殖民地的征服直接地结合在一起。迦太基、罗马和后来的威尼斯人、葡萄牙人、荷兰人,等等,都有是这样。"② 明代中后期,前来东亚海域的葡萄牙、西班牙、荷兰和英国等国家的商业公司,不仅拥有以先进的技术武装起来的舰队,而且有本国政府作其政治与经济的坚强后盾,有垄断某一地区贸易的特许状,甚至享有殖民地军事和政治的全权。他们凭借其船坚炮利,一方面主张公平的贸易,另一方面遇到失利时,则拦截掠夺海上商船,甚至烧杀掳掠沿海居民,无恶不作。他们在东亚海域建立起各自的殖民基地,实行殖民统治,一改东亚海域由华商独领风骚的传统贸易局势。在荷兰、西班牙所建立的据点及其控制的地区,凭其武装舰船的优势而独占贸易,还对华商征税。例如,凡到由荷兰、英国控制的旧港和占碑的船只,必须取得他们颁发的许可证;规定在此采购胡椒的数额。此外,还要征收人头税③。在这些地区,华商受制于西人,有时为西人做短程运输,陷入附庸。即便在这种情况下,华商仍然不屈不挠,采取化整为零,化零为整,"萍聚雾散"等方法,勉力抗衡。④

从上可见,葡萄牙、西班牙、荷兰等国家于16世纪先后前来东亚海域,由此出现了中西两半球海商直接交遇的新局面。东亚海域的贸易网络,既联结太平洋彼岸的南美洲,又重新伸展到永乐之后中断往来的印度洋,并扩及

---

① 弗莱克、纳桑塔拉:《印度尼西亚史》(Bernard H. M. Vlekke, Nusantara, *A History of Indonesia*),海牙,1959年,第82页。转引自严中平《科学研究方法十讲》,人民出版社1986年版,第187页。
② 马克思:《资本论》第三卷,人民出版社1953年版,第410页。
③ 程绍刚译注《荷兰人在"福尔摩沙"》,第211页。
④ 张彬村:《16—18世纪华人在东亚水域的贸易优势》,见《中国海洋史发展论文集》第3辑,台湾"中央研究院"中山人文社会科学研究所1988年印行。

大西洋，初步形成横跨亚、非、欧、美四大洲的世界性海洋贸易圈。我们看到，中国商品供应的多寡，直接影响到其他地方。例如，中国的生丝供应不足，便直接影响墨西哥的丝织业。中国于1639年因台风，甘蔗受损，糖产量下降。驻台湾的荷兰代表给巴达维亚总部报告说："您那里以及波斯均不会获得所需的糖量。"彼此间的产品都需要交流。正如荷兰人说的："中国人需要我们的白银，正如我们不能没有他们的商品一样。"① 可以说，16世纪的世界已经开始趋向一体化。

还应当指出的是，就亚洲内部而言，16世纪中叶的日本，正是盛产金银之时，有50多座金矿，30多座银矿开采②。当时的中国，争用银而不用"大明宝钞"。由于中国缺银，日本所产的白银也源源不断地输入中国。日本在东亚海域的贸易也日益活跃起来。

二、海洋贸易对中国商品经济发展的影响

16世纪，因东西两半球商人在东亚海域相遇而形成的世界海洋贸易圈的情况下，海上贸易与中国内部社会经济的变迁间的关系问题，以往的学者所论不多，未必是出于疏忽，主要是因为缺乏足够的史料支持。众所周知，在禁海的体制下，"通蕃"之举是讳莫如深的。偶有记录，也是片鳞只爪，语焉不详。但是，随着存藏在国外的有关档案的整理与发表，如荷兰东印度公司的报告中有关台湾部分、巴达维亚城日记和热兰遮城日记等资料的出版，以及瑞典、印度和美国等国家档案馆所藏有关与中国贸易往来档案的被利用，明清时期海上贸易与中国内部经济发展间的关系之史实，正日益显现出来。在笔者看来，根据零星的资料，经理性分析而引出给读者以思考空间的结论，虽不能视之为信史，但对推进这一课题的研究是有补益的。

根据笔者的理解，16世纪至17世纪中叶，由西方各国的东来而引发的东亚海域贸易格局的变化，为江南与珠江三角洲等沿海地区商品经济的发展带来了机遇，也为中国的商人带来了通过贩运商品而创造资本的机会，于是积资百万的徽商等兴焉。

先谈16世纪的海上贸易对陆上经济发展的影响。

---

① 程绍刚译注《荷兰人在"福尔摩沙"》，第216、221页。
② 前揭 Sucheta Mazumdar（穆素洁），*Sugar And Society In China*，*Peasants*，*Technology And The World Market*，P. 76。

16世纪海上贸易的新形势,造成对国内商品需求量的增多,并给商业带来了超额的利润。据万历时人周玄暐说:

> 闽广奸商,惯习通番,每一舶推豪富者为主,中载重货,余各以己资市物往,牟利恒百余倍。①

又据《重修古歙东门许氏宗谱》记载:

> (许谷)贩缯航海而贾岛中,赢利百倍。②

正由于超额利润所产生的诱惑力,海商才冒险犯难,懋迁于海外。嘉靖《广东通志》记载:

> 东洋贸易,多用丝……回易鹤顶等物;西洋贸易,多用广货,回易胡椒等物。③

这里所谓的东洋,主要是指菲律宾。当时的马尼拉生丝市场,是太平洋丝路的中转站,对丝货的需求量很大。17世纪初,墨西哥从事丝织业者有1.4万多人,其需要的原料生丝就靠通过中转站马尼拉丝市转运去供应。④葡萄牙、西班牙商人"皆好中国绫罗杂缯"⑤。当时杭州的纺织品、苏州的丝织品、松江的棉布、饶州的瓷器、漳州的纱绢,皆备受西方各国和日本所欢迎。根据全汉昇先生的研究,江南蚕丝业的迅速发展与马尼拉丝市的影响是有密切关系的。⑥广州的所在地珠江三角洲,也在这一市场取向的刺激下,创造出"桑基鱼塘"这一以蚕桑与水产养殖相结合的商品性生态农业经营

---

① 周玄暐:《泾林续记》。
② 《重修古歙东门许氏宗谱》卷9《许传善传》。
③ 嘉靖《广东通志》卷66《外志三·三夷情》上。
④ 全汉昇:《自明季至清中叶西属美洲的中国丝货贸易》,《中国经济史论丛》第1册,香港新亚研究所1972年印行,第466页。
⑤ 顾炎武:《天下郡国利病书》卷96《福建六》。
⑥ 参见全汉昇:《自明季至清中叶西属美洲的中国丝货贸易》,《中国经济史论丛》第1册,第459页。

形式①。所生产的广纱、粤缎等丝绸,以及糖、果箱、铁器、蒲葵等所谓"广货",成为输往各国的主要产品。正如关心乡梓事务的岭南学者屈大均所指出的:

> 广之线纱与牛郎绸、五丝、八丝、云缎、光缎,皆为岭外京华、东西二洋所贵。②
>
> 广州望县,人多务贾与时逐。以香、糖、果箱、铁器、藤、蜡、番椒、苏木、蒲葵诸货,北走豫章、吴、浙,西走长沙、汉口,其黠者南走澳门,至于红毛(指荷兰商人在南洋建立的基地巴达维亚)、日本、琉球、暹罗斛、吕宋。帆踔二洋,倏忽数千里,以中国珍丽之物相贸易,获大赢。农者以拙业力苦利微,辄弃耒耜而从之。③

其他如宁波外海地区、九龙江口海湾地区、诏安湾地区等也都出现向农业商业化的转型。④ 关于江南、珠江三角洲等地在勃然兴起的海洋贸易刺激下,以出口商品为取向,扩大经济作物的种植,实现农业商业化的史实,中外学者论列甚多。范金民的《明清江南商业的发展》,就是江南地区的专论⑤;珠江三角洲地区,则请参阅拙文《移民与珠江三角洲海洋经济化》⑥。还需要提到的是李伯重的《江南的早期工业化》⑦ 一书,也谈及了相关的问题。

再谈海洋贸易与商业资本的关系。海洋贸易是一种长途的商业贩运。从古典经济学的观点来说,资本是在以贸易为主体的交换过程中被创造出来的。⑧ 马克思和恩格斯指出,欧洲的变革发源于"特殊的商人阶级"的出现。⑨ 事实也是如此。西欧资本主义的出现是与长途贩运的海洋贸易联系在

---

① 请参阅拙作《移民与珠江三角洲海洋经济化》,朱德兰主编:《中国海洋发展史论文集》第八辑,台湾"中央研究院"中山人文社会科学研究所2002年版,第23-72页。
② 屈大均:《广东新语》卷14"茶"条。
③ 屈大均:《广东新语》卷14,"谷"条。
④ 参见杨国桢:《16世纪中国东南海区与东亚贸易网络》,中山大学主办"东来贸易网络与地域社会学术研讨会"论文,2001年12月13—21日。
⑤ 范金民:《明清江南商业的发展》,南京大学出版社1998年版。
⑥ 叶显恩:《移民与珠江三角洲海洋经济化》,朱德兰主编:《中国海洋发展史论文集》第八辑,第23-72页。
⑦ 李伯重:《江南的早期工业化》,社会科学文献出版社2000年版。
⑧ 参见科大卫:《中国的资本主义萌芽》,《中国经济史研究》2002年第1期。
⑨ 《马克思恩格斯选集》第1卷,人民出版社1975年版,第59-61页。

一起的。从事海洋贸易的海商，是导致传统经济（包括习俗经济、命令经济、道义经济等）向市场经济转换的一种"专业商人"①。徽商资本在明中叶的勃兴，显然也是与16世纪的海洋贸易有关。徽商善于抓住明中叶海洋贸易带来的机遇，全面参与，并海陆相结合地建立起商业网络。过去学术界当论及徽商与海洋贸易的关系时，多局限于海盗式的走私贸易。但是，唐力行先生的近作，将徽州的海商分为三个层次，即往来贩运于海上者为核心商人，陆上的行商为中介层次，江南市镇的徽州坐贾和当地的手工业作坊主为其外围层次。并作了有创见的论述。② 这里需要补充指出：充当窝主的沿海势豪之家也属中介层次。陆上的外围层次，固然是以江南地区为重点，但徽商在其他地区所建立的庞大的以血缘和地缘相结合的商业网络，也应纳入其中。长江中下游和运河沿岸的市镇，只是徽商在内地商业网络的核心。徽商网络的覆盖面，远未止此。它已经西达秦、晋、巴蜀，北至燕、代、辽东，南达闽、粤，其"足迹几半禹内"③。徽商在为海洋贸易组织货源，或推销海外舶来品时，不可能不利用这一网络。事实上，唐先生在论述徽州海商的外围层次时也都涉及了。另外，侨居海外各地的华人也是这一商业网络的另一头。徽商正是通过结织这一网络，于嘉靖后期发起了一场波澜壮阔的、轰动一时的"海洋挑战"。

在海洋贸易史上曾出现"亚洲内部贸易两大分支：印度向东的贸易和中国向南的贸易"。④ 但是，东来的印度商人只将其势力扩张到马六甲海峡。马六甲以东可说是由华商独领风骚的。中国海商的网络是与华人在东亚水域的移居分布联系在一起的。早在宋元时期，东亚海域已是中国商民出没的地方。往往有侨居不归，至长子孙者。据明初人的记载，爪哇有三等人，"一等唐人，皆是广东、漳泉等处人窜居此地"⑤。马六甲肤白者为唐人种⑥。据《明史》卷324《三佛齐传》记载：

有梁道明者，广州南海县人，久居其国。闽粤军民泛海从之者数千

---

① 参见约翰·希克斯：《经济史理论》，商务印书馆1987年版。
② 唐力行：《明清以来徽州区域社会经济研究》，安徽大学出版社1999版，第136—158页。
③ 万历《休宁县志》卷1《风俗》
④ 前揭 Sucheta Mazumdar（穆素洁），*Sugar And Society In China, Peasants, Technology And The World Market*.
⑤ 马欢：《瀛涯胜览》爪哇条。
⑥ 费信：《星槎胜览前集》马六甲条。

家,推道明为首,雄视一方。①

在明永乐、宣德间,经郑和先后 7 次（1405—1432）下西洋,更使南洋的华人移殖增加,其势力也得到发展。当地的华侨取得南洋经济上的领袖地位,同时参加政治,有为当地执政者,乃至为国王者。社会文化有汉化的倾向。北婆罗洲有自称为中国人之苗裔,采用中国之耕织法。菲律宾由游牧时代进入农业时代,是由闽人林旺之启导。不少地名也中国化。② 1586 年,华人在马尼拉已有超过一万人居住。③ 华侨在东南亚占据着绝对的优势。西人涉足东亚海域之后,虽以武力建立了贸易据点,如葡人在澳门、西班牙在马尼拉、荷兰人在巴达维亚和台湾大员所建立的据点,华商依然处于优势。

在上述的南洋华人社区,以及下面提及的在日本的名为"大唐"的社区,不管是否有徽人在其中,因属共同的华人文化之故,自然成为徽州海商网络的海外一头。

关于徽商从事海贸活动的记载,现举数则明代的资料,以资了解其梗概。王忬在《倭夷容留叛逆纠结入寇疏》中说：

> 自嘉靖二年,宋素卿入扰后,边事日堕,遗祸愈重。闽、广、徽、浙无赖亡命、潜匿倭国者,不下千数,居成里巷,街名大唐。④

这里说的是前往日本经商者。据西人裴化行在《天主教十六世纪在华传教志》一书记载：

> （1555 年）中葡间的商业,却一步一步地走上繁荣的途径,在一个月内,由广州卖出的胡椒达 40000 斤,商人所夏卖的为上日本去转售的货品达 100000 葡金。商业的利源,是被原籍属广州、徽州、泉州三处的十三家商号垄断着。他们不顾民众的反对,一味致力于发展外人的势力。⑤

---

① 《明史》卷 324《三佛齐传》。
② 参见《吴晗史学论著选集》第 1 卷,第 604－645 页。
③ 前揭 Sucheta Mazumdar（穆素洁）,Sugar And Society In China, Peasants, Technology And The World Market. P. 153。
④ 《明经世文编》卷 283。
⑤ 裴化行:《天主教十六世纪在华传教志》,萧浚华译,商务印书馆 1936 年版,第 94 页。

又据梁嘉彬教授寻到西班牙传教士的有关记载称，1556 年葡人入市（指广州市）之初，有十三商馆（行）与之贸易，其中广人五行，泉人五行，徽人三行等语①。由此可见，徽商在当时的中国主要对外贸易港市广州与外商联系密切，其势力是雄厚的。又据何乔远《闽书》记载：

> （福建）安平一镇尽海头，经商行贾，力于徽、歙，入海而贸夷，差强赀用。②

徽人金声也指出：

> 尽天下通都大邑及穷荒绝徼，乃至外薄戎夷蛮貊，海内外贡朔不通之地，吾乡人足迹或无不到。③

从这些记载，可见徽商从海贸的大都会广州到与海贸有关的市镇、岛屿，都在其间从事海洋贸易活动。

正是徽商通过庞大的商业网络，以长途贩运为主体，才不断地创造出巨量的资本。在长途的贩运中，海上贸易尤其值得注意。因为海上的商品贩运不仅数量大，而且其利润之高是国内利润所不能比拟的。例如，16 世纪的日本和西方各国都需要中国的丝货等商品，姚叔祥《见只编》指出：

> 饶之瓷器，湖之丝棉，漳之纱绢，松之棉布，尤为彼国（指日本）所重。④

至于马尼拉丝市所需的丝货，数量尤其大。徽商以丝、棉产地的中心——江南作为徽商的大本营，并非偶然。正是从棉、丝的贩运中，徽商积攒了巨量的资本。如前所述，贩销于海外的产品，"牟利恒百余倍"。歙县许谷在嘉靖、万历间就因贩运丝货做海洋贸易而增资百倍。又如，徽人"程君年甫髫而从其舅，江淮间为下贾。已进为中贾，属有外难，脱身归，

---

① 梁嘉彬：《广东十三行考》，广东人民出版社 1999 年版，第 436 页。
② 何乔远：《闽书》卷 38《风俗》。
③ 《金忠节公文集》卷 7《寿明之黄太公翁六秩序》。
④ 姚叔祥：《见只编》卷上。

则转资湘楚,稍稍徙业二广,珠玑犀象香药果布之凑,盖不数年而成大贾"①。徽商程某在这里有可能既为走私贸易组织货源,又长途贩销舶来品"珠玑犀象香药果布"等商品。在短暂的不数年间,他之所以能成大贾是得益于稍稍移资于贩销海洋贸易的舶来品。"大贾"是一含糊的称呼,真正称得上"大贾"的徽商当指"藏镪百万"的盐商。至于海商拥有的资本,据田汝康先生的估计,高达5500～7500英镑,几乎与1602年荷兰东印度公司最大股东勒迈尔拥资8100英镑的额数相比肩。②

三、以汪直为代表的雄飞海上的徽州海商集团

中国的海商在出现全球一体化征兆、中西海上商人直接交遇的情况下,面对这一前所未有的机遇和挑战,是如何调适商业的运作,以求得自身的发展呢?

首先,原来的以个体为主的小规模的走私组织形式,已经不适应新出现的海洋贸易形势。我们知道,明朝以后,实行禁海政策,既不准中国人私自出海经商,也不准外国的私商前来贸易,只维持传统的朝贡形式,借此与周边国家作官方的贸易。但是,事实上在东南沿海,私自"下海通番"之举就没有禁绝过。明初洪武年间,"两广、浙江、福建,愚民无知,往往交通外番,私易货物"③。永乐年间,广东人梁道明在旧港经商,"广东、福建民从者至数千人,推道明为首"④。随着商品经济的发展,走私贸易不仅禁而不止,而且有愈演愈烈之势,从个体、小股走私,逐渐趋向集体化、组织化。让官方哭笑不得:"片板不许下海,艨艟巨舰反蔽江而来;寸货不许入番,子女玉帛恒满载而去"⑤。这里提到的"艨艟巨舰"是指连舡结队的武装走私集团。有组织的武装走私早在正德年间已经出现,但是成为大气候,为朝廷所震惊的是在嘉靖年间,尤其是嘉靖三十一年至四十四年(1552—1565),历史上称之为"嘉靖倭寇"。

关于嘉隆间的所谓"倭寇海盗"问题,已故的戴裔煊教授早在其《明

---

① 王世贞:《弇州山人四部稿》卷61《赠程君五十叙》。
② 田汝康:《十五至十八世纪中国海外贸易发展缓慢的原因》,《新建设》1964年8—9月号合刊。
③ 《明洪武实录》卷205。
④ 《明永乐实录》卷10。
⑤ 谢杰:《虔台倭纂》上卷《倭原》。

代嘉隆间的倭寇海盗与中国资本主义萌芽》[①]一书中，对倭寇海盗的起因和性质作了辨析。首次为海商汪直（戴书作王直）作了正名。此说正日渐为学术界所认同。如前所述，亦商亦盗是古代海上商人的共同特点。中外概莫能外。从16世纪以来的西方海商所留下的档案，可以充分证明这一点。据荷兰方面的档案记载，荷兰东印度公司于1633年12月15日作出决定："继续对中国的战争，在中国沿海大肆烧抢，直到中国大官对我们海上的威势和能力有所闻，满足我们的要求，准许我们自由无碍的贸易。"[②]当葡萄牙人1639年被逐出日本，荷兰人就预料它"将在海上为寇，拦截往东京的船只"[③]。由此可见，不准通商便作掠夺，已成惯例。又如荷兰东印度公司得悉有12艘中国船驶往马尼拉的消息后，即从其基地巴达维亚派船到马尼拉附近海域拦截劫掠，共得船3艘，捉获800名中国人。另外，又在澎湖捕捉1150名中国人，其中除因水土不服和过度劳累致死外，只有571人运往巴达维亚。途中又死去473人。余下的98人，又因饮水中毒死亡，只留下33人到达目的地巴城。[④]类似的例子屡见不鲜。16、17世纪西方各国的通商、航海，在重商主义的支配下，为了积累财富，是不择手段的。他们建立商业殖民地，掳掠，排斥异己，无恶不作，旨在垄断贸易。荷兰之所以采取上述触目惊心的残忍手段，正是为了达到这一目的。荷兰为了阻挠葡萄牙人等与马尼拉（西班牙人商业殖民地）的通商，千方百计地力图打败葡、西，以取而代之，甚至不惜于1622年进攻我国澳门，死伤600余人终未奏效才作罢。

又据荷兰人威·伊·邦特库的《东印度航海记》[⑤]一书记载，作者以船长的身份被荷兰东印度公司派遣，于1618年12月从荷兰北部出发前来巴达维亚（今雅加达），继而在东印度各岛之间，以及我国澎湖列岛和闽粤浙沿海一带活动，历时7年。这部日记用亲身的经历，翔实地记述了如何既从事商业活动，又干烧杀掳掠、攻城略地的勾当。书中充满着腥风血雨的商业活动，说明这类商业经历了从无序到有序、从野蛮到文明逐渐演化的过程。我们不能以今类古，也不能以古比今。

---

① 戴裔煊：《明代嘉隆间的倭寇海盗与中国资本主义萌芽》，中国社会科学出版社1982年版。
② 程绍刚译注《荷兰人在"福尔摩沙"》，第135页。
③ 程绍刚译注《荷兰人在"福尔摩沙"》，第218页。
④ 程绍刚译注《荷兰人在"福尔摩沙"》，第29-30页。
⑤ 〔荷〕威·伊·邦特库：《东印度航海记》，姚楠译，中外关系史名著译丛，中华书局1982年版。

16世纪，由哥伦布发现新大陆而揭开海洋时代的序幕所具有的划时代意义，及其对中国的影响，我们以前似乎估计不足。事实上，有悠久航海历史的中国海商，面对当时由伊比利亚人发起的"挑战海洋"的新形势，以汪直为代表的徽州海商武装走私集团，已经做了积极的回应。他们仿效西方海商的做法，制造大舰，并武装起来，称雄于东亚海域，曾在东瀛建立商业殖民地。这一具有时代意义的重大事件，未被视为加入世界商战的举动，反而被史家称之为惊动朝野的"嘉靖倭难"。

我们知道，有明一代，边防问题历来被归结为"北虏南倭"。所谓南倭，即日本倭寇扰乱东南沿海一带。所谓"倭寇犯海"最多且规模最大的是嘉靖年间，尤其是嘉靖三十一年至四十四年的十余年，所谓"嘉靖倭难"即指此时。事实上，以前的"倭寇犯海"与"嘉靖倭寇"是有所不同的。[①]这里只谈后者。

如前所述，在"嘉靖倭难"之前，徽商已经建立以长江中下游和运河沿岸为中心的商业网络，东南沿海地区也有突出的势力。这为徽商在东南亚海域进行大规模的冒险犯禁走私活动提供了雄厚的基础。已故的著名史学家谢国桢先生曾经指出："（徽商）以扬州、苏州、杭州为经商主要地点。而足迹遍及全国，并至海外贸易。明嘉靖时倭寇之乱，与徽商极有关系。"[②]史学界的先贤谢老，已以敏锐的眼光在这里指出嘉靖"倭乱"与徽商的关系。

徽州海商集团曾出现许栋和汪直两位分别充当不同时期的首领。他们之间既有递嬗关系，又各树一帜，彼此独立的集团。又有从汪直集团中分化出来的徐海集团，也曾称雄海上，名噪一时。就整体的徽州海商集团而言，应当以汪直最负盛名，最堪为代表。

纠番诱倭做走私海盗式的贸易，非自徽商始。早在正德四年（1509年），即葡萄牙商船攻下满剌加（马六甲）前两年来到满剌加港市时，已有3艘中国船停在该港一旁。据佚名《葡萄牙人发现和征服印度纪事》（手稿）记载：

[①] 日本学者滨岛敦俊教授认为，明前期的倭寇，以日本西部的武士为主；明后期以汪直的中国武装走私海商集团为主。自1522—1566年的嘉靖大倭寇以日本九州诸岛为根据地，以长江中下游的浙江和福建为袭击地。见松丸道雄等编：《中国史》4（明清），山川出版社1999年版，第165页。

[②] 谢国桢在《明代社会经济史料选编》（中）第五章中所写的按语，见第99页。

> 我们一到这里，中国人的船长就乘一艘小船出来，和他一起的还有一位体面的人。……他们向司令的船驶来，司令高兴地接待他们，并奏乐和鸣放礼炮。……因为翻译听不懂他们的话，又派人找来一位懂他们语言的当地人。他们谈了很多事情，互相询问对方国王和王国的事情。……谈了好长一段时间后，中国船长请司令和船长们改天去他们的船上吃晚饭。司令接受邀请前往赴宴。几个小时后我们的人才告辞，中国船长把他们送回船上后才返回自己的船上。①

首次与葡人接触的中国商船，目前尚无法弄清其身份。基于南洋是粤商涉足的基地，加之1517年（正德十二年）6月17日安德拉德（Fernao Perez D'Andrade）和葡萄牙国王的使者佩雷斯（Thomas Pirez）等率4艘葡船和4艘马来船，从满剌加前来中国于同年8月15日抵达广东屯门岛②，当由熟悉航道的粤人引水，似乎纠番诱倭私市始作俑者，属粤商可能性较大③。郑舜功在《日本一鉴》中写道：

> 浙海私商，始自福建邓獠，初以罪囚按察司狱，嘉靖丙戌（1526年）越狱遁下海，诱引番夷私市浙海双屿港，投托合澳之人卢黄四等，私通交易。嘉靖庚子（1540年）继之许一（松）、许二（楠，按楠系栋之误）、许三（栋，按栋系楠之误）、许四（梓）勾引佛郎机国夷人（斯夷于正德间来市广东，不恪，海道副使驱逐去后，乃占满剌加国住牧，许一兄弟遂于满剌加而招其来。——此系引文原注）络绎浙海，亦市双屿、大茅等港。自兹东南衅门始开矣。嘉靖壬寅（1542年），宁波知府曹诰，以通番船招致海寇，故每广捕接济通番之人，鄞乡士夫尝为之拯拔。知府曹诰曰："今日也说通番，明日也说通番，通得血流满地方止。"明年癸卯（1543年）邓獠等寇掠闽海地方，浙海寇盗亦发，海道副使张一厚因许一许二等通番致寇延害地方，统兵捕之，许一许二

---

① 佚名：《葡萄牙人发现和征服印度纪事》（手稿），澳门《文化杂志》1997年夏季中文版第31期，第27页。
② 戴裔煊：《〈明史·佛郎机传〉笺正》，中国科学出版社1964年版，第6页。
③ 杨国桢先生认为，最早在满剌加与葡萄牙人相见并勾引其来中国沿海从事商业走私活动的是福建漳泉人。参见前揭杨文《16世纪中国东南海区与东亚贸易网络》一文。

等敌杀得志，乃与佛郎机夷竞泊双屿。①

这里说，浙海纠番诱倭私市，始自福州人邓獠（日本藤田博士认为獠是海盗首领的尊称。笔者则疑獠本作僚；如同王五峰称为王忤疯）。他脱狱下海，于嘉靖五年（1526），诱番夷私市、寇掠于浙江的双屿港。可谓是葡人犯浙海之肇始。而在浙江沿海，纠番诱倭走私贸易最早形成声势，且具有规模的却是以歙人许栋（许二）为首的武装海商集团。据王应山《闽都记》记载，嘉靖九年（1530）②，"福州狱变，戕大吏三人，斩关趋连江，度海而遁"。越狱的囚犯中有闽人林汝美名碧川、李七名光头、歙人李三（二之误）名栋，下海后"勾引番倭"③。又据郑舜功《日本一鉴》说：

（嘉靖十九年，即1540年）许一松、许二楠、许三栋（二、三倒错）、许四梓，潜从大宜、满剌加等国勾引佛郎机国夷人，络绎浙海，亦市双屿、大茅等港。④

可见许栋与其兄弟许一松、许二栋、许三楠、许四梓，早在16世纪40年代之前，已到马六甲等地经商。嘉靖十九年（1540），许栋兄弟自马六甲纠引葡萄牙人前来双屿、大茅等港口后，与福建海商李光头（福州人，名李七）结为一伙，从事走私贸易。他得到当地势要之家所庇护和支持⑤。又有汪直、徐维学、叶宗满、谢和、方廷助等加盟，声势大振。为了扩大其势力，往往施计招诱商人掉入陷阱。通用的方法是，派其党徒到南直隶、苏松等地，招诱商人置货运来双屿。故意唆使其纠集的"番倭"将商人运来的货物抢劫，而表面上对被劫的商人却大加劝慰，并以如入伙经商日后可偿还

---

① 郑舜功：《日本一鉴·穷河话海》卷6，"海市"条。按：郑舜功，歙县商人（商人说据自卞利《胡宗宪评传》一书）。他在《日本一鉴》一书中自署为："奉使宣谕日本国新安郡人郑舜功"，实际是杨宜在嘉靖三十四年（1555）六月即任南直隶、浙闽总督后于同年派他往日本宣谕采访夷情。杨宜在位至次年二月。郑舜功于嘉靖三十六年（1557）一月回国。至广东潮州，被诬告投入狱。几经申辩，方得昭雪。此书于嘉靖四十三年（1564）写成（此说采自汤开建《郑舜功〈日本一鉴〉中的澳门史料》一文，汪向荣另有于万历成书的说法，见他的《关于日本考》一文）。
② 此事在《筹海图编》说发生于嘉靖十九年（1540），当系误。因这一年李栋等已从马六甲勾引葡萄牙人，络绎潜来浙海活动。
③ 王应山：《闽都记》卷1《建置总叙》。
④ 郑舜功：《日本一鉴·穷河话海》卷6。
⑤ 参见《明史》卷205《朱纨传》。

货价为许诺。那些借贷置货而被劫的商人，出于无奈，只有入伙以图偿货价。这一伎俩也为以后的海商集团所沿用，如下面将提及的海商徐惟学以侄徐海为质，向日人借贷银货运往广东发卖时人货俱亡，徐海纠倭人劫掠以还，即一例。许栋海商集团，与当时西方的海商一样，每当走私贸易受挫时，便以劫掠、绑架富民以索重赎作补偿。作为窝主的势要之家，有时不仅抑勒货值，或赖账，甚至以向官府告发相威胁。① 在此情况下，海商武装劫掠便在所难免了。作为海商走私集团的窝主——浙江余姚名宦谢迁家族便因此而遭到洗劫。据《明世宗实录》记载：

> 按海上之事，初起于内地奸商王直、徐海等，常阑出中国财物，与番客市易，皆主于余姚谢氏。久之，谢氏颇抑勒其值，诸奸索之急，谢氏度负多不能偿，则以言恐之曰："吾将首汝于官。"诸奸既恨且惧，乃纠合徒党番客，夜劫谢氏，火其居，杀男女数人，大掠而去。县官仓惶，申闻上司云："倭贼入寇！"巡抚纨下令捕贼甚急。②

谢氏家族被洗劫一事，是许栋联合福建海商林剪，"纠合徒党番客"（番客是指林从彭亨勾引来葡萄牙人）干的。朝廷闻之震怒。此时正是朝廷禁海派夏言当政。嘉靖二十六年（1547）九月，夏言亲拟委任状命朱纨镇压。嘉靖二十七年（1548），官军终于攻占双屿港，摧毁葡萄牙的临时居留点和许栋的据点。此举引起宁波一带沿海士民的强烈反响。朱纨继而干脆下令填塞双屿港③，以致船只不得再复入。许栋逸去，由其属下汪直领其余

---

① 佚名《倭》云："江南海夷有市舶所以通华夷之迁，有无之货。收征税之利，减戍守之费。又以禁海贾，抑奸商，使利权在上，罢市舶而利孔在下。奸豪外交内诇，海上无宁日矣。夷货至，辄赊奸商，久之奸商欺负转展不肯偿，乃投贵官家。贵官益甚。夷索逋急则恫喝官府，以纵寇为辞，兵出辄又费粮漏师，好语唔诸舶人，利他日货至。复赊我也。"这里历数罢市舶之害，奸商和贵官窝主之作祟。见《玄览堂丛书续集》，第84集。又，钱薇《海上事宜议》云："若彼治海之奸，耆利无忌，必投势豪之家以为奥主，始则诱赊舶货，既而不偿，又谬托贵势，转辗相蒙，激其愤怒。"见《承启堂集》，《明经世文编》卷214。

② 《明世宗实录》卷350，嘉靖二十八年七月壬申条下。

③ 朱纨：《双屿填港工完事疏》，《明经世文编》卷205。

党，重振声威。①

海洋的开禁关系着沿海居民的生计，也反映了朝内弛禁派和禁海派之间的派别斗争。在刚揭开序幕的世界海洋时代之激荡、驱动下，东南沿海地区开始出现向海洋经济的转型，他们以海为田，贫者靠此度日，富者以此积财。浙江沿海地区，"有等嗜利无耻之徒交通接济。有力者自出资本，无力者转展称贷。有谋者诓领官银，无谋者质当人口。有势者扬旗出入，无势者投托假借。双桅三桅，连樯往来。愚下之民，一叶之艇，送一瓜，送一樽，率得厚利，驯致三尺童子，亦知双屿之为衣食父母。远近同风，不复知华俗之变于夷矣。"② 这里的"华俗之变于夷"，很值得注意，透露出受海洋时代商战的影响。"套用现代的术语，就是与海洋世界接轨"③。朱纨的镇压之举，反映了朝内禁海派占上风。但是，朱纨摧毁双屿港，严厉禁海，既切断了沿海人民的生计，也触犯了沿海官宦势要之家的利益。浙江沿海的官宦势要集团通过其代言人御史采九德，以擅刑戮罪弹劾朱纨。朱纨罢职待勘，自知终不能见容于沿海势要，于是服毒自杀。对余姚谢氏的洗劫及朱纨的大加镇压，成为海商集团从海上走私活动向公开武装对抗的转折点。④ 此后弛禁派得势，海禁松弛。这就为汪直重整海商阵营以有利机会。

据郑舜功《日本一鉴》记载，先是"王直、徐铨（惟学）诱倭私市马渍潭"，"己酉年（1549）冬，王直等诱倭市长途"。走私活动又受到默许。"海盗副使丁湛移檄王直等拿贼投献，姑容私市。王直胁倭即拿卢七等以

---

① 明人范（万）表《海寇前议》，见《金声玉振集》十六。据《明纪》卷33《世宗六》记载，1548 年"夏四月，遇贼于九山洋，俘日本人稽天，许栋亦就擒，栋党汪直等收余众通。"此说许栋被擒，不确。据《四库全书提要》云："《海寇议》一卷，明万表撰。表字民望，鄞县人。正德末武进士，累官都督同知金事南京中军都督府，时值海寇出没，为浙江患。表推原祸本，以为奸民通番者所致。因为此议，上之当事，历叙逋逃啸聚始末甚详。其后乱大起，表结少林僧习格斗法，屡歼其众。盖本能以才略自显者，宜其所言之具有先见也。按黄稷《千顷堂书目》载，表《海寇前后议》一卷。此乃袁裘采入《金声玉振集》者所录仅一卷。疑已佚其《后议》，又伪万为范，尤为失考矣。"据此，范系万之误。

② 朱纨：《双屿填港工完事》，《明经世文编》卷205。

③ 参见杨国桢：《16世纪中国东南海区与东亚贸易网络》，中山大学主办"东来贸易网络与地域社会学术研讨会"论文，2001年12月13—21日。

④ 日本学者松浦章在《徽州海商王直与日本》一文中说，王（汪）直从事海外贸易的初期，在明朝看来是走私商人，在日本受到敬重；1547年9月，朱纨任浙江巡抚后，汪直才成为倭寇头目。此说有见地。朱纨抚浙，严厉禁区海，同以严嵩为代表的开海派与以夏言为首的禁海派在朝内势力的消长有密切关联。

献。明年辛亥（1551）王直等船泊列港"①。

汪直（一曰王直）②，徽州歙县人，出身于破产的徽商家庭，"少落魄，有任侠。及壮多智略，善施与，以故人宗信之。"③ 其先人可能从事海外贸易，至少对"通番"是熟悉的。所以，他曾对叶宗留等同伴发感慨，"中国法度森严，动辄触禁，孰与海外乎逍遥哉"④，已经流露想向海洋挑战的志向。他与乡人徐维学"先以盐商折阅"⑤，说明他已涉足于盐商集团。因经营盐业蚀本，与伙伴共往广东高州造巨舰以远航。据文献记载，他潜往广东高州制造巨舰。其规模："舟艇联舫，方一百二十步，容二千人，木为城为楼橹，四门其上，可驰马往来。"⑥ 这在当时是继郑和下西洋使用的宝船之后所仅见的。而且有武力装备，专为远航海外而准备的。他"抵日本、暹罗、西洋等国往来互市者五六年，致富不赀，夷人大信服之，称为五峰船主"⑦。输出的是硝石、硫黄、丝、棉等违禁品，输入的是倭刀、苏木、胡椒、犀角、象牙等货物。他首次到日本是在嘉靖二十二年（1543年），偕同葡萄牙人前往的。据日本的文献记载，说1543年，有3个葡萄牙人漂至种子岛，船中有明儒生五峰。可见他初到日本时用的名字是五峰⑧。又据日本

---

① 郑舜功：《日本一鉴·穷河话海》卷6。

② 胡武林先生最近考据，认为本属汪姓；见胡武林《明代徽州海商》，《古代商人》，徽商系列丛书，黄山书社1999年版。又唐力行在《明清以来徽州区域社会经济研究》中也持此说，见该书第147页。

③ 郑若曾：《筹海图编》卷9。

④ 嘉靖《浙江通志》卷60《经武志·王直传》。

⑤ 见顾炎武：《天下郡国利病书》卷119《海外诸番》日本条。

⑥ 又见万表：《海寇议后》，说这样的巨舰是在广东高州制造的，事在1540年前后。万历《歙志》载记卷1，志21，"岛寇"的记载稍异："（王直）招聚亡命，勾引倭奴，造巨舰，联舫一百二十步，可容二千人，上可驰马。"时在与官军对抗时；孰是孰非，待考。如此巨大的船舰，在明代是继郑和下西洋的宝船之后所仅见的。唯有后来在明末海瑞之孙述祖在海南岛所造的首尾28丈，桅高25丈之大舶，似要以比拟。关于造船的规模可参阅拙作《明代广东的造船业》，见叶显恩：《珠江三角洲社会经济史研究》，台北稻乡出版社2001年版。

⑦ 佚名：《汪直传》，见《借月山房汇抄》第6集；又见《泽古斋重抄》第7集。据《钦定四库全书提要》说，此书作者"或其（胡宗宪）幕客所为也"。

⑧ 据一本记载葡萄牙将枪炮传入日本的史料《枪炮记》云："隅州之南有一岛，去州一十八里，名曰种子，……天文癸卯（1543年）秋八月二十五日丁酉，我西村小浦有一大船，不知自何国来，船客百余人，其形不类，其语不通，见者以为奇怪矣。其中有大明儒生一人，名五峰者，今不详其姓字。时西村主宰有织部丞者，颇解文字，偶遇五峰，以杖书于沙上云：'船中之客，不知何国人也。何其形之异哉？'五峰即书云：'此是西南蛮种之贾胡也。'"见洞富雄著《枪炮传来及其影响》，思文阁1991年版，第463－464页；转引自松浦章：《徽州海商王直与日本》，见《'98国际徽学学术研讨会论文集》。

《大曲记》说：松浦隆信（平户领主），厚待外商。"故有名王五峰者，由中国至平户津，在印山故址，营造唐式之屋居之。自是中国商船往来不绝。"①

显然，汪直自首次抵达日本始，便与平户领主松浦隆信交厚。嘉靖二十三年（1544），汪直投到老乡许栋的麾下，深为许栋所倚重，曾任管柜（总管）、管哨（掌管武装）等职。汪直于嘉靖二十四年（1545），"往市日本，始诱博多津倭助才门等三人，来市双屿"②。当时作为许栋部属的汪直，表现出"沉机勇略"，具有出色的经商和管理才能，因而深为众人所敬服。所以，当基地双屿港被朱纨捣毁，许栋逸去后，由他继任舶主，并非偶然。

汪直手下先有叶宗满、徐惟学、谢和、方廷助等徽州同乡为其班底，又招纳毛海峰、徐碧溪、徐元亮，以及徐海、陈东、叶麻等为其部将；还勾引倭门多郎、次郎、四助、四郎等充其打手。一时"威望大著，人共奔之"。甚至有"边卫之官"与之通好，"甘为臣仆，为其送货。一呼即往，自以为荣"③。

汪直的基地烈港（一称沥港）出入经过横港。而横港却为当时的广东陈思盼海商集团所占据。陈思盼不仅不受节制，有时还制造摩擦。海道衙门利用他们之间的矛盾，派人授意汪直，以允许通市为条件，要他擒杀陈思盼。汪直果然施计于嘉靖三十一年（1552）剿灭了陈思盼集团。据文献记载："因思盼生辰燕乐不备，袭杀之。由是海上寇悉受直节制。直人众，分部领之。往来边关，望屋而食，陵轹边吏。至叩头献子女求媚。直以杀思盼为功，献捷求市，官司不许，直以故累入盗。"④ 值得注意的是"直以故累入盗"一话。此话是说杀盼一事是王直从海商走向兼盗的转折点。因为王直自以为对明朝廷有功，当可求得政府准允其贸易合法化。从嘉靖三十六年《王直上疏》看，他的所谓"求通市"，即指请求允许"浙江定海外长涂等

---

① 转引自木宫彦泰：《中日交通史》中译本下册，第304－305页。
② 郑舜功：《日本一鉴·穷河话海》卷6。
③ 范（万）表：《海寇议前》，见《金声玉振集》十六。
④ 刘子威任兵巡传，《日本志》，见《玄览堂丛书续集》第15册。又据谢杰《虔台倭纂》上卷《倭变二》云："直以杀思盼为功，叩关献捷求通市，官司不许，且尝之薄，至是引倭突入定海为乱。"此说与前引的"直以故累入盗"，即求通市不成而被迫为盗的看法是相同的。这里所引的《日本志》一书，署刘子威任兵巡传。此书究系谁所作？据谈迁《国榷》卷61"世宗三十五年，八月辛亥"条，引用时人茅坤盛赞徐海百战百胜，"欲吞江南，何其猛也"。继而引冯时可称赞王直、徐海二酋能"鼎沸波荡，乃系'豪举'。"此辈负有雄心，当道者若能录用以资捍卫海防，何至于酿成此祸？"冯时可这一评论，与刘子威任兵巡传《日本志》中托名为"外史氏曰"的一段话，完全相同。据此推想，此书可能为冯时可所作。

港，仍如广中事例，通关纳税"① 而已。这与他灭陈思盼时的心境是一样的。

汪直杀陈思盼，献捷求市的要求，不仅得不到允准，反而派俞大猷"驱舟师数千围之"，迫得汪直突围而去②。自灭思盼后，汪直势张。"由是海上之寇，非受王（汪）直节制者，不得自存，而直之名始振聋海舶矣"③。他分踪寇掠浙东沿海。嘉靖三十二年（1553）三月，以马渍潭为根据地。四月，汪直分掠各地：陷昌国，犯定海，攻海盐，破乍浦，犯杭州，入南汇，犯嘉定，据吴淞。尔后在马渍潭为汤克宽所败，移往白马庙，继而前往日本④，以萨摩州松浦津为据点，自立为"王"，以"五岛为根据地进行走私贸易"⑤，僭号曰"京"，自称曰"徽王"。"部署官属，咸有名号，控制要害。而三十六岛之夷，皆由他指使。时时遣夷汉兵十余道，流劫边海郡县。"⑥ 据《筹海图编》记载，"自此以后，惟坐遣徒党入寇而不自来"⑦。

关于汪直从走私海商转为分掠浙海各地的海盗之缘由，据《明世宗实录》记载：

> （汪直）狎于贩海为商，为商夷信所服，号为汪五峰。先货贿贸易，直多司其质契。会海禁骤严，海濡民乘机局赚倭人货数多，倭责偿于直。直计无所出，且愤恨海濡民，因教使入寇。倭初难之，比入则大得利。于是各岛相煽诱，争治兵舰，江南大被其害。⑧

由此我们可以看到，作为海商盟主的汪直，有"司其质契"之责。司其质契乃系买卖之际的套用语。多使用为"保证人""责任者""秩序维持者""主宰者"之意⑨，就是说在海上贸易中负有保证公平交易的责任。当时不少海商趁海禁骤严之机，"局赚倭人货物"。按当时的游戏规矩，既然

---

① 此疏全文，见采九德《倭变事略》。
② 参见谢杰《虔台倭纂》下卷《倭绩》。
③ 谢杰：《虔台倭纂》上卷《倭变二》；郑若曾：《海筹图编》卷5。
④ 郑若曾：《筹海图编》卷8。
⑤ 日本长崎县五岛上福江市有一汪直遗址"明人堂"说明书。参见前揭松浦章《徽州海商王直与日本》。
⑥ 万表：《海寇后议》；"夷汉兵"在严从简《殊域周咨录》作"倭兵"。
⑦ 郑若曾：《海筹图编》卷8。
⑧ 《明世宗实录》嘉靖三十六年十一月乙卯条。
⑨ 见藤井宏：《新安商人的研究》。

被人局赚货而去，汪直有赔偿责任。出于无奈，只好用老办法，纵容其部属寇掠。其他人看到眼红，也争相趁火打劫。愈演愈烈，腐败的官军又制止不住。所谓"壬午（1552）之变"，便是这么闹起来的。在浙江沿海，"大举入寇，连舰数百，蔽海而来，浙东西，江南北，滨海数千里，同时告警"①。

据《筹海图编》记载，汪直于嘉靖三十三年（1554）往日本以松浦为根据地，"自此以后，惟坐遣徒党入寇而不自来"②。面对其党徒在浙海的活动，明朝廷用武力镇压已经无能为力，于是改用招抚手段。与汪直同郡的胡宗宪，在巡按浙江监察御史时，先将汪直母亲和妻子囚于金华。后放出加以厚待。嘉靖三十四年（1555）六月，他出任浙江巡抚后，于同年十月派蒋洲、陈可愿为正副使，前往日本招抚汪直。利用汪直求通市心切，于嘉靖三十六年（1557）将汪直诱捕入狱。汪直系狱二年后于嘉靖三十八年（1559）十二月被害于宁波。

汪直麾下的重要头目徐海，后来独树一帜，也组成武装集团，称雄一时。

徐海，又名明山，歙县人。出身于商人家庭。少时在杭州虎跑寺落发为僧，法名普静。弟徐洪是布商，叔徐惟学是汪直手下的大头目，著名的海商。"嘉靖辛亥（1551）海闻叔铨诱倭市烈港，往谒之。同往日本。日本之夷初见徐海，谓中华僧。敬犹活佛，多施与之。海以所得随缮大船。明年壬子（1552）诱倭称市于烈港。时铨（徐惟学）与王直奉海道檄出港拿贼送官。而海船倭每潜出港劫掠接济货船。遭劫掠者到烈港复遇劫掠贼倭，阳若不之觉，阴则尾之，识为海船之倭也。乃告王直。直曰：'我等出海拿贼，岂知贼在港中耶？'随戒海。海怒欲杀汪直。而铨亦复戒海，乃止。海复行日本。"③嘉靖三十三年（1554），徐海第二次来浙海，攻占柘林，以之为基地。次年，在浙海一带大肆寇掠后离去。其弟洪、光自广东附许二船至日本会徐海。告诉他：叔父徐惟学已被广东官兵所灭。先是徐惟学在日本九岛将其侄徐海作抵押，向日本人借贷银货运往广东屿（南澳岛？）贩卖。当徐惟学在广东为"守备黑孟阳所杀"，人货俱亡后，日本人向徐海索还所贷货银，徐海答应以寇掠偿还。于是在嘉靖三十五年（1556），"海乃纠结种岛之夷助才门即助五郎、萨摩伙长扫部日向、彦太郎和泉细屋，凡五六万众

---

① 《明史》卷322《日本传》，又范（万）表：《海寇议后》。
② 郑若曾：《海筹图编》卷8。
③ 郑舜功：《日本一鉴·穷河话海》卷6。

（？）。船千余艘，欲往广东为铨报仇。商辈闻曰：'浙海市门为其所闭，今夏至广东，我等无生意也。'"① 因同行的商人萌发叛变之心。徐海发觉后方作罢。此时有叶明（叶麻）和陈东两股海商集团加盟于徐海，其势益增，成为汪直之外最强大的武装海商集团。徐海率叶明、陈东辗转于浙江沿海一带，曾在桐乡大败官军，令胡宗宪和阮鄂等明军将领惊恐万状。但终为胡宗宪以招抚、离间的方法所歼灭。

需要指出的是，除当时最强大的以汪直为代表的徽州海商集团以外，在闽粤沿海则有何亚八、林国显、许西池、洪迪珍、张维、张琏、吴平、林道乾、曾一本等海商武装集团。当时的海商集团，分合无常，甚至彼此倾轧，相互吞并。

从留下的大量关于徽州武装海商集团的历史资料看，因作者站在当时正统的防倭禁海的思想指导下撰写，所以着眼点在于描述海商破坏性的一面，以及官府剿抚的经过。所谓倭夷，情况也十分复杂。内有日本、朝鲜、彭亨、暹罗、葡萄牙等国的海商，以及被海商雇佣充当保镖的暴徒。从人员的构成看，也是复杂的带有国际性的一个群体。但当时西来的葡萄牙、西班牙、荷兰等国家商业公司，其人员的组成也并非纯粹是一国人。因商业失利而攻城略地、杀人越货，是古代海商的惯例。当时活动在东南沿海的、目之为寇的、以中国人为主的这些群体，当也不例外。至于当时海商从事商业运作的一面，却认为不屑下笔而省略，或干脆不写。这方面资料亟待认真发掘。但从遗留下来的文献记载中，已经透露出：16世纪中叶以后，由于东亚海域贸易格局的变化，海上走私活动转移到杭州湾外的舟山群岛，以双屿港、烈港等为中心。徽州位于皖南，与浙、赣两省为邻，有新安江通往杭州湾。自徽州入海尤为便捷。新安江成为联系海洋的纽带。正在崛起的徽商，面对因应世界新兴起的海洋热、香料热、黄金热而在杭州湾外舟山群岛出现的海贸热潮，自然不可能置身于度外。由汪直等为代表的徽商，对时代富有敏感性，善于抓住时代的脉搏，所以敢于加入世界性向海洋挑战的行列。他们这种超前的思维和举动，自当不能见容于当时的社会，更不能为当道者所容许。这段聚讼纷纭的所谓"嘉靖倭难"的历史，相信我们的后人将对之做出永无止境的对话。今天我们所能做的是，既要把"嘉靖倭难"置之于当时的背景去理解，又要从今天的眼光做出分析。

16世纪的海商，如前所述，需要陆上的势家豪族（内含当朝的官宦之

---

① 郑舜功：《日本一鉴·穷河话海》卷6；茅坤《徐海本末》，见《泽古斋重钞》第七集。

家）做窝主，并充当保护人，也需要陆上的商人组织货源。海陆商人间既为共同的利益而合伙，但也存在利益分摊的不均而互相火并。加之负责海防的官兵，时而与海商相通，时而对之围剿（视朝廷的态度而定）。这三种力量交织在一起，形成错综复杂的关系。海商武装集团，在勾引葡萄牙人和一小撮日本人从事海上贸易活动中，与陆上的窝主、海防官军之间的利害关系不能调和时，便彼此厮杀，甚至殃及无辜平民百姓[①]。海商往往勾引夷人，打着倭寇的幌子，以吓唬官军与民众。海商组成连舸结队的武装集团，意味着海上走私商人走向组织化和军事化。可以说，大规模的海商武装集团的出现，是嘉靖年间因东亚海域新旧贸易网络交替时为调适其运作而采取的一种组织形式，也是为适应中国海贸的转型而出现的一种形式。

汪直等海商集团的行为，是徽商以非常规的方法，力求快速增殖资本的一种尝试。就其实质而言，与西方各国东印度公司在亚洲海域的行为，是大体雷同的。它反映了时代特征。但他们的遭遇却迥然有别。西方的公司有本国政府作后盾，得到本国政府政治、经济、技术的支持，享有特许状、军事、殖民地等特权。在重商主义支配下，他们有寻找商机、建立商业殖民地的明确目标。汪直等中国海商的海上贸易却被官府视为违禁作乱而加以武力镇压。他们冲破阻拦，违禁犯难，在同一时代，干与西方商人一样的事情，以今日的眼光加以审视，有什么理由不给他除掉"寇盗"之帽子，还他一个海商之名，为之正名呢？

汪直海商集团被摧残对徽商造成的影响，我们尚缺乏研究，但似乎可以指出的是，它使徽商向海外开拓商业殖民地的尝试夭折了。此后，海上贸易虽然仍有徽商的身影，但已经看不到徽商在海上贸迁的雄姿。他们唯有或充当沿海的口岸商人，或经营与海洋贸易有关的茶叶等出口商品的贸易。徽商早在弘治五年（1492年），趁户部尚书叶淇以纳银运司代替中盐纳粟供边，改定盐法的机会，进入扬州、杭州，不断地夺取自明初起在此霸占盐利的晋商阵地。汪直被镇压之后，徽商更大举移资盐业，从事盐的贩销。据宋应星的估计，万历年间扬州盐商资本已达三千万两，年利润达900万两。[②] 徽商在其中占有绝对的优势。盐业虽然同属于海洋经济范围，但徽商已从海洋贸易转向海盐贩销。清末同治、光绪年间，曾出现显赫一时的红顶商人胡雪

---

① 可参见张彬村：《16世纪舟山群岛的走私贸易》，见《中国海洋发展史论文集》，台湾"中央研究院"中山人文社会科学研究所1984年印行。

② 宋应星：《天工开物》《盐政议·野议》。

岩。他营丝茶出口贸易，并敢于与西方海商一争雌雄，俨然口岸出口巨商。但是，从商业的角度看，胡雪岩仍然不能与冒险梯航贸迁于海上，并在异域建立商业据点、叱咤风云的汪直相提并论。可谓是明清徽州海商历史最后一波。

以汪直为代表的明中叶徽州海商，不仅得不到政府的支持，反而在遭受堵截、围剿的情况下，雄飞东亚海上，势力雄厚，所制造的商舰也是首屈一指的。尤其是他在东瀛进行贸易扩张，建立贸易基地，显示了徽州海商的气度和魄力。应该说作为私人海商，在中国海洋贸易史上是前所未有。尔后东亚海域上出现的何亚八、林国显，等等海商武装集团，也曾显赫一时，但其声势与影响皆不能与之比肩。唯约一个世纪后即17世纪中叶出现的郑芝龙、郑成功父子强大的海商集团，把海商武装集团的规模与声势推向巅峰。但郑氏集团先是利用明朝政府采取以盗制盗的方略，接受招抚，以官府为靠山，吞并其他海商集团，扩大自己的势力，以致在其号令下的华商主宰着东亚和东南亚海域。郑成功接班掌权后，更击败荷兰人，占据台湾，以此为基地建立海上商业帝国。关于17世纪的海洋贸易与郑氏海商集团，已不属本文探讨的范围了。

（原刊于朱诚如、王天有主编《明清论丛》第五辑，紫禁城出版社2004年版，第242－257页）

徽商的历史性贡献*

徽商作为一个以乡族关系为纽带的商帮，从明中叶兴起、继而繁盛，并占据商界鳌头，直至清代嘉、道年间衰落。历时长达约400年，其间称雄300年。其历时之长久，业绩之辉煌，在历史上是罕见的。尤其值得注意的是对"小徽州"（徽州本土）、"大徽州"（长江中下游和运河沿岸市镇），乃至全国社会经济文化的进步，做出了历史性的贡献。

掀起中国海洋贸易第一波，谋求超常规地增殖资本

16世纪（明中叶）是发现新大陆，开通东方航线，肇始世界一体化的海洋商业殖民的时代；是建立殖民地和商业系统最活跃的时代；是西方重商主义盛行，海洋贸易发生历史性变化的时代。西方冒险海商东来中国沿海寻找商机，并建立殖民地，由此出现了中西两半球海商直接交遇的新局面。中国传统经济也开始发生转型。

社会经济转型，意味着新旧交替，机遇与挑战并存。作为山多田少的徽州，是坚守以耕读为主的传统道路，还是改弦易辙，抓住新的机遇，奋起接受新的挑战？对机遇富有敏感性的徽州人，做出走出山区，寻找商机，以发展商业为主，非常规地增殖财富的战略抉择。如果说，他们在政治上早已在宋代取得地位；那么，此时他们又力争以商业上的成功，来取得经济上的突破，求得超越常规的发展。

最引人注目的事件，是以汪直为首的徽州海商走私集团，利用新安江通海之便，东下直奔杭州湾，走向东部沿海，走向海洋。毅然加入了由伊比利亚半岛人发起的世界性向海洋挑战的行列。

自16世纪20年代起，在杭州湾外舟山群岛双屿、大茅港已出现带有国际性的海贸市场。它是始为福建的邓獠（当系僚字的诬写），后有徽州的许栋兄弟、汪直等加入，由他们纠集葡萄牙、马六甲、日本等国家和地区的海

---

* 此稿乃中国对外友好协会和安徽省政府2004年11月在黄山联合举办的"徽商论坛"上的发言稿。在此基础上，我做了补充修订。现呈上作为吴老九十华诞纪念文集用。

商创建的。其杰出代表汪直,仿效西方海商,制造大舰,并武装起来,称雄于东亚海域,尤其是他在日本五岛建立商业殖民地,进行海上贸易扩张,显示了徽州海商的气度和魄力,掀起了空前的声势浩大的中国海洋贸易的第一波。

徽商自15世纪起,本已陆续涉足商界的盐、典、木、茶、粮食、布匹等多个行业,此时更是全面参与,做大做强,快速发展,并沿着长江中下游和运河两岸的水路交通线,海陆相结合地建立起商业网络,其足迹几遍天下。汪直、徐海的海上武装走私活动,虽被官府视为违禁作乱而加以武力镇压,最终被剿灭。但从其总体来看,插足于海洋经济①的努力却是成功的。汪直被镇压之后,徽商更是大举移资盐业,从事盐的贩销。这可谓是徽商战略性的大转移。万历之后,徽商已执鹾业之牛耳,益加财雄势大。盐业虽然同属于海洋经济范围,但徽商已从海洋贸易转向海盐贩销。此后的海上贸易不乏徽商的身影,然而已经看不到徽商当年的雄姿。徽商有的充当海贸中介商人,甚至在明后期与广州府、泉州商人一道垄断广州的海外贸易;有的也在其他沿海口岸经营与海贸有关的茶叶等出口商品的贸易。有的依然从事海上贸易,见诸记载的清代经营中日贸易的海商便达62人。清末同治、光绪年间,还曾出现显赫一时的红顶商人胡雪岩。但是,从商业的角度看,广州海贸的中介商、中日贸易的海商,乃至胡雪岩,都不能与冒险犯难,梯航贸迁于海上,并在异域建立商业据点,叱咤风云的汪直相提并论。胡雪岩的海贸活动,只差强说是明清徽州海商历史的最后一波。

从古典经济学的观点来说,资本是在以贸易为主体的交换过程中被创造出来的。没有海洋贸易,没有大规模商业的长途贩运,"藏镪百万"的徽州大贾是无从出现的。万历以后,徽商积资达百万。清代,其资本更激增至千万两之巨。徽州盐商成为十三行商人崛起前的首富。徽商成为海洋经济的代表,而与做西北边境生意起家的内陆性商人晋商相对垒,共占商界鳌头。其经营的规模和资本额,也已达到了传统商业的巅峰。之所以能积聚如此巨大的资本,是由于他们善于把经济资本与人力资本(指贾而好儒的文化素质,丰富的营商经验)、社会资本(指广阔的商业网络,与官府的深相结托)结

---

① 这里所谓"海洋经济",是指与依赖、利用、开发海洋有关的经济活动。它包含对海岸带的利用、开发(近海捕捞、养殖,对涂滩的垦殖,制盐等)和海上贸易活动,以及以海贸为导向的商品生产和商业贸易,乃至于海外殖民等经济活动。在近代以前,它是一种耕田和耕海相结合,耕田服务于耕海的一种经济模式。

合起来；尤其善于抓住明中叶海洋贸易带来的机遇，全面参与，并用海陆相结合地建立起商业网络，快速地非常规地创造与增殖其资本。

应当指出，汪直等海商集团有掳掠的一面，授人以"寇""盗"的口实。但是，我们应当注意：在古代历史上，特别是近代化发展初期，商业是与海盗、走私、掠夺和奴隶贩卖联系在一起的。16世纪，欧洲人对海盗掳掠和合法贸易是不加区分的。到18世纪，欧洲理论界才开始谈论国际法上海盗和合法贸易的区别。汪直海商集团与西方各国东印度公司在亚洲海域的行径，就其实质而言，是大体雷同的。他们都是力求快速增殖资本，都打下了时代的烙印。但他们间的不同是：西方的公司有本国政府作后盾，得到政府政治、经济、技术的支持；享有特许状、军事、殖民地等特权；在重商主义支配下，有寻找商机，建立商业殖民地的明确目标。汪直等中国海商的海上贸易，却被官府视为违禁作乱而加以武力镇压，最终被剿灭。汪直集团的失败，从某种意义上说，它是传统农耕经济战胜新型的商业经济的表现。

推进长江中下游和运河沿岸商业化和城市化，"无徽不成镇"的谚语即一生动的写照

徽商沿着长江中下游和运河水路交通线建立商业网络，并在南京、芜湖、安庆、武汉、扬州、苏州、杭州、临清等城市建立商业殖民地，有力地推进了当地的商业化和城市化。这些地区即所谓"大徽州"。大凡移住或乔居他乡的徽人，都根据距家乡水程的长短定期回乡探望。这种经常变易不居、内外流动的社会，有利于精英激发其活力和创造性；有利于人才保持蓬勃的生机和活力，避免因循守旧和蜕化变质；有利于大、小徽州间互相吸纳而推进经济、文化的繁荣。

徽商重视教育，重视知识，人文素质高，是一真正的长项。他们注重对智力的投资，占有人力资本优势。我们知道，人力资本的优势，可实现生产要素的交换。在传统社会，自然资源禀赋的不同，往往构成地区间优势差异。由于徽州本身是一开放的社会，当时统一的中华大帝国又为经营商业提供了广阔的天地，可以通过流通交换达到资源共享。所以，徽州人采取生产要素间（如资本、人力资源和自然资源之间）互相替代交换的办法，即运用自己占优势的人力资本去换取外地，乃至海外的自然资源（汪直海商活跃时期尤其如此）。他们发挥其资源利用的能力，不仅使自己富裕起来，而且促进了江南社会经济的进步，出现"无徽不成镇"的商业化、城市化局

面。徽州以自己人力资本的优势，弥补本身自然资源匮乏的做法，在当今社会是屡见不鲜的，犹太人、日本人就是这方面的能手。难能可贵的是数百年前的徽州人已经懂得这么做了。

根据中外学者晚近的研究，他们都认同明清时期的江南地区是丝货和棉布等商品生产的中心区，农业商业化、商品经济最发达的区域，也是城市化发展水平最高的地区。应当说，这一见解是建立在坚固的史实基础上，是无可争议的。

值得注意的是：致力于江南社会经济研究的中国学者，在其近年的研究成果中，多认为江南经济发展明显加快始于嘉靖、万历时期。而这一时期正是历史上所谓"嘉靖倭难"年代（嘉靖三十一年至四十四年，即1552—1565年），也就是徽商汪直、徐海以江南地区为基地，称雄海上的时期。显然，江南经济的快速发展，是与此时江南和东南沿海地区，首次突破国界，较大规模地参与了东南亚、日本，乃至葡萄牙、西班牙等西方殖民国家的带有世界性经济交流的海上贸易密切相关的。

看来关于徽州海商对明中叶江南社会经济所做的贡献，有待深入研究和做出评估。对明清江南社会经济的研究要有突破性的进展，似对徽州海商作进一步的研究是一关键。不仅如此，对徽商本身的研究，要取得进一步的突破，似也仰赖于对这一问题研究的进展。

"贾而好儒"——
为推进文化事业发展，创造文化新境不遗余力

徽商的成功与其深远的思想文化渊源有密切关系。徽商是在儒学氛围氤氲中出现的，与儒学有难解之缘。徽州文献上"贾而好儒"、"贾服儒行"、"儒术饰贾"等贾儒结合的文献记载，便说明了这一点。徽商或从儒而趋商，或商而兼儒，或弃儒从商而后又归儒。贾而好儒，成为徽商的一个特色。

徽商"习儒而旁通于贾"。他们研读儒家经典外，还究心于与治生、货殖有关的典籍。他们"观时变察低昂"，"急趋利而善逐时"。他们从转毂四方，尤其是沿长江和运河做东—西、南—北的双向商品交流中吸取经验。他们从书本中攫取知识。他们从历史上的名商，如三致千金的范蠡、精通经商之道的计然和白圭、富比王侯的猗顿、与国君分庭抗礼的子贡，等等，取得榜样的力量和经商的知识；从经商的实践中总结经验，有的还写成商业专

书,极力创造商业文化的新境。徽商在政治伦理上,是以程朱理学为依归的。陆王一派心学的日益世俗化,及其与16世纪商业转型之间互相激荡,促使其经济伦理上作出创新与发展。王学提出"四民异业而同道"的"新四民观"为徽商所乐于接受。徽商在经济伦理上也自以王学的说教为本。

徽商对诗赋琴棋书画、篆刻金石、堪舆星相、剑槊歌吹也皆有涉猎。据李斗《扬州画舫录》记载,徽商多工诗书画,有的还著书立说。有的在自己的庭院、山馆中举行文会以广交士大夫。他们视读书、藏书、刻书和诗赋琴棋书画为雅事,以雅致自娱,显得洒脱,情致高雅。为推进文化事业的发展,徽商不惜斥巨资从事版画、刻书等商业性行业。

徽商之所以取得商业上的辉煌成就,与其心灵深处受强劲的伦理道德所驱动有关。他们在程朱理学的熏陶下,坚持"官本位"的价值观以显亲扬名,必然策励对科举功名的不懈追求;在提倡"新四民观"的重商思想支配下,坚持以家族为本,以追求光宗耀祖为终极目标的理念,势必转化为驱策专注于经商的精神力量。正源于此,科举仕宦与商业致富,相辅相成,相得益彰。对于徽州就犹如车之两轮,鸟之双翼,"相若践更",相互为用。这是徽州文化取得辉煌成就的两个支点。

徽商对推进文化事业的发展,创造文化新境上是不遗余力的。基于徽商具有雄厚的经济势力,其不仅对公益事业和慈善事业的投入,如对建桥、修路,扶孤恤寡,乐善振贫等,从未曾吝惜;而且在文化事业上更是给予经济上的全面支持,使文化教育得到全面发展,使徽州不仅书院、社学林立,甚至"远山深谷,居民之处,莫不有师有学"。人文氛围浓厚。尤其注重精英教育,使之学有所成。不仅在人文社会学科、科技、艺术等,都取得杰出成就,就是琴棋书画,篆刻金石,堪舆星相,剑槊歌吹者流,也以其技艺名冠一时。徽州英才辈出,灿若繁星。博大精深的徽州文化,时至今日依然通过其地面文物和历史文献放射光辉异彩,这无疑与当年徽商不遗余力的支持分不开。

以诚信为本,建立起独特的贾道和营运形式

他们研读注重儒家经典,而且在经商实践中吸取儒家经典的精义。

徽商在把勤与俭,以及诚、信、义等儒家优秀文化传统落到实处的过程中,建立起独特的贾道和营运形式。勤与俭,是儒家传统文化中最古老的训

诚。安贫乐道。内圣外王、入世拯救，是儒家传统的精神。韦伯把新教伦理概括为勤、俭两大要目，认为也正是以此为特征的新教伦理成为启动西方资本主义的文化因素。徽商以勤俭著称。勤与俭成为他们日常宗奉的信条并竭诚实践。勤，即他们原具有的奋发进取的精神，促使他们极尽人事之运用；俭，使他们善于积财。他们把勤、俭载于家法、族规，用以规范族众；徽商又以诚实取信于人，且多行义举，在其家乡以及聚集的侨居地，实行余缺互济的道义经济，以种德为本，形成其贾道。徽商还建立以血缘为核心的商业组织，和以血缘与地缘相结合的商业网络。一人取得商业的成功，往往可以把一个家族，乃至一个宗族带动起来。徽商在寄籍地和侨居地总是按血缘、地缘聚居。其内部互相扶持，互相接济。例如，建立按月补助财力消乏的盐商及其子弟的所谓"月折"制度，帮助其渡过难关。徽商的组织网络和地域网络结为一体，徽商网络既有集聚资金、组织货源、推销商品和公关等经济功能；又有引进、吸收外地文化效用，从而使其文化充满活力。人们把这一网络称为"大徽州"。"大徽州"和本土的"小徽州"之间的互动，使其经济、文化处于吐纳、流动之中，因而充满活力，蓬勃发展。

明中叶以后，徽商的商业组织与经营形式已有明显的进步。会票制、合股制、伙计制、经营网络等，已经推进了商业的功能。商号出资者与经理（或称掌计、副手）有的是分开的。歙商许某，在江浙开典当四十余肆，伙计几及二千。每处当铺都分别由各掌计掌管。按规矩，家庭开支与铺店财务是分开的（见俞樾：《右仙台馆笔记》，转引自许承尧《歙事闲谭》第17册，手写本，藏安徽省博物馆）。这里已开始出现所有者与经营者分离的近代化商业的特征。又如，明末出现了汇兑业务的会票制度，虽然仅限于徽商内部，但它使货币便于携带流通，减少运输现金的成本和风险，有利于商业资金的运作。其异地支付的汇兑方式已带有近代金融的意义。在实施伙计制中，有的伙计虽不出资，但经考绩，表现经营得力，绩效突出者，可分享利息。这也已带有人力资本入股的色彩。有一布商，凡织工将他的益美名号织入布匹作为商标者给银二分（见许仲元：《三异笔谈》卷3，"布利"条）。此举已经在为自己的产品做广告了。

综上所述，徽商作为一个地域性的商业集团，她在历史上的作用是明显而且巨大的。徽商不仅加入16世纪世界性向海洋挑战的行列，掀起中国海洋贸易的第一波，而且其行商的踪迹遍及全国，有力地促进了明清时期商品经济的发展，特别是徽商沿着长江中下游和运河水路交通线建立商业网络，以此为基地，并利用当时统一的中华大帝国所提供的经营商业的广阔天地，以及自然资源禀赋的不同所造成的地区间优势差异，采取生产要素间（如资本、人力资源和自然资源之间）互相替代交换的办法，即运用自己占优势的人力资本去换取外地，乃至海外的自然资源（汪直等海商活跃时期尤其如此），通过流通交换达到资源共享，以弥补其徽州本土山多田少，资源贫乏的缺陷。徽商发挥其资源利用的能力，不仅使自己藏镪百万，而且促进了江南社会经济的进步，出现"无徽不成镇"的商业化、城市化局面。

徽商对中华民族的社会、经济、文化的发展所做的贡献是不可磨灭的，有文献可征，有实物可鉴。所以，当人们回眸审视中华民族往昔光辉的传统时，便情不自禁地想起徽商曾为此做过历史性的贡献。这也是徽学近年来勃然兴起的动因之一。今天，探索、揭示徽商成功的奥秘，发扬徽商的优良传统，再创辉煌，已成为一项严肃而有魅力的历史使命。

2005 年 7 月 26 日修订于广州海龙湾水如轩

参考文献：

拙作：《明清徽州农村社会与佃仆制》，安徽人民出版社 1983 年版。

《徽州与粤海论稿》，安徽大学出版社 2004 年版。

《徽州文化的定位及其发展大势——〈徽州文化全书〉总序》，安徽人民出版社 2005 年版。

《明中期中国海上贸易与徽州海商》，《明清论丛》2004 年第 5 期。

《徽商的"新四民观"及其诚信贾道》，徽州文化研究院：《徽州文化研究》2004 年第 3 期。

程必定、汪建设主编：《徽州五千村》（共 12 册），黄山书社 2004 年版。

《徽州文化全书》（共 20 册），安徽人民出版社 2005 年版。

徽商的"新四民观"及其诚信贾道

徽商是明清时期在商界占据鳌头的商帮,徽商的故乡——徽州则是中国正统文化传承的典型地区。因此,以"贾而好儒"的徽商作个案分析,探讨儒家文化传统与商业发展的关系,理出徽商如何利用儒家的经济伦理发展贾道,应该说是具有典型意义的。

一、明代的新儒学与徽商的"新四民观"

中国传统的商业于明中叶(16世纪)发生了转型[①],即从以贩运奢侈品和土特产、为社会上层集团服务为主的商业,向贩卖日用百货、面向庶民百姓的商业转化。商业趋向空前的繁荣。国内各地间长距离的贸易往来日益加强。广州海外贸易,通过以葡人租借的澳门为据点,以及通过西班牙侵踞的菲律宾马尼拉,恢复了经印度洋、阿拉伯海而抵达西亚、非洲东南部的传统商道,并拓展了越过太平洋到达南美洲墨西哥、秘鲁等地的商路;尤其值得注意的是庶民海商冲破由地方帅臣和土酋垄断海上贸易的格局,敢于犯禁走私东南亚各地并建立了商业网络。正当此时,徽商应运而崛起,并和山西商人成为控制商界的两大商帮。徽商不仅以盐、典、茶、木等行业著称,而且也插手海上贸易,歙县汪直武装走私贸易集团横行海上的事例是学术界所

---

① 关于明中叶中国商业的转型,请参见拙作《明后期广州市场的转型与珠江三角洲社会变迁》,《明史研究专刊》第12期,1998年。

熟悉的。①

　　随着商品经济对日常生活的渗透，商人势力的增强，战国以来出现的以商居末的"士农工商"的职业观发生了动摇。在这一具有划时代意义的商业发生转型的16世纪，出现了王守仁的"致良知说"，及与之有师承关系的"泰州学派"。这一派系（下面简称之为"王学"）是受中唐以降佛教的入世转向影响下②而出现发轫于陆九渊的儒学世俗化，与16世纪商业转型之间互相激荡的产物。其在经济伦理上对儒学作了令人注目的创新与发展。

　　王守仁（1472—1528），字伯安，浙江余姚人。因创办阳明书院，世称阳明先生。自小禀性异于常人，为一些高僧术士所注目，并期许以成佛、成圣③。及长，先是学辞章，继而致力于宋儒格物之学，曾"遍求考亭（朱熹）遗书读之"，又以其父于京师官邸之竹，循序格物，不得其理，反而遇疾④。明正德三年（1508），被贬谪贵州龙场驿时，才顿悟格物致知之旨，"吾性自足，不假外求"，"自此之后，尽去枝叶，一意本原，以默坐静心为

---

① 关于汪直海上武装走私集团，可参阅《明中叶中国海上贸易与徽州海商》一文（刊于《明清论丛》第五辑，紫禁城出版社2004年版，第242—257页）。嘉靖年间的走私海商，有学者辨之为"倭寇"而非商。以当时官方的理念视之固然可判之为"倭寇"，但若用历史的标准衡量它，却是商人无疑。亦盗亦商本是世界历史上海商的惯习。以17、18世纪的欧洲海商为例，其商船武装完备，既可自卫，也可进行掳掠。1637年英商威得尔率领由四艘船组成的船队潜入虎门私测水道，为当时清朝汛防船队所阻，于是恃其船坚炮利，攻陷汛防阵地，掳掠渔船等财物。又如英商汉密尔顿于1704年，于柔佛掳掠中国帆船，得款6000元。1716年，英国的"安妮号"在厦门也干过海盗的勾当。由此可见，17、18世纪西方殖民海商在从事贸易的同时，也是烧杀掳掠，无恶不作的（参见马士：《东印度公司对华贸易史》第二章、第十三章、第十四章，区宗华译，中山大学出版社1991年版）。

② 唐代，佛教处于主流地位。慧能的"若欲修行，在家亦得，不由在寺"的主张，标志着其教义从出世转向入世。在当时，这不失为惊天动地之说。过了约一个世纪，禅宗南派百丈怀海（749—814）的《百丈清规》及其建立的丛林制度，主张"一日不作，一日不食"，更使佛教经济伦理有了突破性发展。由慧能发端的入世苦行，到宋代已扩及教外的世俗社会。儒学起而效之，也力图使儒学深入民间，扩大儒学的影响。早在唐代，韩愈便想挽回儒学的颓势，他在《原道》中提倡的正是后来宋明理学所谓的"人伦日用"，旨意都在于恢复儒学对人们生活的指导作用。宋儒吸取佛教的修心，创立心性之学；又受佛教的"彼岸"观的影响而创立"天理"。这个"理"就是超越世俗的彼岸世界。程伊川说的"天有是理，圣人特循而行之，所谓道也。圣人本天，释氏本心"，是儒、释分界的重要标志。新儒的彼岸世界与佛教的不同。佛教的彼世背离此世，陷于虚幻；而儒家的彼世却面对此世，与此世相连，是本于天的实理，所以引发出积极的入世拯救的精神，以天下为己任。关于释氏的俗世化和宋儒的入世拯救，请参见余英时：《近世宗教伦理与商人精神》，联经出版事业公司1987年版。

③ 参见《阳明全书》卷32附录一《年谱》"五岁"条与"十一岁寓京师"条，四部备要本。

④ 参见《阳明全书》卷32附录一《年谱》"二十一岁"条。

学的"。入江西之后,"专提致良知三字"①。他于正德十一年(1516)九月升为都察院左佥都御史巡抚南赣汀漳等处,次年(1517)入赣就任,至正德十六年九月方离开江西。他的致良知说,创立于此时。嘉靖元年至六年(1522—1527),他在浙江。据他的弟子王畿说,这期间他的致良知说,"所操益熟,所得益化","如赤日当空而万象毕照"②,亦即达到了极致而圆熟的境界。

王阳明的致良知说,与陆九渊的"心即理"是一脉相承的。他俩都主张以直接简便的途径,亦即顿悟的方法作道德修养,不同于朱熹主张循序渐进、拘泥儒家章句之学。很显然,新儒中的程、朱一派,是放眼于士大夫阶层,以其为施教对象的,同庶民大众相隔离。而陆子的心学,因当时商人势力虽已抬头(这是陆子心学出现的一个原因),但尚缺乏广泛的社会基础,得不到推广。唯在王守仁创立致良知说之后,新儒学才真正深入民间。他提出的格物致良知说,是人人都可以做到的,并非只是读书人的专利。在他看来,商人、田夫、市民、村夫都具有"良知"。致良知,是使心本有之良知得以"不为私欲遮隔,充拓得尽"③。这样,人就可以为贤为圣。圣贤功夫从庙堂、书斋走向市井、村落。这就是他所谓的"满街是圣人"④的含义。他提出:"虽终日作买卖,不害其为圣为贤。"⑤ 又说:"四民异业而同道。"⑥ 由他提出的这些儒学的经济伦理是前所未有的。显然是当时"士农工商"四民职业观松动的一个注解,也是他企图打破传统的"荣宦游而耻工贾"的价值观之举。正因为如此,他的致良知说,为商人、窑工、樵夫、灶丁、田夫等民众所乐于接受。不少人投其门下,并为弘扬与发展其学说做出了贡献。他的高足王艮继承与发展了他的学说,创立泰州学派。王艮承于师又不同于师。他说:"圣人之道,无异于百姓日用。"⑦ 他较之于其师,走得更远,而距野老村夫更近了。其徒陶匠韩贞"以化俗为任,随机指点农

---

① 黄宗羲:《明儒学案》卷10《姚江学案》。
② 黄宗羲:《明儒学案》卷10《姚江学案》。
③ 王守仁:《阳明全集》卷1。
④ 王守仁:《阳明全集》卷3。
⑤ 王守仁:《传习录拾遗》第14条,转引自余英时:《士与中国文化》,上海人民出版社1987年版,第518页。
⑥ 王守仁:《王文成公全书》卷25,明隆庆六年谢廷杰刻本影印本,叶绍钧校注,上海商务印书馆1927年版。
⑦ 王艮《心斋王先生全集》卷3《语录》。

工商贾,从之游者千余。秋成农隙,则聚徒谈学,一村毕,又之一村"①。泰州学派后学李贽又把王艮的"百姓日用即道",加以发挥。他引入"迩言"的概念,以此来概括反映百姓日常生活情趣、心态的流行通俗话语。认为"迩言"才是"真圣人之言",亦即王艮所说的"百姓日用"。他肯定先儒所讳言、反对"利"、"欲"的追求②,提出"穿衣吃饭,即是人伦物理"③。又提出"夫私者,人心也。人必有私,而后其心乃见"④。"私"既是"心",自然亦即"理"。在这里,李贽把穿衣吃饭等人生的基本要求、人对物质和精神的欲望(包括情欲)、对私利的追求等,都视之为道,合乎天理。剥下了程朱一派新儒加于"道"、"天理"之上的圣光,还其赤裸裸的日常生活的情态。在当时,实是一种惊天动地之举。尽管他被当道者所迫害致死,但他极大限度地把儒学俗世化和社会化了。

王阳明而后,其学益大,是由于王艮、王畿、李贽等后继者弘扬、发展所致。也正是由于后学们不懈的努力,王学才广泛深入民间,成为普通百姓的精神要求。我们可以说,王阳明的新儒学,是宋代以来新儒的社会化和商业日益发展彼此间相互激荡的终结与成果。徽商"新四民观"的出现,"贾而好儒"之风的形成,正是宋明新儒学深入民间的表现,使新儒学社会化达到了极致阶段。

徽州处于万山丛中,四面险阻,是一避难的安全地。北方士族自东汉起不断迁入,西晋末年永嘉之乱和唐末黄巢起义期间迁入者尤多。经过长期地与当地越人融合而形成徽州人。入住的北方士族,带来了治儒学的家风,"十家之村,不废诵读",人文之盛,无以出其右者⑤。同时传入经商之习俗和货殖之术,经商的风气至迟可上溯至东晋⑥,可谓源远流长。山区的自然环境,虽有利于木植和因地制宜地发展手工业生产,但也受到交通条件的局限。山多田少的格局,几乎无发展农业的潜力。当地经济资源的局限,促使徽州人利用其业儒业商的传统寻找生活出路。随着徽商在明中叶的崛起与强盛,更有足够的经济实力从事儒业。因此,贾而好儒,弃儒从贾,成为徽商

---

① 黄宗羲《明儒学案》卷32《泰州学案》。
② 《答邓明府》,《焚书》卷1;《明灯道古录》,《李氏文集》卷19。
③ 《明灯道古录》,《李氏文集》卷19。
④ 《德业儒臣后论》,《藏书》卷24。
⑤ 参见叶显恩《明清徽州农村社会与佃仆制》第五章《徽州的封建文化》,安徽人民出版社1983年版,第187—231页。
⑥ 《晋书》卷28《志十八·五行志中》。

的一个特色。

徽州是以程朱故乡自居的①。宋明新儒中程朱一派对当地的影响自属深远。但是，陆王一派的心学，由于对儒学的修养简易直截，尤其重要的是其抬高商人地位的经济伦理，亦为徽商所乐于接受。据歙县《竦塘黄氏宗谱》记载，黄崇德（1469—1537）初有意于举业，其父对他说："象山之学以治生为先。"② 于是遵父命经商于山东，终于成巨富。他与王守仁是同时代人。受教于父时，王学尚未出现，王阳明尊商之说是后话。徽州出身商人世家、历任朝廷和地方官僚的汪道昆（1525—1593），其宗奉之学则把陆王连在一起了。据歙县志中的汪道昆传记载，他"于学则远推象山，近推东越"③。自"嘉靖以迄于明末"，对于王学，徽州人趋之若鹜。休宁程默"负笈千里，从学阳明"，歙县程大宾"受学绪山（王守仁弟子钱德洪）"，"及东廓（王守仁弟子邹守益）之门"④。王守仁的高足王艮、钱德洪、王畿、邹守益、刘邦采、罗汝芳等更是齐集徽州，主讲盟会。⑤ 王学在徽州掀起大波，令人耳目一新，纷纷"崇尚《传习录》，群目朱子为支离"⑥。从此可见陆王一派与徽人的关系。可以说，徽商在政治伦理上，是以程朱理学为依归的，而在经济伦理上却以王学的说教为本。王学提出"四民异业而同道"、"百姓日用即道"，徽州就有"士商异术而同志"⑦、"以营商为第一生业"⑧、"良贾何负闳儒"⑨ 的风俗和说法。王学崇商的观念被渗透到家法、族规⑩、乡约中去。其经济伦理因而被广泛地推向社会，并使其经济伦理变成规范人

---

① 据程昌《祁门善和程氏谱》记载："（程颢、程颐）胄出中山，中山胄出自新安之黄墩，实忠壮公之裔也。"此说明人似信非信。吴琦《新安程朱阙里记》云："（明代方弘静）尝睹程伯子书于豫章唐氏，有忠壮公裔之章。"得此证据后说，"千载疑之而一朝决之也。"赖一章而决疑，近人许承尧也觉得牵强。朱熹先人亦婺源人。

② 歙县《竦塘黄氏宗谱》卷5《明故金竺黄公崇德公行状》。

③ 转引于许承尧：《歙事闲谭》第6册。

④ 黄宗羲：《明儒学案》卷25《南中王门学案一》。按：笔者在绩溪1998国际徽学研讨会上有幸读到李琳琦先生《徽州书院略论》一文，从中转引了此条及注23、24等三条为他所引用的资料。特此附笔致谢。

⑤ 《紫阳书院志》卷18，《中国历代书院志》，江苏教育出版社1995年版。

⑥ 《紫阳书院志》卷16，《中国历代书院志》，江苏教育出版社1995年版。

⑦ 徽州《汪氏统宗谱》卷116《弘号南山行状》引李东阳语。

⑧ 凌濛初：《二刻拍案惊奇》卷37。

⑨ 汪道昆：《太函集》卷55《诰赠奉直大夫户部员外郎程公暨赠宜人闵氏合葬墓志铭》。

⑩ 撰修含有家法、族规的谱牒在宗法制强固的徽州是最为普遍的。据学人统计，今国内明清族谱遗传至今最多者首推徽州。详见居蜜、叶显恩：《明清时期徽州的刻书与版画》，赵华富编《首届国际徽学学术研讨会论文集》，黄山书社1996年版，第288-304页。

们的自觉行动。

战国中期以后出现的"士农工商"本已形成传统的职业构成的顺序,此时也相应地发生了变化。"贾为厚利,儒为名高",贾、儒迭相为用①,意味着"商"已置于"农工"之上而与"士"并列。这一"新四民观"和"以营商为第一生业"的习俗,是该地区的特定环境,以及明代新儒影响下的文化因素等合力作用下出现的。

二、儒家的传统文化与徽人诚信贾道

黄巢起义期间及其之前移住徽州的中原大族,多宗奉儒学。宋代确立科举制度之后,凭其家学渊源而取得科举仕宦成功者甚多。正如宋人罗愿所指出:"宋兴则名臣辈出"②。明清时期,"自井邑田野,以至于远山深谷,居民之处,莫不有学、有师、有书史之藏"③。"先贤名儒比肩接踵","虽僻村陋室,肩圣贤而躬实践者,指盖不胜屈也"④,有"东南邹鲁"⑤之称。在氤氲儒学的氛围中出现的徽商,自当与儒学有难解之缘。了解这一点,就不难理解徽州文献上"贾而好儒"、"贾服儒行"、"儒术饰贾"等贾儒结合的记载了。徽商或从儒而趋商,或商而兼儒,或弃儒从商而后又归儒。一般而言,徽商集团的文化水准是比较高的。他们有可能把儒学的优秀文化传统,运用到商业活动中来。

王守仁说:"四民异业而同道"。道,即天理。徽商是以建立功名,显宗耀祖为目标的。立功、积德,就能通天理。他们不同于西方清教商人,以在俗世间永无止境地赚钱,不断地创造业绩视为上帝的恩宠,视为一种天职,即所谓"天职观";但徽商的确有不少人表现出一种超越精神,就是说,相信按照新儒的立教去修养,就可建立名德与功业,就可通天理,是一种内在超越的文化形态。⑥

天理是明儒的最高理念,徽商"蹈道守礼",旨在求得符合天理。歙商

---

① 汪道昆:《太函集》卷52《海阳处士金仲翁配戴氏合葬墓志铭》。
② 罗愿:《新安志》卷1《风俗》。
③ 道光《休宁县志》卷1《疆域·风俗》。
④ 赵吉士:《寄园寄所寄》卷11《泛叶寄》。
⑤ 赵汸:《商山书院学田记》,道光《休宁县志》卷1《疆域·风俗》。
⑥ 关于商人按照的新儒的立教去修养,就可通天理,是一种内在的文化超越形态之说,参阅余英时:《近世宗教伦理与商人精神》。

鲍士臣兴贩四方，以义制利，对人乐善好施，对己以勤俭自处，尝曰："傥来之物，侈用之是谓暴天，吝用之亦为违天，惟其当而已矣。"①歙县商人胡山，经常"耳提面命其子孙曰：'吾有生以来惟膺天理二字，五常万善莫不由之。'……因名其堂曰：'居理'"②。歙人黄玄赐行商于齐鲁间，"伏膺儒术，克慎言动"，也是按儒家圣人立教去修养。他对朝廷慨然捐输，对族党邻里不啬施舍③，都是为了立功、积德，亦即为了通向天理。

既然服膺天理，就得不断作"诛心贼"的修养，培植敬业、自重的精神。其中最重要的是宗奉勤、俭，以及诚、信、义的传统信条。这些信条可以克制人的自然性的欲望，使人回到理性的状态中来。因此，其成为发展其商业的要诀。

徽商在把勤与俭，以及诚、信、义等儒家优秀文化传统，落到实处过程中建立起有自己特点的贾道和营运的形式。

勤与俭，是儒家传统文化中最古老的训诫。安贫乐道、内圣外王、入世拯救，是儒家传统的精神。韦伯的新教伦理概括为勤、俭两大要目，也正是以此为特征的新教伦理成为启动西方资本主义的文化因素。作为移民社会的徽州，经历着中原正统文化与越人文化相互激荡与相互融合的过程，因而社会充满活力。他们以勤俭著称，勤与俭成为他们日常宗奉的信条并竭诚实践。勤，促使他们极尽人事之运用，富有进取冒险的精神；俭，使他们善于积财。他们把勤、俭载于家法、族规，用以规范族众。例如：

《武口王氏统宗世谱·宗规》中写道："天下之事，莫不以勤而兴，以怠而废。"

《休宁宣仁王氏族谱·宗规》中记载："士农工商，所业虽别，是皆本职。惰则职惰，勤则职修。"

《华阳邵氏宗谱·家规》中有载："财者难聚而易散……吾宗子弟当崇俭。"

勤、俭还被写入明代出现的商业专书之中，以供商人时时自省。例如，《又附警世歌》中写道："不勤不得，不俭不丰"；"俭约可培，浪侈难植"④。前句意为勤俭乃积财之本，后句是说俭、侈可作为其人是否堪加造

---

① 《棠越鲍氏宣宗堂支谱》卷21《鲍先生传》。
② 李维桢：《大泌山房集》卷73。
③ 歙县《竦塘黄氏宗谱》卷5。
④ 见杨正泰：《商贾一览醒迷》，山西人民出版社1992年版。

就、培植的依据。勤、俭在当地蔚然成风,据康熙《徽州府志》记载:

> 家居也,为俭啬而务畜积。贫者日再食,富者三食,食惟馆粥。客至不为黍,家不畜乘马,不畜鹅鹜……女人尤称能俭,居乡者数月不沾鱼肉,日挫针治繐纫绽。①

在《悲商歌》中对商人勤劳困苦的情状描述道:"四海为家任去留,也无春夏也无秋"。"四业唯商最苦辛,半生饥饱几曾经;荒郊石枕常为寝,背负风霜拨雪行"。"万斛舟乘势撼山,江愁风浪浅愁滩。"②

有的将"筋力纤啬"的勤俭行状,"勒石堂右"③,以惊醒后人。有的以勤俭为座右铭,提出"唯勤唯俭,是勉是师"④。他们坚信:勤与俭是致富之道。顾炎武在《肇域志》中也说:"新都勤俭甲天下,故富甲天下。"⑤所以,有的徽商致富之后,依然以勤俭自律,即"居安逸而志在辛勤,处盈余而身甘淡泊"⑥。

诚然,在《扬州画舫录》等文献中,的确有关于徽州富商大贾花天酒地、极端奢侈的描写,但这种奢侈之举,往往是为实现其某一特定目标的一种手段。例如,有的大盐商,"入则击钟,出则连骑,暇则招客高会,侍越女,拥吴姬,四座尽欢"⑦。"尽欢"者,当是盐商为某种原因而巴结的对象。康熙《徽州府志》讲得更清楚:"当其(指徽州富商)出也,治装一月,三十里之外即设形容,炫新服,饰冠剑,连车骑。若是者,将以媒贷高资,甚至契领官货。"⑧ 由此可见,其奢侈之举,是出自为攀附权贵,或抬高身份以取信于人的公关目的。应当指出,采取这种攻关手段者,已经陷入"以利为利",与其宗奉的"以义制利"信条相悖离。徽商作为一个群体,其理念不可能纯正,其行为也不可能一致。我们对之评判,只能以其主要面为依据。

---

① 康熙《徽州府志》卷2《风俗》。
② 见《商贾一览醒迷》,第300页。
③ 歙县《许氏世谱·朴翁传》。
④ 祁门《张氏统宗世谱》卷3《张元涣传》。
⑤ 顾炎武:《肇域志·江南十一·徽州府》(抄本)。
⑥ 徽州《汪氏统宗谱》卷31《汪材传》。
⑦ 汪道昆:《太函集》卷2《汪长公论最序》。
⑧ 康熙《徽州府志》卷2《风俗》。

大凡取得事业成功的徽商几乎都以"诚"为本。歙商许宪说:"惟诚待人,人自怀服;任术御物,物终不亲。"他因诚而享誉商界,"出入江淮间,而资益积"①。黟商胡荣命经商于江西吴城50年,以信誉自重,童叟不欺。晚年告老还乡,有人"以重金赁其肆名",被他拒绝。他说:"彼果诚实,何藉吾名?欲藉吾名,彼先不实,终必累吾名也。"② 罢商之后依然以其招牌声誉自重。歙县商人江长遂,"业鹾宛陵,待人接物,诚实不欺,以此致资累万"③。

守信用,重承诺,是徽人商德的核心。社会经济活动是由组织群体、而非个人所完成。信用直接影响群体组织的凝聚力,以及影响社会交往能力的发挥,并由此而影响经济活动的效果。经济的繁荣总是与信用度高的群体相联系,总是在信用度高的地区出现。所以,信用成为社会品德的主要成分。徽商因具有强劲的凝聚力而结成商帮并形成庞大的商业网络,而且在商业上取得辉煌成就,显然与其恪守信用有关。他们往往宁可损失货财,也要保住信誉。婺源洪胜,平生"重然诺,有季布风,商旅中往往藉一言以当质券",洪辑五"轻货财,重然诺,义所当为,毅然为之"。因此受人敬重,被推为群商领袖④。歙商江氏,以信用为商人立命之基,世代守之不息,传至承封公,"惧祖德湮没不传,倩名流作《信录》,令以传世"⑤。

徽商不是不言利,而是遵儒家传统,"利以义制"。这是对商人一种软的制约。西方制度学派认为因之而压抑了商人法制的出现,并致使缺乏对商人以法律的硬的约束。从西方人的眼光来看,不无道理。但是,利以义制,是不能从儒家的道德中割裂出来的,它与诚、信、仁等一起构筑成一个完整的道德体系,起合力作用。事实说明,大凡以重义轻利、非义之财不取为标榜者,都往往取得商业的成功。清代歙人凌晋从商以仁义为本,交易中有黠贩蒙混以多取之,不作屑屑计较;有误于少与他人的,一经发觉则如数以偿。结果他的生计却蒸蒸"益增"⑥。其中缘由,道光间,黟商舒遵刚作这样的解释:钱,泉也,泉有源方有流。"狡诈生财者,自塞其源也";"以义

---

① 《新安歙北许氏东支世谱》卷3。
② 同治《黟县三志》卷6下《人物》。
③ 《济阳江氏族谱》卷9《清布政司理部长遂公、按察司经历长遇公合传》。
④ 婺源《敦煌洪氏统宗谱》卷59《福溪雅轩先生传》《辑五先生传》。
⑤ 歙县《济阳江氏族谱》卷9《清诰封奉直大夫公传》。
⑥ 凌应秋:《沙溪集略》卷4。

为利,不以利为利",自当广开财源。在他看来,以义为利即生财之大道。①

徽商以诚实取信于人,且多行义举,在其家乡以及其聚集的侨居地,实行余缺互济的道义经济,以种德为根本,形成其贾道。在此氛围下成长的徽商子孙,受其熏陶,其贾道得以传承不息。

徽商还建立起一套与其贾道相适应的经营模式,即所谓"商业网络"、"股份制"、"伙计制"和"行商与坐贾相结合"等。

徽商建立以血缘为核心的商业组织,和以血缘与地缘相结合的商业网络。家族本位的传统意识,在营商中也有鲜明的体现。一人取得商业的成功,往往可以把一个家族,乃至一个宗族带动起来。休宁汪福光"贾盐于江淮间,舻至千只,率子弟贸易往来"②。其组织如此庞大,非举族经商不可。有的宗族出现"业贾者什七八"③。徽人的商业,在汉口,为绩溪胡氏所开辟;在通州,则由仁里程氏所创。还出现某一宗族垄断某一行业的情况,如绩溪上川明经胡氏,以胡开文墨业名天下,上海的墨业几为之所垄断。徽人利用血缘和地缘的关系在各地建立商业网络,互通消息,彼此照应,相互扶持。必要时,可采取联合行动与同行竞争。南京500家徽商当铺联合起来,凭其雄资,用低息借出,终于击败与之抗衡的闽商典当业。在扬州的盐业,始为黄氏所垄断,尔后汪、吴继起,清代则受制于江氏。徽商对扬州盐业的垄断,在山东临清"十九皆徽商占籍"④,以及长江沿岸"无徽不成镇"的谚语,都说明扬州和临清等以及长江两岸的一些城镇是徽商带领族人开辟的商业殖民地。

合股(或称合伙)制是徽商筹措、扩大商业资本的重要方法,也是徽商增殖社会资本的方法。所谓社会资本,即人们合作发展经济的能力。据《太函集》记载,程锁"结举宗贤豪者得十人,俱人持三百缗为合伙,贾吴兴新市"⑤。也有的是中间参股,例如,金朝奉在浙江天台县开当铺,其内弟程朝奉,带着儿子阿寿前往找他,要参资入股,合伙开当。⑥ 这种合股经

---

① 同治《黟县三志》卷15《舒君遵刚传》。
② 《休宁西门汪氏宗谱》卷6。
③ 汪道昆:《太函集》卷16《阜成篇》。
④ 谢肇淛:《五杂俎》卷14。
⑤ 汪道昆:《太函集》卷61《明处士休宁程长公墓表》;又《休宁率东程氏家谱》卷4《明故礼官松溪程长公墓表》记载:"(程锁)结举宗贤豪者得十人,俱各持三百缗为合从,号曰'正义'。"
⑥ 凌濛初:《初刻拍案惊奇》卷10《韩秀才乘乱聘娇妻,吴太守怜才主姻簿》。

商而立下的契约，为了规范化，已有合约的格式被载于当时流行的商业书中。其格式写道：

> 立合约人　　　窃见财从伴生，事在人为。是以两同协议，合本求利。凭中见，各出本银若干，同心竭胆，营谋生意。所得利钱，每年面算明白，量分家用，仍留资本，以为源源不竭之计。至于私己用度，各人自备，不得支动店银，混乱账目。故特歃血定盟，务宜苦乐均受，不得匿私肥己。如有犯此议者，神人共殛。今欲有凭，立此合约一样两纸，存后照用。①

由此可见，投资合股，按股分红，在当地是流行的做法。

伙计制，是徽商所习用，并凭此而扩大其经营规模的。大致来说，在商人本人，或在协助主人管理商务的"经理"②、"副手"③、"掌计"④等的指挥下，管理某一具体业务者，均称伙计。伙计各司其职，诸如，管账的（有"能写能算"⑤本事者可充任）、"司出纳"⑥的，等等。伙计是分大小等级的⑦，其数量之多寡，由经营的规模而定。伙计出身的绩溪汪彦，经过十余年的积攒，拥资"二十余万，大小伙计，就有百十余人"⑧。近人歙县许承尧的族祖许某，"十数世之积，数百万之资"，在江浙间开的典当铺店，"四十余肆"，"管事者以下"即包括掌计、伙计在内，"几及二千"⑨。技术性较强的行业如盐业，伙计是须经培训的，或与父兄当学徒，或先见习于师傅，方能当正式的伙计，进而有擢升的希望。据《歙县新馆鲍氏著存堂宗谱》记载：

---

① 《新刻徽郡补释士民便读通考》，转引自谢国桢《明代社会经济史料选编》下，第275页。
② 黟县《环山余氏宗谱》卷21《余蔼三公传赞》。
③ 顾炎武：《肇域志·江南十一·徽州府》（抄本）。
④ 《丰南志》第8册《溪南吴氏祠堂记》。
⑤ 天然痴叟：《石点头》卷11《江都市孝妇屠身》。按：作者为明末时人。说的虽是唐末事，实系明末情态。
⑥ 《歙县新馆鲍氏著存堂宗谱》卷2《例授奉直大夫州同衔加二级鸣岐再从叔行状》。
⑦ 艾衲居士：《豆棚闲话》第三则《朝奉郎挥金倡霸》；汪道昆：《太函集》卷52《南石孙处士墓志铭》。
⑧ 艾衲居士：《豆棚闲话》第三则《朝奉郎挥金倡霸》。
⑨ 俞樾：《右台仙馆笔记》，转引自许承尧《歙事闲谭》第17册。

>（鲍直润）尚志公次子，……十四赴杭习贾。贾肆初入者惟供洒扫。居半年，虑无所益，私语同辈曰："我曹居此，谁无门闾之望，今师不我教，奈何？请相约，如有所闻，必互告勿秘，则一日不啻两日矣。"师闻而嘉之，遂尽教。思既卒业，佐尚志公理醝业，课贵问贱，出入周不留意。遇事必询，询必和其辞色。虽厮仆亦引坐与语，以故人多亲之。市价低昂，闻者莫之或先。贸易不占小利，或以为言，大父曰："利者人所同欲，必使彼无所图，虽招之将不来矣。缓急无所恃，所失滋多非善贾之道也。"人服其远见，尚志公晚年事皆委任焉。"①

鲍直润虽系鲍尚志之子，依然先当学徒；帮助其父管理盐业后，也处处向他人求教，以提高业务水平。

有本事又忠心的伙计，可望被提升为掌计，协助主人管事、掌钱财。待遇较伙计优厚，积攒一笔钱后，可自立门户，独自经营。从伙计而起家致富者，屡见不鲜。歙西岩镇人闵世章，"读《史记·蔡泽传》，喟然思欲有见于世，遂走扬州，赤手为乡人掌计簿，以忠信见倚任。久之，自致千金，行盐策，累资巨万"②。伙计出身的鲍志道更曾一度成为盐业的头号大贾。鲍志道"年十一即弃家习会计于鄱阳。顷之，转客金华，又客扬州之拼茶场，南游及楚，无所遇。年二十乃之扬州佐人业盐，所佐者得公起其家。而公亦退自居积操奇赢，所进常过所期。久之大饶，遂占商籍于淮南"。曾被推为总商。先后受朝廷敕封的官衔达六个之多③。

正如徽州《桃园俗语劝世歌》中对伙计所劝诫的，只要对主人忠心，拿出真本事来，自当为主人赏识而擢升，从而可以发家致富。《劝世歌》中写道：

>生意人，听我劝，第一学生不要变。最怕做得店官时，贪东恋西听人骗。争工食，要出店，痴心妄想无主儿，这山望见那山高，翻身硬把生意歇。不妥帖，归家难见爹娘面，衣裳铺盖都搅完，一身弄得穿破片。穿破片，可怜见，四处亲朋去移借。倒不如，听我劝，从此收心不要变，托个相好来提携，或是转变或另荐。又不痴，又不呆，放出功夫

---

① 《歙县新馆鲍氏著存堂宗谱》卷2《中议大夫大父凤占公行状》。
② 《初月楼闻见录》，见于《歙事闲谭》第28册。
③ 歙县《棠樾鲍氏宣忠堂支谱》卷21《中宪大夫肯园鲍公行状》。

擂柜台，店官果然武艺好，老板自然看出来。看出来，将你招，超升管事掌钱财。吾纵无心掌富贵，富贵自然逼人来。①

徽商不仅注重对伙计的训练与培养，而且对有才干而忠心者，给予擢升，并允准其离主自立经营。这种作法有利于激发伙计的敬业和专注精神，无疑对商业的发展是起了促进作用的。

伙计的来源，一是来自奴仆。世家大族经商者多用奴仆充之，休宁程事心"课僮奴数十人，行贾四方，指画意授，各尽其材"②。歙县吴敬仲"课诸臧获，贾于楚、于泗、于广陵之间"③。有的家仆甚至委以重任。歙县黄武毅就"遣仆鲍秋，掌计金陵"④。再是来自族人，这是最重要的来源。汪道昆的曾祖父玄仪，便将"诸昆弟子姓十余曹"带去当伙计或掌计等，后来这些昆弟子姓都发了财，有的甚至积资超过他⑤。歙人富商吴德明"平生其于亲族之贫者，因事推任，使各得业"⑥。这种吸引族人经商之举，导致"业贾者什七八"，甚至有举族经商的盛况，孙文郁便"举宗贾吴兴"⑦。又，从社会招聘也是一途径。这些人或为亲戚朋友所推荐，或由自己所物色。他们多有某一方面的才能。除僮仆出身外，伙计与商人之间是自由的雇佣关系。一般要立下受雇契约。在当地流行的商业专书中，收有伙计给主人立还的契约。原文如下：

> 立雇约人某某，今雇到某人。男某，挈身在外，做取某艺。议定每月工银若干，不致欠少。如抽拔工夫，照数扣算。凭此为照。⑧

从此契约看，以当伙计为业已很流行，并且伙计与业主的关系已经规范化。

徽商把行商与坐贾结合，既作长途贩运，又建立销售基地。长江中下

---

① 转引自张海鹏等主编《明清徽商资料选编》，黄山书社1985年版，第264-265页。
② 《从野堂存稿》卷3《故光禄丞敬一程翁墓表》，又据《清稗类钞》第39册《奴婢类》记载："（徽州大姓）恒买仆，或使营运，或使耕凿。"
③ 《丰南志》第5册《从父敬仲公状》。
④ 歙县《谭渡黄氏族谱》卷9《故国子生黄彦修墓志铭》。
⑤ 汪道昆：《太函副墨》卷1《先大父状》。
⑥ 《丰南志》第5册《德明公状》。
⑦ 汪道昆：《太函集》卷50《明故礼部儒士孙长公墓志铭》。
⑧ 吕希织：《新刻徽郡补释士民便读通考》，见谢国桢《明代社会经济史料选编》（中），福建人民出版社1980年版，第220页。

游，尤其江南地区和运河沿岸是明清时期富人聚集之地，也是商品消费量最大的地区。徽商经过不断开辟商业殖民地，这一带市镇的商业终于为徽商所控制，"无徽不成镇"之谚即说明这一问题；扬州、南京、杭州、汉口、临清等要镇更是徽商的大本营。家庭是以宗族为依托的，侨居异地的单个家庭并不能形成社会力量，所以徽商总是按血缘、地缘聚居。组织网络和地域网络结为一体。他们"观时变察低昂"，"急趋利而善逐时"。他们转毂四方，尤其是沿长江和运河作东—西、南—北的双向商品交流。他们从书本中攫取知识，从实践中吸取经验。他们从历史上的名商，如三致千金的范蠡、精通经商之道的计然和白圭、富比王侯的猗顿、与国君分庭抗礼的子贡，等等，取得榜样的力量和经商的知识；从经商的实践中总结经验，有的还写成商业专书，前引的《商贾一览醒迷》一书即一例。诚如清代歙商鲍建庭所说："自少至壮，以孑身综练百务，意度深谨，得之书史者半，得之游历者半。"① 由于徽商具有广博的历史知识，又有丰富的实践经验，所以当天下万物之情了然于胸之后，能够作出比较正确的判断。歙商阮弼一到芜湖，观其形势，便以芜湖为拓展其商业的根基，并决定经营当时尚无人经营的赫蹄（缣帛）业，继而立染局，兼业印染缣帛，后扩设分局并在吴、越、蓟、梁、燕、豫、齐、鲁等地要津贩卖，终成大贾②。他的成功也是来自了解商情，善于作灵活经营。

徽商源远流长，在四世纪初的东晋已见载于文献。明嘉、隆（16世纪）以后，至清嘉庆（18世纪）之前，是她的黄金时代。他们转毂天下，边陲海疆，乃至海上，无不留下其踪迹；称雄于中国的经济发达区——长江中下游及运河两岸，控制着横贯东西的长江商道和纵穿南北的大运河商道。其财雄势大，手可通天，与山西商人共为伯仲，同执中国商界之牛耳。作为一个商帮，从16—18世纪称雄商界，竟长达三个世纪，是与其"新四民观"及诚信贾道密切相关的。

（原刊于黄山市徽州文化研究院编《徽州文化研究》第三辑，黄山书社2004年版，第15-33页）

---

① 歙县《竦塘黄氏宗谱》卷5《黄公莹传》。
② 汪道昆：《太函集》卷35《明赐级阮长公》。

徽商的辉煌业绩源自高文化素质与创新精神*

对出现的机遇和经济机会的把握，往往因人而异。因此，历史上不同民族、不同地区的人的文化素质、创新精神，与经济发展状况是有关系的。对此，近人的研究成果已经作了相当充分的论证。经济发展理论大师、诺贝尔奖获得者鲍尔在追溯他对经济发展因素的认识过程时指出："不同文化群体在经济效率上的显著差异是经济发展史上的主要特征。"另外两位经济发展理论大师，也是诺贝尔奖的获得者刘易斯和舒尔茨，也从不同的角度强调了人的文化素质对经济发展的重要性。

实证研究表明，一个地方的经济起飞，是多种因素互动的结果。其间尤其仰赖群体文化素质的提高。因为经济与文化是相互渗透、互为支撑的。经济增长中文化的推动力越来越突出，文化实力已成为综合竞争力的重要组成部分，在一定程度上决定了一个地方的未来发展后劲。可以说，今后的竞争在很大程度上是以文化论输赢。徽商的历史经验也充分说明：提高人的文化素质，高扬人文精神，创造有利于人才涌现的良好文化氛围，是一个具有深层意义的关键问题。

人的问题，说到底是文化问题。人的文化素质、人的创新精神对经济行为的制约和影响，往往比经济本身的因素更重要。从这一意义上说，经济发展的课题，同时也是文化建设的课题。今天，把弘扬徽商文化与安徽的崛起联系在一起，作为大会的主题，正是体现了这一要旨。

徽商兴起于明中叶，衰落于晚清，兴衰历时长达400年。明代，最大的徽商已拥有百万巨资；清代，徽商的商业资本激增至千万两之巨。就其经营规模和资本额而言，已达到了传统商业的巅峰。其财雄势大，手可通天，与山西商人共为伯仲，同执中国商界之牛耳。徽商赢得如此辉煌的业绩，其原因是多方面的。其中一个根本性的因素，是徽商的高文化素质，具有商业的创新精神。

高文化素质是徽商最显著的一个特点。徽商之所以具有高文化素质，与其源远流长的儒家背景有密切关系。

---

* 本文是"2006年中国国际徽商大会（香港）·徽商论坛"上的主题讲演稿。

徽商是在儒学氛围氤氲中出现的。他们的先人本是中原的衣冠大族,有治儒学的家风,有深厚的家学渊源,移住徽州之后,给当地带来了治儒学的家风。崇文重教,"十家之村,不废诵读",读书科举,蔚然成风。宋代,通过科举,取得政治上"名臣辈出"的成功;明代中叶,又趁大航海时代带来的商机,以发展商业为主的战略决策,取得了经济上的突破。徽商历史的身份谱系,本来就是先治儒,继而营商。但是,即使已是"藏镪百万"的大贾,依然不忘情于儒。文献上关于"贾而好儒""贾服儒行""儒术饰贾",以及徽商或从儒而趋商,或商而兼儒,或弃儒从商而后又归儒等贾儒结合的记载,正说明贾与儒之间彼此关联,难舍难分。这里所说的儒贾结合,既意味着一个人儒贾兼治,也体现在诸子中业商、业儒的分工。"贾为厚利,儒为名高",贾、儒迭相为用。"贾而好儒"已经牢固地成为徽商内在的情结,其外化成为对传统文化的酷爱和执着追求。

对传统文化的酷爱和执着追求,促使徽商成为具有高文化素质、高文化品味的商人集团。

徽商"往往昼筹盐策,夜究简编"。除研读儒家经典外,他们尤其究心于与治生、货殖有关的典籍。甚至诗赋琴棋书画、篆刻金石、堪舆星相、剑槊歌吹,皆有涉猎。有的通过科举而跻身于官僚集团,例如,歙县业盐于淮的程晋芳,便中乾隆"辛卯进士"授翰林院编修。至于商而兼作诗人词客、书画艺人、科学名家者,更是指不胜屈了。譬如充扬州文坛盟主者,多为徽州商人。大盐商"淮南程氏(梦醒)"、"扬州二马(马曰琯、马曰璐)"、"江氏二家(江春和江畴)"都曾先后为"坛坫主"(文坛盟主)。自然科学方面,徽商也卓有建树。例如,休宁程大位,弃商归里,专心研究算术,经近20年的努力,终完成《算法统宗》一书,被誉为16、17世纪数学领域集大成的著作。这里略举一二,便可了解徽商文化素养,以及其在明清文化科技界的地位了。

我们从一则饶有风趣的文献记载中,也可看到徽商人才之盛。据这一则文献资料记载:明代的名士王世贞曾率领江南地区100多位名人,拜访歙县的汪道昆。这些名人都各具专长,而且是当时少有可与之匹敌者。汪道昆租下名园数处,分住其间。对每一来宾,都配有相应技艺的歙县人士做主人接待。或谈学论道,互相辩驳;或角技斗艺,争一技之长短。彼此之间,互有输赢。汪道昆单以歙一县之人才与江浙汇聚的名家相斗智、斗艺,终以平手结局。王世贞有备而来,本想显示江南人才之盛,事不如愿,终于称赏而去。这里没有说明当地各具专才人的身份。当时人才没有专业化,据汪道昆说,新都人才,儒一商三。显然其大部分应是商人。

徽商除注重提高自身的文化素质外,也着意营造高文化品味的人文环境和文化氛围。他们建置充满人文环境和生态环境的花园山庄,并营造精巧的庭园斋馆,假山盆景,以供游憩观赏。室内摆设雅致,且赏心悦目,尤喜收藏丰富的典籍和古玩文物,古色古香,充满书卷气的文化品味。他们视读书、藏书、刻书和诗赋琴棋书画等为雅事,以雅致自娱。注重仪表、谈吐,情致高逸。有的还在自己的庭院、山馆中举行文会。例如,侨居扬州的马曰琯所建的小玲珑山馆,便是当时负有盛名的名流文士聚会之所。汪梧凤在老家歙县西溪所建的不疏园,也是汇集一时名家的胜地。在此园讲学论道者络绎不绝。朴学大师戴震便曾受聘于此园,从此园所藏的极为丰富的典籍中得益甚多。徽商不仅为文人墨士提供求知问学、辩驳切磋的机会,而且营造了"儒风独茂"的文化氛围。这对人才的培养,以及提高人的文化素质,是极为有利的。

应当指出,当时徽商所经营的是长途大贩运,所处的是引领商界之潮流,引领商界之风气的地位,客观上也需要具备高的文化素质和高的文化品位。

徽商的高文化素质,表现在研究儒家学问的深邃造诣,琴棋书画、篆刻金石等传统技艺的精通,并留下了汗牛充栋的文献典籍,还表现在从商的职业技能的专业化;以诚实为本,以义制利的职业道德以及敬业、创新的职业精神。

徽商善于从历史上、从自己的实践中总结、吸取经商的经验教训,他们从历史上的名商,如三致千金的范蠡、精通经商之道的计然和白圭、富比王侯的猗顿、与国君分庭抗礼的子贡,等等,取得榜样的力量和经商的知识,从经商的实践中总结自己的经验,并写成专书,极力创造商业文化的新境。

他们撰写的商书,既有综合性的,也有介绍商品和商业经营知识以及商旅路程的专书,如黄汴的《士商必要》、程春宇的《士商类要》、儋漪子的《士商要览》等。至于商业励志、商德规劝的商书,或某一行业的专书,更是不胜枚举。作为一个商帮,如此注重商业经验的总结和商业知识的传播,实在是绝无仅有。

广博的历史知识和丰富的实践经验,使徽商善于洞察和把握瞬息万变的商机，并运用大智慧、大谋略，在虚实进退间，做出决胜于千里之外的决策。

尤其值得注意的是，徽商文化中的创新精神。他们在把儒家的优秀文化传统落到实处时，就做了创造性的运用。他们既传承儒家的道统，又做了大的解构，为传统激活了生命力。主要表现在：政治伦理以程朱理学为依归，坚持官本位，以科举仕宦为终极关怀；经济伦理则以王（阳明）学的立教为本，提倡"士商异术而同志"，主张把"士农工商"的传统职业顺序，改为以"商"置于"工农"之上而与"士"相并列的"新四民观"，注入重利文化。这里把明儒两派互相抵捂的主张，糅合在一起加以综合运用，本身就是一种创造。重利文化是商业发展的前提，引入陆王的尊商思想，显然是为了发展商业的需要。

"天理"是明代儒家的最高理念。徽商不同于西方的清教徒，把创造业绩以得上帝的恩崇，视为"天职观"。但徽商也表现出一种内在的超越精神，就是说，相信按照明儒的立教去修养，就可建立名德与功业，就可通"天理"。服膺"天理"，就得作"诛心贼"的修养，培养敬业、自重、自强的精神。其中最重要的是宗奉勤、俭、诚、信、义等儒家传统信条。这些信条，可以克制人的自然性欲望，使人回到理性的状态中来。男人长至十三四岁，便每每投身商场，用"徽骆驼"精神进行磨炼，从勤与俭中培养出奋发进取精神和善于积财的能力。他们以诚、信为本，主张义中取利，因义而用财，建立起富有特色的商业伦理，以使商业的宗旨不偏离既定的轨道。将被贬为"末业"的商人，抬高到与"士"并列，具有可通天理的人格，这无疑可起到振奋精神，以及自重、自信、自强的作用。

徽商最具创新进取精神的是：抓住16世纪大航海时代提供的机遇，改变走以耕读为主的传统道路，做出以发展商业为主，采取非常规地增殖财富的战略抉择。最引人注目的事件，是以汪直为首的徽州海商走私集团，利用新安江通海之便，东下杭州湾，直奔海洋。效法当时西方海商，制造大舰，并武装起来，称雄于东亚海域，甚至在日本的五岛建立商业基地，掀起空前的声势浩大的中国海洋贸易第一波。

徽商在商业组织和经营管理上，也有诸多创造性的建树。商业组织是以血缘为核心建立起来的，并构建以血缘与地缘相结合的庞大的商业网络。徽商在寄籍地和侨居地总是按血缘、地缘聚居。其内部互相扶持，互相接济。例如，建立按月补助财力消乏的盐商及其子弟的所谓"月折"制度，帮助其渡过难关。徽商的组织网络和地域网络合为一体。徽商网络既有集聚资金、组织货源、推销商品、公关，以及加强竞争力等经济功能；又有引进、吸收外地文化效用，从而使其文化充满活力。人们把徽商建立的以长江中下游和运河两岸名都大邑为主的商业网络称为"大徽州"。"大徽州"和本土的"小徽州"之间的互动，使其经济、文化处于吐纳、流动之中，因而充满活力，蓬勃发展。应当说，在中国的商业史上，徽商的网络是最庞大、最强有力，也是最成功、最富有创新精神的。

徽商推出的会票制、合股制、伙计制等，较之以前商业营运形式有了明显的进步，已经推进了商业的功能。商号出资者与经理（或称掌计、副手）有的是分开的。歙商许某，在江浙开典当四十余肆，伙计几及二千。每处当铺都分别由各掌计掌管。按规矩，家庭开支与铺店财务是分开的。这里已开始出现所有者与经营者分离的近代化商业的特征。又如，明末出现了汇兑业务的会票制度，虽然仅限于徽商内部，但它使货币便于携带流通，减少运输现金的成本和风险，有利于商业资金的运作。其异地支付的汇兑方式已带有近代金融的意义。在实施伙计制中，有的伙计虽不出资，但经考绩，表现经营得力、绩效突出者，可分享利息。这也已带有人力资本入股的色彩。有一布商，凡织工将他的"益美"名号织入布匹作为商标者给银二分。此举已经在为自己的产品做广告了。凡此种种，在当时商业经营管理上皆系崭新的形式，体现了徽商的创新精神。

综上所述，徽商取得辉煌业绩的秘诀，在于其高素质的文化和富有创新的敬业精神。创新精神是文化持续传承的生命力。没有与时俱进的创新精神，文化就会僵死，就没有持续辉煌数百年的徽商文化。

徽商在注重提高自身文化素质的同时，又重视对文化事业作经济上的全面支持和慷慨投入，着意于社会上的人才培养，高扬人文精神，营造一个有利于人才成长的文化氛围，以保持人才不断涌现的后续局面。

今天，我们弘扬徽商文化，就要弘扬徽商注重提高人的文化素质，敢于迎接挑战，化挑战为机遇；就要弘扬不因循守旧，富有创新的精神；就要弘扬徽商敬业、自重、自强，不断自我超越，不断开拓、进取的精神；就要弘扬徽商克服投机取巧，确立经济理性的精神；就要弘扬徽商热心公益，回报社会的思想。做一个不愧于信息时代的道德人、知识人、创新人。

社会的运动，本质上是人的实践过程；人的素质直接影响社会体系的构建与运行。安徽的崛起，关键也在人，在于提高人的文化素质，在于建立一个文化建设与经济建设互动的战略机制。

徽商文化是一笔丰厚的精神财富。弘扬徽商文化，必能再创辉煌，促进安徽崛起。

2006年5月18日于香港

（原刊于《黄山学院学报》2006年第6期）

长三角地利与长途贸易：
徽商超常增殖资本的两大要素[*]

　　徽商称雄明清商界三百年，其缘由是多方面的，是多元合力作用的结果。我曾从文化的层面，以徽商的辉煌业绩源自高文化素质与创新精神为题，在"2006年中国国际徽商大会（香港）·徽商论坛"上做主题讲演。也曾从哲学思想的层面，提出徽商在政治伦理上宗奉程朱理学，而在经济伦理上却以王学的尊商说教为本，采纳其提出"四民异业而同道"的"新四民观"（见《儒学传统文化与徽州商人》一文）。在社会政治的层面，提出"官商互济"是徽商成功的法门（见《试论徽州商人资本的形成与发展》一文）。本文则试图从地理经济学的层面来思考徽商之所以超越常规地增殖资本的缘由，并仅就长三角地利与长途贸易这两大要素，发表属于质性分析的一些浅见，以抛砖引玉。

　　如果说，徽商成功的主观因素是高文化素质与创新精神的话，那么成就徽商的客观原因是大航海时代的商机和占有独具区位优势和丰富资源的长三角的地利。

　　先讲商机。16世纪（明中叶）是发现新大陆，开通东方航线，肇始世界一体化的海洋商业殖民的时代；是建立殖民地和商业系统最活跃的时代；是西方重商主义盛行，海洋贸易发生历史性变化的时代。西方海商冒险东来中国沿海寻找商机，并建立殖民地；由此出现了东西半球海商直接交遇的新局面。东亚海域的贸易网络，既联结太平洋彼岸的南美洲，又重新伸展到永乐之后中断往来的印度洋，并扩及大西洋，初步形成横跨亚、非、欧、美四大洲的世界性海洋贸易圈。就亚洲内部而言，16世纪中叶的日本，正是盛产金银之时，有50多座金矿、30多座银矿开采。当时的中国，争用银而不用"大明宝钞"。由于中国缺银，除西班牙人从美洲的秘鲁和墨西哥运来白银外，日本所产的白银也源源不断地输入中国。日本在东亚海域的贸易也日益活跃起来。与此同时，中国境内商品经济趋向繁荣，商机愈益增多；以商业增殖财富的途径，日益广阔。在杭州湾附近的舟山群岛的双屿港成为当时

---

[*] 本文为2008年黄山"徽商与泛长三角"研讨会讲演稿。

国际贸易市场。中国传统社会经济开始发生转型，即商品经济空前发展，而且从高价奢侈商品向民生日用百货商品转化；民间海上商人兴起，打破了势家豪绅垄断海上贸易的局面，为长途贸易提供了宽阔的活动平台。

徽商正是抓这一前所未有的商机，以长三角为活动根基，面向海洋，以长途贸易为主，开展了一场叱咤风云的历史性商业活动。

其次，谈徽州人之所以对长三角、对海洋，情有独钟的问题。

如果从徽州所处的区位来考虑经济活动跨空间分布问题，毫无疑问，与之毗邻的长三角地利优势是显而易见的。徽州人势必择优而先占据之，以其为商业活动的根基。并利用其区位优势投入新兴起的"大航海"热潮。

徽州虽处在山区，但有新安江经钱塘江直达杭州湾，进入东海。在古代以水运为主的条件下，距离远近取决于水道的通畅，何况徽州距海岸线只约200公里之遥。根据西方学者的看法，距海岸线500公里内的都属于海洋文化范围。徽州显然属于海洋文化区域内。学术界一般认为，按居住的地域不同，文化可分为内陆的农耕文化、高原的游牧文化和海岸地带的海洋文化。海洋文化所孕育的重商、冒险、开放、扩张的精神，则被认为是欧洲人自大航海时代以来能够称雄全球，并创造近代文明的原因。欧洲人历来以此引为自豪。

徽州由于地域上属于海洋文化，加之有新安江直通东海，越发拉近了徽州与海洋的距离。因此，徽州在明中叶分享了大航海时代的海洋文明，并与海洋结下不解之缘是情理之中，不足为奇。

长三角地区，乃徽州近邻。长三角，在宋代治理低洼沼泽地带，出现第一次"绿色革命"，成为中国经济重心的转移地，是资源最丰富的地区。有"苏湖足，天下足"的谚语。

明清时期，经济作物种植日益增多，以丝、棉、麻的种植与纺织业的发展而称誉天下。苏州、杭州是全国最大的丝织业中心，松江是全国著名的棉纺织中心。商品经济得到长足的发展。由此引发了星罗棋布的农村市镇的出现。东濒大海，又处于运河、长江纵横交叉的河网区，海河交汇，交通便利。物资丰满，人文荟萃。苏州、杭州有"天堂"之誉。长三角以富裕著称，是国家赋税的重地。富人麇集，是商品的高消费区。

传统的名牌产品，驰名海内外。杭州的纺织品、苏州的丝织品、松江的棉布，皆备受西方各国和日本所欢迎。不仅资源丰富，而且可通过运河与长江两大水运通道，以及南洋和北洋海岸线，把全国纳入其贸易腹地，具有最广阔的长途贸易的潜力。所以，长三角是一处最富有的商机之地，自然为商人所垂涎与眼热。谁先占据此地,谁便先赢得商机。

徽商利用其区位邻近,且有水道相通之便,捷足先登长三角。

徽州人顺新安江东下,经杭州转运河、入长江,可达长三角各市镇要枢;另从青弋江也可以进入长江;从阊江可通鄱阳湖到江西,然后溯赣江越过南岭经北江可到广州。在明中叶以后,这条从鄱阳湖抵达广州的航线,经长江接运河,已形成贯通南北的大通道。在古代,水通路通。路通,即可财通。徽州本是一处险阻四塞的山区,却具有便捷的水路交通和丰富的土特产竹、木、茶等,这是很有利于商业的地理优势和物质资源。所以,早在成化、弘治年间(15世纪中后期),徽商已逐渐在长三角各个要枢,初步建立起商业网络。以此为基地,并利用当时统一的中华大帝国所提供的经营商业的广阔天地,以及自然资源禀赋的不同所造成的地区间的差异,通过流通交换达到资源共享,以弥补其徽州本土山多田少、资源贫乏的缺陷。徽商发挥其资源利用、配置的能力,不仅使自己藏镪百万,而且促进了江南社会经济的进步,出现"无徽不成镇"的商业化、城市化局面。

长三角以市镇为中心的地方市场体系,最初是由徽商介入地方性贸易而形成的经济圈,尔后市镇在其与农村的互动中,逐渐成长。但只依靠内部根源,不可能萌发出市镇集聚现象,或出现更高层次的市镇。没有大规模商业的长途贩运的拉动,就不可能出现一个地区商业化、城市化的局面,也不可能推进一个地区经济的高速发展。

到了16世纪,在当时东南沿海出现的海上贸易氛围的激荡下,尤其受到舟山群岛出现的国际性贸易市场的直接推动下,长三角的商业化和城市化更大地加深了。

中外学者晚近的研究,都认同明清时期的江南地区是丝货和棉布等商品生产的中心区,农业商业化、商品经济最发达的区域,也是城市化发展水平最高的地区。应当说,这一见解是建立在坚固的史实基础上,是无可争议的。

值得注意的是:致力于江南社会经济研究的中国学者,在其近年的研究成果中,多认为江南经济发展明显加快始于嘉靖、万历时期。而这一时期正是历史上所谓"嘉靖倭难"年代(嘉靖三十一年至四十四年,即1552—1565年),也就是徽商汪直、徐海以江南地区为基地,称雄海上的时期。显然,江南经济的快速发展,是与此时江南和东南沿海地区,首次突破国界,较大规模地参与了东南亚、日本,乃至葡萄牙、西班牙等西方殖民国家的带有世界性经济交流的海上贸易密切相关的。这与有些做倭寇专题的研究者得出"倭寇"板荡江南的说法互相抵牾。看来所谓"倭患"给经济社会带来的影响，有待重新评价。我们在做专题研究的同时，应当做历史总体的观照。

我在拙作《徽商的历史性贡献》一文中曾提出，关于徽州海商对明中叶江南（长三角）社会经济所做的贡献，有待深入研究和做出评估。对明清江南社会经济的研究要有突破性的进展，似对徽州海商作进一步的研究是一关键。不仅如此，对徽商本身的研究，要取得进一步的突破，似也仰赖于对这一问题研究的进展。时至今日，我仍然坚持这一观点。

徽商充当大宗商品贩运商，以从事海陆长途贸易来超常规地大量积聚资本。

从古典经济学的观点来说，资本是在以贸易为主体的交换过程中被创造出来的。大规模的长途贸易，尤其是海洋贸易，是大商业资本积聚的源泉。马克思和恩格斯都指出，欧洲的变革发源于"特殊的商人阶级"的出现。西欧资本主义的出现，是与长途贩运的海洋贸易联系在一起的。从事海洋贸易的海商和大规模长途贸易的商人，是导致传统经济（包括习俗经济、命令经济、道义经济等）向市场经济转换的"专业商人"。在明中叶新兴的海洋贸易，是当时利润最丰厚的行业。据文献记载，利润的"恒百余倍"，有时高达数百倍。"藏镪百万"的徽商，正是通过海上贸易，通过带有专业性的大规模长途贸易发展起来的。

徽商自15世纪起，已陆续涉足商界的盐、典、木、茶、粮食、布匹等多个行业，且以此为主要行业，具有专业性和跨地域性，从事大宗商品的贩运贸易。

16世纪中叶，徽商又率先投入新兴的海洋贸易。葡萄牙人于1511年占据马六甲，是最早进入东亚海域的西方商业殖民者。当他们东来不久，还没有在中国沿海站稳脚跟时，徽州人李栋兄弟于16世纪40年代之前，已到马六甲等地经商，与葡萄牙商人接触。嘉靖十九年（1540），许栋兄弟自马六甲纠引葡萄牙商人前来双屿、大茅等港口后，与福建海商李光头（福州人，名李七）结为一伙，从事走私贸易。在那里建立起国际性的贸易市场。

接着以汪直为代表的徽州商人加入向海洋挑战的行列，掀起了海洋贸易的第一波。汪直仿效西方海商的做法，制造大舰，并武装起来，称雄于东亚海域，曾在日本建立商业殖民地。这一具有时代意义的重大事件，未被视为加入世界商战的举动，反而被史家称之为惊动朝野的"嘉靖倭难"。汪直虽作为"倭寇"而被明王朝镇压，终于被剿灭，但表现了中国一代海商的胆略与气度。在我看来，汪直海商集团的失败，从某种意义上说，它是传统农耕经济战胜新型的商业经济的表现。

汪直被剿灭，并不意味着徽商完全退出海上贸易。在明晚期，徽商与广州府、泉州商人一道垄断广州的海外贸易；也有的在其他沿海口岸经营与海贸有关的茶叶等出口商品的贸易。尤其清末同治、光绪年间，还曾出现显赫一时的红顶商人胡雪岩，都在经营大规模的丝茶等商品的长途贸易。

徽商对海洋贸易的参与是全方位的，多维的。他们沿着长江中下游和运河两岸的水路交通线（泛长三角），作海陆相结合建立起商业网络，做大做强，以求快速发展。徽商通过其商业网络的作用，推动长三角商品经济的发展，并使长三角逐渐变为服务于海上贸易的海洋经济化区域。最明显的例证是，长三角成为当时丝货市场——马尼拉丝市提供货源的基地。

由于海洋贸易而兴起的马尼拉生丝市场，是太平洋丝路的中转站，对丝货的需求量很大。17世纪初，墨西哥从事丝织业者需要的原料生丝就靠通过中转站马尼拉丝市转运去供应。葡、西商人"皆好中国绫罗杂缯"。当时，杭州的纺织品、苏州的丝织品、松江的棉布、饶州的瓷器、漳州的纱绢，皆备受西方各国和日本所欢迎。根据全汉昇先生的研究，江南蚕丝业的迅速发展与马尼拉丝市的影响是有密切关系的。在马尼拉市场的丝银贸易长达两个半世纪（1565—1815），出口长三角的丝货，换回西班牙人在墨西哥、秘鲁开发的大量白银；当时盛产白银的日本也通过海上贸易，输入大量白银。这都有力地推进了中国货币商品经济的发展。以长三角为商业基地的徽商，在其间的历史性贡献是显而易见的。

当时能获得高额利润的除海上贸易之外，便是盐业。盐是传统社会由国家控制的专卖商品。因它系日食所需，销量巨大，最能从中获利而积成巨资。晋商是趁明初实行开中制之机从事盐业而发迹的。徽商自然对它垂涎并力求分得其利。早在弘治五年（1492），趁户部尚书叶淇以纳银运司代替中盐纳粟供边，改订盐法的机会，纷纷进入扬州、杭州，夺取自明初起在此霸占盐利的晋商阵地。汪直被镇压之后而大举移资盐业，从事盐的贩销，可以说是徽商战略性的大转移。万历之后，徽商已经是执掌盐业的牛耳，益加财雄势大。据宋应星的估计，万历年间扬州盐商资本已达3000万两，年利润达900万两。这其中绝对多数的利润份额为徽商所占有。

应该说，徽商在明代之所以积资至百万余两之巨，清代更是增达千余万两，成为当时的首富，无疑是拜海、陆长途贸易之所赐。

徽商的衰落及其历史作用

关于徽州商人资本的形成和发展，笔者已有一文专门论及，刊于《中国史研究》1980 年第 3 期。现就徽商的衰落及其历史作用问题，浅谈一些看法。如有疏失之处，请批评指正。

一

崛起于明中叶的徽商，在清代乾隆年间，发展到了它的鼎盛期。但是，"喜荣华正好，恨无常又到"。嘉庆以后，逐渐走上困顿的道路，道光时期则已陷入不可挽回的衰败境地。

徽商是在封建政权的庇护下得到发展的。[1] 但在享得许多优惠的经营条件和特权的同时，又受到封建王朝的勒索榨取。据嘉庆《两淮盐法志》记载，从康熙十年至嘉庆九年（1671—1804）的 100 多年间，徽商在捐输、急公济饷、佐修河工、城工、灾赈、报效等名目下，缴纳给朝廷的银达 39302196 两，米 21500 石，谷 329460 石，[2] 成为清王朝的重要财源之一。这种勒索榨取愈到后来愈加剧。嘉庆以后，清王朝尽管以泱泱天朝大国自居，内囊却已掏空了。嘉庆元年（1796）爆发的持续八年、波及五省的白莲教起义，虽然遭到血腥的镇压，但清王朝也陷入了难以解脱的财政危机。为了弥补财政的支绌，更加强了对商人的盘剥。例如，两淮盐商在康熙朝（1662—1722），仅在康熙十七年（1678）这一年以捐输报效的名义由陈光祖、程之韺倡首捐银十三万五千两。而在嘉庆朝从元年至九年（1796—1804），捐输报效银达一千四十万两，又谷三十万石，米二万一千五百石，[3] 比康熙朝不知增加了多少倍。

嘉庆《两淮盐法志》所列的捐输代表者名单，其原籍虽无记载，但我

---

[1] 请参阅拙作《试论徽州商人资本的形成与发展》第四部分，刊于《中国史研究》1980 年第 3 期。
[2] 据嘉庆《两淮盐法志》卷 42《捐输·军输》之记载而做的统计。
[3] 据嘉庆《两淮盐法志》卷 42《捐输·军需》之记载而做的统计。

们可以肯定为徽州人。① 清代，一般来说，北方为山西商人的势力范围，南方为徽商天下。据光绪《两淮盐法志》列传记载：由明嘉靖到清乾隆期间，移居扬州的客籍商人共80名，其中徽人占60名，山西、陕西各占10名。② 无论是商人数目，还是商业资本，徽商都处于绝对的优势。所以，上述的这些巨款和粮食，绝大部分都落在徽商头上。

徽商计及锱铢而剥削得来的收益，不仅被囊括而去，甚至有的连老本也被捐输了，其苦不堪言。徽商如不顺从盐官（盐运使）的意旨向朝廷捐输报效，就会受到盐官和胥吏更多的额外勒索，以致破产。所以，尽管手头可供营运的资本已经不多，陷入捉襟见肘的困境，但仍要强颜作笑，踊跃捐输。甚至当朝廷假意拒收捐输款项时，盐商还要装出情恳意切，真心实意为朝廷报效的模样，请求赏受。两淮总商、歙人江春于乾隆年间，每遇捐输，"百万之费，指顾立办"，因而得到乾隆的隆遇。像这样赫奕一时的富商巨子，后来也落到"家屡空"的困境，晚年不得不靠借皇帑以资营运。③ 其他的商人更可想而知了。可见所谓"捐输""报效"，实是不得已的贿赂。有的商人一时不能完纳盐官授意下的认捐款数，便采取加息挂欠的方法，即认捐之款转为欠官的帑银，照加利息，分摊为一定的年限，逐年连同课税一起缴纳。④ 可见"捐输""报效"愈来愈成为徽商的一项沉重负担。这是导致徽商衰落的一个重要原因。

徽州盐商是在明代成化、弘治年间，开中制⑤危机日益加深，势豪占中，开中商人疲惫的情况下兴起的，⑥ 而得到迅速发展则在万历末年推行纲运制，亦即官、商一体的包销制之后。他们发迹的秘诀，是不断地向缙绅渗透和转化，因而取得营商的特权，并利用垄断地位，攫取专利。但是，到了乾隆末年以后，随着课税、捐输的日益加重，还有种种的额外勒索，徽商的

---

① 日人藤井宏教授也持此看法。详见《新安商人研究》。
② 万历《扬州府志》卷1记载："（淮扬）皆四方贾人，新安贾最盛，关陕、山西、江右次之。"可见至少从万历年间起，扬州的各商人集团中，徽商已居首位。扬州客籍商人的统计数字，引自薛宗正《明代盐商的历史演变》一文，刊于《中国史研究》1980年第2期。
③ 嘉庆《两淮盐法志》卷44《人物·才略》。按：贷皇帑，实是向朝廷借高利贷。
④ 关于帑银，请参阅韦庆远、吴奇衍：《清代著名皇商范氏的兴衰》，《历史研究》1981年第3期；王思治、金成基：《清朝前期两淮盐商的盛衰》，《中国史研究》1981年第2期。
⑤ 《明史》卷80《食货四·盐法》："召商输粮而与之盐，谓之开中。"这里是说，明王朝利用食盐的专卖权，令商人运粮到需要的地区（其中以边区为主），缴纳上库，回内地的盐场支盐，这就叫做开中制。
⑥ 参阅万历《扬州府志》卷11。

处境愈来愈险峻。他们把加强对灶户及运销盐区人民的剥削,诸如"短价"收买,高价发售,短秤掺沙,等等,作为摆脱困境的药方。结果私盐泛滥,而且愈演愈烈。嘉庆、道光之际,两淮纲运区食淮盐者已经不多,城乡"食私者什七八"。① 这是对盐商拼命搜括的反抗。由于政府机构的腐败,又无法制止私盐贩卖,因此,盐商陷入途穷末路。道光十二年(1832),陶澍将淮北的纲运制改为票盐法。道光三十年(1850),陆建瀛又将淮南改为票盐法。所谓票盐法,就是政府于盐场附近设局课税,不论谁,凡缴足盐税即可领票运盐,销售各地。原来官、商一体的包销制——纲运制,因以打破。靠盐业贩运专利发迹的徽商便难逃败落的厄运了。正如陈去病在《五石脂》中所指出的,"自陶澍改盐纲,而盐商一败涂地"②。徽商的经营行业固然不仅限于盬业,但盐商是徽商的主干,其成败标志着这一商人集团的兴衰隆替。继盐商败落之后,典当业也因"左宗棠增质铺"而"几败"。茶商也一连"亏耗不可胜数"。曾国藩于太平天国革命期间,在徽州"纵兵大掠,而全郡窖藏一空"③。至此,徽商也就奄奄一息了。

以封建政治势力做后盾,是徽州商业资本得到迅速发展的根本原因。徽州商业资本是伴随着徽商的不断向缙绅渗透和转化而逐步增殖的。徽商势力发展的黄金时代是明中叶至清中叶,这期间也恰恰是徽州人在朝廷内势力发展最显赫的时候。嘉庆之后,徽州的缙绅势力趋向式微。无论是对朝廷机要政务的影响力,还是对地方政权的控制力,都已削弱;徽人任职的品级和人数,也已减少。尤其咸丰年间,缙绅势力遭到太平天国农民革命极其沉重的打击。在文献中,屡有"阖门'就义'""一门'忠节'"的记载,真可谓是"烽燹所至,闾里为墟,幽谷深岩,逃匿无所",④ 亦即农民革命锋芒所向,无处躲藏。至此,缙绅势力已一蹶不振了。徽州缙绅势力的衰落,使徽商失去了政治靠山,其败落也就势所难免了。这里顺带指出,徽州的缙绅和徽商同时衰落,正是两者结为一体、互为因果、交相影响的表现。

称雄商界,显赫一时的徽商,虽于晚清衰落了,但它在明清历史上,却留下了令人称叹的一页。

---

① 盛康:《皇朝经世文续编》卷51,包世臣《小倦游阁杂说》。
② 陈去病:《五石脂》,连载于《国粹丛书》。
③ 陈去病:《五石脂》,连载于《国粹丛书》。
④ 许承尧:《歙县志》卷7《忠节》,又卷11《烈女》。

二

徽商从明中叶迄清中叶，在商界称雄近300年，从其经营的范围和拥有的资金，都为一时之冠，而与西商相伯仲。徽商财雄势大，手眼通天，在明清时期的商界所享有的崇高地位是毋庸置疑的，其所起的作用是巨大的。

1. 徽州商人造成大量货币资本在个人手里的积聚。晚明，徽商已有积资"至百万者"，① 清代乾隆年间，更有积资达"千万"以上者。② 这种大量货币资本在个人手里的积累，为资本主义生产关系的萌芽创造了历史前提。徽州商业资本中，已有少量的从流通领域转入生产领域，更为资本主义萌芽提供了可能。有的徽州商人已开始把部分资本投入手工业生产。据明人撰写的《栖溪风土记》记载：

> 官舫连艘，……商货聚集，徽、杭大贾，视为利之渊薮，开典顿米，贸丝开车者，骈臻辐凑。③

就是说，这些徽州大贾不仅贸丝，而且"开车"缫丝。有关这方面的材料，汪道昆的《太函集》中也透露了一些。该书卷47《海阳新溪朱处士墓志铭》写道：

> 朱处士云沾，字天泽，海阳（休宁）新溪人也。……从兄贾闽，盖课铁冶山中，诸佣人率"多"处士长者，"争"力作以称。处士业大饶。会岁不登，处士贷诸佣人钱百万。

---

① 谢肇淛：《五杂俎》卷42："新安大贾，鱼盐为业，藏镪有至百万者，其它二三十万、则中贾耳。"

② 李澄：《淮鹾备要》卷7："闻父老言，数十年前淮商资本之充实者，以千万计，其次亦以数百万计。"按：这是李澄于道光二年（1822）所记述。"数十年前"，当即乾隆年间，正是两淮盐商极盛之时。

③ 转引自光绪《唐栖镇志》卷18《纪事·纪风俗》。

在《太函集》中，类似的记载还有一些。① 一般来说，既是雇佣工人受雇于商人，进行商品生产，就意味着这些雇工是受雇于资本，是为市场而生产的，理当属萌芽状态的资本主义性质。但是，由于徽商的封建性十分浓厚，在没有掌握雇工数量、生产规模及生产关系的具体材料之前，还不能轻下结论。以朱云沾挟重资到福建"课铁冶"而论，贷诸佣人钱达百万，可见"佣人"数目之多，但从因"会岁不登"，朱云沾借贷与佣人看，这些"佣人"还未曾脱离农业生产。究竟朱云沾独开矿业，由他直接雇"佣人"，还是他用借贷的方式控制各个矿场呢？这些"佣人"与场主的关系如何呢？这些情况都不甚了了。因此，也就难以确定是否属资本主义萌芽的性质。

又如《太函集》卷35《明赐级阮长公传》记载：

> 歙阮长公弼，字良臣，世家岩镇。少承家末造，躬力贾，起芜湖，两邑交重长公。……时购者争得采（染色），利归染人。长公复笑曰："非独染人能白可采也。"乃自芜湖立局，召染人曹治之，无庸灌输，费省而利滋倍。五方购者益集其所。转毂遍于吴、越、荆、梁、燕、鲁、齐、豫之间，则又分局而贾要津。长公为祭酒，升降赢缩，莫不受成，即长公不操利权，亦犹之乎百谷之王左海。

这里说的是阮弼发现芜湖的浆染业有利可图，便立局开厂，经营布料染色，将商业资本转入浆染业。经过浆染加工的布料，五方争购，销售地区甚广，可见规模不小。乍一看，似已属资本主义性质的工场手工业了。但是，也就是这个阮弼，在经营浆染业的同时，又在芜湖郊外，"治圃田以待岁，凿洿池以待网罟，灌园以待瓜蔬，滕腊饔飧，不外索而足。中佣、奴各千指，部署之，悉中刑名。"② 就是说，利用佣工、奴仆进行多种经营的农业生产，供其消费。阮弼在农业方面既然坚持如此落后的生产关系，很难设想他所招的"染人"是自由的劳动者。因而也很难断定他所经营的浆染业已有资本主义萌芽。但是，商业资本与生产相结合，毕竟更容易导致新的生产关系萌芽的出现，是有进步意义的。

---

① 汪道昆：《太函集》卷46《明故处士郑次公墓志铭》："次公名天镇，字定之。歙长龄里人也。……弘治己酉，次公生长，受室海阳新溪戴妫。次公少服贾，以铁冶起。"又卷28《詹处士传》：詹杰，休宁人。"其先世多儒者。""高皇帝（朱元璋）初，詹安以铁冶起富。"詹安的曾孙，亦即詹杰的父亲詹起"复用铁冶起，屡不赀"。

② 汪道昆：《太函集》卷35《明赐级阮长公传》。

这里顺带指出，徽州商人资本与生产结合的程度和性质，在一些同志的文章中，估计过高了。这固然同未全面考察徽商的特点有关，但与史料记载本身的含混不清，以及对史料的鉴别注意不够也不无关系。例如，嘉靖《徽州府志》作者汪尚宁在该书卷下《食货》中，追述元代婺源州的铁矿及冶炼情况时引用宋元之际人胡升（1198—1281）的一段话，被一些同志据之为明代徽州出现工场手工业的论据。据黄启臣同志考订，实际上明嘉靖时，婺源县的铁矿已不开采。① 当然也就谈不上工场手工业的出现了。众所周知，只有当商人感到经营商品生产比经营商业更能取得经济效益时，商业资本才会转入生产领域，向产业资本转化。由于官府的庇护和享有豁免税收特权而取得优惠利润的徽商，是一般商人所不能与之竞争的。他们并没有感到有改为经营商品生产的必要，加之在农业与家庭手工业相结合的生产结构下生产出来的产品所具有的"巨大的经济与时间的节省"②，是处于萌芽状态的资本主义的产品所不能匹敌的。因此，徽商宁可在旧的生产方式基础上剥削小农的剩余劳动，而不愿让商业资本向产业资本转化。这是为什么徽州商业资本转入生产领域为数甚少的原因了。

2. 徽商所进行的远距离的商品贩运，对商品经济的发展和各地区间经济联系的加强，起了促进的作用。徽州有悠久的营商传统，积累了丰富的经验。他们往往以《货殖列传》所载的商界先贤为榜样，进行冒险远贾。歙商许秩曾于嘉靖年间唏然曰："吾虽贾人，岂无端木所至，国君分庭抗礼志哉！且吾能效农家者流，守镃基、辨菽麦耶？一日读《货殖列传》，见蜀氏工于市易，贾而田池射猎之乐拟于人君，油然动游兴，于是买舟溯（溯）江流而上，直达成都。历山川之胜，迁厥物产于齐鲁间。如是往来者再，资用益饶"。③ 有的甚至敢于将资本孤注一掷，不留后路。例如，歙商鲍鸣岐，太平天国农民革命失败后，资金丧失大半，又因"浙东适改票盐"④，认为株守不足取，乃作"背城计，而自与仰山从兄合资营运，悉力调度，获利

---

① 嘉靖《徽州府志》卷下《食货》（抄本，中国社会科学院图书馆藏）。关于这条史料的校勘、考释，请参阅黄启臣：《校对一条材料》，刊于《学术月刊》1980年第2期。
② 马克思：《资本论》第3卷，人民出版社1975年版，第373－374页。
③ 许象先：《新安许氏世谱》卷3《平山许公行状》。
④ 按：指两江总督曾国藩改定盐章，取消陶澍废窝木行票法、贩卖自由的制度，实行保价，整轮循环转运之法。

甚厚，十年累巨万"。① 由于对行情的见识甚高，他们常常取得成功。正如道光《徽州府志》的作者所说，他们"善识低昂，时取予，以故商之所入视旁郡倍厚"②。值得注意的是他们已抛弃了"百里不贩樵，千里不贩籴"③的传统原则，不仅贩卖满足统治阶级需要的奢侈品及土贡式的地方特产贸易，而且贩卖了一些与农民生活发生直接关系的商品。他们除从江南各地将米、麦等粮食贩运回本籍出售外，还在其他地方作粮食的转贩贸易。明末成书的《古今小说》中记载，徽州新安县（歙县）人氏陈商到襄阳贩籴米荳，两个月后运到苏州府枫桥销售。陈商在苏州脱货后，回新安只停留了3天即向襄阳进发。④ 这虽是文艺作品的描写，但反映了当时的现实情况。又如徽商通过贩运棉花和棉布，使原料产地和成品产地形成对流。这对商品经济的繁荣，促进社会分工的扩大，是起了一定作用的。这种突破区域界限的商品贩运，有利于全国性市场的出现。徽商的贸易活动，不仅限于国内，甚至来往于日本和东南亚各国。⑤ 海外贸易，本来是资本主义生产关系的重要前提。可惜从明迄清，在闭关政策之下，虽偶允向外通商，但受到种种遏制和约束，并加诸重税。徽商中除像汪直之辈做海盗式的大宗贸易外，其海外贸易的经营额是有限的。这里需要指出的是，徽商虽然不怎么关心农业生产，然而于明代，也曾将美洲的花生（时称万寿果、长生果）首先带回本籍，然后为各地所推广。⑥ 在引进和推广农作物新品种方面，他们也做出了贡献。

3. 徽商对各地区城市的兴起和繁荣，起了积极的作用。徽商踪迹遍天下。他们不仅从事贩卖贸易，而且开店铺，即行商与坐贾，两者兼之。行商所及，往往设店铺，侨居于此。长江流域是其活动的重要地盘。这一区域的

---

① 《鲍氏著存堂宗祠谱》（清黑格写木）卷2《家传》，《例援奉直大夫州同衔加二级鸣岐再从叔行状》。

② 道光《徽州府志》卷25《舆地志·风俗》。按：徽商"善识低昂"，获利倍厚，同其注意总结营商经验也有关。他们把经商的经验写成专书，供后人学习。他们把经商看作一门学问。正如《生蒙训便语十则》（藏屯溪图书馆）中说的"商贾之道未有学而能者也。"此书将经商的经验总结成勤谨、诚实、和谦、忍耐、通变、俭朴、知义礼、有主宰、重身惜命和不忘本（木即德，以德为本）等十条。他们还本着"业专易精"的原则，往往专门经营某一二行业，世代相传，如业醚世家，木商世家等。

③ 司马迁：《史记·货殖列传》。

④ 冯梦龙：《古今小说》卷1《蒋兴哥重会珍珠衫》。

⑤ 详见藤井宏《新安商人研究》第三节《新安商人的活动范围与营业项目》。这里需要补充的是，明代小说《照世杯》中也曾描写新安贾人到安南（今越南）收买猩红绒毡子的情况。

⑥ 见何炳棣：《美洲作物的引进、传播及其对中国粮食生产的影响》。

各市镇中，徽人侨居甚多。流传的"无徽不成镇"之谚，即一证。又如，入清以后，扬州居民"土著较游寓二十之一"。二十分之十九的游寓人中，徽商所占的比例当属最多。就是在北方的临清，也是"十九皆徽商占籍"①。又以北京为例，明代隆庆年间，"歙人聚都下者，已以千万计。乾隆中，则茶行七家，银行业（即银楼业）之列名捐册者十七人，茶商各字号共一百六十六家，银楼六家，小茶店数十。"② 这里尚未包括歙县以外的徽属其他五县。侨居外地的徽商，直至民国年间，依然不少。据1950年调查，绩溪县余川村200户841人中，在家人口为631人，占总人口的75%，因外出经商而侨居异域的有210人，占总人口的25%。黟县南屏村975人居民中，侨居外地的商人193人，占总人口的20%。③ 马克思曾经指出："商业依赖城市的发展，而城市的发展也要以商业为条件。这是不言而喻的。"④ 游寓外地的徽商不仅成为都市居民的组成部分，而且促进了都市经济的繁荣。

综上可见，徽商在明清历史上曾起到流通商品、繁荣都市经济、促进社会分工的扩大等作用，并聚集了巨量的货币资本，为资本主义生产关系的萌芽提供了历史前提。已有少量的商业资本开始与生产相结合，逐步向产业资本转化。其性质虽尚待进一步研究，但不论如何，已为资本主义萌芽提供了可能。徽商在历史上所起的积极作用，必须给予肯定。

但是，徽商不仅身兼地主、官僚，形成三位一体，具有封建性的特征，而且总的来说，他们是服务于封建制度的。从其利润的封建化就可说明这一点。徽商通过买贱鬻贵和在官府庇护下的专卖形式，赚取的巨额利润，既没有多少向产业资本转化，又缺乏更广泛的活动舞台，即缺乏更多的供其贩卖的商品与更大的市场，因而当商业资本超过其经营商业所需要的数量之后，超过部分便或则如前所述被封建王朝在捐输、报效的名目下囊括而去，从而加强了封建国家的财政经济，或则耗费在"无妄费"上，或则用之于"肥家润身"，尽情享乐。徽商利润的各种用途在利润总额中的比例，因资料缺乏，已不可能作出确切的计算。近来发现的宋应星佚著四种之一《野议》中的《盐政议》一则资料，可帮助我们窥见其大略情形。宋应星在《盐政议》中写道：

---

① 谢肇淛：《五杂俎》卷14《事部二》。
② 许承尧：《歙事闲谭》卷11《北京歙县义庄》。
③ 华东军政委员会土地改革委员会编：《安徽省农村调查》。
④ 马克思：《资本论》第3卷，第371页。

商之有本者，大抵属秦、晋与徽郡三方之人。万历盛时，资本在广陵者不啻三千万两，每年子息可生九百万两。只以百万输帑，而以三百万充无妄费，公私俱足，波及僧、道、丐、佣、桥梁、楼宇。尚有余五百万，各商肥家润身，使之不尽，而用之不竭。至今可想见其盛也。

盐商资本3000万两，每年获利900万两。这些利润都用在加强封建政府财政经济和非生产性的消费上。现列表如下：

输帑（纳国家税银）	100万两	占利润总额11.1%
无妄费（包括僧、道、丐、桥梁、楼宇等）	300万两	占利润总额33.3%
各商肥家润身	500万两	占利润总额55.6%
共　　计	900万两	占利润总额100%

宋应星这里所说的是明代万历年间事，说的也仅仅是一个大略的概貌。并入商业资本的那部分利润，显然是被忽略了。另外，作为商业利润的一条出路，转为高利贷资本，宋应星也未曾提及。徽商不仅在徽州境内，如岩镇等地市镇大开典铺，还在外地利用高利贷盘剥农民和市民。万历年间，徽商在河南一地便有汪克等213家当铺。① 崇祯末年，徽商汪箕在北京有"典铺数十处"。② 在清代，"新安大贾"在浙江嘉兴县，每以质库居积自润。③ 在平湖县城，"新安富人夹资权子母，盘据其中，至数十家，世家巨室半为所占"。④ 歙县唐模巨贾许某"启质物之肆四十余，江浙间多有之"，伙计、掌计等经理人员"几及二千"，资金达"数百万"。⑤ 这些高利贷资本不仅对生产的发展毫无帮助，反而使之萎缩。

更值得注意的是徽商将巨量的利润和高利贷利息，投入捐纳、捐输、建祠堂、修坟茔、建会馆、义庄，置祠产、族田，叙族谱、订家法宗规，开办学堂、书院、义学、试馆，等等。一方面，他们力求向封建官僚转化，跻身结绅的行列；另一方面力倡程朱理学，强固封建宗法制，培养封建人才，扩大其封建政治势力。徽商投入这方面的资金愈多，封建理学对人们思想的禁锢，祠堂族长的淫威，就越发加甚，封建宗法制的经济基础祠产族田等，就

---

① 《明神宗实录》卷434，万历三十五年六月丁酉条。
② 计六奇：《明季北略》卷23《富户汪箕》。
③ 康熙《嘉兴县志》卷9《事文中》。
④ 康熙《平湖县志》卷4《风俗》。
⑤ 俞樾：《右台仙馆笔记》"许翁散财"条，转引自许承尧《歙事闲谭》卷17《唐模许翁》。

更为膨胀，商人与官僚、地主结成三位一体也就更为牢固，他们在地方和中央的政治势力就越发显赫。一言以蔽之，封建主义的政治、经济和文化方面的势力就愈加雄厚。而这些正是横加在佃仆和广大劳动人民脖子上的粗大绳索，对坚持落后的生产关系起了恶劣的作用。因此，徽商在历史上虽起了一定的积极作用，但基本上是扮演了一个保守的角色。

（原刊于《江淮论坛》1982年第3期）

试论徽州商人资本的形成与发展

明代中期,随着社会生产力的发展,社会分工不断扩大,某些地区的手工业部门逐渐脱离农业走上独立发展的道路,原来一些手工业生产过程中的某些程序,也变成独立的专门的行业。这种情况在江南地区尤为明显。手工业部门的不断增多,导致了地域分工的扩大和农产品部分商品化的发展趋势。由于商品流通的日益广阔,商人资本空前活跃起来,出现了徽商、山西商、陕西商、江右商、闽商、粤商、吴越商等商人集团,尤以徽商和山西商人的势力最为雄厚。"富室之称雄者,江南则推新安,江北则推山右"①,徽商在中国商业史上占有极其重要的历史地位。

徽州是一个极力倡导封建理学,以古老的宗法制与封建理学相结合,形成强固的封建宗法制度的地方;又是盛行佃仆制,阶级压迫、剥削特别残酷的地方。宋代以后特别是明清时期,达官显贵、名贤硕儒,迭相出现,被誉为"东南邹鲁"②。这个佃仆制盛行,"名臣辈出"③ 的程朱理学的故乡,④ 为商人资本的形成于发展提供了独特的历史条件。关于徽州商人的研究,傅衣凌教授和日人藤井宏博士等已作出了可贵的贡献。本文仅就徽商的起源,徽商的形成和发展过程中同佃仆制、同封建官僚的关系等问题,浅谈一些看法。如有不当,请史学界的同志们指正。

一

徽州商人资源源远流长。它的起源可追溯到东晋年间,到了宋代,日渐发展起来。

秦汉时期,东越人已在徽州栖息繁殖。三国时,称徽属之民为"山越"。所谓"山越",实际上包括东越人的后裔及移居于此的汉人。当地豪

---

① 谢肇淛:《五杂俎》卷4。
② 康熙《休宁县志·风俗》转引赵汸《商山书院学田记》。
③ 罗愿:《新安志·风俗》。
④ 据《祁门善和程氏谱》载:程颐、程颢"胄出中山,中山胄出自新安之黄墩,实忠壮公(即程灵洗)之裔。"程颐、程颢被视为歙县黄墩人;朱熹,婺源人,皆属徽州。

强多以宗部的形式控制山民，据险割据称雄，不纳王租。商品交换是不发达的。魏晋南北朝时期，为了逃避战乱和种族压迫，北方士族纷纷渡江南徙，地势险阻的徽州成为他们的避难所，隋、唐，尤其唐末，北方士族为逃避农民起义的打击，依然源源不断地南徙入徽。① 这些具有营商传统的世家大族迁到徽州之后，因当地山多田少，不可能兼并大量的土地，所以仍然兼营商业。《晋书·五行中》载：

> 海西公时，庚晞（按司马晞）四五年中，……宴会辄令娼妓作新安（按徽州的前称）人歌舞离别之辞，其声悲切。

这里说的司马晞未败之前，每逢宴会便令娼妓扮作新安人，边舞边唱离别之辞。唐人白居易有诗句云："商人重利轻别离"，饱尝离别之情的新安人显然是商人。他们出外经商的离情别意被编入歌辞供娼妓演唱，说明新安商人的经商活动已为时人所知。许承尧在《知新录记徽俗二则》一文中说：

> 《知新录》云：徽俗好离家，动经数十年不归。读司马晞传有云，晞未败时，宴会，使娼妓作新安人歌舞离别之辞，其声甚悲。后晞果徙新安。则知此风自昔已然。盖新安居万山之中，土少人稠，非经营四方，绝无治生之策。

可见《知新录》作者及许承尧也认为徽商的兴起早在东晋时期。

迁徙入徽的名宗大族有的携带宗族、部曲同来，因而带来了中原地区先进的农业山产技术。有的地方豪强如程灵洗等还对农业进行了一些改良，多少促进了农业生产的发展，火耕水耨逐渐为深耕细作所代替，一些大小不等的山间盆地和山场也逐步得到开发。农业生产力的提高为商品交换提供了更多的可能。到了宋代，随着社会上商品经济的繁荣，尤其徽州境内作为商品的土特产和手工业产品的增多，徽州商人资本进而活跃起来。

宋代徽州生产的纸，已很负盛名。歙、绩交界地龙须产有"麦光、白

---

① 据明程尚宽撰的《新安名族志》统计，晋代和南朝迁入徽州的名族有十姓，唐代迁入的有31姓，其中唐末占18姓。这显然未包括当时迁入徽州的全部名族，只说明元明时期，这些宗族仍在名族之列，他们逐步以客为主。唐末之后，山越之称未见了，说明汉、越已经融合。

滑、冰翼、凝霜"① 等名目的佳纸。黟、歙间所产的"凝霜、澄心"② 等良纸，一副长达五十尺，"自首至尾，匀薄如一"③。徽纸质"轻细"，于南宋初年曾运往四川，为蜀人所贵，夺去了本地有名的蜀笺市场。④ 唐末迁入徽州的易水奚超、奚廷珪父子所制的墨，大受南唐后主李煜的赞许⑤；入宋，除此之外黄山张广厚、高景修等所制之墨，⑥ 皆驰名全国，畅销各地。歙砚由于南唐李后主的称赞，在宋代已誉满天下，出现了李少微等许多著名的砚工。砚工可因石取势，雕镂上富有艺术价值的图饰，歙砚成为时人企求的珍品。徽州人还力学近邻的宣笔，在宋代出现了歙州吕道人、黟县吕大源、新安汪伯玄等制笔名工，所制的笔为世人所重。"澄心堂纸、汪伯玄笔、李廷珪墨、旧坑石砚"，被视为新安"四宝"⑦，为时所尚。茶、漆、木材等也是重要的输出品。徽属祁门县，在唐代已是著名的产茶区。咸通三年（862年），歙州司马张途曾指出"（祁门）山且植茗，高下无遗土，千里之内，业于茶者七、八矣。由是给衣食、供赋役，悉恃此，祁之茗，色黄而香，贾客咸议，逾于诸方。每岁二、三月赍银缗缯素求市将货它郡者，摩肩接迹而至。"⑧ 宋代，制茶业又有发展，分有多种名目和等级。良木和漆，"诸邑皆有"⑨。"民物繁伙，有漆楮杉材之饶，富商巨贾多往来。"⑩ 当地还适宜蚕桑业，已出现织丝绸为业的"机户"⑪，其产品无疑是要投入市场的。水路交通的便捷又为商业的发展提供了可能。有新安江通抵杭州，茶叶、木材等土特产可顺江东下浙江各地；有"祁门水入鄱，民以茶、漆、纸、木行江西，仰其米自给。"⑫ 徽州商人资本就是在这种情况下，得到了初步的发展。

---

① 罗愿：《新安志·货贿》。
② "澄心"，即澄心堂纸。李后主曾置澄心堂以藏徽州出产的精美纸张，澄心堂纸之称源于此。
③ 苏易简：《文房四谱》卷4，见《学海类编》本。
④ 费著：《蜀笺谱》；又见《古今图书集成》"理学汇编·字学典"卷152。
⑤ 原奚姓，因精于制墨，李后主赐以国姓"李"。
⑥ 何薳：《春渚纪闻·买烟印号》。
⑦ 赵吉士：《寄园寄所寄·故老杂纪》。
⑧ 张途：《祁门县新建闾门溪记》，见《全唐文》第802卷。又白居易《琵琶行》有句云："商人重利轻别离，前月浮梁买茶去"。祁门县的西南部是在大历年间从浮梁县划出来的。
⑨ 罗愿：《新安志》卷2《木果》、《货贿》。
⑩ 《宋史》卷468《童贯传》附《方腊传》；方勺：《青溪寇轨》。
⑪ 袁甫：《蒙斋集·知徽州奏便民五事状》："臣又考究自来揽户之弊：其受于税户也，则昂其价，及贾诸机户者则损其值。"
⑫ 罗愿：《新安志·风俗》

据文献记载,宋代的商人依然保留东晋、南朝时期驱奴营商的习俗。婺源县有一方姓的盐商就带仆人到芜湖行商。① 有的商人长期在外,多年不归,例如黟县有一商人远出经商,离家竟达十年之久。② 尤其值得注意的是已经出现了拥有巨资的商人。宋初至真宗(998—1022年在位),祁门善和程津、程海兄弟"广积产业而致富","乡人号为'程十万'。每称津为'十万大公',海为'十万二公',言其家资以万计也"③。这个家族有一个叫程旻的富商从善和迁到柏溪。在高宗时,他"纳五万缗左北征饷,上以敕褒之,其略曰:旻以巨商为义民,输家佐国,……特授朝散郎"④。程旻是程津、程海的后代,程津、程海又是唐末户部尚书程仲繁之孙,中奉大夫、善和始祖程令洍的儿子。其徽州始祖则是东晋新安太守程元谭。从程氏谱系看,北宋的程津、程海及南宋巨商程旻均出身于同一世家大族,可见富商巨贾往往同世家大族合为一体。这些资本雄厚的大商人,在徽州境内发行会子,"往来兑使"⑤,既可在本地区内用以交换商品,兑换现金,相互使用,又可利用其它地方的债权,转换给请托汇款的人,商人资本已经很活跃。从上可见,明清时期享有盛名的徽商早已经历着一个兴起、逐步发展的历史过程。

二

明代嘉靖、隆庆之后,清代乾隆末年以前,徽商发展到了它的黄金时代。营业人数之多,活动范围之广,资本之雄厚,皆在当时各商人集团之前列,而与西商共执商界之牛耳。营商已作为徽州人的重要职业。据方志记载,"农十之三,贾七焉","以货殖为恒产",甚至说"田少民稠,商贾十之九"⑥。徽人汪道昆也说,"业贾者什七八"⑦。这里说的农、商比例未必完全正确,但可大略知道营商人数之多。从经营的行业看,"以盐、典、

---

① 洪迈:《夷坚志》甲志卷第四《方客遇盗》条。
② 方回:《桐江集·两请浙漕贡士舒君墓志铭》。
③ 程复:《祁门善和程氏谱·足征录·书四府君派后》。
④ 康熙《祁门县志·孝义》。
⑤ 洪适:《盘州文集·拾遗之部·户部乞免发见钱扎子》。
⑥ 道光《徽州府志·舆地志·风俗》;乾隆《歙县志·风俗》。
⑦ 汪道昆:《太函集·阜成篇》。

茶、木为最著"，① 其他的各个行业也都插足其间。有的商人，行商、坐贾、牙行兼备，一人兼营数种行业。大体来说，歙县多盐商，休宁多当业，婺源则木、茶商为多。沿江区域间有"无徽不成镇"之谚，可见长江流域是其主要活动地盘。但"吴越、楚、蜀、粤、燕、齐之郊，甚则逖而边陲，险而海岛"② 都留下了他们的踪迹。正如明人张瀚所指出的，徽商的足迹"几遍天下"③。例如，《一统路程图记》的作者黄汴本人，就是徽商。他在该书的序言中，自述从弱冠之年起，随父兄"览洞庭之胜，泛大江，溯淮扬，薄庚燕都"，"后侨居吴会，与二京十三省暨边方商贾贸易"④。从他个人的经历中，也可看到徽商活动范围之广。有的甚至营商海外，著名的海寇首领、商人汪直即一例。谢肇淛曾指出："新安大贾，鱼盐为业，藏镪有至百万者，其他二三十万则中贾耳。"⑤ 到了清代，有的盐商更是富比王侯。但是，徽州商人原始型的资本是怎样形成的呢？

如上所述，徽商是伴随北方士族的南迁而兴起并逐步发展起来的，地主和商人往往合为一体。东晋南朝，乃至宋代，徽州商人资本的来源，限于文献材料的缺乏，无法具体阐述。但从明清时期，身兼地主的徽商与山场的兴养、劳役地租的关系这个侧面，可窥见徽商资本来源的大略情况。

山场的收入在当地占有极重要的地位，"向来田少山多，居人之日用饮食取给于田者不敌取给于山"⑥。徽州所出的土特产和手工业品原料无不取自山场。例如，景德镇所需的陶土来自婺源、祁门的高粱山和开化山，歙砚的砚台取自龙尾山等地，纸笔墨的原料毛竹、松树等，以及杉木、茶叶、漆等，也无不出自于山。这些土特产及手工业产品的输出贩卖，是商人资本的一个重要来源。

利用佃仆开发，管养山场是徽州地区的一个特点。例如，砚石的开采、陶土的发掘、运输，有一部分是利用佃仆无偿的劳动来承担的。山上的茶、竹、树木，也主要由佃仆培植、管养。据徽州《江氏家规》记载：

---

① 许承尧：《歙县志·风土》。
② 康熙《休宁县志》卷1。
③ 张瀚：《松窗梦语·商贾记》。
④ 《一统路程图记》是一本记载行商程图的书。作者黄汴根据自己的亲身经历，参以前人记载，相互考订、校勘，历二十七年方告完竣，终于隆庆四年（1570）刊印行世。参看日人寺田隆信《山西商人的研究》第六章。
⑤ 谢肇淛：《五杂俎》卷4。
⑥ 祁门《环溪王履和堂养山会主簿》（嘉庆十九年本）藏安徽省图书馆。

> 里水碓新开路傍竹木，召仆安童照管长养。立有召约付伊收执。各房毋许私自砍掘竹笋，打扰长养之人，违者罚银五钱入祠堂公用，其柿栗果利三房眼同均取，毋许私盗，如违罚银一钱八分。①

类似这样召佃仆兴养竹木的事例，在徽州佃仆文约中是很多的。佃仆不仅要负责种植、管养竹木，而且地主如果自开纸厂造纸，则从竹子的砍伐到沤麻造纸的整个过程，佃仆也要付出无偿的劳动。徽州是重要的产茶地区，祁门一带尤宜茶树的种植，连边地或田界上都种上了茶秧。据明清佃仆文约记载，往往把茶叶同租鸡、柴薪等作为正租之外的附加租缴纳。佃仆兴养的毛竹、缴纳的茶租都可迳作商品输出贩卖。

尤其是木材的兴养与输出同徽州商人资本形成的关系更大，南宋范成大曾说：

> 休宁山中宜杉，土人稀作田，多以种杉为业。杉又易生之物，故取之难穷。出山时价极贱，抵郡城已抽解不资，比及严，则所征数有倍。严之官吏方曰：……吾州无利孔，微徽杉不为州矣。②

严州官吏以征收徽州的税捐为关乎全州的"利孔"，可见徽杉输出量之大。南宋偏安杭州，大建宫殿所需的木材中有的是从徽州砍伐，顺新安江东下经严州运去的。徽州的杉木尤以婺源所出的质量最佳："杉木直叶细，易长，江浙向最盛，徽州婺源者最坚，自栋梁以至器用小物，无不需之"③。根据明清小说记载，婺源生产的棺材在江南很畅销，尤其"婺源加料双靲寿板"最为名贵。④ 弥补本地粮食之不足，很大程度上要靠输出木材。婺源县就是"以其杉桐之入，易鱼稻于饶"⑤。因此，当地的地主把木材的收入列为重要的一项。汪道昆在《太函集》中谈到婺源富商余瓒的事迹时说："家故饶。

---

① 徽州《江氏家规》，北京大学图书馆善本室藏本。按：徽州佃仆的名目很多，诸如庄人、庄仆、伴当、细民、小户、低下人、火佃、地仆、郎户等，因时因地而异。有时统而称之为仆、奴、世仆。为了行文方便，各种名目统称为佃仆。请参阅拙作《明清徽州佃仆制试探》第一部分，刊于《中山大学学报》1979年第二期。

② 范成大：《骖鸾录》卷1，癸巳岁正月三日条，见《知不足斋丛书》第一八○册。

③ 《增补陶朱公致富全书》卷1，转引自傅衣凌：《明清时代徽州婺商资料类辑》，《安徽史学通讯》1958年第二期。

④ 冯梦龙：《警世通言》卷22《宋小官团圆破毡笠》。

⑤ 《婺源县志·疆域·风俗》。

至处士（即余瓒）父滋大。及处士在事，修父业而息之。田入租，山林入木者，田宅入书致（契），积著入子钱"①。这段话很值得注意：余瓒靠出租土地土地取得地租，出租山场取得木材，靠出租田宅勒迫农民立下委身为佃仆的书契，靠借贷取得利息。这里把植根于佃仆制基础上的地主兼商人的经济特点讲出来了。历史事实也是如此。靠"山林入材木"的确是地主剥削佃仆的一项重要内容。现存佃仆给地主立下的这方面的契约不少，一般都写明所租山场四至，栽种树木的品种，租额，以及作出"勤于兴养，禁盗变卖"等保证。例如，佃仆唐圣等从万历四十八年到天启二年（1620—1622）的三年间，先后给吴氏地主立下了两张契约。原文如下：

> 庄人唐圣等张春等潘兴等汤一孙等共承佃到山主吴倪名下山二号，坐落六保土名牛头坑东瓜弯枧南坑山四至自有经理可照。今承佃到前去遍山砍拨锄种栽分松杉苗木，毋许抛（荒）丈土，日后成林，倘外人盗砍，随即报主一同理治，倘野火随即救护。自定之后各宜遵守，今恐无凭，立此同合佃约存照。
>
> 再批：其山松子，山主出备，言定无力分（坌）。永寿，万历四十八年三月廿九日
>
> 　　立承约人唐圣等、唐禄等、张春等、唐兴保等、沈一孙等、唐长孙等
>
> 　　见　人　吴立政　倪思达　倪永寿

> 十六都庄人唐圣、唐禄、潘兴保等今佃到房东吴元臣名下本都六保土名桑圆坑西边山一号前去锄种扦载松杉木苗，日后成材，议定三股为悉（系息字之误），主得二股，力得一股，其力坌先尽山主，无许变卖他人，其松子尽系佃山人出备。三年遍山包青，扦杉苗系山主扦，其力坌与佃人无干。毋需抛荒丈土。日后毋许□（反悔），倘有野火，随即救护，今恐无凭，立此存照。
>
> 天启二年三月十八日

---

① 汪道昆：《太函集·明见处士慕山余季公墓志铭》。日人藤井宏博士在《新安商人的研究》一书中引用"山林入材木，田宅入书契"一句时，解释为"使家丁于山林种树而收其材木，对入质的田宅取其书契"。此说似不符合徽州的历史实际。徽俗，地主向同宗子弟出租田地，一般不提供住房，没有主仆名分。当地是聚族而居，不准他姓混杂。地主往往在坟边、田头置立庄舍，招诱外来农民立下书契租种居住。这是农民沦为佃仆的主要方式。

立承佃人唐圣　唐禄　唐住兴

中见代书　倪时中①

从这两张契约看，山场种松杉两种树。前契已说明因松树的种苗——松子是由山主出备，"言定无力坌"，杉树的力坌或许前已有定例，无须写上契约。从后契看，松树部分因松子由佃仆自备，所以成材之日给予三分之一收获量的力坌，从此推知三分之一的分成仅大体相当于"松子"的价值，等于偿还佃仆的生产成本，兴养树木实际上是无偿的劳动。有的地主干脆不定力坌，只任意给一点补偿费。例如，康熙五十二年（1713年）佃仆吴子富、谢四给李务本堂立还文约中说："凡遇出水之日，蒙主拨劳之资，历来无异"②。就是说树木砍伐之时，随意给一笔所谓"拨劳之资"，来抵偿佃仆兴养树木所付出的劳动。从"历来无异"的字句看，可见清代以前已如此。

关于力坌的处理，在契约中一般都规定："其力坌先尽山主，不许变卖他（人）"③。上引的佃仆唐圣等于万历四十八年佃中的土名"东瓜弯枧南坑"山场的力坌，就于天启二年"尽致（数）出卖与房东倪名下，面议时价纹银一两二钱正"④。出卖力坌就是将地主补偿佃仆付出劳动和生产成本的这部分树木卖出。地主通过"先尽山主"的规定，最大限度地控制着山场上的木材。地主从佃仆、贫苦农民榨取来的木材、毛竹、茶叶等，通过徽属境内新安江、丰乐水、浙溪、秀水、乳溪和徽溪等水道运送到杭州、江南各地。

在明清时期，木材的砍伐和运输，往往是利用佃仆的劳役来承担的。徽州佃仆制的一个特点是除缴纳实物租外，还要提供一定数量的劳役地租，有的干脆全部取劳役地租。据徽州《汪氏置产簿》记载：崇祯十年（1637年），汪君善将祖父及其父购置的下片屋地一业中属自己所分得的三分之一，和他父亲续置到亲伯汪鍉的分数；又将下片卢纪法火佃住基一业和屋前厕所自己所得的三分之一；又将土名塍上原卢静住基火佃屋地一业本身所分得的分数，又将土名观音塘坞等处上豆租一石零八升；又将土名藏堨头山园一业上豆租七斗，尽行凭中立契出卖与同都本图堂兄汪名下为业，"其屋

---

① 《吴氏誊契簿》藏中国社会科学院经济研究所。

② 《佃仆吴子富、谢四立还文书》编号004399，藏中国社会科学院经济研究所。

③ 《天启二年庄人徐乐徐兴给山主吴元臣立还文约》，见《吴氏誊契簿》。

④ 《唐圣等给地主吴倪立还文书》，见《吴氏誊契簿》。

地、豆租、伙佃一并听买人随即管业收租。"在这张契约中,把伙佃与屋地、豆租并列,可见伙佃(亦即佃仆)身份地位之低。买伙佃的意义,就是买主可以勒迫其为自己服役。同一本《置产簿》中,还有这样一张契约:

> 二十一都三图立卖契汪君善今因缺少使用,央中将承祖业到　字号土名西坑火佃式工住佃人徐显富,又将　字　号土名观音塘坞火佃乙工半住佃人佛伢,又将土名西山　字　号火佃乙工半住佃人叶九龙、迟久等共计工五工正。其工火佃凭中三面出卖与堂兄汪　名下为业,当日受价银　正。其工随即听买主叫工管业为定。先年并无重复交易,如有内外言说,尽是买(卖)人之当,不涉受业人之事,恐后无凭,立此卖契存炤。
>
> 　　顺治十年二月日立卖契人汪君善中
> 　　　　　见人汪受升①

从此契约看,谁享有这三号屋地及附着在此的火佃,谁就享有五个工的劳役租。② 这本《汪氏置产簿》誊录有同样的契约还有八张,均系顺治年间。契约上都说明出卖之后,伙佃工一听"买人管业"。这种火佃工,地主完全可以自由支配。有的就用在"泛排"(即放木)等商品运输上。这样,佃仆又无偿地给身兼地主的商人创造了应支付在商品运输上的资本。

从上可见,徽州商人资本形成中的一个重要因素,就是佃仆交纳的作为商品贩卖的土特产和佃仆提供的用在商品运输的劳役租③。正如斯大林所指出的:"这种原始积累型的商业资本在中国农村中是和封建主的统治,和地主的统治独特地结合着的,它从地主那里袭用了中世纪的剥削和压迫农民的方法。"④

---

① 徽州《汪氏置产簿》藏中国社会科学院历史研究所。
② 附着在这三号地的火佃并非只服役五个工,而是因主人子孙繁衍,火佃服役的主人也随之增多。主人汪君善只分得五个工而已。
③ 日人藤井宏博士在《新安商人的研究》一书中,将资本的形成归纳为:共同资本、委托资本、婚姻资本、援助资本、遗产资本、劳动资本和官僚资本等七种类型。这些固然是徽商筹备资金的形式,但作为徽州"原始积累型"的商人资本的形成,主要当从对佃仆山租、劳役租的榨取中去寻找。傅衣凌教授曾指出,徽州商业资本的发达,尤有助长奴仆制(佃仆制)盛行的倾向(见《徽州庄仆制之侧面的研究》)。依笔者之见,似反过来说更符合历史事实。
④ 《斯大林全集》第9卷,第218页。

三

徽州商人资本的发展与使用奴仆营商也是不无关系的。明清时期，随着商人资本的迅速发展，使用奴仆营商的数量更多。在明清历史文献上，这些奴仆多称之为世仆、伴当，有时也用竖子、苍头、奴、家丁等名目，这些人中有相当部分就是佃仆。佃仆与家内奴隶，法律上同归奴仆类，无论文献记载或习惯称呼，两者往往是没有区别的。文献上记载，徽商出外所带的世仆、伴当、或家丁、随行有数人、十余人、"数十人"，甚至达"百数十人"之多。很难想象这些人全属家内奴隶。例如，《详状公案》卷2，断强盗掳劫（阮大尹审）条云：

> 衢州府常山县丁文、丁武，其祖曾任守珠主事，遗下家资数万，珍珠广多。子孙亦善守善创，日多增益，且山多竹木。适有徽州府戊源县客人王恒，带家丁随行十余人往贩杉山。闻得丁宅山多，用价银一千五百两，登门实拼，凭中交银。①

婺源多木商，虽有经营皇木的大商人，但比起藏镪百万，乃至数百万的歙、休盐商来又是次一等了。常山是婺源的邻县。王恒亲带家丁随行深入山区贩木，似属中下等商人。此行事"登门实拼"。拼，即拼山，亦即砍伐。带兴养树木有经验的佃仆同往，比带供家内劳役需要的奴仆前往更有用。像王恒这样的商人也未必要豢养这么多家内奴隶。可见，王恒所带的家丁随从中，当有佃仆在内。

休宁县茗洲吴氏《葆和堂需役给工食定例》中关于佃仆参加营商活动的记载就更明确了②。茗洲位于休宁西陲，主要靠出产茶叶和营商维持生计。有一宗祠堂名曰葆和堂，其属下有五个分祠堂。总祠堂、分祠堂及吴氏地主都占有佃仆。光绪十五年（1889）三月吴葆根记录的《葆和堂需役给工食定例》就是一本佃仆服役时主家提供工食的条规，其中"搭桥撑船"一目规定：

---

① 转引自藤井宏在《新安商人的研究》第四章附注。
② 关于《葆和堂需役给工食定例》一书，见章有义《从吴葆和堂庄仆条规看清代徽州庄仆制度》"附录"，《文物》1977年第11期。

> 船桥乃一村门面,七月半搭桥,三月初一折贮用船,省得忽发洪水误事……搭桥之日,……尔等有在外生意者,各出酒资三分,庶家客苦乐均受。

就是说,佃仆凡出外经商者,要"出酒资三分"作为搭桥的代役钱。可见有的佃仆是要随同主人出外经商的。

主人特别信任的佃仆、奴仆,可离开主人直接监督,同掌计一样获得商业活动的自主权。有的因"巧于货殖",富有营商才略,而为主人赚得高额利润。原属歙县旧地后划归严州淳安县的徐氏仆阿寄义愤成家的事迹,由于明末写成小说而为众所周知。① 据《明史》中的《阿寄传》记载,徐氏仆阿寄将主母变卖首饰得来的"白金十二两"作为营商的资金,"入山贩漆,期年而三倍其息,……历二十年,积资巨万"②。这是利用奴仆经商致富的例子。我认为阿寄就是徐氏的佃仆。徐氏昆弟析产分居时,老大得一马,老二得一牛,老三早逝,遗下寡妇仅分得仆人阿寄。家产如此,是一破落户无疑。阿寄是有妻儿的,像徐氏这样的家境一般是不会把阿寄一家当家内奴隶来豢养的。更大的可能是阿寄是徐氏祖传的佃仆,分家时,佃仆照例是要同家产一起分配的。再是阿寄死时,"其妻儿仅敝缊掩体",如此寒酸相,显然不似积资巨万的富商家内奴婢的穿着,恰恰说明他是离主别居,有独立的家庭经济的佃仆。

有个别的佃仆或奴仆在参与营商活动中,趁机蓄积私财而私设店肆。徐珂《清稗类钞》中有载:

> 徽州有小姓。小姓者别于大姓之称。大姓为齐民,小姓为世族所蓄家僮之裔,已脱奴籍而自立门户者也(按:家僮离主家自立门户,的确是佃仆的一个来源。但没有特殊的原因,是不能改变主仆名分的)。间或出外为贾,若与大姓同肆,亦平等视之,及回乡,则不与抗行矣。③

---

① 冯梦龙:《醒世恒言·徐老仆义愤成家》,淳安县即原新安郡属下的始新县。始新县是从歙县划分出来的。
② 《明史·阿寄传》。
③ 徐珂:《清稗类钞·种族类》。

又如《儒林外史》卷23《发阴私诗人被打，叹老景寡妇寻夫》中，描写扬州富商万雪斋原是徽州万有旗盐商程明卿的奴仆，由于充当主人的小司客，不断积累私财，没多少年工夫便发了大财。虽是文艺作品的描写，但应是现实生活的反映。可见，有个别的家内奴隶或佃仆在经商中是可能积资致富的。

有的佃仆则用来充当徽商的保镖。"新安古昔称材武"①，自古就有尚武的传统。佃仆中有一类被称为"郎户"或"拳斗庄"的是充当家兵使用的。徽商外出时正可用拳斗庄侍卫。有的巨商甚至利用这些保镖，作威作福，作为营商的政治后盾。"拥雄资者，高轩结驷，俨然缙绅"②，《右台仙馆笔记》记载，歙县大贾许翁"家僮百数十人，马数十匹，青骊彤白，无色不具，腹鞅背鞯，亦与相称。每出则前后导从，炫耀于闾巷间"③。这个富商使用的"家僮百数十人"中，当有擅长武艺的佃仆在其中。又如休宁程廷灏之父弃儒从商，"课僮奴数十人，行贾四方，指画授意，各尽其材"④，因而大赚其钱。从"各尽其材"句，可见数十僮奴中有具有各种技艺的人。对那些有武术本领的佃仆，当然更要用其所长。

从上可见，佃仆、奴仆被用以营商，不仅对扩大徽商的资本起了作用，尤其重要的是借以扩大其政治势力，对保卫资本的安全和商业竞争都是起了作用的。

四

徽商势力迅速崛起，正是明代后期矿监税使横行之时，在"征榷之使急于星火，搜括之命，密如牛毛"⑤的情况下，徽商要得到发展，没有国家政权的庇护，没有封建特权的保障，是不可能的。徽商与封建官僚或合为一体，或互相结托，其势力渗透到地方政权，甚至伸向国家政权中枢，这是他们商业活动取得成功的根本原因。当然，徽商在与封建官僚相互勾结以牟利的同时，也有受其控制、盘剥、摧残的一面，如天启年间巨贾吴养春因家奴

---

① 顾炎武：《天下郡国利病书·江南·徽州府·义兵》。
② 乾隆《歙县志》卷1。
③ 俞樾：《右台仙馆笔记》，转引自许承尧：《歙事闲谭》卷17。
④ 缪昌期：《从野堂存稿·故光禄丞敬一程翁墓表》，见潘锡恩辑《乾坤正气集》卷316。
⑤ 顾炎武：《天下郡国利病书·江南·赋役书》。

一纸告讦，便被籍没全家，甚至连累歙县的其他商贾，即是一例①。这种情况，乾隆末年以后更为加甚。这里只着重谈徽商如何官僚化，如何培植其在封建政权中的势力，从而保证、促进其资本的发展。《歙风俗礼教考》云：

> 商居四民之末，徽俗殊不然。歙之业鹾于淮南北者，多缙绅巨族。其以急公议叙入仕者固多；而读书登第，入词垣、跻膴仕者更未易仆数。且名贤才士往往出于其间，则固商而兼士矣。②

当时盐业是受官府直接委托，并在其庇护下经营买卖的。能"业鹾于淮南北"，说明他们已与封建官僚相勾结，或本身已取得了官职。他们除以"急公议叙""捐纳"和"读书登第"作为攫取官位的途径之外，还以重资结托，求得部曹守令，乃至太监、天子的庇护。即使未取得官爵，也享有官爵的特权。

通过"急公议叙"来取得官爵的现象，早在宋代已经出现。如前述的程晏，就是一例。在明代，据吴士奇《征信录·货殖传》记载："近（按，万历年间）国有大役，宗人（按吴养春）有持三十万缗佐工者，一日而五中书之爵下"③。由此可见豪商通过捐输而得到官位之一斑。但当时捐纳得官一途尚未广开，所授官爵，多为虚职，商人也并不汲汲于求实职，他们的目的只是在取得虚职空衔之后，可以享有豁免税收特权④，以及在经营商，社会地位上，在乡里控制佃仆等方面取得大量好处。事实上捐资得官所受到的利益远超过所捐资金的若干倍。

到了清代，纳捐制盛行，商人也多图荣衔，一般不求任实职，此与一般士子捐纳后急于后补上任者不同。嘉庆《两淮盐法志》中记载从康熙至嘉庆年间捐输的代表者名单中有：陈光祖、程之韺、黄光德、程可正、程谦六、吴鼎和、黄源德、汪广达、程俭德、洪箴远、汪必相、陈恒升、黄仁德等⑤。正如日人藤井宏博士在《新安商人的研究》一书中所指出的，这些人

---

① 程演生：《天启黄山大狱记》。
② 江依濂：《橙阳散志》末卷。
③ 转引自许承尧：《歙事闲谭》卷10，许氏按语云："《歙志》作六中书，言万历间师征关酉，吴养春上疏愿输纳饷银三十万两。诏赐其家中书舍人凡六人：吴时俸、吴养京、吴养都、吴继志、吴养春、吴希元。明制中书贵于清制，有由御史翰林迁者。"
④ 参看嘉庆《两淮盐法志·杨义传》。
⑤ 嘉庆《两淮盐法志·捐输》。

的原籍虽无记载，但可以肯定是徽州人，因从明清时代的文集、笔记、小说等看，两淮商人中的陈、程、黄、吴、汪、洪诸氏，都是徽商。又如许承尧撰的《歙县志》记载：

> 两淮八总商，邑人恒占其四，各姓代兴，如江村之江，丰溪、澄塘之吴，潭渡之黄，岑山之程，稠墅、潜口之汪，傅溪之徐，郑村之郑，唐模之许，雄村之曹，上丰之宋，棠樾之鲍，蓝田之叶，皆是也。①

歙县控制两淮盐业的吴、黄、程、洪等也正是上面捐纳得官代表者的姓氏。

所谓"总商"，就是"推择淮商之干敏者，以承有司之事"，"凡盐事之消长赢缩以逮公私百役，钜细无不当问"②。他是作为与政府打交道的盐业界的代表，同时也是盐商界内部的调解人和管事人。在明代称之为盐笑祭酒、贾人祭酒、贾人正则。担任这个职务的人，由于职责的关系，有更多的机会结交王公大臣，甚至上交天子，因而也容易得到朝廷的封赏。例如，乾隆、嘉庆年间，歙县棠樾鲍志道担任两淮总商20年，任职期间，由于盐税征收和发动盐商在军需、赈济、河工等方面的捐输，为清王朝效尽了犬马之劳，大得清王朝的器重。乾隆五十五年至嘉庆六年（1790—1801），朝廷先后敕封"文林郎内阁中书""候选道""直奉大夫内阁侍读""朝议大夫刑部广东司郎中""中宪大夫刑部广东司郎中"和"朝议大夫掌山西道监察御史"等六个官衔。他曾以道衔恭祝乾隆八十寿辰而受到特恩。嘉庆六年死时，"京师缙绅先生知公者，与侍御（按指其子勋茂）游者，皆为位而哭。"嘉庆十年，下诏"准入祀乡贤祠"。朱珪为之撰写墓表，纪昀为之做传。其妻汪氏屡封恭人，其子孙也都得旌表诰授。如嘉庆二十五年，长子鲍叔芳因"乐善好施"，诰授中奉大夫议叙盐运使司；孙鲍均诰授即用员外郎；次子鲍勋茂"官屡遭覃恩"，掌山西道监察御史③。盐商鲍志道生前上交天子，死后享受哀荣，并非偶然。他本来就是官商世家，先祖鲍灿于明代官至兵部右侍郎；鲍象贤（鲍灿之孙），亦官兵部左侍郎，死后赠工部尚书；曾祖鲍士臣以"廉贾"得清王朝赠奉直大夫；祖鲍逢仁、父宜瑗均封赠朝议大夫。鲍志道就是这样的累代仕宦，素封之家。但从其曾祖父至他本人，所得的官

---

① 许承尧：《歙县志·风土》。
② 《棠樾鲍氏宣忠堂支谱·传志·中宪大夫肯园鲍公行状》。
③ 《棠樾鲍氏宣忠堂支谱·传志》。

位多系虚职。清王朝授予他郎中、御史等官，他并没有赴任，只维持其官僚地位而已。又如，歙商郑鉴元，和鲍志道同时在扬州"总司鹾事十余年，诰授通议大夫候选道。乾隆五十五年入京祝万寿，加一级，召预千叟宴，赐御制诗及粟帛，又以输军饷一万两以上，议叙加五级，覃恩诰封中宪大夫、刑部山东员外郎"①。这个盐商不仅取得了官爵，而且上交天子，得到了乾隆的隆遇。

"读书登第"，也是徽商孜孜以求的得官之途。他们"外者以学，行者以商"②，往往"商而兼士"或"士而兼商"。行商取"厚利"，读书求名高，双管齐下。《知不足斋丛书》的编刊者歙商鲍廷博（侨居杭州）即一例。鲍廷博之父鲍思诩"性嗜读书"，为了承欢于其父，廷博力购前人书，"既久而所得书益多且精，遂奕然为大藏书家。"当乾隆诏开四库馆，采访天下遗书时，鲍廷博集其家所藏六百余种进呈朝廷，因所献之书多系珍本，深得乾隆皇帝的欢心，诏还原书，且在原书题诗以赠。后又御赐图书、锻匹，褒奖弥隆。《知不足斋丛书》刊行后，嘉庆皇帝下诏旨加以旌表，特恩赏他以"举人"的学衔。他一生所谓"勤学耽吟"，以雅致自娱，晚年作夕阳诗甚工，为世所盛传；版本学的造诣，也深得当时学者所称许③。他虽未曾登仕途，但享得的特权、声望、远非一般官僚可比。

有的则"弃儒从商"，即"士而兼商"。例如，《休宁古林黄氏重修族谱》中《太学奕山汝极公行状》云：

> 公素业儒为太学生，专于肆业，典务托匪其人，恣侵渔而反毁舍，以掩其狡，万金灰烬一空，……生齿日繁，举子业缘之以废。公益折节为俭，拓陶朱之术，吸山林川泽自然之利。……数十年间业渐起。以夙志未酬，课子孙隆师友，建书舍为砥砺之地，置学田为膏火之资。④

又如歙县《溪南江氏族谱》中载：

> （江才）北游青齐梁宋间，逐十一之利，久之复还钱塘，时已挟重

---

① 阮元：《揅经室二集·诰封刑部山东司员外郎郑君墓志铭》。
② 鲍全德：《歙县紫阳书院岁供费用纪》，《棠樾鲍氏宣忠堂支谱·文翰》。
③ 阮元：《揅经室二集·知不足斋鲍君传》。
④ 黄凝道：《休宁古林黄氏重修族谱》，乾隆十八年刻本。

资为大贾,已而财益裕。时时归歙,渐治第宅田园为终老之计。……翁四十余而有四子,即收余资,令琇、珮北贾扬;而身归于歙,教瑾、珍读书学文为举子。①

结果四子江珍于嘉靖甲辰（1544）中进士,取得了官职。歙县唐模人侨居江都的大盐商许氏,也因严于督课子弟事儒,两个儿子均中进士,承家官翰林院编修,承宣授翰林院庶吉士,时称"同胞翰林"②。徽商还通过巴结官僚,打通关节,得以于明中叶后在两浙、两淮等地设立商籍。朝廷规定每年以一定的生员名额给商籍子弟,这种特权扩大了其通过科举进入官僚机构的可能性。总之,贾为厚利,儒为高名。贾和儒是相辅相成的,"夫人毕事儒不效,则弛儒而张贾;既侧身飨其利矣,及为子孙计,宁弛贾而张儒,一弛一张,迭相为用,不万钟则千驷,犹之转毂相巡"③。从宋代起,徽州俗益响文雅,"名臣辈出",尤以晚明为盛,明代以后,那些由读书登第而成为官僚者,绝大部分应是富商的子弟。

徽商即使不能跻身于官僚的行列,也可通过结交当道者,求得庇护,同样可以享有特权。据吴士奇《征信录·货殖传》载:"正德中,扬州守瑶从车驾,为侍卫所困,宗人有景芳者,出橐中千金各餍其欲,守乃得脱。言未遇时,与景芳相善"④。这是官僚和商人间相互结托之一例。徽商往往利用"同乡之谊""男女婚盟",等等,结交各级官僚。为虚张声势,有的商人向官僚士大夫索取诗文,然后编集刊行传世,借以沽名钓誉,扩大其商业影响。休宁闵川毕兰。毕蕙兄弟"肆力生财之术,家业饶裕冠一乡"。天顺至弘治年间（1457—1505）,"务商于苏、松、下邳、清源间"。当汪守贞中进士时,毕兰以"男女婚盟之好"为名,从清源不远千里前往朝贺。"至则缛仪盛礼揖宾阶而升,再拜称贺。"临别时,请士大夫题词赠诗,汇成卷,曰:《金台别意》,由翰林编修王华做序。后来又向官僚士大夫索取诗文,编为一册,题曰《江湖济利》。乃兄华蕙"甫冠"开始营商,50多岁告老还乡时,"徐朝阳数十辈具酒渚于松溪之浒",送别的人各赋诗词以赠。刑部主事云南按祭司佥事曹甯写《江湖送别序》,巡海道浙江按察使副使曹时

---

① 《溪南江氏族谱·撰述·处士终慕江翁行状》。
② 许承尧:《歙县志·文苑》。
③ 汪道昆:《太函集·海阳处士金仲翁配戴氏合葬墓志铭》。
④ 转引自许承尧:《歙事闲谭》第十卷。

中作《送毕廷美（毕蕙字）归故里序》，从此可见毕氏兄弟与官僚勾结一斑。既已广交当道者，营商活动自然化凶为吉，神通广大了。毕兰"天顺间客武林，时城河水涸，木筏不通，惟骆家河可通，而阻防。官府难之"，经他向官僚韩雍默说情，终于准木筏从骆河通行；又如"客两淮时，私鹾盛行，白昼水陆之间，猖狂无忌，而官鹾山积不发。"面对官鹾抵不过私鹾的情况，又是经他向官府控告，终于由政府面对私鹾"严加禁止"，保护了官商的利益。①

徽商甚至把触角伸到皇宫中的太监。据歙县《岩镇志草》记载：

> 方果斋先生伦，少时经商北地，收有一童，年八岁。养方六年，与盘费遣之归。其人后为火者，升至少监。世庙（即嘉靖帝）命解御香火承天，临行奏请公事回假道报恩主。因至徽州礼拜，奉以蟒袍玉带玩好，更嘱地方官用情而别。②

歙商方伦可能看此童奇货可居，有意遣之北归，授意其为"火者"③，后来果然如愿以偿，这个火者就成了他在内廷的靠山。当然，比起清代盐商结交天子来，这是小巫见大巫了。歙县江村人侨居扬州的大盐商江春便"以布衣上交天子"，乾隆六次巡江南，他为之"扫除宿戒，懋著劳绩，自锡宴加级外拜恩优渥，不可殚述"④。

为了扩大在地方和中央的政治势力，徽商还挑选那些所谓"器宇不凡"的族内子弟加以培养。"族内贫不能学者"，招入家塾"悉力扶植之"⑤。并置学田，作"膏火之费"；有的大族设义学，招收贫寒的族内子弟。歙县谭渡孝里黄氏（按盐商世家）家训写道：

> 子姓十五以上，资质颖敏，苦志读书者，众加奖劝，量佐其笔札膏火之费，另设义学以教宗党贫乏子弟。⑥

---

① 新安《毕氏族谱》卷9《仕宦志》。
② 佘华瑞：《岩镇志草》贞卷，藏安徽博物馆。
③ 《皇明诏旨》洪武五年五月条载："一福建、两广等处豪户人家，多有觅别人之子阉割驱使，名曰'火者'。"这里是指太监。
④ 许承尧：《歙县志·人物行·义行》。
⑤ 《棠樾鲍氏宣忠堂支谱·传志·鲍氏两翁传》。
⑥ 黄玄豹：《谭渡孝里黄氏族谱·家训》。

休宁《茗洲吴氏家典》也写道：

> 族内子弟有器宇不凡，资禀聪慧而无力从师者，当收而教之，或附之家塾，或助以膏火，培植得一个两个好人作将来楷模，此是族党之望，实祖宗之光，其关系匪小。①

几乎每个村寨都设有私塾、学堂，正如嘉靖《婺源县志》作者所说的"十家之村，不废诵读"②。在府、县学之外，又创办书院。徽属各县书院林立，单歙县"书院凡数十，以紫阳为大"③，其资金也是靠徽商捐献的。例如，前面提及的大盐商鲍志道就曾捐三千金修建紫阳书院，捐八千金修建山间书院④。乾隆初年担任两淮总商的徽州大盐商汪应庚，看到江甘学宫岁久倾倒，也捐五万余金亟为重建，还"以二千余金制祭祀乐器，又以一万三千金购腴田一千五百亩，悉归诸学以待岁修及助乡试资斧"⑤。徽商还捐赠义田、祠田、祭田等。棠樾盐商鲍启运便捐资购置族产一千二百余亩；其兄鲍志道德老婆也捐义田一百亩⑥。同宗新馆派鲍概、鲍乐、鲍栾、鲍橐、鲍檀、鲍烨、鲍炑等人"慨捐己资，共成巨万，建立宗祠，并输祭产"⑦。这些祠田、祭田，除祭祖宗，赈济族众外，还提取一部分租息资助族内子弟入学膏火，或作科举应试路费。《明经胡氏龙井派宗谱》的祠规中写道：

> 一振士类。凡攻举子业者，岁四仲月请齐集会馆会课，祠内支持供给赴会。无文者罚银二钱。当日不交卷者罚一钱，祠内托人批阅。其学成名立者，赏入泮贺银一两，补廪贺银一两，出贡贺银五两，登科贺银五十两，仍为建竖旌区，甲第以上加倍。至若省试盘费颇繁，贫士或艰于资斧，每当宾兴之年，各名给元银二两，仍设酌为饯行。有科举者全给，录遗者先给一半，俟入棘闱然后补足，会试者每人给盘费十两。为父兄者幸有可选子弟，毋令轻易废弃，盖四民之中士居其首，读书立身

---

① 吴翟：《茗洲吴氏家典》卷1，康熙刻本。
② 嘉靖《婺源县志·风俗》。
③ 鲍全德：《歙县资阳书院岁贡资用纪》，见《棠樾鲍氏宣忠堂支谱·文翰》。
④ 《棠樾鲍氏宣忠堂支谱·传志》。
⑤ 汪客吟：《汪氏族谱》，乾隆写本，藏歙县图书馆。
⑥ 《棠樾鲍氏宣忠堂支谱·义田》。
⑦ 《鲍氏著存堂宗祠谱》，清黑格写本，藏安徽省图书馆。

胜于他务也。①

明经胡氏龙井派，即绩溪县上庄村胡氏，这一家族也是屡世营商的。祠规提到的资助"攻举子业"的费用是从祠产中开销的。

徽商为培养他们政治上的代表是煞尽苦心的。同治年间，歙商就曾以一万二千三百余缗的巨资，在南京创建歙县试馆，作为士子乡试住宿之所。②在徽商的资助、奖励下，徽州科举及第之人甚众。据统计，明代举人298名，进士188名；清代举人698名，进士348名。③在清代犹有"连科三殿撰，十里四翰林之说。三殿撰者合歙休二县言之：乾隆三十六年辛卯状元黄轩，休宁人；乾隆三十七年壬辰状元金榜，歙县人；乾隆四十年乙未状元吴锡龄，休宁人。四翰林者，同治十年辛未梁耀枢榜洪镔，岩镇人；郑成章，郑村人；黄家惺，潭渡人；汪运轮，西溪人。皆四乡，沿丰乐溪滨，所居相距十里，以同科得庶吉士。"④真可谓是人文极盛一时。

徽州人在地方和中央机构中的势力，是与徽商势力的消长成正比的。徽商势力发展的黄金时代是明中叶至清中叶，这期间恰恰也是徽州人在朝廷内势力最显赫的时候。据明嘉靖年间创立的北京歙县会馆捐册名单和会馆观光堂提名榜上名单统计，单歙县一县在明代嘉靖以后，曾当过大学士的1人，尚书1人，侍郎9人，寺卿5人，给事中4人，检讨编修2人，巡抚5人，巡按御史6人，廉使4人，知府3人，督学1人。另外学士唐皋，都宪江东之，尚书殷正茂未曾列名，还不算在内⑤。还有"以进士官部曹及守令者约三十人尚未及录"⑥。清代，进士296人，其中状元5人，榜样2人，探花8人，传胪5人，会元3人，解元13人。曾任内阁学士15人，大学士4人，侍郎21人，尚书7人，督察员都御史7人⑦。

这样中央和地方的官僚，或为富商巨贾子弟，或为受徽商资助的族人。

---

① 《明经胡氏龙井派宗谱·祠规》。
② 《南京歙县试馆账簿》，藏歙县图书馆。
③ 据《徽州府科节录》（手抄本，藏安徽省图书馆）及府志统计。因侨居外籍人甚多，遗漏在所难免。
④ 许承尧：《歙事闲谭·科举故事》。
⑤ 《北京会馆原始》，转引自许承尧：《歙事闲谭》卷10。按官衔以生前实职为准，死后追封不算。
⑥ 许承尧：《歙事闲谭·科举故事》。
⑦ 许承尧：《歙事闲谭·清代歙县京官及科第》。

他们的乡土、宗族观念很强。"凡有关乡间桑梓者，无不图谋筹划，务获完全"①。他们在施政和建言中，极力保护商人利益，充当他们的政治代言人。例如，歙唐模盐商子弟许承宣官工科掌印给事中时，"扬州五塘关政滋弊，承宣谓此关外之关，税外之税也。慷慨力陈，一方赖之"，此外，他还"蠲逋赋，定潼关税额，核盐丁民丁之实，复驿马之旧"②。又如歙人许登瀛于乾隆年间任衡永彬桂四郡观察使时，首创捐输一万五千金，强买汉口新安会馆附近的店房，扩大会馆出入的路径，镌新安巷额，开新安码头，方便行商坐贾出入往来；并"建奎星楼一座，为汉镇巨观"。后来又"买附近会馆房屋基地，造屋数十栋，以为同乡往来居止。并设经学，延师儒以为同乡子弟旅邸肄业之所"③。在京和各地的官僚，都以所在地的会馆作为聚会的场所，共谋本乡宗党的利益。

从上可见，徽商或自身官僚化，或与封建官僚相结托，甚至结交天子，以谋求享有封建特权。并分出一部分商业利润，置祠产，开办书院、学堂，培养封建人才，不断扩大其政治势力。徽州商人资本的发展是以封建政治势力为其后盾的。

综上所述，徽商起源于东晋；宋代得到了初步的发展；明嘉、隆以后至清乾隆末年以前，发展到了全盛期。

徽商的形成和发展的原因是复杂的，其中一个重要原因是根植于佃仆制的基础之上。身兼地主的徽商将从佃仆身上榨取来的杉木、茶、漆等土特产，以及用以承担商品匀速的劳役租直接转化为原始型的商人资本，并使用佃仆营商或充当行商的保镖，这对徽商资本的形成和发展是起了重要作用的。正因为如此，徽商慷慨捐资，置祠产，建祠堂，修祖坟，叙宗谱，强固封建宗法制，通过强化封建"四权"，顽固坚持佃仆制。

以封建政治势力作后盾，是徽州商人资本得到迅速发展的根本原因。自宋以降，"名臣辈出"④和明清时期科举人才之盛，是同迁入徽州的北方士族的家学渊源，传统的政治地位有关，也同徽商分出一部分商业利润大加扶植，密切相连的。徽商或通过"读书登第"而进入封建官僚集团，或通过所谓"急公议叙""捐纳"而取得官位，从而享有营商的种种特权。明中期

---

① 《许氏阖族公撰观察遽园公事实》，见《重修古歙东门许氏宗谱》。
② 许承尧：《歙县志·人物志·宦迹》。
③ 《许氏阖族公撰观察遽园公事实》，见《重修古歙东门许氏宗谱》。
④ 罗愿：《新安志·风俗》。

至清中期，徽州人在地方和中央政权中势力的膨胀，正是这时期徽州商人资本发展的真正原因。

（原刊于《中国史研究》1980 年第 3 期）

徽商利润的封建化与资本主义萌芽

明中叶至清乾隆年间,是徽州商人的黄金时代。他们财雄势大,手眼通天,其队伍之大,活动范围之广,资本之雄厚,皆与山西商人相伯仲。徽商在流通商品、繁荣都市经济、促进社会分工的扩大等方面,均起到了积极的作用。① 他们在明清时期的商业界享有极其重要的地位。

值得注意的是徽商所聚集的巨量的货币资本,为资本主义萌芽提供了重要的历史前提,据文献记载,徽商由于巨额的利润,晚明已出现拥有百万巨资的大贾;② 清代乾隆年间甚至增殖至"以千万计"③。商业资本本身虽然不能引出资本主义的生产关系,但它一旦转为组织、支配生产,就有可能导致新的生产关系的出现。这是资本主义萌芽的一条途径。遗憾的是徽商赚得的利润很少向产业资本转化,绝大部分源源不断地转为封建性的消费。具体解剖徽商利润的流向及其原因,无疑可以帮助我们了解这一类型商人集团在资本主义萌芽的历史过程中所扮演的角色,以及资本主义萌芽时兴时灭、发展缓慢的原因,进而有助于我们从一个侧面了解中国封建社会经济发展的特点。本文旨在就这一问题作一尝试性的探讨。

一

徽州的富商大贾是与封建官僚结为一体的。他们享有种种特权,在封建政府的庇护下,或用专卖的形式,或通过长距离的贩卖,最大限度地赚取高额利润。徽商由于乡族观念浓厚,各地设有会馆,结成地域性的商帮。他们

---

① 关于徽商的历史作用,请参阅拙作《徽商的衰落及其历史作用》一文,刊于《江淮论坛》1982 年第 3 期。

② 谢肇淛在《五杂俎》中说:"富室之称雄者,江南则推新安,江北则推山右。新安大贾,鱼盐为业,藏镪有至百万者,其他二三十万,则中贾耳。"

③ 李澄《淮鹾备要》卷 7 记载:"闻父老言,数十年前淮商资本之充实者,以千万计,其次亦以数百万计。"按:这是李澄在道光二年(1822)所记述。"数十年前"即乾隆年间,正是徽州盐商势力在两淮地区极盛之时。又《清朝野史大观》卷 11《斛令解围》:"(扬州富商)富者以千万计。"

之间虽有矛盾，但对外是彼此提携、互相扶持的、加之又得到在各地担任政府要职的徽州人的支持，所以，即使资本不大的中小商人也能较顺利地从贱买贵卖中获得甚为可观的利润。明代嘉靖、万历之后，徽州出现了居民相率为商，以营商为主业，"以货殖为恒产"的局面。据文献记载，营商人数竟达居民的十分之七。乾隆《歙县志》的作者甚至说歙县"田少民稠，商贾十之九"。这里所说的农商比例未必完全符合事实，但从此可大略知道营商人数之多。

徽商商业的利润率，据宋应星对侨居扬州的盐商估计，明万历年间在百分之三十光景（详后）。但这仅是一个大略的估计。从商业资本的增殖情况看，据笔者所掌握的资料，北宋时大商人甚少，其资本最大者以十万计。[①]明中叶，商业资本迅速发展。万历年间，富商巨贾的商业资本已达以百万计。清乾隆年间竟猛增至以千万计，从万历到乾隆的200年间，商业资本的规模增殖了10倍。商业资本的增殖量仅仅是并入商业资本的部分利润，明末至清代前期，商业利润中还有一部分投入生产领域，但数量甚微。那么，其余的利润究竟是怎么处置的呢？

其一，是以课税、捐输等形式奉纳给封建王朝。富商巨贾固然可以利用特权逃避种种浮费及额外的勒索。但正课是必须缴纳的。陶澍曾指出："国初，淮纲正课原只九十余万两，加以织造铜斤等款，亦只一百八十余万两"，到乾隆年间"已及四百余万，科则数倍于原额"，100年间两淮盐课猛增了四五倍。

更巨额的利润还耗费在所谓"报效捐输"的项目上，在明代万历年间，歙商吴养春一次就为明王朝捐输三十万两。到了清代，捐输所耗费的资金，数量之大更是惊人。现根据嘉庆《两淮盐法志》记载，将"捐输"一项所缴纳的款额统计见第166－169页附表。

这些两淮盐商的原籍有的虽无明确记载，但根据各方面的史料判断，可以断定为徽州人。我们知道，在清代，一般来说，北方为西商的势力范围，南方为徽商的天下。据光绪《两淮盐法志》的记载统计，由明嘉靖到乾隆

[①] 程复《祁门善和程氏谱》《足征录》卷3《书四府君派后》记载：津、海两兄弟"广积产业而致富"，"乡人号为程十万。每称津为十万大公，海为十万二公，言其家资以十万计也。"康熙《祁门县志》卷4《孝义》记载：于南宋高宗时，同上程氏家族的后裔富商程旻，曾"纳五万缗佐北征饷，亦可见其拥有资本之雄厚。"

期间移居扬州的客籍商人共 80 名,其中徽人占 60 名,山西、陕西各占 10 名。① 徽商在两淮已经取代山西商人而处于绝对的优势。表中所列的各项捐输,由徽商出面首创是合乎情理的。从康熙十年至嘉庆九年(1671—1804年)的 100 多年间,所捐输的银 39302196 两,米 21500 石,谷 329460 石中,绝大部分无疑是由徽商承担的。

明万历末年至清代前期,两淮盐实行商人专卖制。封建政府视徽州盐商为利薮。有时允盐引"加斤捆重",故意让他们受益,但是,他们不得不将巨额的利润在捐输、急公济饷,佐修河工、城工、灾赈、报效等项下,奉纳朝廷。如不顺从盐官(盐运使)的意旨,向朝廷报效,就会受到盐官和胥吏的额外勒索,以致破产。所以,当朝廷假意拒收捐输款项时,徽商还不得不装出情恳意切,真心实意为王朝报效的模样,请求赏受。歙县巨贾江春以"百万之费,指顾立办"而得到乾隆的隆遇,但也因此陷于"家屡空"的困境,晚年不得不靠"贷帑"以资营运。② 可见所谓捐输、报效,实是不得已的贿赂。徽州盐商从人民榨取来的商业利润的相当大的部分,就这样转到朝廷的腰包去了。

其二,是"捐纳"和"捐监"的耗费。在明代,商人可以用"急公议叙"的方式得官,这与清代的捐输是一样的。"急公议叙"或"捐输",只有议叙授官的可能,并不是法定的。议叙官职之大小,固然要看捐输的款额多寡,但同时也要看皇帝的态度,没有严格的标准。在清代,实行捐纳制,官职是定价出卖的,监生也可以捐资获得。为了跻身于绅衿行列,徽商不得不付出一笔商业利润,正如一家商人所哀叹的"捐监援职,计费匪轻"③。

其三,是用在培养封建人才的投资。为了培植其政治势力,徽商是不惜财力的。他们所建的书院、试馆(在南京)和资助宗族子弟入学读书及科举费用,是需要花费一部分利润的。徽属各县每个村寨几乎都设有社学或私塾,正如嘉靖《婺源县志》作者所说的"十家之村,不废诵读"④。在府、县学之外,又创办书院,单歙县"书院凡数十"⑤。建置书院、学校的资金,

---

① 万历《扬州府志》卷 1 记载:"(淮扬)皆四方贾人。新安贾最盛,关陕、山西、江右次之"。可见至少从万历年间起,扬州各商人集团中,徽商已居首位。扬州客籍商人的统计数字引自薛宗正《明代盐商的历史演变》一文,刊于《中国史研究》1980 年第 2 期。
② 嘉庆《两淮盐法志》卷 44《人物·才略》。按:贷帑实是向朝廷借高利贷。
③ 徽州《阄书契底》,藏中国社会科学院历史研究所,编号 1000461。
④ 嘉靖《婺源县志》卷 4《风俗》。
⑤ 鲍全德:《歙县紫阳书院岁供资用纪》,见鲍琮《棠樾鲍氏宣忠堂支谱》卷 2《文翰》。

多半靠徽商捐献。例如，歙人大盐商鲍志道就曾捐三千金修建紫阳书院，捐八千金修建山间书院。① 乾隆初年担任两淮总商的徽州大盐商汪应庚，看到江甘学宫②岁久倾倒，捐五万余金亟为重建，"以二千余金制祭祀乐器，又以一万三千金购腴田一千五百亩，悉归诸学以待岁修及助乡试资斧。"③ 徽商对"族内贫不能学者"，往往招入家塾"悉力扶植之"。④ 有的还设义学，招收贫寒的族内子弟。尤其注重挑选那些所谓"器宇不凡"的族内子弟加以培养。歙县谭渡孝里黄氏（盐商世家）家训写道："子姓十五以上，资质颖敏，苦志读书者，众加奖劝，量佐其笔札膏火之费。另设义学，以教宗党贫乏子弟。"⑤ 休宁《茗洲吴氏家典》也记载："族内子弟有器宇不凡，资禀聪慧而无力从师者，当收而教之，或附之家塾，或助以膏火，培植得一个两个好人作将来楷模，此是族党之望，实祖宗之光，其关系匪小。"⑥ 茗洲吴氏也是一个以"商贾为第一等生业"的宗族。同治年间，歙商曾以一万二千三百余缗的巨资在南京创建南京试馆，作为士子乡试住宿之所。⑦ 可见徽商培养其政治代表之苦心。明中叶至清前期，徽州各方面的人才辈出，科举登第者日多。⑧ 他们或"以才入仕"，或"以文垂世"，享有"东南邹鲁"之誉，显然与徽商的资助分不开。

康熙至嘉庆年间捐输款额统计表一（军需）

年　代	捐　输　者	捐　输　原　因	款额（万两）
康熙十七年	陈光祖、程之韺等	急公济饷	13.5
康熙十一年	黄光德	佐边饷	10
乾隆十三年	程可正、程谦六等	佐征讨大金川军粮	80
乾隆二十年	程可正等	佐荡平伊犁军饷	100

---

① 鲍琮：《棠越鲍氏宣忠堂支谱》卷2《传志》。
② 按：江甘系江都、甘泉县的合称。江甘学宫虽不在徽州本土，但侨居淮扬地区的商人子弟同样可以受惠。
③ 江客吟：《江氏谱乘》乾隆写本，藏歙县图书馆。
④ 鲍琮：《棠越鲍氏宣忠堂支谱》卷2《传志》。
⑤ 黄玄豹：《谭渡孝里黄氏族谱》卷4《家训》。
⑥ 吴翟：《茗洲吴氏家典》卷1，康熙刻本。
⑦ 《南京歙县试馆账簿》。
⑧ 据朱保炯、许沛霖《明清进士提名碑索引》和《徽州府科第录》（手抄本）统计，明代举人298名，进士392名，清代举人698名，进士226名。因侨居外籍人甚多，遗漏在所难免。

续上表

年　　代	捐　输　者	捐　输　原　因	款额（万两）
乾隆二十三年	黄源德等	佐荡平西北军粮	100
乾隆三十八年	江广达等	佐平金川军需	400
乾隆五十三年	江广达、程俭德等	佐镇压台湾林爽文起义军需	200
乾隆五十七年	洪箴远、程俭德等	佐进军后藏军需	400
乾隆六十年	洪箴远等	平苗族石三保起义军需	200
嘉庆元年	汪必相等	济兵食防汉口	米 2.15 万石
嘉庆四年	洪箴远、程俭德等	佐平川陕楚起义军需	200
嘉庆五年	同上	佐平川陕楚起义军需	150
嘉庆五年	洪箴远等	佐平川陕楚起义军需	50
嘉庆六年	洪箴远、程俭德等	佐平川陕楚起义军需	200
嘉庆八年	洪箴远等	佐平川陕楚起义军需	100
小　　计			2203.5 米 2.15 万石

康熙至嘉庆年间捐输款额统计表二（河工）

年　　代	捐　输　者	捐　输　原　因	款额（万两）
乾隆二十四年	两淮众商	？	1.76
乾隆四十七年	江广达等	佐修黄河经费	200
嘉庆五年	洪箴远等	济域工之用	50
嘉庆八年	洪箴远等	佐修河工	10
嘉庆八年	洪箴远等	佐修河工	110
嘉庆九年	洪箴远等	佐修河工	谷 10 万石
嘉庆九年	洪箴远等	佐修河工	100
嘉庆九年	黄漈太、程俭德等	佐修堤工	40
小　　计		佐修河工之用	511.76 谷 10 万石

康熙至嘉庆年间捐输款额统计表三（灾济）

年　代	捐　输　者	捐　输　原　因	款额（万两）
康熙十年	陈恒升等	济淮扬灾	2.267
康熙十八年	两淮众商	济扬州灾	3.3
康熙三十、四十九年	两淮众商	济水灾	0.1812
乾隆三年	两淮众商	济扬州旱灾	12.7166
乾隆三年	汪应庚	济扬州旱灾	4.731
乾隆六年	黄仁德等	济淮扬旱灾	7.1049
乾隆七年	汪应庚	济淮扬旱灾	6
乾隆七年	黄仁德	济淮扬旱灾	24
乾隆十一年	程可正等	济淮扬旱灾	20
乾隆十八年	两淮众商	济通泰淮水灾	30
乾隆二十年	程可正等	济两淮灾	30
乾隆二十四年	两淮众商	济通泰淮水灾	2.1826
乾隆三十六年	两淮众商	济灾	谷1.696万石
乾隆三十六年	两淮众商	济灾	1.038
乾隆四十六年	两淮众商	济灾	谷1.25万石
乾隆四十六年	两淮众商	济灾	0.262
乾隆五十一年	两淮众商	济灾	0.392
乾隆五十三年	江广达等	济水灾	100
乾隆五十六年	洪箴远、程俭德等	代灶丁纳历年积欠	3.3843
嘉庆六年	洪箴远等	济汉阳灾	谷10万石
嘉庆七年	洪箴远等	济江西灾	谷10万石
嘉庆七年	洪箴远等	济湖北灾	10
嘉庆九年	洪箴远等	济江苏、安徽灾	20
小　　计		佐修河工之用	277.9596 谷22.946万石

168

康熙至嘉庆年间捐输款额统计表四（备公）

年　　代	捐　输　者	捐　输　原　因	款额（万两）
康熙九年	程可正等	备内府公事之用	31
康熙十二年	程可正等	备内府公事之用	16
康熙十三年	程可正等	备内府公事之用	20
康熙十四年	程可正等	备公用	100
康熙十一年	程可正等	因南巡蒙"加斤捆重"而捐充内府公用	30
康熙二十二年	黄源德等	供南巡赏赉之需	100
康熙二十五年	黄源德等	贺皇太后七旬寿诞	10
康熙二十六年	黄源德等	供皇太后巡江浙赏赉之需	100
康熙三十二年	黄源德等	备赏用	100
康熙三十六年	江广达等	贺皇太后八旬寿诞	20
康熙四十五年	江广达等	备赏赉之用	100
康熙四十九年	江广达等	供南巡赏赉之用	100
康熙五十五年	洪箴远、程俭德等	贺乾隆八旬寿诞	200
小　　计			927

其四，是作为宗族活动和封建慈善事业的费用。当地重祠茔，"平时构争结讼，强半为此"①。徽商为建祠堂，修坟墓，历来是慷慨解囊，不惜工本的。他们还购置祠田、祭田、族田、义田，修族谱，大搞尊祖、敬宗、睦族和其他封建慈善活动，以及修建奖励贞节的牌坊等提倡封建礼教之举。明嘉靖年间，徽商金德清"往东粤"及"京师各省"营商"十余年遂积万金"，一回家便捐金六百两建宗祠，捐三百两请"无际大师作会斋僧"②。以"富而好礼，笃于宗亲"闻名的汪应庚，除前述的捐资修建学宫等外，还在扬州"兴复平山堂、栖灵寺，建五烈词"，增修歙城的贞节祠。③ 歙县棠樾盐商鲍启运捐资购置族产一千二百余亩，其兄鲍志道的妻子将自己的体己钱

---

① 赵吉士：《寄园寄所寄》卷11《故老杂纪》稗史条。
② 金焕荣：《（祁门）京兆金氏宗谱》卷2《先祖静斋公传略》。
③ 许承尧：《歙事闲谭》卷13《汪上章事略》。

捐赠义田一百亩。① 侨居杭州的歙县新馆鲍概等八名商人"慨捐已资,共成巨万,建立宗祠,并输祭产"②。同族商人鲍鸣岐捐赠祭田八十五亩,捐义塚地九亩多,与宗亲"合捐上祀户田十七亩有奇","清节户田二十亩"。还在新馆"自置住居一所,为他日守墓计"③。

歙人黄正铭辑的《美萃流芳》一书,提供了徽商在歙西北乡堨田镇捐资兴建寺庙堂殿和修桥补路的情况的实例。现据该书的记载统计如下:

1779—1789 年徽商在堨田镇为修建寺庙堂殿桥梁等而捐资的数额及所置办田产统计

年　代	工　程　名　称	数　额
乾隆四十四年（1779 年）	普济桥	9077 两
乾隆四十四年（1779 年）	河堤水射	600 两
乾隆四十四年（1779 年）	购置水口桥会田	9.7 亩
乾隆四十四年（1779 年）	建文武庙	524.37 两
乾隆四十四年（1779 年）	茶亭	113 两
乾隆五十二年（1787 年）	重修堨田街道	650 两
乾隆五十二年（1787 年）	重修观音堂	1679 两
乾隆五十三年（1788 年）	重修禹王台	630 两
乾隆五十三年（1788 年）	重修堨田西南两大路	数百两
乾隆五十三年（1788 年）	修上园桥渡	298.5 两
乾隆五十三年（1788 年）	重修忠烈庙	619.5 两
乾隆五十三年（1788 年）	重修玉皇殿	不详
乾隆五十四年（1789 年）	修玄武庙	494.65 两
共　　计	13 起	14686.02 两　亩 9.7 亩

从上表看,这些工程除寺庙堂殿外,虽然还有带生产性的修桥补路工程,但修建者仍是从"积善种德"着眼的。从乾隆四十四年至五十四年的

① 鲍琮:《棠樾鲍氏宣忠堂支谱》卷 19《义田》。
② 《歙县新馆鲍氏著存堂宗祠谱》。
③ 鲍诚猷:《歙县新馆鲍氏著存堂宗谱》卷 2《家传》,《例授奉直大夫州同衔加二级鸣岐再从叔行状》。

十一年间，徽商为弹丸之地的揭田镇共捐资14686.02两，捐置会田九亩七分，还有两项工程所花的款额未计在内。

徽商不仅在原籍慷慨解囊，就是在徽人侨居较集中的地方也乐于为封建的慈善事业捐资。大凡徽商"足迹所至，会馆、义庄遍及各行省"。如明代晚期在北京建置北京会馆的同时，又在永定门外五里许石榴庄（旧名下马庄）建有北京歙县义庄一座。该义庄"规制甚宏，厅事高敞，周垣缭之，丛塚殆六七千，累累相次"。它是经过五拓其地，逐步扩建而成的。兴建与扩建中曾得到明代大学士许国，清代大学士曹振庸、潘世恩的赞助，但捐资则"取于茶商为多"①。

其五，是购置田产。徽州地区山多田少，且土地贫瘠，没有很多土地足以诱使徽商投入积累起来的商业资本，加以万历初年，张居正推行一条鞭法后的一段时间内，土地负担比以前加重，因而使一些商人对购买土地有点裹足不前。据此，人们往往把脱离土地的倾向作为徽州商业资本的一个特征。② 其实，一条鞭法推行没多久便名存实亡。社会上的土地兼并反而愈演愈烈。徽商不管在本籍还是在外地，都在伸展其兼并土地的触角。成化年间，休宁山斗俞冕"商游湖广，历数岁计其囊仅足自老，乃幡然归，买田数亩为耕读计。"③ 徽州藤溪《王姓阄书》记载：商人王礼元自述云，"思余一生，辛苦江湖，创有宜兴福德桥一店，小东门一店，武进洛阳桥一店，虞桥一店，镇江紫院一店五处，营运资本。"后来于崇祯元年（1628）尽行变卖，转于田产。④ 像王礼元这种弃商置田当地主，坐食地租的情况是不多的。一般是将部分商业利润投入土地。例如，清代雍正年间，休宁巴尔常兄弟四人，析产时巴尔常分得土地二十七亩。分家以后，他在外开质押店，从事典当活动。从乾隆十四年（1749）始，把商业赢利不断投入土地。到乾隆四十六年，前后共买土地一百七十一亩，巴尔常其他三兄弟中两户变卖土地，购买者就是巴尔常自己。⑤ 在外地亦然。康熙《清河县志》记载：流寓

---

① 许承尧：《歙事闲谭》第十一卷《北京歙县义庄》。
② 古人也有徽商"脱离土地倾向"说，嘉靖《徽州府志》作者认为"商贾虽有余资，多不置田业。"（卷2《风俗》）谢肇淛说："江南大贾，强半无田，盖利息薄而赋税重也。"（《五杂俎》卷4）吕坤说："条鞭法行，富商大贾不置土田。"（《实政录》卷4"编审均徭"条）
③ 《休宁山斗俞氏宗谱》卷5《事略》，万历刻本。
④ 藏中国社会科学院经济研究所。
⑤ 《休宁巴氏置产薄》，藏中国社会科学院经济研究所，转引自李文治《论清代前期的土地占有关系》，《历史研究》1963年第5期。

江北清河县的苏、徽商人"始贩鱼盐,获利甚厚,多置田宅,以长子孙"①。可见徽商虽然投入土地的这部分商业利润数量不大,但没有违背封建社会"治生当以末起家,以本守之"的信条。②

其六,是转向高利贷资本。③徽商不仅在徽州境内,如岩镇等地大开典铺,还在外地利用高利贷盘剥农民和市民。万历年间,"徽商开当,遍于江北",在河南一地便有汪克等二百一十三家当铺。④崇祯末年,徽商汪箕在北京有"典铺数十处"。⑤在清代,"新安大贾",在浙江嘉兴县"每以质库居积自润"。⑥在平湖县城,"新安富人夹资权子母,盘据其中,至数十家,世家巨室半为所占。"⑦歙县唐模巨贾许某"启质铺之肆四十余,江浙间多有之",伙计、掌计等经理人员"几及二千",资金达"数百万"。⑧典当业是徽商经营的一项重要行业,尤以休宁商为多。从上可见转向高利贷资本是徽商利润的一条出路。但是,必须指出,高利贷资本对寒门贫户敲骨吸髓得来的利息,除增殖其本身外,有的也流向商业资本,商业资本和高利贷资本往往互相转化,结为一体。

其七,以货币的形态窖藏起来,也是徽商处置其利润之一途。徽商积累起来的金属货币,有的当财富埋入地下,退出流通领域。直至曾国藩镇压太平天国革命时,在徽州纵兵大掠"窖藏"才为之"一空"。⑨货币窖藏一方面反映了徽商对货币的崇拜,另一方面也反映了徽商资本的出路之狭窄。

除上述以外,耗费于穷奢极欲的生活,是徽商利润的一项重要开销。富商巨贾在本籍"以豪侈自喜,浆酒藿肉,奉养逾王侯"。歙县唐模富商许某家中子弟纵情于犬马游乐,每每"各具舟车,出游江浙间",⑩所费不赀。每当迎春台戏或汪越国公(即汪华)神会时,徽商更是巧立机关,争妍斗艳。据《休宁碎事》记载:

---

① 康熙《清河县志》卷1。
② 焦竑:《淡园续集》卷14《怀泉许隐君墓志铭》。
③ 关于高利贷资本的问题,韦庆远教授的《康雍乾时期高利贷的恶性发展》一文所论甚为详备,可资参考。
④ 《明神宗实录》卷434,万历三十五年六月丁酉条。
⑤ 计六奇:《明季北略》卷23《富户汪箕》。
⑥ 康熙《嘉兴县志》卷9《事文》中。
⑦ 康熙《平湖县志》卷4《风俗》。
⑧ 俞樾:《右台仙馆笔记》"许翁散财"条,转引自许承尧《歙事闲谭》卷17《唐模许翁》。
⑨ 陈去病:《五石脂》,连载于《国粹丛书》。
⑩ 俞樾:《右台仙馆笔记》"许翁散财"条,转引自许承尧《歙事闲谭》卷17《唐模许翁》。

> 万历二十七年，休宁迎春共台戏一百零九座。台戏用童子扮故事，饰以金珠缯绯，竞斗靡丽美观也。近来此风渐减，然游灯犹有。台戏以绸纱糊人马，皆能舞斗，较为夺目。邑东隆阜戴姓更甚，戏场奇巧壮丽，人马斗舞亦然。每年聚工制造自正月迄十月方成。①

他们争阔斗富，竟至乃尔。侨居两淮、两浙的盐商更是挥霍无度。他们"第宅宏敞"，"有园林池榭之胜"。② 生活上的豪侈，无所不用其极。据《扬州画舫录》记载：

> 扬州盐务竞奢丽，一昏嫁丧葬，堂室饮食，衣服舆马，动辄费数十万。有某姓者，每食庖人备席数十类。临食时夫妇并坐堂上，侍者抬席置于前。自荼面荤素等色，凡不食者摇其颐，侍者审色则更易其他类。或好马，蓄马数百，每马日费数十金。朝自内出城，暮自城外入，五花灿著，观者目炫。或好兰，自门以至于内室置兰殆遍。或以木作裸体妇人，动以机关，置诸斋阁，往往座客为之惊避。其先，以安绿村为最盛，其后起之家更有足异者。有欲以万金一时费去者，门下客以金尽买金箔，载至金山塔上向风飏之，顷刻而散，沿沿草树之间，不可收复。又有以三千金尽买苏州不倒翁，流于水中，波为之塞。有喜美者，自司阍以至灶婢，皆选十数龄清秀之辈，或反之而极尽用奇丑者，自镜之以为不称，毁其面以酱敷之，暴于日中。有好大者，以铜为溺器，高五六尺，夜欲溺，起就之。一时争奇斗异，不可胜纪。③

可见，这种奢侈是何等地触目惊心。这里虽未说出何方人氏，但在清代扬州控制两淮盐务的商人中，能如此挥金如土的，毫无疑问应是财力、人数处于绝对优势的徽州盐商。又如乾隆南巡时，两淮八大总商之一歙人江春，为了献媚邀宠，曾在扬州大虹园，仿照北京北海白塔的样式，在一夜之间也建成了一座白塔，以供其观赏。④ 江春为之所耗费资金之巨当可想见。徽商这种穷奢极欲、纵情声色犬马的荒淫无耻的生活，正如马克思所指出的："投机

---

① 徐卓：《休宁碎事》卷7"赵氏日记"条。按"赵氏日记"，即赵吉士的先祖日记。又见赵吉士：《寄园寄所寄》卷11《故老杂纪》。
② 许承尧：《歙事闲谭》卷15《江兰家异事》。
③ 李斗：《扬州画舫录》卷6。
④ 徐珂：《清稗类钞》第二册《大虹园之塔》。

得来的财富,自然是要在这种形式中去寻求开心的用场,于是享乐变成淫荡,金钱、污秽和鲜血就同归一流。"①

徽商利润的各项用途在利润总额中的比例,因资料缺乏,已不可能作出确切的计算。近年来发现的宋应星佚著四种之一《野议》中的《盐政议》一则资料,可帮助我们窥见其大略情形。宋应星在《盐政议》中写道:

> 商之有本者,大抵属秦、晋与徽郡三方之人。万历盛时,资本在广陵者不啻三千万两,每年子息可生九百万两,只以百万输帑,而以三百万充无妄费,公私俱足,波及僧、道、丐、佣、桥梁、楼宇。当余五百万,各商肥家润身,使之不尽,而用之不竭。至今可想见其盛也。

盐商资本3000万两,每年获利900万两。这些利润都用在非生产性的消费,如下表:

输帑(纳国家税银)100万两	占利润总额11.1%
无妄费(包括僧、道、丐、佣、桥梁、楼宇等)300万两	占利润总额33.3%
各商肥家润身500万两	占利润总额55.6%
总　计　900万两	占利润总额100%

宋应星这里所说的是指明代万历年间的事。这是一个大略的估计。

综上所述,徽商的利润,除用来肥家润身外,就是耗费在输帑,即以课税、捐输等形式奉纳给封建国家;捐纳、兴办封建教育,以培植、扩大其封建政治势力;置族田、建祠堂、修坟墓、撰宗谱,以强固封建宗法制。总而言之,就是用在加强封建势力的各项事业中。

二

明中叶至乾隆末年,是徽州商业资本发展的鼎盛期。而这一时期也正是中国资本主义萌芽发生和发展的历史时期。当时社会生产力水平已发展到前所未有的高度。社会分工日渐扩大,某些手工业部门逐渐脱离农业走向独立

---

① 《马克思恩格斯全集》第7卷,人民出版社1975年版,第15页。

发展的道路，手工业部门的增多导致了地域分工的扩大和产品部分商品化的发展趋势。在江南地区和东南沿海出现了一些带有专业性的市镇。封建土地所有制内部矛盾激化所造成的土地所有权和耕作权分离的扩大，地租形态的演进，使地主对佃农的人身奴役逐步放松，佃农和雇工身份地位有所提高。在江南与东南沿海已出现靠出卖劳力为生的，身份自由的雇佣劳动队伍；在某些市镇出现所谓"企市"等出卖劳动力的市场。这些都说明当时的封建社会内部确已具备了资本主义萌芽的历史前提。在这一历史条件下，商业资本一旦通过各种形式渗入生产领域，商人"直接支配生产"，变成"产业家"，商业资本也相应转为产业资本。这是马克思主义经典作家所指出的由封建生产方式向资本主义生产方式过渡的第二条道路。

徽商资本已出现从流通领域转入生产领域的情况。据方志记载，杭州唐栖镇"徽杭大贾，……贸丝开车者，骈臻辐辏"①。就是说，这些徽商大贾不仅贸丝，而且"开车"缫丝，即进行蚕丝产品的加工。汪道昆在《太函集》卷47中也写道："朱处士云沾，字天泽，海阳（休宁）新溪人也。……从兄贾闽，盖课铁冶山中，诸佣人率'多'处士长者，'争'力作以称。处士业大饶。会岁不登，处士贷诸佣人钱百万。"②

在《太函集》中，类似的记载还有一些。③ 一般来说，既是雇工受雇于商人，进行商品生产，就意味着这些雇工受雇于资本，是为市场而生产的，理当属于萌芽状态的资本主义性质。但是，由于徽商的封建性十分浓厚，在没有掌握雇工数量、生产规模，特别是生产关系的具体材料之前，还不能轻下结论。以唐栖镇徽商进行蚕丝产品加工来说，它到底是前店后厂，小规模的手工作坊，还是规模巨大的手工工场呢？采用的是自由的雇佣劳动者，还是他们所惯用的"僮仆"呢？都不甚了了。又如休宁商人朱云沾挟重资到福建"课铁冶"，"贷诸佣人钱达百万"，可见"佣人"数量之多。但从因"会岁不登"，朱云沾借贷与"佣人"看，这些"佣人"还未曾脱离农业生产。究竟朱云沾独开矿业，由他直接雇"佣人"进行生产，还是用借贷的方式控制各个矿场呢？"佣人"与矿主的关系如何？这些都缺乏明确的记

---

① 光绪《唐栖镇志》卷18《纪风俗》，胡元敬：《栖溪风土记》。
② 汪道昆：《太函集》卷47《海阳新溪朱处士墓志铭》。
③ 汪道昆：《太函集》卷46《明故处士郑次公墓志铭》："次公名天镇，字定之。歙长龄里人也。……弘治己酉，次公生长，受室海阳新溪戴妫。次公少服贾，以铁冶起。"又卷28《詹处士传》：詹杰，休宁人，"高皇帝（朱元璋）初，詹安以铁冶起富。"詹安的曾孙，即詹杰的父亲詹起"复用铁冶起，屡不赀"。

载，因此，也就难以确定徽商投入缫丝和铁冶的商业资本是否已经转化为产业资本。

《太函集》卷35《明赐级阮长公传》有一段关于徽商支配生产的记载。一些学者常以之作为工场手工业的证据来引用。其原文是：

> 歙阮长公弼，字良臣，世家岩镇，少承家末造，躬力贾，起芜湖，两邑交重长公。……时购者争得采（染色），利归染人。长公复笑曰："非独染人能白可采也。"乃自芜湖立局，召染人曹治之。无庸灌输，费省而利滋倍，五方购者益集其所，转毂遍于吴、越、荆、梁、燕、鲁、齐、豫之间，则又分局而贾要津。长公为祭酒，升降赢缩，莫不受成，即长公不操利权，亦犹之乎百谷之王左海。

这里说的是阮弼发现芜湖的浆染业有利可图，便立局经营布料染色，将商业资本转入浆染业。经过浆染加工的布料，五方争购，销售地区甚广。因此，又立分局经营，并于要津之地销售。据此，有的学者便断定其为"规模极大的资本主义的染色作坊或工场"。笔者认为这一看法很值得商榷。其一，从"乃自芜湖立局，召染人曹治之"看，似是说阮弼凭借其雄厚的商业资本的力量，通过"局"这一包买机构来控制原独自经营的染匠，并没有建置场坊，雇请染匠到其中进行生产。正因为省去了场坊、工具等设备以及购买劳动力的投资，才"无庸灌输，费省而利滋倍"。其二，从"长公为祭酒"看，似随着加工后的布料产品的畅销，其他的商人也纷纷加入，于是增立"分局"，扩大经营规模，形成有组织的行业，推阮弼为"祭酒"。祭酒在明代亦称正则，清代称为总商。他是作为与政府打交道的浆染业的代表，同时也是浆染业内部的管事人和调解人。以上两点是可以互相佐证的。其三，上引的这篇阮弼传中还记载，他在经营浆染业的同时，又在芜湖郊外，"治圃田以待岁，凿夸池以待罟，灌园以待瓜蔬，腊飨飨飨，不索外而足。中佣、奴各千指，部署之，悉中刑名。"就是说利用佣工、奴仆进行多种经营的农业生产，供其消费。阮弼在农业方面既然坚持如此落后的生产关系，即便投资设厂，也很难设想雇佣的是自由的雇佣劳动者。其四，从这则材料中，看不出阮弼和"染人"之间有支付工资的关系。如上所述，可见阮弼这种立局支配生产，是属于包买商的一种形式，而不是投资设厂，直接经营布料染色的工场手工业。尽管阮弼身上还拖着一条很长的封建的且兼有奴隶制母斑的尾巴，但他这种支配生产的形式已经含有萌芽状态的资本主义生产关系的性质。

关于徽商支配生产的记载并不多见。偶有所载，也或语焉不详，或含混不清，难以作出确切的结论。从笔者所涉猎的资料看，徽商支配生产的形式，或表现为包买商，或表现为雇工进行产品加工，即所谓商人雇工制。徽商资本转入生产领域为数甚微，它与生产结合的程度和性质也不宜估计过高。这里必须指出，关于这个问题，有些同志的估计显然超越了历史的实际。例如，嘉靖《徽州府志》作者汪尚宁在该书卷下《食货》中，追述元代婺源州的铁矿及冶炼情况时引用宋元之际人胡升（1198—1281）的一段话，往往被某些同志用来作为明代徽州出现工场手工业的论据。但据黄启臣同志考订，实际上嘉靖时婺源县的铁矿已不开采。[①] 当然也谈不上工场手工业的出现了。这种过高的估计，固然与未全面考察徽商的特点有关，与史籍记载的含混不清，以及对史料的鉴别注意不够亦不无关系。

徽商赚得的巨额利润，为什么很少投入生产，向产业资本转化，如前所述，除并入商业资本扩大商品流通量和转为高利贷资本外，或则用于封建性的消费，或则用于"肥家润身"，甚至宁可窖藏起来呢？笔者认为主要有以下几方面的原因。

首先，徽商享有的种种封建特权，保证了商业利润的优厚，使他满足于传统的经营方式。富商巨贾是与封建官僚结为一体的。他们的政治势力伸向各地的官僚机构，甚至渗入朝廷，乃至内廷宦竖。由于官府的庇护，他们往往不受封建政府抑商措施的约束。例如，物价和度量衡，明清两朝政府都有管制措施，[②] 并制定出具体的法律条文，[③] "违者如律治罪"。[④] 但是，这些措施和法律条文，只不过是地方官场挟诈一般商人而已，对受到官府庇护的徽商往往是不起约束作用的。恰恰相反，徽商正是通过任意抬价、短秤掺假等奸行，来攫取高额利润的。以侨居扬州的徽州盐商为例，他们"挟其重资结交权贵"，对灶户"向买每桶只给银五钱，或乘其急需而给四钱，仅敷工本，其戥头银水更多克扣，灶户将欲舍此而他售，其盐即为私盐，欲他售而不得，是灶户受其挟制侵削也"。此外，他们还利用其垄断地位，"或盐

---

① 嘉靖《徽州府志》卷下《食货》（抄本，中国社会科学院图书馆藏）。关于这条史料的校勘、考释，请参阅黄启臣：《明代铁冶业资本主义萌芽一则史料质疑》，《学术月刊》1980年第2期。
② 参阅《明会典》卷37《户部二十四·时估》；又同书同卷《户部二十四·权量》。
③ 参阅《明律集解附例》卷10《户律·市廛·市司评物价》；《大清律例根源》卷38《户律十四·市廛》。
④ 《明会典》卷37《户部二十四·权量》。

船故令迟到，使盐价腾贵，或诡称盐将缺乏，致百姓抢购，顿收数倍之利。且复每包缺少分两，掺加沙泥。"① 作为徽商的主干——盐商不仅能任意抬价、短秤掺假，而且能保证得到充足的货源。就是行销之地，也多是人烟稠密，通衢要津，富庶繁冲之所在，可见消费水平较高；同时还往往是距产区较近，交通便捷，运输省费。这些优厚的条件是一般商人所享受不到的。明清两代，关卡林立，商人经过时，除正税之外，浮费名目繁多，清代有什么"程仪""规礼""别敬"② 等，许多商人往往因经受不起这些横征暴敛而陷于破产。徽商却可以化险为夷，其秘诀就在于他们或与官府深相结托，或通过自身的官僚化、缙绅化，从而享有豁免杂税的特权。③ 总而言之，由于官府的庇护，享有种种封建特权，以及货源、销售市场等方面处于优越的地位，徽商取得了优厚的利润。这是一般商人所不能比拟的，也是一般商人所不能与之竞争的。

我们知道，对于锱铢必较的商人来说，最大的引诱力莫过于利润率高。只有在由于商品生产与流通的发展，各地区之间经济联系的加强，地区间差价日益缩小，商人之间竞争加剧的情况下，为了在售卖价格与他人相等时能够得到更大的利润，商人才关心商品生产，致力于降低商品的价值，但是，明清时期的中国封建社会未曾出现这种情况，相反由于封建政府实行抑商、闭关、重税、派买等政策，享有封建特权的商人受益，一般的商人受到摧残，价值规律受到破坏。在这一情况下，享有特权的徽商既然可以凭其优越条件，攫取比别人高的利润率，自然没有必要抛弃传统的经营方式，改为支配生产，向产业家转化。相反，却乐于"在旧的生产方式的基础上占有他们（指小生产者）的剩余劳动"，"把它当作自己的前提予以维持"④。由此可见，商人的封建性愈浓，其保守性愈大。他们也就愈难摆脱旧的生产方式而采用新的生产方式。

其二，在地主经济及其支配的小农业和家庭手工业相结合的封建经济结构下，处于萌芽状态的资本主义生产不能显示出更大的优越性，因而也就不能对商业资本产生吸引力。众所周知，新旧生产方式的更替，最终取决于新

---

① 乾隆六年二月陕西道监察御史胡定奏文，见《黄册》，转引自韦庆远、吴奇衍：《清代著名皇商范氏的兴衰》，《历史研究》1981 年第 3 期。
② 李煦：《接任两淮盐差日期并进冬笋·附条奏一》，《李煦奏折》第 26 页。
③ 关于得了官职、取得官僚身份的商人可以免去"官吏需索"及种种浮费，请参看嘉庆《两淮盐法志》卷 43《杨义传》。
④ 马克思：《资本论》第 3 卷，第 374 页。

的生产方式能否比旧的生产方式提供更大的经济效益。明中叶,张瀚的祖父张毅庵①和盛泽镇织绸机户施复②之所以能采用雇佣劳动的新的生产方式来扩大其商品生产,从夫妇铺户的小业主变成手工工场主,是因为他们的纺织技术精良,取得别人所不及的经济利益。但是,徽商如果投资设厂,雇佣自由的劳动者进行商品生产,则往往显示不出优越性来。它的产品是不能同小农业与家庭手工业相结合的生产结构下所生产出来的产品相竞争的。农民家庭手工业的生产,一是可以节约巨大的成本,因地制宜,充分利用当地的资源,原材料的成本极为低廉,有的几乎不费一文,工具简陋,生产资料的费用极其低微。二是可以节约时间,农闲时间、雨天、晚上都可利用。方志所记载的黟县、祁门的妇女"一月可得四十五日"③ 即一例,还可作农业生产与手工业生产时间的合理安排,交错进行,使时间不至于浪费。三是可以充分利用劳动力,男女老幼均可参加,并可选择适合自己体力、技术的手工工种。总之,既最大限度地节省了生产成本,又充分利用了劳动力。而在同样简陋的生产工具和技术水平的条件下,投资建厂进行生产,既要为场坊、工具和原料投入一笔资金,又要为购买劳动力支付一笔费用。生产出来的每一产品所付出的成本要比农民的高得多,又不能用无限期延长雇工的劳动时间来降低产品的成本。因此,徽商自然宁可利用传统的贱买贵鬻的方法赚取价格的余额,或用低级的包买的形式控制小农生产品的流通过程,依然在旧的生产方式基础上剥削小农的剩余劳动,而不愿将商业利润投入生产领域,转化为产业资本。马克思曾经指出:"因农业和加工制造业直接结合而引起的巨大经济和时间的节约,在那里曾对大工业的产品提出非常顽强的抵抗。"④这种小农业和家庭手工业相结合生产出来的产品,既然可以对大工业的产品作顽强的抵抗,那么,对于工场手工业产品的抵抗更是不言而喻的了。懂得了这一点,就不难理解为什么在漫长的中国封建社会中,乃至近代,商品经济依然无法分解小农业和家庭手工业相结合的生产结构的原因了。

必须指出,这种生产结构严重地阻碍了更大的商品市场的出现。明清时期,商品流通虽然已经达到相当可观的规模,但实际上是农民家庭手工业产品积米成山的结果。从总的情况看来,农民的产品流入市场的仅是极少的一

---

① 张瀚:《松窗梦语》卷6《异闻记》。
② 冯梦龙:《醒世恒言》卷18《施润泽滩阙遇友》。
③ 嘉靖《徽州府志》卷2《风俗》。
④ 马克思:《资本论》第3卷,第373-374页。

部分。即使从事商品生产的农民，也依然保留有自给性的部分，其商品生产的部分是一种为买而卖的交换价值形式下的使用价值的生产。这种以有限的家庭手工业生产为主的商品和以地方小市场为主的市场网络是互相适应的。既没有过多的商品要求广辟市场以相容纳，又没有市场对商品提出更大的要求而得不到满足。在市场供求基本平衡的情况下，自然不可能引起徽商对直接支配商品生产的关注和兴趣。更谈不到在支配生产中，革新技术，改进设备，以提高产量来降低产品的价值，从而赢得对小农家庭手工业产品的优势了。由此可见，徽州商业资本没有向产业资本转化，其根子在于中国封建的经济结构。

第三，徽商本身特别浓厚的封建性，严重地影响其向新的生产方式演进。徽商的先祖本是北方的士族。三国时，史称徽属之民为"山越"。当地豪强据险割据称雄，不纳王租，商品交换是不发达的。魏晋南北朝，乃至隋唐，许多北方士族为避战乱渡江南迁徽州。① 他们南渡之前，是佃客部曲制生产关系的代表，又有营商的传统。他们迁入徽州时，携带宗族和佃客、部曲同来，也带来了营商的习俗。宋代以后，这些依然保持营商第一期徽商利润的封建化与资本主义萌芽传统的名宗大族，虽然已经不能凭其高崇的门阀取得政治地位，但却恃其家学渊源，"以诗书训子弟"，从而"子孙取高科登显仕者"，② 代不乏人。正如南宋本地人罗愿所指出的"宋兴则名臣辈出"③。可见，徽商在明中叶取得称雄商界的地位之前，已享有传统的政治地位，具有浓厚的封建性。他们不同于明清时期新兴起的一些庶民商人集团。例如，明清时期，在佛山控制铁冶、陶瓷业的冼霍李陈等宗族，都是以财称雄之后，才致力于科举仕宦，从而取得政治特权的。④ 由于种种原因，这些新兴的商人也在不断地加强其封建性，由暴富而成为新贵，但比起徽商来，所背的封建包袱要轻得多。正是沉重的封建包袱，使徽商顽固地坚持部曲佃客制的变种——佃仆制，并且"驱奴营商"，成为封建社会晚期最落后的生产关系的代表。由此可见，由于深远的历史渊源，徽商身上的封建性比一般商人要根深蒂固得多。徽商利润的封建化与他们本身所具有的特点是密

---

① 北方大族南迁徙徽州的情况，请参阅拙著《明清徽州农村社会与佃仆制》第一章第三节"徽州人的由来"，安徽人民出版社1983年版。
② 汪藻：《浮溪集》卷19《为德兴汪氏种德堂作记》。
③ 罗愿：《新安志》卷1《风俗》。
④ 关于佛山冼霍李陈等宗族先富后贵的情况，请参阅谭棣华和笔者合写的《封建宗法势力对佛山经济的控制及其产生的影响》一文，刊于《学术研究》1982年第6期。

切相关的。

徽商通过其利润的不断封建化，又进一步加强了其本身的封建性。他们通过捐输报效的形式，用巨额的利润支持封建王朝的财政，以换取朝廷的庇护；反过来，封建王朝用对徽商的庇护来换取其对财政的支持。两者结成休戚与共，息息相通的依存关系。徽商通过人才投资，培植了大量的封建官僚士绅，即所谓"先儒名贤，比肩接踵",[①] 扩大了其政治势力；通过捐纳，使其自身缙绅化，部分利润转向地产，尤其是购置族田，培植出一种新型的集团地主——宗法地主来，并且加强了自身的封建地主化，以致越发增强了徽商与封建官僚、地主的三位一体。徽商慷慨捐资，建乡贤祠、贞节牌坊等，大力扶持封建的纲常名教，建祠堂、修坟墓、撰家谱、强固宗法制。祠堂、族田的日渐增多，对修坟墓、撰家谱的日益注重，与祠堂族长权力的不断强大是互为因果的。徽商的利润投入这方面愈多，宗法的势力便愈加强大。这一以"祠堂族长的族权"为特征的封建宗法制度，是古老的宗法思想与程朱理学互相渗透、互相浸渍的产物。理学在徽州的盛行、肆虐，与宗法制的强固一样，都与徽商利润的培植有关。由此可见，徽商的利润封建化，从政治、经济和思想等方面所加强的封建势力，既增强了社会上压制、扼杀资本主义萌芽的发生和发展的反动势力，也从客观上为徽商自身向新的生产方式的演进制造了种种障碍。

理学的横行和宗法思想的泛滥，从封建思想意识方面加强徽商自身的封建性。徽商在浓厚的封建意识的支配下，身居市井，心怀功名奕世，富贵流传；大搞风水迷信，以祈求祖宗神祇的保佑和降福。有一商人曾作这样的自白："平生奔走江湖，稍获微资，即思归里安顿先人，营造坟墓，筑就完固。若必欲此，而心始快。"[②] 正是这种封建意识，驱使徽商将巨量的利润投向封建性的"无妄"的消费。他们不可移易的尊卑等级、主仆名分等封建伦理纲常的思想意识，阻碍着他们采用自由的雇佣劳动。

由上可见，徽商本来就是商人、官僚、地主三位一体的。浓厚的封建性使他们热衷于将其商业利润投向封建性的消费。而商业利润的不断封建化，又益使其三位一体更加强固，封建意识越发浓厚。这些，犹如蜗牛的外壳般阻碍着他们通过封建经济的夹缝，迈向新的生产方式萌芽的道路。

---

① 赵吉士：《寄园寄所寄》卷11《泛叶寄》。
② 王人吉：《仁里明经胡氏谱》卷首《韵庵公传》。

三

综上所述，本文得出如下几点简短的结论：

1. 明清时期的封建社会，一方面已经具备了资本主义萌芽的历史前提，另一方面封建势力依然很强固。商品流通还只局限于地方小市场和一些区域性的市场，并没有形成全国性的市场。徽商资本的流通量不可能无限量地扩大。超过商业资本流通量的那部分资本转为封建性的"无妄"的消费，甚至窖藏起来，反映了商业资本出路的狭窄，也说明徽商利润的封建化是明清社会历史条件下的一种产物。徽商本来就是商人、官僚、地主三位一体，封建性特别浓厚。它是在明中叶以后，凭借其封建特权，依靠官府的庇护赚取高额利润的。利润的封建化很大程度上正是为了保持，甚至力求加强其传统的封建特权，强固其与官府的相互结托。可见，徽商利润的封建化，也是徽商本身特点的一个产物。

2. 徽商的高额利润是依靠其享有的封建特权，依靠其对市场和商品的垄断以及对价格的控制，而不是通过商品的推销，在发挥价值规律作用的前提下取得的。因此，徽商的利润率愈高，商品价格离价值的轴心线愈远。它使价值规律的运转受到破坏，商品生产的自由竞争受到阻碍，社会也因此失去生机和活力。对于徽商本身来说，既可凭其特权及其在官府庇护下的优越条件赚取比别人高的利润率，自然乐于因循守旧，而不必从新的生产方式寻找出路，可见商人的封建性愈浓，其保守性愈大。

3. 新旧生产方式的嬗递，最终取决于新的生产方式能否显示出更大的优越性。地主经济及其支配下的小农业与家庭手工业相结合的经济结构，由于其本身的坚韧性，分解甚难，并顽强地抵制商品的销售，阻碍商品市场的扩大。投资设厂经营商品生产往往竞争不过家庭手工业的产品。所以，徽商宁可在旧的生产方式基础上贱买贵卖，剥削直接生产者的剩余产品和从事商品运输保管的民夫的剩余劳动，而不愿将商业利润投入生产领域。资本主义萌芽的历史前提具备了，但始终没有出现广阔的发展前景，也就是说封建经济的汪洋大海中只提供了一些滋长资本主义萌芽的空隙。唯有像上述的张毅庵、施复一类具有奇技异巧的手工业者可能通过竞争，发家致富，从而在封建经济的夹缝中进行新的生产方式的经营。而对于拥资千百万的徽商来说，这些狭窄的缝隙是无法容纳如此巨量的商业资本的，可谓无用武之地。这就是为什么资本主义萌芽往往只从中小商业者的经营中出现的原因了。

4. 徽商在造成货币资本大量积聚于个人，贩运商品，促进商品生产和流通，密切地区间的联系，以及繁荣都市经济等方面，都曾起过积极的作用，为创造资本主义萌芽的前提做出了贡献。并且，徽商利润中也已有少量的转入生产领域，其中有的已含有资本主义生产关系萌芽的性质，其转入生产领域的形式到底是商人投资设厂的工场手工业，还是雇主制，尚待考究。但毕竟更易导致新的生产关系萌芽的出现。徽商在历史上所起的进步作用是毋庸抹杀的。但是，与此同时，徽商把它巨领的利润投向封建性的"无妄"的消费，不仅加强了国家和社会的封建势力，而且也加浓了其本身的封建性。这既为社会上出现资本主义萌芽制造障碍，也为自己制造了一个封建的蜗牛外壳，从而阻碍它自己走通向新的生产方式的道路。从徽商身上所表现出来的积极面和保守面的矛盾状态，恰恰是明清时期中国封建社会的投影：一方面，封建性的束缚松弛了，新的事物出现了；另一方面，封建性的东西又日益加强，为新生事物的成长制造了种种障碍。前进与后退，进步与落后，新生与腐朽，这两种力量互相牵制，即通常所说的"死的拖住活的"。这两种作用相反的力量在彼此斗争中相互抵消，导致了中国封建经济的长期缓慢发展。

（原刊于《中山大学学报》1983年第1期）

徽商称雄三百年

——中国地域文化之徽风皖韵：徽文化出版精品展销月启动仪式上的演讲稿

徽州处于安徽的南部，毗邻浙江和江西。徽州属下有六个县，一个是歙县，一个是休宁、一个是祁门、一个是绩溪，一个是黟县，还有一个是婺县。徽州管辖这六个县已经有1000多年了。在宋徽宗宣和三年（1121年）称徽州之前，或称新都、或称新安、或称歙州。名称虽有变化，行政区划的管辖范围也有所损益，但大体不变。

四面险阻，取水路却四通八达是徽州人的区位优势

这个地方有一个特点就是崇山峻岭，四面险阻。在古代是非常好的避难圣地。每当农民起义的时候，有钱人、贵族就跑到那里去躲避。易守难攻，战火不易烧到那里。徽州本是古代越人的故地，当地人断发文身，短衮无裤，文化落后。中原士民移住此地后把他们的文化改变了。

山水特别秀丽。有黄山、白岳耸立其间。黄山，挺拔严厉，而又神圣威仪，传说是黄帝的游历地；白岳（到明代嘉靖皇帝改名叫齐云山），恬适静谧，而又深邃苍劲，是道家的圣地。清澈的新安江静静地东流，迳取东海为其归属地，她是徽州的母亲河。因沿江两岸风景如画，所以人们又把新安江称作"画廊"。只要你到那里去，你会自然而然地深深感受到那里山川的秀美、迷人，令人流连忘返。

更奇的是近年发现了36处称作"花山谜窟"的地下石窟。有的石窟，有如地下宫殿，面积达4000平方米，内有巨柱，有石房，有水池，雄伟豪迈，气象万千，充满霸气、帝皇之气。关于石窟的形成，2005年11月曾召开过一次国际研讨会。虽有种种猜想，但它如同谜语般还远远没有被猜破。

徽州迷人的地方远不止这些。它的人文景观和人文精神，更令人惊叹。它的文化底蕴尤其深厚。有20多万件反映徽州民间实态的文书契约的陆续发现，这些原始的文字资料，由于具有原始性、唯一性和文物性的品格而显得格外珍贵，人们称它为20世纪继甲骨文、汉晋简牍、敦煌文书，明清大内档案之后的第五大发现。另外还有3000种徽州典籍文献和1000余种族谱

流传在各地，中国国家图书馆现在所藏善本族谱400余部，其中属徽州的就占一半以上。遗存的地面文物也极其丰富，据调查统计有5000余处，文物有20多万件。又有黄山和古村落宏村、西递，被联合国列入世界文化遗产。徽州可以说是文物之乡、文物之海。称它为文物"聚宝盆"、文物"博物馆"，一点也不过分。

徽州的文化底蕴还表现在它体现了中华传统优秀文化的精粹。宋明理学的宗师程颐、程颢和朱熹故乡在那里，是"理学"的故乡。自宋代起，"名臣辈出"。徽州涌现的人才不拘一格，具有广泛性，且繁若群星。其中有名臣能吏、富商大贾、学者名儒、文坛才俊、艺苑名流、科技俊彦、能工巧匠、隐士名僧、名媛闺秀，等等。有文献可征，并且为他（她）作传的多达5399人。明清荣中状元的有28位，当过宰相的有18位。胡雪岩、胡适，当代的江泽民、胡锦涛的故乡也在那里。从这里已可看出人才荟萃，人才杰出。

徽州对中华优秀传统文化的贡献是多方面的。政治、经济、哲学、经学、文学、艺术、科技、工艺、建筑、医学、雕刻、印刷、绘画、戏剧、饮食等各个领域都有杰出人才。他们各有专长，各具技艺。他们为世人奉献璀璨的成果，诸如"新安医学"、古建"三绝"（宅第、祠堂、石坊）和"三雕"（木雕、砖雕、石雕）、刻书、版画、文房四宝、篆刻、绘画、盆景、漆器、徽菜，等等。科技发明创造有的在国内处于领先地位。甚至有的发明或著作在国外也产生了广泛的影响。徽州"如此光辉灿烂"，"如此博大精深"的文化成就，既有其地方性的特点，又具超越徽州本身的典型性与普遍性的一面。它集中地、典型地体现了中华传统文化的精华。

邓小平曾经题词："黄山是中国的名片"。也可以说，徽州是中华优秀传统文化的名片、窗口。

这里，我要特别指出：大自然对徽州的赐予是丰厚的。境内风景如画，又有河流四出，通向各地。从新安江直奔杭州湾，既通往大海，又可经运河，入长江，通往长三角各要枢。从青弋江出去也可以进入长江，溯江可到长江中上游，东下可以到江南，或通过运河到北方。从阊江可通鄱阳湖到江西，然后溯赣江越过南岭经北江可到广州。本是一处险阻四塞的山区，却具有便捷的水路交通和丰富的土特产竹、木、茶等，这是很有利于商业的地理优势和物质条件。

徽商的兴起、发展和它的衰落

前面对徽州的自然、人文情况作了简要的介绍，下面我要谈的是：徽商的兴起、发展和它的衰落。

徽州商帮从形成到衰落历时400年，它称雄商界有300年。所以今天以徽州商人三百年为题。这里是指徽州商人形成帮派的时间，要是说徽州商人的出现，时间就更早了，至少东晋已有关于新安商人也就是后来的徽州商人的记载。

在明清时代，有很多商帮，但是势力最大的有两个：一个是晋商，就是山西的商人；一个就是徽商。这两个商人集团平分秋色，共领商界的风骚，是明清两朵商业文明之花。晋商是趁明初在西北边境驻军需要供应粮食，便做以粮食换盐引贩卖食盐的生意。由于这个缘故发了大财。所以我说它是内陆商人的代表。徽商虽处在山区，但有新安江直奔杭州湾，进入大海，距离约200公里。根据西方的学者的看法，距海岸线500公里内的都可算属于海洋文化范围。按居住的地域不同，分为内陆的农耕文化、高原的游牧文化和海岸地带的海洋文化。徽州显然属于海洋文化区域内，对海洋自然感兴趣，最重要的是顺新安江东下便直达杭州湾，舟山群岛，更使徽州人对海洋情有独钟。

说到徽商的起源是很早的。根据我看到的文献材料，是在东晋。当时有人把新安（徽州）商人的离情别意编成歌词，在官宦家庭举办宴会时演唱。从这里我们可以知道在东晋已经出现徽州商人。到了唐宋，关于徽州商人的记载就渐渐多了，宋代已经出现了大商人，比如说祁门善和里程氏商人，发了大财，时人称他为"程十万"。但是，作为一个商团、商帮的出现是在15世纪的下半叶，也就是明代的成化、弘治年间；鼎盛时期是在嘉靖、万历年间；到了17世纪的中期，因明清朝代的替换带来的战乱，如大家知道的"嘉定三屠"，"扬州十日"，江南是徽商的据点、根据地，特别是扬州，这些地方受到这么沉重的摧残，徽商受到的打击是可以想象的。但很快便得以恢复，康乾时期得到进一步发展。直到了嘉庆、道光年间，也就是19世纪才趋向衰落。

现在我们所要讲的是，徽商为什么在明中叶兴起？

这是有主客观原因的，从客观上来说，当时出现了商机。明中叶商品经济有了大的发展。经济作物种植增多了，手工业发展了，江南地区和珠三角等地出现了农业商业化。特别是我国幅员广阔，又处于统一局面下，加上白银作为货币进入流通领域，这些情况为商业的发展提供了空前广阔的舞台，为大商业资本的出现提供了条件。

从主观因素看，也是最重要的是徽州人的气质，徽州人的文化素养。

徽州人本来就是中原的衣冠大族，有很高的身份地位。他们的祖先都是在农民起义时跑到徽州去的。他们到徽州以后，发现山多田少，所开的梯田，历十几级，加起来面积还不到一亩。这样一种缺乏发展农耕的自然环境，对他们无疑是一个严峻的考验。他们在徽州这片"依山阻险，不纳王租""勇悍尚武""断发文身""火耕水耨"的新环境所受到的挑战，铸就了他们刻苦耐劳的坚毅性格和奋发进取的精神（胡适先生所说的"徽骆驼"精神源于此）；也由于他们脱离了原来的文化中心，对自己的文化传承有了危机的反省而形成创造性的转化，他们很快就反客为主，成为当地的统治集团。对于当地的山越人，用的是儒学教化为主，使用暴力也是在儒家的道德和正义旗号下进行的，所以他们的统治比起原先的山越豪强统治显得进步多了。

宋代确立科举制度之后，由于他们本来就宗奉儒学，崇文重教，凭其家学渊源去参加科举考试，显然占有优势。我们知道，隋唐之前选拔官僚是按门第高下来定的。隋唐科举选拔的士子，只能委任低级官僚，高官依然从高门第中选拔。唯到宋代才真正从科举中选拔各级官僚。徽州人利用宋代进行官僚体制的改革，通过科举来取得官僚的地位。这就是文献所说的"宋兴即名臣辈出"，在政治上取得了优势。从读书科举求出路，崇文重教的风尚越发盛行。高文化素质就是这样培养起来的。

人的气质、人文化素养对经济发展太重要了。经济发展理论大师、诺贝尔奖获得者鲍尔在追溯他对经济发展因素的认识过程时指出："不同文化群体在经济效率上的显著差异是经济发展史上的主要特征。"另外两位经济发展理论大师，也是诺贝尔奖的获得者刘易斯和舒尔茨，也从不同的角度强调了人的文化素质对经济发展的重要性。由于某种原因徽州人的文化素质和商品意识，使他们善于发现商机，又善于抓住机遇。

从徽州所处的区位来考虑经济活动跨空间分布问题，毫无疑问，与之毗邻的长三角地利优势是显而易见的。徽商在15世纪下半叶，陆续进入长三角，以此作为其商业活动地盘。这是徽商日后得以发展的关键的一步。因为长三角是当时经济发展水平最高的地区，是富人集聚的高消费区。谁先得之，谁便占据了地利。徽商以长三角作为其商业活动的根基，并在各市镇建立据点，逐步形成商业网络，象征着徽州商帮的兴起。

适逢 15 世纪末 16 世纪初，发现新大陆，开通东方航线，标志着世界一体化的海洋商业殖民时代的肇始。尔后，是建立殖民地和商业系统最活跃的时代，是西方重商主义盛行，海洋贸易发生历史性变化的时代。西方海商冒险来中国沿海寻找商机，并建立殖民地；由此出现了中西两半球海商直接交遇的新局面。东亚海域的贸易网络，既联结太平洋彼岸的南美洲，又重新伸展到永乐之后中断往来的印度洋，并扩及大西洋，初步形成横跨亚、非、欧、美四大洲的世界性海洋贸易圈。就亚洲内部而言，16 世纪中叶的日本，正是盛产金银之时，有 50 多座金矿、30 多座银矿开采。当时的中国，争用银而不用"大明宝钞"。由于中国缺银，除西班牙人从美洲的秘鲁和墨西哥运来白银外，日本所产的白银也源源输入中国。日本在东亚海域的贸易也日益活跃起来。与此同时，中国境内商品经济趋向繁荣，商机愈益增多；以商业增殖财富的途径，日益广阔。在杭州湾附近的舟山群岛的双屿港成为当时国际贸易市场。中国传统社会经济开始发生转型。出现了前所未有的商机。

对机遇富有敏感性的徽州人，抓住这一历史性的商机，决定以发展商业为主，以非常规地增殖财富的战略抉择来取得经济上的突破。如果说他们在政治上早已在宋代取得地位；那么，此时他们又力争以商业上的成功，求得越常规的经济上的发展。

我们知道，15 世纪及其之前，海洋贸易是由传统的东南沿海的地方帅臣和少数民族的酋领所控制的。16 世纪初，民间海商开始兴起，并随着海洋时代的到来而不断发展起来。嘉靖中后期，以汪直为代表的徽州商人带头加入向海洋挑战的行列，仿效西方建立起武装舰队的商业集团，掀起了中国海洋贸易的第一波。

汪直（一曰王直），徽州歙县人，出身于破产的徽商家庭，"少落魄，有任侠。及壮多智略，善施与，以故人宗信之。"他的祖先可能从事海外贸易，至少对"通番"是熟悉的。所以，他曾对叶宗留等同伴发感慨"中国法度森严，动辄触禁，孰与海外乎逍遥哉"，已经流露出想向海洋挑战的志向。他与同乡人徐维学"先以盐商折阅"，即先是经营盐业蚀本。尔后与伙伴潜往广东高州造巨舰准备远航海外。据文献记载，他在高州制造的大船，规模巨大："舟艇联舫，方一百二十步，容二千人，木为城为楼橹，四门其上，可驰马往来。"这在当时是继郑和下西洋使用的宝船之后所仅见的。而且有武力装备，专为远航海外而准备的。他"抵日本、暹罗、西洋等国往来互市者五六年，致富不赀，夷人大信服之，称为五峰船主"。输出的是硝石、硫黄、丝、棉等违禁品，输入的是倭刀、苏木、胡椒、犀角、象牙等货物。他首次到日本是在嘉靖二十二年（1543），偕同葡萄牙人前往的。据日本的文献记载，这一年，有三个葡萄牙人漂至种子岛，船中有明朝儒生五峰。可见他初到日本时用的名字是五峰。又据日本《大曲记》说：松浦隆信（平户领主）厚待外商，"故有名王五峰者，由中国至平户津，在印山故址，营造唐式之屋居之。自是中国商船往来不绝。"

显然，汪直首次到达日本，便与平户领主松浦隆信交上了朋友。嘉靖二十三年（1544），汪直投到从事海上走私贸易的同乡许栋的麾下，得到许栋的重用，曾任许栋海商走私集团的管柜（总管）、管哨（掌管武装）等职。汪直于嘉靖二十四年（1545），运商货到日本贩卖，并开始招募日本博多津人助才门等三人，来杭州湾外舟山群群岛的双屿港做生意，双屿港是那时候是中国人与葡萄牙、东南亚各国商人做生意的国际性的市场，也是许栋海上走私贸易的基地。当时作为许栋部属的汪直，表现出"沉机勇略"，具有出色的经商和管理才能，因而他得到许栋部众的敬服。所以，当嘉靖二十七年（1548）许栋的走私基地双屿港被朱纨率官军捣毁，许栋战败逃走，不知去向后，便由汪直继任海上走私集团的舶主。

汪直手下先有叶宗满、徐惟学、谢和、方廷助等徽州同乡作班底，又招纳毛海峰、徐碧溪、徐元亮，以及徐海、陈东、叶麻等为他的部将；还勾引日本人门多郎、次郎、四助、四郎等充当他的打手。一时"威望大著，人共奔之"。甚至有守海疆的官军军官，也与他结成好友，甚至有的甘当他的臣仆，给他送货。文献上说，"一呼即往，自以为荣。"

汪直以舟山群岛的另一港口烈港（一称沥港）作他的走私基地。他的舟船出入须经横港。而横港却由当时的广东陈思盼海商集团占据。陈思盼不仅不受汪直的控制，有时还制造摩擦。管理海上事宜的明朝海道衙门利用他与陈思盼之间的矛盾，派人授意汪直，以允许他与日本等国通商为条件，要他擒杀陈思盼。汪直果然于嘉靖三十一年（1552）趁陈思盼过生日举行酒会放松防备的机会，剿灭了陈思盼集团。从这时候起，汪直的势力得大发展，海上的其他走私集团都由他控制。官军想剿灭陈思盼做不到，他却做到了。于是对他更是刮目相看，一些官军的低级军官对他更加顺从讨好。

王直自以为剿灭陈思盼对明朝廷有功，政府应当实践诺言准许他海上贸易合法化。但是，汪直杀陈思盼，"献捷求市"的要求，不仅得不到允准，反而派俞大猷"驱舟师数千围之"，迫得汪直突围逃跑。

从这以后，汪直怀恨在心，对官军进行报复并波及地方民众。嘉靖三十二年（1553）三月，汪直以马渍潭为根据地。四月，汪直分掠各地：陷昌国，犯定海，攻海盐，破乍浦，犯杭州，入南汇，犯嘉定，占据吴淞。后来在马渍潭为官军汤克宽打败，于是将根据地移到白马庙。嘉靖三十三年（1554）汪直前往日本，以萨摩州淞浦津为据点，自立为"王"，以"五岛为根据地进行走私贸易"，潜号曰"京"，自称"徽王"。设有官衙名号，并在要害处设防守御。五岛邻近的36岛驻扎的部属，经常被他派到中国东南沿海从事贸易和劫掠活动。据《筹海图编》一书说，他"自此以后，惟坐遣徒党入寇而不自来"。面对汪直的党徒在浙海的活动，明朝廷用武力镇压已经无能为力，于是改用招抚手段。与汪直同郡的胡宗宪，在巡按浙江监察御史时，先将汪直母亲和妻子囚禁于金华。后放出加以厚待。嘉靖三十四年（1555）六月，他出任浙江巡抚后，于同年十月派蒋洲、陈可愿为正副使，前往日本招抚汪直。利用汪直迫切要求开放海上贸易的心情，于嘉靖三十六年（1557）将汪直诱捕入狱。汪直系狱二年后于嘉靖三十八年（1559）十二月被害于宁波。

汪直本是一心想做海上贸易生意的商人，明朝禁止海上贸易的政策，迫使他走上与官府对抗，边贸易边劫掠的道路，被戴上"倭寇"的恶名，演出一幕时代的悲剧。

这里应当说明，元明时期，的确有一些日本的失意武士和浪人等前来我国沿海扰乱、劫掠，称之为"倭寇"是贴切的。但是16世纪中叶的所谓"倭寇""倭夷"，情况却十分复杂。其中的确有日本、朝鲜、彭亨、暹罗、葡萄牙等国的海商，以及被海商雇佣充当保镖的暴徒在内。从人员的构成看，是一复杂的带有国际性的群体。我们要知道，当时东来的葡、西、荷等国商业公司，其人员的组成也并非纯粹是一国人。因商业失利而攻城略地、杀人越货，是古代海商的惯例。当时活动在东南沿海的、目之为寇的、以中国人为主的这些群体，当也不例外。从世界历史上看，在古代商盗是相互混同，没有根本的区别。西方的《荷马史诗》记载，创造爱琴海文明的英雄们，个个都集商人、强盗、殖民者于一身。据史诗《奥德赛》说：国王涅斯托客气地问忒勒马科斯："你是商人还是强盗？"这一发问在当时绝无恶意。两种职业没有根本区别，都同样受到尊重。直至18世纪，海商与海盗依然混作一体，商盗不分。16世纪以后先后东来的葡、西、荷、英等国的殖民主义商人无一例外，都是边从事商业，边干烧杀掠夺的勾当。近来陆续整理出版的有关这方面的档案资料，更充分地具体地说明这一问题。18世纪以后，欧洲的舆论界才提出商盗划分的界线，意味着商业从无序到有序。

对于发生在16世纪中期的汪直事件，我们怎么能够越过历史时代对汪直和他的同伴作苛求而看不到他们充满时代精神，引领时代潮流的一面呢？也许有人会发问：当时连篇累牍的记载，不是异口同声地咒骂汪直为倭寇吗？是的。这是目下学术界对汪直有不同的看法的原因之一，这是一个属于对史实评判的问题，也是一个对有关汪直的历史记载的真实性作实证主义分析的问题。古人已说"尽信书不如无书"。文本与史实，历来是有距离的。正因为如此，才出现训诂、辨伪、考据的学问。所有用文字写下的东西即所谓"文本"，在形成过程中，有诸多环节。它受到主观好恶的局限、时代思潮的影响、价值取向的支配。如果不加分析地都把古书记载当真，还搞什么研究？历史从业者的责任，就是要从文本中解读、尤其是从透过纸背的隐喻，考据出历史的真实，当然也是相对的真实。我们从留下的大量关于汪直武装海商集团的历史资料看，因作者站在当时正统的防倭禁海的思想指导下撰写，所以着眼点在于描述海商破坏性的一面，以及官府剿抚的经过。而留下的这些文献记载，说白了，是国家话语权的表达，是国家和权力支配者当时写下的历史。汪直和与他同一地位的平民一方，缺少话语权，即使是汪直给嘉靖皇帝上的奏折，也是浙江巡抚胡宗宪根据当时的形势强加于他的，既非如实反映汪直的本意，而且也没有也不可能完全按照胡宗宪的本意来写。各级官僚和御用文人对汪直的结论，就如同对没有发言权的政治犯所下的判词。我们怎能据此当信史呢？至于当时海商从事商业运作的一面，却认为不屑下笔而省略，或干脆不写。另一个问题是价值判断（或称规范分析）的不同。任何人都难免受时代历史知识积累水平、时代价值观和个人主观意识的影响，所以有识见的史家，固然倚重文本，因为它是藉以分析立论的依据；但也注重文本背后的作者其人。文本的可靠度与他密切有关。对汪直做出的价值判断的不同，正来源于对文本的解读，以及作者的视野、审视的角度等等主观因素有关。因此，对汪直有不同看法也是不可避免的。对于汪直，就是今天做出的评论为大家所认可、赞同，也不等于盖棺定论。这段聚讼纷纭的所谓"嘉靖倭难"的历史，相信我们的后人将对之做出永无止境的对话。

汪直仿效西方海商的做法，制造大舰，并武装起来，称雄于东亚海域，曾在日本建立商业殖民地。这一具有时代意义的重大事件，未被视为加入世界商战的举动，反而被史家称之为惊动朝野的"嘉靖倭难"。今天应当给他以正名。他表现了中国一代海商的胆略与气度，是中国海商的杰出代表。

汪直海商集团的失败，从某种意义上说，是传统农耕经济战胜新型的商业经济的表现。

汪直被剿灭后,徽商大举移资盐业,从事盐的贩销。盐是传统社会由国家控制的专卖商品。因它系日常所需,销量巨大,最能从中获利而积成巨资。晋商是趁明初实行开中制之机从事盐业而发迹的。徽商自然对它垂涎并力求分得其利。早在弘治五年(1492),趁户部尚书叶淇以纳银运司代替中盐纳粟供边,改订盐法的机会,纷纷进入扬州、杭州,夺取自明初起在此霸占盐利的晋商阵地。汪直被镇压之后而大举移资盐业,从事盐的贩销,可以说是徽商战略性的大转移。万历之后,徽商已经是执掌盐业的牛耳,益加财雄势大。据宋应星的估计,万历年间扬州盐商资本已达三千万两,年利润达900万两。徽商在其中占着绝对的优势。盐业虽然同属于海洋经济范围,但徽商已从海洋贸易转向海盐贩销。此后的海上贸易虽然仍有徽商的身影,但已经看不到徽商当年的雄姿。徽商有的充当海贸中介商人,甚至在明后期与广州府、泉州商人一道垄断广州的海外贸易;有的也在其他沿海口岸经营与海贸有关的茶叶等出口商品的贸易。清末同治、光绪年间,还曾出现显赫一时的红顶商人胡光墉,也就是胡雪岩。他经营丝茶出口贸易,并敢于与西方海商一争雌雄。但是从商业的角度看,广州海贸的中介商,乃至胡雪岩,都不能与冒险犯难,梯航贸迁于海上,并在国外建立商业据点,叱咤风云的汪直相提并论。胡雪岩的海贸活动,只能勉强说是徽州海商历史的最后一波。

到嘉万年间(1522—1620),徽商进入了鼎盛的阶段。从哪里看出它的鼎盛呢?一是它在龙头行业盐业中属老大,且拥有的资本巨大,已大到百万,是当时的首富。我们知道,当时世界上荷兰东印度公司最大股东勒迈尔拥有的资本是8100英镑,同一时期的中国海商拥有的资本已大到7500英镑,但是这些中国海商的富有是不能与徽商相比拟的,所以可以说徽商拥有的资本应当是超过勒迈尔的。由于中国文献上的记载往往不重视数字的准确性。大都必须用约数记载。这里说的百万也是个约数。二是徽州商人经营的范围广阔。他们在江南地区、运河两岸城市建立起商业殖民地,流行的"无徽不成镇"的谚语就说明徽商在明清时期城市化中所作的贡献,而且中国的边陲海隅,甚至东南亚亚地区、日本等地都有徽商的踪迹。三是从商人数众多。有从商人数十之七、十之九,全族经商的记载。清末进士许承尧的先祖,在江南开了40多间典当铺,员工几达2000人。可见其规模是很大的。其员工应当多半是族内人。四是从经营管理、经营理念看,在当时也是最前沿,最先进的。

到了清代,已经出现拥资千万的徽商,徽商的繁盛又超过明代。徽商成为清代广州十三行商人崛起前的首富，徽商经营的规模和资本额，达到了传统商业的巅峰。直至广州十三行商人崛起，如伍秉鉴拥有的资本已达2600万，才继徽商之后成为首富。

清代的徽商，我只举江春为例，就可看出徽州大商人的富有和气派。江春是盐业的大商人，任两淮盐业的商总达40年。他广结善缘。社会名流，达官显贵，都结为朋友，可手眼通天。他居扬州南河下街。建有随月读书楼、康山草堂、秋声馆，以接待四方名士，举行文会，并养有两个戏班，常为高朋好友专场演出。置一空地充当校射场，起名叫"江家箭道"。另外还建有水南花墅、深庄别墅、江园、东园、净香园等，计共有8个馆堂花园别墅，1个箭道。其中尤其是净香园景观最是绝妙。乾隆皇帝6次下江南，有4次来江春家做客，接待的地方就在净香园。有一个传说，说乾隆到了扬州，巡幸大虹园时，看到一个景点，说"此处颇似南海之琼岛春阴，惜无塔耳"。南海就是北京的中南海。江春听到乾隆的感叹，立即以万金购到图塔状，按照原样建造一座。当乾隆又幸大虹园时，塔已建成，感到惊奇。原以为是假的，经过查验果然是用木石建筑的。乾隆感叹说，"盐商之财力伟哉！"

这里顺便谈到的是传统社会的文人，是往往要靠富商接济的。大家知道的"扬州八怪"，徽商对他们就有衣饭之恩。他们往往出席徽商在自家馆堂花园别墅举行的文会，或充当食客。歙县棠樾鲍氏大盐商的后裔画家鲍树民先生曾给我一份当年负有盛名的名流文士给他先祖的一批信件的复印件。这些信件每每提到对徽商给他们经济接济而表示感谢。这些人中有的还当过朝廷的大官。

徽商衰败的深层原因在于缺乏自身转化的动力，不能更新商业理念

徽州商人什么时候衰落的呢？为什么要衰落呢？

徽州商人所从事的行业主要有四个：一是盐，大家都知道，盐在当时是最重要的商品，家家户户都要吃，在商界可算是龙头行业；二是典当业，就是金融业；三是贩木；第四就是经营茶叶。当然还有布匹、粮食等等，但前四个行业占的资本最大。

盐业。到了乾隆末年，徽州盐商所承担的课税、捐输，以及额外的勒索十分苛重。加上私盐泛滥，而官府又无法制止私盐贩卖。嘉庆、道光年间，

盐商已处于途穷末路。于是，道光三十年（1850年）陶澍进行了盐业的改革，就是在盐场附近设机构收税，不管是谁，只要交足盐税，就可领票运盐去发专款卖。打破了原来官商一体的包销制——纲运制。以前政府有关部门本来有登记注册，写明谁属世代盐家，由这些人垄断贩卖，别人无法和他竞争。现陶澍一经改革，他们便失掉了这个垄断地位。在此之前，他们本已因蚀欠而负债累累，又遭此打击，盐商自然难逃衰败的命运了。盐业既是徽商的主业，龙头行业，自然也关系着徽州商帮的命运了。

典当业。进入近代之后，金融业已经逐步近代化，银行业开始出现，融资手段范围更精更广，典当业无法与它竞争，自然也趋向衰败。还有一个最重要的就是长三角地区为太平天国所控制，这一地区恰恰是徽商的基地。长三角由于受到战乱的摧残，徽商遭受的损失最大。所以有人说，徽商是成也长江三角洲（江南），败也长江三角洲。再是曾国藩驻扎祁门，把徽商在徽州本地窖藏的金钱细软之物都搜刮光了。这对徽商的打击是沉重的。

徽商经营的茶叶。到了19世纪以后，印度、日本植茶成功，同治、光绪年间锡兰茶又兴起，新的竞争对手占去国际市场份额。祸不单行，茶业也因此走向衰落。

徽商在嘉庆、道光年间，也就是18世纪末19世纪初便走向败落了。前面所说的徽商衰落的种种原因是大都为学者认可的。但是，这是从历史的表面现象看。在我看来，最重要的也是最深层的原因还在于：徽商缺乏自身转化的动力，不能更新商业的理念。18世纪世界商业革命的浪潮已经波及中国，随着与西方签订的丧权辱国的不平等条约，被迫开放通商口岸之后，中国传统商业的经营理念和运作方法，越发显得落后。作为传统商业的代表——徽商，尽管走到了传统商业的高峰，发展到了极致，但由于缺乏转化的动力，受传统商业理念的束缚而不能摆脱，终于不能超越传统社会所规范的商业运作的轨道，走到传统商业的极限而止步。徽商之所以缺乏转化经商理念的动力，是因为它在政治伦理上以程朱的官本位为依归，经济伦理则以王（阳明）学的立教为本。

高文化素质与创新精神是徽商成功的秘诀

徽商称雄三百年的原因是什么呢？为什么徽商能赢得如此辉煌的业绩？原因是多方面的。其中一个带根本性的因素，是徽商的高文化素质，具有商业的创新精神。

徽商之所以具有高文化素质，是与其它源远流长的儒家背景有密切关系。

徽商是在儒学氛围氤氲中出现的。他们的先人本是中原的衣冠大族，有治儒学的家风，有深厚的家学渊源。移住徽州之后，带来了治儒学的家风。崇文重教，"十家之村，不废诵读"，读书科举，蔚然成风。宋代，通过科举，取得政治上"名臣辈出"的成功；明代中叶，又趁大航海时代带来的商机，以发展商业为主的战略决策，取得了经济上的突破。徽商历史的身份谱系，本来就是先治儒，后来再营商。但是，即使已是"藏镪百万"的大贾，依然未忘情于儒学。文献上关于"贾而好儒"、"贾服儒行"、"儒术饰贾"，以及徽商中有的先从儒业而后经商，有的既营商同时又从事儒业，有的放弃儒业而去经商而后来又归回儒业，等等贾儒结合的记载，正说明贾与儒之间彼此关联，难舍难分。这里所说的儒贾结合，既意味着一个人儒贾兼治，也体现在一个家庭诸子中业商、业儒的分工。"贾为厚利，儒为名高"，贾、儒相互为用。"贾而好儒"已经牢固地成为徽商内在的情结，其外化成为对传统文化的酷爱和执着追求。

对传统文化的酷爱和执着追求，促使徽商成为具有高文化素质、高文化品味的商人集团。

徽商"往往昼筹盐策，夜究简编"。除研读儒家经典外，尤其究心于与治生、货殖有关的典籍。甚至诗赋琴棋书画、篆刻金石、堪舆星相、剑槊歌吹，皆有涉猎。有的通过科举而跻身于官僚集团，例如，歙县业盐于淮的程晋芳，便中乾隆"辛卯进士"授翰林院编修。至于商而兼做诗人词客、书画艺人、科学名家者，更是指不胜屈了。譬如充当扬州文坛盟主的，多是徽州商人。大盐商"淮南程氏（梦醒）"、"扬州二马（马曰琯、马曰璐）"、"江氏二家（江春和江昉）"都曾先后为"坛坫主"（文坛盟主）。自然科学方面，徽商也卓有建树。例如，休宁程大位，放弃商业回到家乡，专心研究算术，经过近20年的努力，终于完成《算法统宗》一书，被誉为十六、十七世纪数学领域集大成的著作。这里略举一二，便可了解徽商文化素养，以及其在明清文化科技界的地位了。

我们从一则饶有风趣的文献记载中，也可看到徽商人才繁盛的一斑。根据这一则文献资料说：明代的名士王世贞曾率领江南地区一百多位名人去访问歙县的汪道昆。这些名人都各有专长，而且是当时很少有人可以同这些人相匹敌的。汪道昆租下名园数处，分住下来。对每一个来宾，都配有相应技艺的歙县人士作主人接待。在接待中有的谈学论道，互相辩驳；有的角技斗艺，争一技之长短。彼此之间，互有输赢。汪道昆单以歙一县之人才与江浙汇聚的名家相斗智、斗艺，终以平手结局。王世贞有备而来，本想显示江南人才之盛，但事不如愿，终于称赏而去。这里没有说明当地各具专才人的身份。当时人才没有专业化，据汪道昆说，"新都（徽州的旧称之一）人才，儒一商三"，就是说四个徽州知书达理的人中有一个是治儒业从事科举仕宦，三人是经营商业的。从这些话推想，王世贞和汪道昆主持的江南与徽州文士研讨会中，徽州一方的人大部分应当是商人。

徽商除注重提高自身的文化素质外，也着意营造高文化品味的人文环境和文化氛围。他们建置充满人文境观和生态环境的花园山庄，并营造精巧的庭园斋馆，假山盆景，以供游憩观赏。室内摆设雅致，而且赏心悦目，尤其喜欢收藏丰富的典籍和古玩文物，古色古香，充满书卷气的文化品味。他们"往往昼筹盐策，夜究简编"。除研读儒家经典外，尤其究心于与治生、货殖有关的典籍。甚至诗赋琴棋书画、篆刻金石、堪舆星相、剑槊歌吹，皆有涉猎。有的在自己庭院、山馆中举行文会。例如侨居扬州的马曰琯所建的"小玲珑山馆"，便是当时负有盛名的名流文士聚会之所。汪梧凤在老家歙县西溪所建的"不疏园"，也是汇集一时名家的胜地。在这个名园讲学论道的宿儒名士络绎不绝。朴学大师戴震便曾受聘于此园，从此"不疏园"所藏的极为丰富的典籍中得益甚多。徽商不仅为文人墨士提供求知问学，辩驳切磋的机会，而且营造了"儒风独茂"的文化氛围。这对人才的培养，对提高人的文化素质，是极为有利的。

应当指出，当时徽商所经营的是长途大贩运的买卖，所处的是引领商界之潮流，引领商界之风气的地位，客观上也促使其需要具备高的文化素质和高的文化品位。

徽商的高文化素质，表现在研究儒家学问的深邃造诣，琴棋书画、篆刻金石等传统技艺的精通，并留下了汗牛充栋的文献典籍，还表现在从商的职业技能的专业化；以诚实为本，以义制利的职业道德；以及敬业、创新的职业精神。

徽商善于从历史上、从自己的实践中总结、吸取经商的经验教训，他们从历史上的名商，如三致千金的范蠡、精通经之道的计然和白圭、富比王侯的猗顿、与国君分庭抗礼的子贡，等等，取得榜样的力量和经商的知识，从经商的实践中总结自己的经验，并写成专书，极力创造商业文化的新境。

他们撰写的商书，有综合性的，也有介绍商品和商业经营知识以及商旅路程的专书，如黄汴的《士商必要》、程春宇的《士商类要》、儋漪子的

《士商要览》等。至于商业励志、商德规劝的商书，或某一行业的专书，更是不胜枚举。作为一个商帮，如此注重商业经验的总结和商业知识的传播，实在是绝无仅有。

由于广博的历史知识和丰富的实践经验，使徽商善于洞察和把握瞬息万变的商机，并运用大智慧、大谋略，在虚实进退间，做出决胜于千里之外的决策。

尤其值得注意的是，徽商文化中的创新精神。他们在把儒家的优秀文化传统落到实处时，就作了创造性的运用。他们既传承了儒家的道统，又作了大的解构，为传统激活了生命力。表现在：政治伦理以程朱理学为依归，坚持官本位，以科举仕宦为终极关怀；经济伦理则以王（阳明）学的立教为本，提倡"士商异术而同志"，主张把"士农工商"的传统职业顺序，改为以"商"置于"工农"之上而与"士"相并列的"新四民观"，注入重利文化。这里把明儒两派互相抵牾的主张，揉在一起加以综合运用，本身就是一种创造。重利文化是商业发展的前提，引入陆王的尊商思想，显然是为了发展商业的需要。

"天理"是明代儒家的最高理念。徽商不同于西方的清教徒，把创造业绩以得上帝的恩崇，视为"天职观"。但徽商也表现出一种内在的超越精神，就是说，相信按照明儒的立教去修养，就可建立名德与功业，就可通"天理"。服膺"天理"，就得作"诛心贼"的修养，培养敬业、自重、自强的精神。其中最重要的是宗奉勤、俭、诚、信、义等儒家传统信条。这些信条，可以克制人的自然性欲望，使人回到理性的状态中来。男人长至十三、四岁，便每每投身商场，用"徽骆驼"精神进行磨炼，从勤与俭中培养出奋发进取精神和善于积财的能力。他们以诚、信为本，主张义中取利，因义而用财，建立起富有特色的商业伦理，以使商业的宗旨不偏离既定的轨道。将被贬为"末业"的商人，抬高到与"士"并列，具有可通天理的人格，这无疑可起到振奋精神，自重、自信、自强的作用。

徽商最具创新进取精神的，是前面所谈到的抓住16世纪大航海时代提供的机遇，改变走以耕读为主的传统道路，做出以发展商业为主，采取非常规地增殖财富的战略抉择。最引人注目的事件，是前面我们已经提到的以汪直为首的徽州海商走私集团，利用新安江通海之便，东下杭州湾，直奔海洋。效法当时西方海商，制造大舰，并武装起来，称雄于东亚海域，甚至在日本的五岛建立商业基地，掀起空前的声势浩大的中国海洋贸易第一波。

徽商在商业组织和经营管理上，也有诸多创造性的建树。商业组织是以血缘为核心建立起来的。并构建以血缘与地缘相结合的庞大的商业网络。徽商在寄籍地和侨居地总是按血缘、地缘聚居。在徽商内部是互相扶持，互相接济的，例如，建立按月补助财力消乏的盐商及其子弟的所谓"月折"制度，就是为了帮助生意遇到困难的商人渡过难关。徽商的组织网络和地域网络是合为一体的。徽商网络既有集聚资金、组织货源、推销商品、公关，以及加强竞争力等经济功能；又有引进、吸收外地文化效用，从而使徽州文化充满活力。人们把徽商建立的以长江中下游和运河两岸名都大邑为主的商业网络称为"大徽州"。"大徽州"和本土的"小徽州"之间的互动，使徽州的经济、文化处于吐纳、流动之中，因而充满活力，蓬勃发展。应当说，在中国的商业史上，徽商的网络是最庞大、最强有力，也是最成功、最富有创新精神的。

其他如会票制、合股制、伙计制等，较之以前商业营运形式有了明显的进步，推进了商业的功能。商号出资者与经理（或称掌计、副手）有的是分开的。前面提到的许承尧的先祖在江浙开办的四十余处典当铺，每处都分别由各掌计掌管。按规矩，家庭开支与铺店财务是分开的。这里已开始出现所有者与经营者分离的近代化商业的特征。又如，明末出现了汇兑业务的会票制度，虽然仅限于徽商内部，但它使货币便于携带流通，减少运输现金的成本和风险，有利于商业资本的运作。这种在异地支付的汇兑方式已带有近代金融的意义。在实施伙计制中，有的伙计虽不出资，但经考绩，表现经营得力，绩效突出者，可分享利息。这也已带有人力资本入股的色彩。有一布商，凡织工将他的"益美"名号织入布匹作为商标的给银二分。这一举动已经在为自己的产品做广告了。以上所说的种种商业营运形式，在当时商业经营管理上都属于崭新的形式，体现了徽商的创新精神。

总之，徽商取得辉煌业绩的秘诀，在于其高素质的文化和富有创新的敬业精神。创新精神是文化持续传承的生命力。没有与时俱进的创新精神，文化就会僵死，就没有持续辉煌数百年的徽商文化。

徽商在注重提高自身的文化素质的同时，又重视对文化事业作经济上的全面支持和慷慨投入，着意于社会上的人才培养，高扬人文精神，营造一个有利于人才成长的文化氛围，以保持人才不断涌现的后续局面。

今天，我们弘扬徽商文化，就要弘扬徽商注重提高人的文化素质，敢于迎接挑战，化挑战为机遇；就要弘扬不因循守旧，富有创新的精神；就要弘扬徽商敬业、自重、自强，不断自我超越，不断开拓、进取的精神；就要弘扬徽商克服投机取巧，确立经济理性的精神；就要弘扬徽商热心公益，回报社会的思想；做一个不愧于信息时代的道德人、知识人、创新人。

　　社会的运动本质上是人的实践过程。人的素质直接影响社会体系的构建与运行。安徽的崛起，关键也在于人，在于提高人的文化素质，在于建立一个文化建设与经济建设互动的战略机制。

　　徽商文化是一笔丰厚的精神财富。弘扬徽商文化，必能再创辉煌，促进经济文化崛起和社会进步。

徽州和珠江三角洲宗法制比较研究

宗法制度的故乡本在北方的黄河流域。起源于氏族公社，盛行于西周。尔后，虽然几经改变其形式和内容，以适应社会变迁的需要，但前后依然有一脉相承的关系。随着汉族与各少数民族间的相互融合，宗法制也逐步向周边地区扩展。到明代以后，作为越人故地的东南地区，宗族组织反而更加盛行。得益于商业化的一些单寒家族，冲破宗法制为官宦世家所垄断的藩篱，也修坟墓祠堂，撰写族谱，置族产，按照宗法制的原则组织起来。宗族组织因而趋向民间，逐步庶民化、普及化。宗族组织也因而成为社会结构的基础，对中国政治、经济、文化生活的各个方面，发生了深层的、长时段的影响。不研究、不了解农村宗法社会的性格，自然无从了解近现代中国社会的症结所在。

南方的宗族制，虽都同源于北方古老的宗法制，自有其共同之处。但由于各地的历史特点、文化背景、生态环境千差万别，宗族制在各地也呈现出千姿百态，各具特色。本文拟就南方的徽州和珠江三角洲的宗族制作一比较，以就正于海内外学者。

一、待开发的生态条件下进行竞争的工具

徽州位于皖、浙、赣三省交界处，本属古代越人的故地。自汉末始，尤其在晋、刘宋、唐末，北方衣冠巨族源源不断地迁入徽州。他们依然坚持世家大族式的宗族组织，往往选择易于守御之地屯聚为坞壁，[①] 并组成以本宗族的族人为核心，有部曲、佃客等依附农民参加的武装队伍，即所谓宗部、宗伍，其首领称作宗帅。宗帅，既是武装组织的首领，亦即宗族的族长。作为越人后裔的土著山民，有的也仿汉人组织成宗部，其酋长亦自称为宗帅。一些人众势雄的宗部甚至据守山头，恃险割据称雄，不纳王租，与中央政权相对抗。例如，歙县宗帅金奇，率有万户，屯守勤山；毛甘万户屯乌聊山；黟县宗帅陈仆、祖山等领有二万户，屯守林历山。孙吴政权费了九牛二虎之

---

① 参见拙著：《明清徽州农村社会与佃仆制》，安徽人民出版社1983年版，第301页。

力，才把他们镇压下去。① 文献上记载的宗部、宗帅，究属汉人抑或越人后裔，已难以区分。南迁的北方士族之所以坚持世家大族式的宗族组织，是为了适应新移住区待开发的生态环境下进行斗争的需要。汉末"孙吴的建国乃是以孙氏为首的若干宗族对于另外各个宗族集团即宗部的胜利"②。这些士族除为争取南方政权而进行角逐外，就是为占有山场，争夺劳动力，而在彼此间以及与各少数族的宗部展开斗争。他们通过坚持和强固原有的宗族制，加强内部的凝聚力，并不断地扩大其部曲、佃客（明清时代演变成所谓佃仆、郎户之类的依附者）的队伍。这些部曲、佃客，且耕且战，既是封建依附者，又是地主武装。从中原移植于此的宗族制，成为在这块荒服的待开发的生态环境下进行竞争的工具。

南迁的北方士族，在靠武力扩张其势力的同时，又以浸透着宗法思想的中原正统文化进行教化。他们终于在越人酋长控制下的徽州地区，取而代之，反客为主。随着时间的流逝，汉人源源不断的移住，唐代以后，不仅越人的习俗日渐泯灭，山越之称也不见了。这说明汉越已经融合。在这块"辟陋一隅，险阻四塞"的土地上，经过长期的土、客斗争，遗留下来的是："聚族成村到处同，尊卑有序见淳风"。③ 宗族组织成为当地社会结构的基础，

珠江三角洲，在唐代之前，是一由越人所居住的、栖息于历史角落的荒服之地，"越俗犹未甚变"。④ 今天的珠江三角洲核心区，还处于岛屿峙立的浅海之中。汉末、晋、宋的移民潮并没有直接及于此地。零星的移住，虽可追溯到秦汉，但几乎都集聚于汉人的边疆城市——番禺（即今的广州）和三角洲边缘的台地。珠江三角洲是以宋代的移民为契机而得到初步开发的。⑤ 明中叶以降，在广州市场转型的推动下，商业化兴起并日益加深。⑥ 珠江三角洲社会经济因而取得迅速进步。

宋室南迁，偏安杭州之时，朝廷官宦、士大夫也纷纷南移。随隆祐太后

---

① 参见《明清徽州农村社会与佃仆制》第11页。
② 唐长孺：《孙吴建国及汉末江南的宗部与山越》，见《魏晋南北朝史论丛》，生活·读书·新知三联书店1955年版。
③ 吴梅颠：《徽歙竹枝词》（手抄本），歙县图书馆藏。
④ 丘濬：《送梁宏道教谕序》，《广东文征》卷37，"序"。
⑤ 叶显恩、许檀：《珠江三角洲的开发与商品经济的发展》，中山大学珠江三角洲经济发展—管理研究中心主编：《珠江三角洲经济发展与管理》（一），1992年第5期。
⑥ 叶显恩、林燊禄：《明代后期广州市场的转型与珠江三角洲社会变迁》（待刊稿）。

来赣南的一路数万人，沿赣江的上源章水继续南来。他们跨过南岭寄寓南雄。① 这些士大夫就道时所携带的随行人员和族人，以及邻里乡党，经在南雄地区暂住之后，便下浈水，入北江，顺江而下，移住珠江三角洲。据当地族谱，如《罗氏族谱》等文献记载，从南雄珠玑巷移住珠江三角洲的一次集团性的移民中，便有33姓97家。② 关于这些人，没有世系显赫的记载。他们移入珠江三角洲，是出自寻找优越的经济机会，出自求生计的目的；与为了避难而迁入徽州的北方士族有所不同。他们的后裔因得益于商业化，通过科举仕宦跻身于权贵集团之后，追远溯本，把自己的家世与中原名族联系起来是明代以后的事。当他们进入珠江三角洲之时，如同当年北方士族移住徽州一样，面临着在新的生态环境中进行竞争的问题。凡在艰难的生存条件下，就必须依靠群体的力量。迁入珠江三角洲的北方士民，为了取得入住权、取得土地开发权的需要，为了兴修水利、开垦沙田的需要，他们也不得不高扬宗族制。他们把江南治理低洼地的经验运用于此地，沿东、北、西三江的主干修筑堤围。防水垦沙，既开辟了沙田，又加速了珠江水域的淤积。这一古老的浅海湾淤积成陆，并垦辟成良田，是与宋代以后源源不断迁来的移住者所付出的辛勤劳动和智慧联系在一起的。移住者对此地开发的成功，使他们取得了对当地的控制权，同在徽州的北方世族一样，反客为主。明代以后，土著的俚人（越人的一种）不见了，亦即被融合了。他们取得成功的法宝，也是宗族制。

迁入徽州和珠江三角洲的移住者，尽管迁移的动机，以及各自的情况不同，但他们都共同面临着一个新的生态环境中为求得生存而进行竞争的问题。宗族制既可用以表示对中央正统文化的认同，又可用以团结自己，以之作为与对方进行竞争的社会手段。从此也可见开发较晚的东南沿海宗法组织反而比其滥觞地中原地区更盛行的原因所在了。

二、宗法制传承的典型与宗法制的变异

移住徽州的衣冠巨族，在迁移之前，宗法组织严密，皆有系统的谱牒，门第森严。南迁时，依然保持原来的宗族组织。移住徽州之后，聚族而居，尊祖敬宗，崇尚孝道，讲究门第，以家世的不凡自许。他们还撰写家法以垂

---

① 脱脱：《宋史·高宗纪》；李心传：《建炎以来系年要录》绍兴三年（1133）三月癸未条。
② 见黄慈博：《珠玑巷民族南迁记》，广东省中山图书馆油印本。

训后代，力图保存其过去的一套家风。他们采取种种方法，极力维护并进一步强固原有的宗法制。到了宋代，程朱理学（又称新安理学）① 对其故乡徽州的影响尤其深远。通过程朱理学的鼓吹，把宗族伦理提到"天理"的高度。张载提出以宗法制来"管摄天下人心"。② 程颐则认为加强对家族的管制，要有"法度"，治家者"礼法不足而渎慢生"。③ 就是说，对族众要绳之以宗规家法。朱熹也撰修《家礼》等书，制定了一整套宗法伦理的繁礼缛节，用以维系与巩固宗族制度。与理学糅合起来的宗族组织，越发制度化了。"尊祖"必叙谱牒，"敬宗"当建祠堂、修坟墓，"睦族"需有族产以赈济。修族谱、建祠墓和置族产，成为实现尊祖、敬宗和睦族必不可少的。根据理学的伦理纲常制定的宗规家法，则作为约束族众，以及佃仆举止的规范。当地各大族都按一家一族来建立村寨，形成一村一族的制度。村内严禁他姓人居住，哪怕是女儿、女婿也不得在母家同房居住。具有主仆名分的佃仆一类单家小户，则于村寨的四周栖息，以起拱卫的作用。随着宗族的繁衍，有的支房外迁另建村寨，也仍然保持派系不散。关心乡梓事务的清初官僚赵吉士曾指出：

> 新安各姓，聚族而居，绝无一杂姓搀入者。其风最为近古。出入齿让。姓各有宗祠统之。岁时伏腊，一姓村中千丁皆集。祭用文公家礼，彬彬合度。父老尝谓，新安有数种风俗，胜于他邑：千年之冢，不动一抔；千丁之族，未常散处；千载之谱系，丝毫不紊。主仆之严，数十世不改，而宵小不敢肆焉。④

他的这一段话颇能概括徽州宗族制度的特点。从此可以看出，徽州的宗族制，坚持以父系为中心的严格的血缘关系，并与地缘相结合；坚持严格的尊卑长幼的等级制度和主仆名分；重坟墓祠堂，坚守尊祖敬宗和恤族，崇尚孝道。

应当指出，这里所说的徽州风俗"千年之冢，不动一抔；千丁之族，未尝散处；千载之谱系，丝毫不紊"，似是绝无仅有的。因为历代战乱、兵

---

① 据程昌《祁门善和程氏谱》记载：程颢、程颐"胄出中山，中山之胄出自新安之黄墩，实忠壮公之裔"，被视为歙县人。朱熹之先人亦婺源人。因此，程朱理学又称为新安理学。
② 张载：《经学理窟·宗法篇》。
③ 程颐：《伊川易传》。
④ 赵吉士：《寄园寄所寄》卷11《故老杂纪》。

燹所及，各大族都难逃厄运。尤其在唐末黄巢起义中，世家大族遭到毁灭性的打击。因在这次动乱中，士族官僚"丧亡且尽"①，以至于五代以后，"取士不问家世，婚姻不问阀阅"②。谱牒也在战火中烧毁或散佚。唯幸逃唐末战乱的世外桃源徽州地区的世家大族安然无恙。入宋之后，他们虽然不能恃其门第之高崇而取得官职，但却凭借其家学渊源，通过科举仕宦而进入统治集团，即所谓"宋兴则名宦辈出"。他们原有的谱牒、祖坟，也自被保存下来了。并且坚持聚族而居。徽州宗族制一直保持与正统文化相一致，堪称正统宗族制传承的典型。

珠江三角洲的开发，始于宋代，为时较晚。宋代集团性的移民，见诸族谱的有以罗贵为首的33姓97家。其中今可考者有13家。③据文献记载，这些人均未属官宦世家。因官，或因流徙，而卜居当地者，也曾"蝉连而居"④，并有在宋元建祠堂、置族田的记载⑤，但这些家族并不能世代相承地保持其显赫的地位。宗族制在珠江三角洲没有普遍推行。未见以恪守中原宗族制自诩者，却有士族与土人合流的先例。世为罗州刺史的新会冯融，本是燕主冯弘之裔，以其子高凉太守冯宝，婚于俚（后改黎）族首领冼氏女。后来冼冯氏家族成为独霸一方，历梁、陈、隋、唐四代而未衰的大族。唐初冼冯氏之孙冯盎"所有地方二千余里，奴婢万余人，珍玩充积"⑥。"贞观初，或告盎叛，盎举兵拒境"，唐太宗下诏将讨之。魏征谏曰："王者兵不宜为蛮夷动，胜之不武，不胜为辱。"⑦视冯盎为"蛮夷"。珠江三角洲各大族以中原高贵血统相标榜，是在明代以后的事。明中叶，得益于商业化的单寒小姓，在当地经济普遍增长中所起的作用，使他们感到自己存在的价值，于是也仿效大族建立起宗族组织来。这就冲破了传统的宗族制与庶民隔绝的藩篱，使原为名门大姓所垄断的宗族制走向民间，成为庶民的组织。庶民的子弟通过入学、科举而仕宦的道路，跻入统治集团。明中后期活跃于政坛上的珠江三角洲籍官僚，如伦文叙和伦以谅、以训、以诜父子，霍韬，李待问

---

① 欧阳修：《新五代史》卷284《豆卢革传》。
② 郑樵：《通志》卷25《氏族序》。
③ 黄慈博：《珠玑巷民族南迁记》，广东省中山图书馆油印本。
④ 屈大均：《广东新语》卷17《宫语》，"祖祠"条。
⑤ 见叶显恩、谭棣华：《论珠江三角洲的族田》，《明清广东社会经济形态研究》，广东人民出版社，1985年，第144-164页。
⑥ 司马光：《资治通鉴》卷193《唐纪九》，"贞观五年十二月"条。
⑦ 《唐书》卷110《冯盎传》。

等，就分别从农民、鸭户、冶铁户等社会底层出身而出任朝廷大臣，或地方高级官僚。顺德梁储更是入踞正德朝宰相。他们相互援引，互相攀附。例如，正德九年（1514）梁储充会试考官，擢霍韬为第一；①礼部尚书霍韬倚重佛山梁焯和番禺王用仪。这一新兴的官僚士绅集团更是大倡宗法制，竞相叙谱追宗寻祖。都说是源于中原名宗大族，迁自南雄珠玑巷。如伦氏，望出京兆，黄帝臣伶伦之后；霍氏，望出太原，周文王之叔处（因封于霍，亦称霍叔）之后；等等。各大族迁自珠玑巷之传说，更编演成美丽动人的故事。自明代起，盛传不衰，妇孺皆知。新贵宗族附会的族谱，敷张成故事传说，传说又成为后来编写族谱的依据。有谱牒以尊祖，自可立祠堂以敬宗、置族产以睦族了。在建构谱系中，对始祖的附会、对祖宗的粉饰，几乎成为修谱的通病，非珠江三角洲所独然。唯同姓不同宗者，采取虚立名号，联宗通谱，建立共同的宗祧继承关系的做法，在徽州，是一禁忌；而在珠江三角洲，却是公然盛行的。更甚者，一些居住相邻近的寒姓单家，也以抽签、占卜方式来确定共同的姓氏，并且虚拟共同祖先，合同组成一宗族。虚拟宗族的流行成为珠江三角洲宗族制的一个特点。这与以父系为中心的血缘关系组织起来的徽州宗族制迥异。

聚居性本是宗族的一个特点。地缘是血缘的投影。②但是，卜居珠江三角洲的官宦之家，虽曾"蝉连而居"，但并非一味追求单姓村。例如，"族属之蕃，甲于一郡"③ 的名族沙湾何氏，是在13世纪来到由泥沙淤积形成的名为"沙湾"的冲积平原的。与何氏先后陆续移住于此的还有李、王、黎和赵等4姓。今天聚居沙湾的大姓，即这5个姓氏。据口碑相传，在何氏来此之前，已有张、劳、曹、康、麦和朱等姓，但今已亡绝无遗。④据笔者翻阅近年出版的有关珠江三角洲地名志的资料，有的村落，是由数姓共建的。宋代立村的东莞李屋（原由李、黄、胡三姓立村，因李姓人多，以李名村）、麦屋、朱屋（此2村也因麦、朱人多而以其姓名之）等即是。⑤有的古老村落，兴废无常，村名是随着移住者的嬗替而不断改变的。例如，增城县新村，唐代由江西迁来，名为四门村。元代有林、郑、张、赖等姓移

---

① 万历《广东通志》卷6《藩省志六·事纪五》。
② 费孝通：《乡土中国》，生活·读书·新知三联书店1985年版。
③ 龙廷槐：《敬学轩文集》卷7《书外海陈氏家谱后》。
④ 参见刘志伟：《祖先谱系的重构及其意义》，《中国社会经济史》1992年第4期。
⑤ 参见《广东省东莞市地名志》，广东高等教育出版社1987年版。

住,取名新村。后因郑姓取得对该村的控制权,又叫郑新村。[①] 之所以各姓先后叠住一村,是因为三角洲的丘陵、台地有限,为了就近垦辟沙田,受生态特点的局限,自不能像徽州的大族般以堪舆风水术卜定。晚清以后,随着大片沙田的垦辟,居民沿着河涌搭茅棚,村落形成线状型。番禺冲积三角洲上的鱼窝头镇的大涌村、良角村等即是。这些所谓村落,有的绵延数里。居住于此的或为属贱民等级的疍民,或为被大族役使的称作"水流柴"的"耕仔"(又称"开边人",意为"外边人")。除有的耕仔系离宗主村别居的族员外,一般来说,新沙区的线状(或带状)村落,都没有宗族组织。其中一个原因,就是缺乏地域的聚居性。在徽州,从宗主村分迁的支派,则坚持聚族而居,"仍以祖居为宗"。据《休宁范氏族谱》记载:始祖范传正于唐代元和(806—820年)末移住博村。自宋至明初,依次分迁出汊口、林塘、油潭、合干、闵口和瑶关等6村,皆以博村为宗主村。村居形胜图详载于族谱,不容他姓搀居其中。可见对单姓聚居的重视。

祠堂作为对应作用于敬宗,并和谱牒、族田合同作用于宗族制的宗旨而备受重视,并且成为判定一血缘群体是否形成宗族的重要标志。在珠江三角洲,祠堂尤其受到重视。清初,屈大均曾经指出:"其大小宗祖祢皆有祠,代为堂构,以壮丽相高。每千人之族,祠数十所,小姓单家,族人不满百者,亦有祠数所。"[②] 在广州等大中城市,联姓祠甚多。据统计,光绪元年广州城内便有联姓祠宇85处。[③] 对于缺乏血缘和地缘关系的虚拟宗族,祠堂更成为加强凝聚力的法宝。尤其值得注意的是,祠堂也采取股份制合同兴建。民国年间,就有由国民党军长黄国梁倡首,增城、龙门、惠州和从化等地黄姓集资,分5股出资兴建者。[④] 祠堂是宗族身份的标志,番禺沙湾就以是否有祠堂作为判定"埋边人"(意为里边人,指大族)和"开边人"(意为"外边人",指被役使的小姓)的根据,而且有祠堂可以提高一个人的社会地位,增强商业上的信誉,可见在珠江三角洲,祠堂之特别被重视是同虚拟宗族之盛行和商业化有关。凡此种种,都可看出珠江三角洲的宗族制较之于徽州的显然是一种已经变异的亚种形态。

---

① 《广州市地名志》,广东科技出版社1989年版,第544页。
② 居大均:《广东新语》卷17《宫语》,"祖祠"条。
③ 光绪《嘉应州志》卷23,"禁联姓祠"条。
④ 《广州市地名志》,第542页。

三、社会特权的追求与族内经济关系的商业化

宗族组织是与传统的家族主义文化相适应的。它具有政治、文化和经济的功能。作为传统宗法制传承典型的徽州宗族组织，其主要功能在于谋求并维护本宗族的社会地位和特权。因此，选拔精英，以科举仕途求高官，和以经商致富，以捐输捐纳而得官衔，便成为其取得宗族社会地位和特权的途径。由于重视族内子弟的培养，"宋兴则名臣辈出"；明清时期，出现"人文郁起"的局面。"以才入仕，以文垂世者"愈多。所谓"一科同郡两元者"，①"兄弟九进士，四尚书者，一榜十九进士者"；②"连科三殿撰，十里四翰林"③等佳话频传。单以歙县为例，居科名之先者，如中状元的有唐皋、金榜、洪莹、洪钧等，立相国之隆者有许国、程国祥等，阐理学之微者有朱升、唐仲实等，大经济之业者有唐文风、杨宁等，宏政治之才者有唐相、吴湜等，擅文章之誉者有汪道昆、郑桓等，副师武之用者有汪宏宗、王应桢等，因商致富而上交天子者如得乾隆帝欢心的盐商江春、鲍廷博等。④这里只略举一二，但已足见人才之盛了。通过祭祖、分胙、读谱、宣约（即宗规家法，有的还读"圣谕"）等活动，培养对家族本位理念的认同，以加强族内的凝聚力。所以，这些宗族经历千余年而"未尝散处"。通过赡济贫穷族员，培养族人对宗族依赖的情感。有的族田较多的宗族，"节妇孤儿与出嫁守志，以及贫乏无依者，生有月粮，寒有冬衣，死有棺衾，葬有义冢，嫁有赠，娶有助，莫不一均沾其惠"⑤。宗族内部，还可"有无得以相通"，"吉凶有以相及"，⑥具有道义经济的功能。总而观之，徽州宗法制的功能着重于谋求尊崇的社会地位和政治特权。

珠江三角洲是因明代以后得益于商业化而引起宗族制的普及化，又由于生态环境、文化背景的特点，其宗族制已发生了变异，不同于徽州宗族制是直接移植于北方，具有正统性。它虽然具备传统宗族制的一般功能，但又有

---

① 徐卓：《休宁碎事》卷1，"万青阁偶谈"条。按："两元"指康熙辛未状元戴有祺，会元张瑗。
② 赵吉士：《寄园寄所寄》卷11《理学》。
③ 许承尧：《歙事闲谈》卷10《科举故事》。
④ 见拙作：《明清徽州农村社会与佃仆制》第三章、第五章，安徽人民出版社1983年版。
⑤ 《重修古歙东门许氏宗谱》卷首，《许氏总阃族公撰观察公蘧园公事实》
⑥ 苏大：《大宗小宗说》，见《新安苏氏族谱》。

其特点,这就是经济功能的扩大化。

珠江三角洲的族产较之于徽州的要丰厚而且多样。这同珠江三角洲特有的生态环境密切相关。其宗族的发展,以及经济实力的增强,是同沙田的开发联系一起的。清朝政府规定:占地10顷以上者,"不得再种沙田","小民围筑沙滩亦不得过五顷之数"。① 用宗族的名义承垦则不受此限。而且"工筑浩繁","有沙田十亩者,其家必有百亩之资,有百亩者必有千亩之资而始能致之也"。② 唯名宗大族,或得益于商业化的寒门宗族,才有足够的资金向政府申报承垦。因此,围垦沙田成为增强宗族经济实力的重要途径。有的宗族也因经营沙田和其他族产而日益向经济实体转化。在本世纪30年代,80%的农户生活在宗族组织之中;族田约占土地总面积的50%。③ 族田所占比例之高,为全国之冠。④ 私人土地所有制在向宗族集团土地所有制转化,似是清中叶以后东南地区出现的一种趋势。但是,这种转化如此之迅速,则系珠江三角洲的耕作系统所使然。沙田的开发、基围的修筑、沟渠的开凿、水窦的排灌,都需要统一组织和管理。在难以监督的个体耕作情况下,小规模的田场经营,其优势则远胜于大规模的农场经营。这种适合于大面积的土地占有和小规模的田场经营的生态环境,正是宗族集团土地所有制盛行的重要原因。

珠江三角洲沙田的承垦与管理,也因而成为宗族的重要功能。明中叶以降,农业商业化的日益发展,并由此而赚取的愈来愈多的利润,是沙田开发的资金来源。漂荡在河面上的贱民——疍家(又称疍民),又为之提供了充足的廉价的劳动力。据笔者的实地调查,顺德县大良镇东门外的云路(原称海沥沙),就是在大族的组织下,由胼手胝足的疍民开发出来的。在宗族资金不足的情况下,则采取合股的形式来筹集。例如,东莞县张梯云馆、邓荫兰堂、何醉经堂、何修德堂于光绪二十年(1894)合伙出银建筑海心洲

---

① 《广东省例新纂》卷2《户例上》。
② 陈在谦:《与曾勉士论沙田书》,《广东文征》第2册,第23卷,香港珠海书院出版委员会1973年版。
③ 陈翰笙:《解放前的地主与农民——华南农村危机研究》,冯峰译,中国社会科学出版社1984年版,第38页;又,陈翰笙主编:《广东农村生产关系与生产力》,中山文化教育馆1934年版,第14—17页。
④ 关于中国各地族田的分布及所占比例情况,请参阅张研:《清代族田与基层社会结构》,中国人民大学出版社1991年版,第38—90页。

沙田；民国三年（1914）张如见堂集股领照筑堤以保护太和洲沙田等。① 连沙田的田场管理、割禾、收租，乃至谷物储所、平抑米价等，有的宗族也下公文、出告示，作出规定，行使司法权。②

除拥有族田外，宗族还有族墟、族店、码头、族窑，等等。不同于徽州几乎仅限于族田和山场。一些有政治特权的宗族甚至相竞控制重要的经济行业。例如，作为佛山的经济支柱、享有官准专利的铁冶业，就为冼、霍、李、陈等巨族所相竞争夺。明人陈子升曾经指出："佛山地接省会，向来二三巨族为愚民率其货利，惟铸铁而已。"③ 可见控制这一行业，即可掌握佛山的经济命脉。因霍韬的发迹而显赫起来的霍氏家族，就控制有铁、炭、陶瓷、木植等，以及其他"便民同利"的产业，诸如墟场、市肆、码头、店铺，等等。石头霍氏宗族设有纲领田事一人，司货一人。司货之下又设司窑冶一人，司炭铁一人，司木植一人，各司其职，以适应经济管理的需要。

珠江三角洲的族产，也不同于徽州的只作为宗族的活动经费和恤族之用。它已注入商品意识，属于营利性质。据实地调查，三水县芦苞镇欧阳村"载德堂"在民国初年便组织起"永发公司"来经营族产。族店、族窑等，本是商业行为，以营利为目的，固不待言，就是族田的收入，除去宗族活动经费，"留存备用"（主要用以追加，或新的投资）外，余者"均分""均荫"。④ 集股开发，或集股购置的沙田收入，有的明文规定："按股均派，一宿不延"。⑤ 显示出其分益的商业行为，而不是实行徽州的道义经济。

珠江三角洲宗法组织的经济功能，还表现在通过族规家法限制、禁止，或规范族众的某些经济行为。例如，石湾《霍氏崇本堂族谱》中，就有"农有百谷之当布""工有百艺之当做""商有百物之当货"等作为家训，要族众"能依此嘱，永为福人"。还有"商贾三十六善""农家三十六善"等规范族众从事商贾、农业等经济行为。⑥

---

① 参见《许舒博士所辑广东宗族契据汇录》主编黄永豪写的"序言"，东洋学文献センタ－丛刊第49辑，东京大学东洋文化研究所附属东洋学文献センタ－，1987年。
② 见番禺县沙湾镇乡族组织处理乡族事务的文件：《辛亥壬子年经乡族文件草部》。
③ 史澄：《广州府志》卷15《舆地略七·风俗》。
④ 《佛山梁氏家庙世守书》第三，"经产"，光绪十四年刻本；韩锋：《番禺县古霸乡志》，民国刊本。
⑤ 见前揭《许舒博士所辑广东宗族契据汇录》，第170页。
⑥ 霍春洲：《家训》，见《霍氏族谱》（佛山），道光刻本。

四、宗族伦理与商业

在中国大陆一度流行的学术分析模式中，认为商品经济的发达导致资本主义萌芽，宗族组织是一种落后的阻碍社会进步的保守力量。但是，从近年来笔者接触的资料看，这两者似应互相冲突、矛盾的事物，却表现出相安无事，互相适应，在一些地方甚至表现出相辅相成，相得益彰。关于这一问题，徽州与珠江三角洲提供了可作比较的范例。

明清时期，徽州商业资本的发达和宗族制的强固是众所周知的。两者关系之密切，从徽商对宗族制所做的贡献即可看出。徽商在商业上取得成功之后，几乎都念念不忘地做尊祖、敬宗和恤族之举，诸如修谱、建祠、置族田，等等。他们为宗族活动提供了源源不断的经费来源。与此同时，徽商或通过"捐输议叙"（明代）、"捐纳"（清代）获得荣衔虚职，或通过培养子弟（包括用族产培养族贫之俊彦），经科举而入仕，以实现缙绅化，跻入权贵集团，提高本宗族的社会地位。以壮丽祠墓相高和极力追求缙绅化，都是为了实现"家族荣耀"的终极关怀。在浸渍家族本位的宗族理念中，个人的升迁荣辱，是与宗族联系在一起的，即个人的身份地位取决于所在的等差次序的伦理构架中的位置，取决于所属社会集团的势力。唯有提高本宗族的社会地位，方能实现自己的价值。所以，追求家族荣耀的终极价值观念，成为驱策族人勤奋营商（胡适称之为"徽骆驼"）的精神力量。当地流行的"弃儒从商"、"贾服儒行"、由贾而"缙绅化"等行为模式，也是源自这一宗族观念。

宗族伦理驱动商业的运作，还表现在提倡"新四民论"。"士农工商"是中国传统社会职业构成的次序。明代嘉万（16世纪）以降，在徽州出现把商业置于农工之上而与士并列的"新四民论"。清代珠江三角洲的文献，则提出"四民皆本"，甚至"以商立国"的思想。[①] 重新调整职业构成次序的"新四民论"的出现，显然与国内外的经济形势变化有关。最引人注目的是作为商品构成部分的日用百货的流通日益广阔，商品经济的发展显示出与以前不同的特点。加之五代之后，"取士不问家世"，而以科举为晋身之阶。清人沈垚对此曾感叹道："古者士之子恒为士，后世商之子方能为士。此宋元明以来之大较也。"为何"商之子方能为士"？非营商者，"子弟无由

---

① 参见《岭南冼氏宗谱》卷5之一，《艺文谱上》；郑观应：《盛世危言·商务》。

读书以致通显"。① 很显然，缺乏经济基础，想读书仕宦是不可能的。求富最便捷之途莫过于营商。商业的成功既关系着家族的荣耀及其绵延不衰，提高商人地位的"新四民论"因而出现。

宗族伦理不仅引发营商的动机，规范徽商的行为模式，而且在商业的经济行为中也发挥作用。富商巨贾所使用的伙计，首选的是族人并倚重之。汪道昆的曾大父玄仪，便将"诸昆弟子姓十余曹"带去经商，后来这些昆弟子姓也都发了财，有的甚至积资超过他自己。② 富商歙人吴德明"平生其于亲族之贫者，因事推任，使各得其业"③。这种吸引族人从商之举，导致"业贾者什七八"，④ 举族经商的盛况。例如，汉口的徽人商业为绩溪胡氏所开辟；在通州则由仁里程氏所创。⑤ 还出现了某一家族垄断某一行业的情况。如绩溪上川明经胡氏，以胡开文墨业名天下，上海的墨业几为之所垄断。⑥ 徽商在各地的商业网络都带有宗族性。利用商业网络互通信息，⑦ 甚至采取联合行动与同行相竞争。南京500家徽商当铺联合起来，凭其雄资，用低息借出，击败闽商的典当业，即一例。⑧ 在扬州的盐业，始为黄氏所垄断，尔后汪、吴继起，清代则为江氏。徽商对扬州盐业的垄断，以及在山东临清，"十九皆占籍"⑨，长江沿岸，"无徽不成镇"的谚语，都说明扬州和临清等以及长江两岸的一些城镇是徽商带领族人开辟的商业殖民地。由上可见，一旦有取得商业的成功，便可吸引族人前来依附。终于导致或垄断某一行业；或占据某一城区，开辟商业据点。他们借助宗族而形成商业网络，相互扶持，互通信息，甚至联合行动，击败竞争者。

值得注意的是，在徽州未曾发现如同珠江三角洲般由祠堂族长出面经营商业，利益由族众均占的情况，而是在宗族内部采取互相扶持，以求共同发展。例如，婺源程栋在汉口营商得厚利，置有产业。"凡亲友及同乡者，借

---

① 沈垚：《落帆楼文集》卷24《费席山先生七十寿序》。
② 汪道昆：《太函集》卷1《先大父状》。
③ 《丰南集》第5册，《明德公状》。
④ 汪道昆：《太函集》卷16《阜成篇》。
⑤ 《绩溪县志馆第一次报告书》，《胡适之先生致胡编纂函》。
⑥ 《上川明经胡氏宗谱》（绩溪）下卷，《拾遗》。
⑦ 参见：〔日〕臼井佐知子：《徽商及其网络》，《中国社会与文化》1991年第6号；中译文刊于《安徽史学》1992年第1期。
⑧ 《金陵琐事剩录》卷3。
⑨ 谢肇淛：《五杂俎》卷14《事部二》。

住数月，不取伙食，仍代觅荐生业。"① 这同徽州本土族内实行的道义经济相对应，与珠江三角洲的宗族内部趋向于经济上的公平分益迥异。

珠江三角洲的宗族组织，如前所述，是因商业化的出现而推行的，并随同商业化的加深而日益庶民化、普及化的。宗族制和商业化有互相依存的关系。宗族制的盛行，既表示边陲地区对正统文化的认同，又是新兴的士绅阶层将正统文化与自己的带有商品意识的价值观相糅合的结果。明中叶，以酿酒生意发迹的南海"太原霍氏"晚节公把"酿酒之法"写入"家箴"，告诫子孙世代遵守。清代康熙年间，这一家族又将有关手工业和商业的注意事项写进家训，以规范子孙的行为，② 表现了其对工商业的关注和支持。

珠江三角洲宗族组织对商业的关注，不似徽州般只是为求致富而缙绅化。他们在缙绅化的同时，也直接用其货币经济的力量以通显。他们通过捐资举办公益事业，诸如善堂、医院、育婴堂，等等，而取得在地方上与士绅并列的名流地位。这说明他们已不完全恪守"官本位"的价值观。清末香山县人郑观应便指出："商务者，国家之元气也；通商者，疏畅其血脉也。"又说："士无商则格致之学不宏，农无商则种植之类不广，工无商则制造之物不能销。是商贾具生财之大道，而握四民之纲领也。"③ 郑观应视商为四民之纲，以商立国的思想，正体现了这种价值观。它较之于徽人以商作第一生业，已具有质性的飞跃了。

商品意识、商业行为，被运用到宗族组织的各种活动之中，诸如合股建祠堂、修水利、组织合会等，④ 甚至仕宦官场之中，也以贪赃之多寡，判断其能、痴的标准。⑤

在宗族内部出现利益均沾，宗族日益趋向以谋利为目的的经济实体的同时，宗族内部也出现了投资与借贷的关系。凡不能偿还宗族债务的族员，要变卖家产抵足。"产业尽变仍不足抵偿之数"，将其本人，及其子孙"革祭"。⑥ 温情脉脉的宗亲道义不见了，有的是不论宗亲的商业关系。

---

① 《婺源县采辑》，"孝友"。
② 南海石湾《霍氏崇本堂族谱》卷3。
③ 郑观应：《盛世危言》三编卷1《商务一》《商务二》。
④ 合股建祠堂，见《广州市地名志》第542页；合股修水利，见《南海甘蕉蒲氏家谱》"杂录"；组织合会，请参见拙作《略论明清珠江三角洲高利贷资本》，见《明清广东社会经济研究》，广东人民出版社1987年版，第176-205页。
⑤ 万历《新会县志》卷2《风俗纪》："仕之归也，不问人品，第问怀金多寡为轻重"。
⑥ 南海《潘氏典堂族谱》卷1《家规》；又可参阅〔日〕滨下武志：《关于中国传统经济行为的几点考察》，《广东社会科学》1992年第6期。

珠江三角洲宗族组织在商品性农业扩张及建立以出口贸易带动本地区手工业、农业发展的"贸工农"经济体系和建立一系列的商业企业过程中,①尤其在以机器缫丝取代手工缫丝的带有产业革命精神的壮举中,都发挥了作用。引进侨资、集聚零散的资金以建置机器缫丝厂,利用一些祠堂、庙宇作为厂房,等等举措中,宗族组织在一定程度上都起了组织者的作用。可以说,珠江三角洲的宗族组织充当了农业商业化、乡村工业近代化、商业企业化的推动者,乃至组织者的角色。

综上所说,南方本是少数族的故居。当北方汉人迁入时,都面临一个在已被占领的生态环境中求得生存而进行竞争的问题,因而需要高扬团体组织以作竞争手段。基于南方的生态环境和耕作格局,古老的宗族制便被作为最佳的选择。宗族制度的建立,需要有士绅倡导并具备足以维持生计以外的余资充作修谱、建祠和置族产的费用。因商业的发达而取得经济发展和文化进步的南方,恰恰具备这一条件。所以,一些寒门弱姓也组建起宗族组织。宗族制由高门大姓所垄断的格局因而被冲破,它走向民间,不断地庶民化、普及化。这是南方宗族制得以盛行,并和商业发达联系在一起的原因。

在南方,就徽州和珠江三角洲而言,宗族制和商业间的关系都相辅相成,但又各有不同。如果说徽州宗族制是一直保持与正统文化相一致,堪称正统宗法制传承典型的话,那么珠江三角洲的宗族制却是已经变异的亚种形态。宗族制在徽州是以维护和谋求社会地位、政治特权为其主要功能的;而在珠江三角洲却着力于扩大其经济功能的一面。珠江三角洲的宗族直接经营产业,并出现向经济实体转变的趋向。宗族内部也相应出现利益分沾,而不是徽州的余缺互济的道义经济。徽州宗族制之所以对商业的支持,主要着意于因商致富而缙绅化,坚持"官本位"的价值观,因而在引发营商致富的动机中,已包含了否定或摧毁商业企业发展的因素,② 商业经济既作为传统社会经济的附丽,而不是其异化的力量,因而徽州商业资本自不能超越传统社会所规范的商业运作的轨迹。而珠江三角洲却出现因商致富之后,通过发挥货币经济的力量直接谋求与士绅并列的社会名流地位的趋势,没有恪守

---

① 关于商品性农业的扩张,"贸农工"经济体系和近代商业企业的建立等问题,因限于篇幅,不能展开讨论,请参阅拙作《略论珠江角洲的农业商业化》(刊于《中国社会经济史研究》1986年第2期)和《地利、传统市场与珠江三角洲的海外贸易》(刊于香港第二次世界华商大会指定参考书《珠江三角洲历史、地理、经济情况及南洋华侨发展史》,1993年,第47—80页)两文。

② Godley, *The Mandarin-Capitalists From Nanyang*, PP. 37-38. 转引自陈其南:《再论儒家文化与传统商人的职业伦理》,台北《当代》1987年第11期,第72-85页。

"官本位"的价值观。也正因为如此,宗族组织在农业商业化、商业企业化、乡村工业近代化中,充当了或为支持者、或为组织者的作用。其商业行为也已越出常轨,并发出以商立国的呼唤。

(原刊于《中国经济史研究》1996年第4期)

明清时期徽州的刻书和版画[*]

徽州地区，古称新安，明清称徽州府，领歙、休宁、祁门、黟、绩溪和江西婺源六县。"徽之为郡在山岭川谷崎岖之中。"[①] 山地和丘陵占地十分之九。黄山、白岳盘踞境内，新安江蜿蜒其间，东下可达杭州，西由阊江入鄱阳湖，北由绩溪可通江南地区。由于多山及气候温和，该区宜于种植杉、松等树木。纸、笔、墨、砚等文房四宝，都是徽州地区的特产。天时、地利奠定了徽州的版刻基础，又由于徽州历史文化的特点，尤其嘉靖、万历以后徽商崛起，财雄势大，更直接推动了版刻业的发展。明人谢肇淛评曰："宋时刻本以杭州为上，蜀本次之，福建最下。今杭州不足称焉。金陵、新安、吴兴三地、剞劂之精者，不下宋版；楚蜀之刻，皆寻常耳。"[②] 徽州的版刻技艺随着徽商踪迹而辐射各地，开创出刻书、版画的辉煌新纪元。

徽刻的社会经济文化背景

从历史上看，汉朝末年，大批强宗大族移居江南、徽州地区。根据宗谱、名族志等记载[③]，两晋、南朝，乃至唐宋，迁入大姓有鲍、余、黄、程、叶、戴、任、闵、徐等。为巩固其社会地位，大族广置田产，包括义田、学田、祠田、族田、祭田等。田产可以赡养族人，提供教育费用，宗族祭礼，以及用作砥砺名教，解决地方纠纷或与外地争讼的费用。大族用各种方法维系宗法制，以达到尊祖、敬宗、收族的目的。

徽州人以当地为程朱理学故乡自居，通过追宗叙谱，程颢、程颐先人为歙县篁墩人，朱熹则出婺源。《徽州府志》之作者指出：程朱"嗣孔孟之统，而开绝学于无穷，其人物卓伟若此，一时名公硕儒与夫节孝材武，遗老

---

[*] 本文与美国国会图书馆东方学专家居蜜博士合著。
[①] 顾炎武：《天下郡国利病书》（清道光三年成都龙万育变堂刊本）卷32，《江南二十》。
[②] 谢肇淛：《五杂俎》（明万历间刻本，美国国会图书馆藏本，原为濑川氏藏）卷4。
[③] 叶显恩：《明清徽州农村社会与佃仆制》，安徽人民出版社1983年版，第12－19页。

贞媛之属，文焕乎！"① 作为理学的发祥地，"道学渊源在新安久矣。"② 四方之人遂谓新安为"东南邹鲁"③。吴翟《茗洲吴氏家典》以朱子礼训子弟，认为"我新安为朱子桑梓之邦，则宜读朱子之书，服朱子之教，秉朱子之礼，以邹鲁之风自恃，而以邹鲁之风传子若孙也"④。

意识上推崇理学，制度上强固宗法，带来了新谱学的发达。修谱是为了明族属，叙昭穆，辨亲疏，以此视为族内大事。修谱不仅定期化，而且卷帙浩繁。例如，乾隆十八年刊印的《休宁古林黄氏重修族谱》八卷，重达三四十斤；《新安武口王氏世系谱》计40册，卷帙盈箱，其重量已非一般人所能轻易搬动了。刻印也甚精工，内有精美的插图。据调查，徽州谱牒之多，堪为各省之冠。明清至民国所修的谱牒，现存的尚有623种之多。⑤ 赵万里曾言："传世明末族谱，大都是徽州一带大族居多，徽州以外绝少。"⑥ 宗族对谱牒的重视，对刻书版画起了促进作用。

版刻业的兴盛，与明后期徽商的崛起，关系尤为重大。关于徽商，藤井宏、傅衣凌等学者都已从事深入的研究。⑦ 徽商资本之雄厚，正如明人谢肇淛所言："富室之称雄者，江南则推新安，江北则推山右。"并指出："新安大贾，鱼盐为业，藏镪有至百万者，其他二三十万则为中贾耳。"⑧ 这些富商大贾并不以财雄为满足。尽管当地流行种种右贾左儒的言论，如明人汪道昆所说的："吾乡左儒右贾，喜厚利而薄名高，"⑨ "良贾何负闳儒！"⑩ 等语句，尤为学者所乐于征引。但唯有出自富贾之家，身为朝廷大官，以鸿儒自许的汪道昆之辈才敢如此无所顾忌地褒贾贬儒。实际上，士居各业之首的传

---

① 《徽州府志》（康熙三十八年刻本）卷17《书籍》。
② 《徽州府志》（康熙三十八年刻本）卷7《学校》。
③ 《休宁县志》（嘉庆二十年刊本）卷1《风俗》。
④ 吴翟：《茗洲吴氏家典》（雍正刊本）卷首，引自叶显恩前揭书，第213页。
⑤ 居蜜：《安徽方志、谱牒及其他地方资料的研究》，台北《汉学研究》3卷2期（1985年12月）。
⑥ 《大公报》1934年2月3日，转引自翟屯建：《明清徽州刻书简述》，《文献》（1988年4月），第246页。
⑦ 藤井宏：《新安商人的研究》，《东洋学报》36卷。傅衣凌、黄焕宗合译此文，发表于《安徽历史学报》1955年第2期第33－61页；《安徽史学通讯》1959年第9期第11－41页；《安徽史学通讯》1959年第10期。傅衣凌自1947年即开始研究徽商，最近一篇论文《明代徽州商人》，收在《徽商研究论文集》（安徽人民出版社1985年版）第7－53页。
⑧ 谢肇淛：《五杂俎》卷4。
⑨ 汪道昆：《太函集》卷18《蒲江黄公七十寿序》。
⑩ 《太函集》卷55《诰赠奉直大夫户部员外郎程公暨赠宜人阔氏合葬墓志铭》。

统观念在当地依然占统治地位,科举入仕仍然是人们追求的目标和最终的归宿。正因为如此,富商大贾皆附庸风雅,注重谈吐、风仪、识鉴,以儒术饰贾,或贾服儒行。奋迹商场的贾人一旦得了厚利,便汲汲于追求名高,或通过捐输议叙而取得官位。如乾嘉间徽籍盐商鲍志道、郑鉴元,就是通过捐输而被敕封官衔。他们手眼通天,广交名公大臣。鲍志道死时,京师缙绅先生"为位而哭",朱珪为之撰写墓表,纪昀为之作传。鲍、郑均上交天子,得到乾隆帝的特恩隆遇。① 或致力于培养子弟,通过科举仕宦而求名高。江才发迹后,弃贾训子以成举子业便是一例。② 儒和贾在一段时间内可视主客观条件而弛张,大凡"诎者力不及于贾,去而为儒;赢者才不足于儒,则反而归贾"③。诚如汪道昆所言:"大江以南,新都以文物著,其俗不儒则贾,相代若践更。"④ 但其最终还得由贾入儒,实现缙绅化,取得社会地位,以达到光宗耀祖的理想目标。光宗耀祖是家庭伦理观念的核心。在这种不同于个人主义的家族主义社会中,也唯有当官,提高其宗族的社会地位,自己的地位也才能得到真正确立和巩固。所以,他们奋迹江湖的同时,没有疏忽文化的修养。歙县盐商吴炳寄寓扬州时,"往往昼筹盐策,夜究简编"⑤。休宁汪志德"虽寄居于商,尤潜心于学问无虚日"⑥。据李斗《扬州画舫录》记载,徽商多工诗书画,有的还著书立说。有的在自己的庭院、山馆中举行文会以取乐。视读书、藏书、刻书和诗赋琴棋书画为雅事,以雅致自娱,他们将积累起来的商业资本中的一部分投入推进文化发展的事业。例如捐资置族产以培养族内子弟几乎成为一种应尽的义务。这种侧身商场而不忘情儒业的举动,有力地推进了当地人文的发展,徽州因之得"东南邹鲁"之誉。科举登第者蜂起,人才辈出,诗赋文史,琴棋书画,篆刻金石,堪舆星相,剑槊歌吹者流,应有尽有,且各以技艺名冠一时。文人繁多,著述丰富。以歙县江村为例,据村志《橙阳散志》统计,该村便有 78 位作者,编著 155 种书。这一数字限于 1775 年之前。以后的作者、著作尚未统计入内。又据近人统计,徽州(缺休宁)历代著述者达 1852 人,成书 4175 种。⑦ 由此可

---

① 参见叶显恩:《明清徽州农村社会与佃仆制》,第 124 – 125 页。
② 《溪南江氏族谱》《处士终慕江翁行状》。
③ 《大函集》卷 54《明故处士豀阳富长公墓志铭》。
④ 《太函集》卷 55《诰赠奉直大夫户部员外郎程公暨赠宜人阆氏合葬墓志铭》。
⑤ 张海鹏等主编:《明清徽商资料选编》,黄山书社 1985 年版,第 460 – 461 页。
⑥ 《汪氏统宗谱》卷 42《行状》。
⑦ 见郑惠:《略谈徽州古籍刻工》,黄山市《徽学通讯》第 11、12 合期,第 100 – 105 页。

见，因徽商势力之雄厚而引发人文郁起，著作宏富，无疑是徽州版刻业的最大推动力。

徽刻的家坊及书坊

徽刻始于宋。南宋嘉熙三年（1239），已刻祝穆所著《方舆胜览》一书，稍后又刻朱熹等人著作。从明代中叶起，随着社会经济文化的发展，徽刻不断发扬光大。所谓徽刻，是指徽州人（包括书坊主人、画家、刻工及印刷者）从事刻印的书籍和版画。由于徽州人经商在外，所兴办的书坊亦散居江南各地，当时著名的徽人书坊，如汪廷讷的环翠堂、胡正言的十竹斋，即在金陵。

徽刻自万历十年（1582）以后，逐步形成了自己独特的风格——刻线细密纤巧，富丽典雅，有文人的书卷气，也有民间的稚拙味；既可以做文人的案头读物，也可以为一般民众及儿童所理解，可谓已达雅俗共赏的境界。

根据各方资料①，明代和清代的家坊、书坊简列如下表：

明清徽州家刻、坊刻简表

坊名	坊主	郡、县属	所刻主要书目
高石山房	郑之珍	祁门	《新编目莲救母劝善戏文》《五福记》
慈仁斋	蔡凤鸣	新都	《楞严经》
美荫堂	方于鲁	歙	《方氏墨谱》《佳日楼记》
玩虎轩	汪光华	新安（寓金陵）	《养正图解》《新镌红拂记》《琵琶记》《北西厢记》《有象列仙全传》
观化轩	谢虚子	歙	《新镌女贞观重会玉簪记》
熙春堂	吴继仕	新都	《七经图》《章声纪元》
省吾堂	汪士贤	歙	《汉魏六朝诸家文集》《茶谱》《芝谱》《菌谱》
忻赏斋	程百二	歙	《方舆胜略》《程氏丛刊》

---

① 表格主要根据前揭翟屯建文编制。

续上表

坊名	坊主	郡、县属	所刻主要书目
滋兰堂	程大约	歙	《程氏墨苑》《青藜阁初稿》
大雅堂	汪道昆	歙	《太函集》《副墨》《群书拾唾》《广宏明集》
浣月轩	汪樵云	婺源	《新镌全像蓝桥玉杵记》
如皋馆	潘氏	歙	《潘氏墨谱》
滋荪馆	程大宪	休宁	《程氏竹谱》
树滋堂	吴氏	新都	《秦汉印统》
直方堂	余懋学	新安	《说颐》
尊生馆	黄正位	新安	《阳春奏》《琵琶记》《草玄》《虞初》
泊如斋	吴养春	歙	《朱子大全集》《闺苑》《朱翼》《宣和博古图》
摄元堂	程嘉祥	婺源	《本草纲目》
酣酣斋	许氏	歙	《酣酣斋酒牌》
集雅斋	黄凤池	新安（寓杭州）	《集雅斋画谱》《木本花鸟谱》《草木花诗谱》
师古斋	吴勉学	歙	万历时刻经、史、子、集百余种，《楚辞集注》《毛诗》《仪礼》《资治通鉴》《古今医统正脉》
西爽堂	吴琯歙		《古今逸史》《水经注》《山海经》《古唐诗记》
环翠堂	汪廷讷	休宁（寓金陵）	《环翠堂集》《环翠堂园景图》《义烈记》《彩舫记》《天书记》《人镜阳秋》
十竹斋	胡正言	休宁（寓金陵）	《精选古今诗余醉》《四六霞肆石谱》《十竹斋画谱》
飞鸿堂	汪启淑 汪其佩	歙	《飞鸿堂印谱》《汉铜印丛》《水曹清暇录》《飞鸿堂小成》《集古小成》

续上表

坊名	坊主	郡、县属	所刻主要书目
不疏园	汪梧风 汪灼	歙	《诗学女为》《松溪文集》《毛诗周韵诵法》
观古阁	鲍康	歙	《观古阁丛刊》
诒清堂	张潮	歙	《昭代丛书》《檀几丛书》《虞初新志》《尺牍友声》《霞举堂》
水香园	阮溪	歙	《古歙山川图》
亦政堂	黄晟	歙	《宜和博古图》《太平广记》
鉴古斋	汪近圣		《鉴古斋墨薮》
怀德堂	朱元镇	歙	《牡丹亭还魂记》
知不足斋	鲍廷博	歙	《知不足斋丛书》
安素轩	鲍淑芳	歙	《安素轩法帖》
小玲珑山馆	马曰琯	祁门	《经义考》《说文》《玉篇》《困学纪闻》《广韵鉴》《字鉴》
	马曰璐	祁门	《小玲珑山馆丛书》
宝文堂	李宗湄	黟	《新安志》《尔雅翼》《罗鄂州小集》《罗鄂遗文》《癸巳存稿》

  以上所列家刻、坊刻,主人多为商贾。吴勉学世代业商,博学藏书,"广刻医书,因而获利。乃搜古今典籍,并为梓之,刻书费及十万。"① 汪廷讷,万历间官任盐运使,因而致富,以著书、刻书自娱。汪道昆出于新安大贾之家。汪氏起家源自他的曾祖父:"由吾曾大祖而上历十有五世,率孝悌力田。吾曾大父,先伯大父,始用贾起家。至十弟始累钜万"②。汪道昆所刻《太函集》,乃是研究徽商最重要之史料。黄晟,歙县潭渡人,居扬州,兄弟四人以盐业起家。乾隆十六年(1752)、十八年(1753)刻《太平广

---

① 赵吉士:《寄园寄所寄》(康熙三十五年刊本)卷12。
② 汪道昆《太函集》卷17《寿十弟及耆序》。

记》五百卷①。鲍廷博，歙县长塘人，家世业盐，寓籍浙江，致力于藏书刻书，取《大戴礼记》中"学然后知不足"之意，名其斋为"知不足斋"。藏书甚富，乾隆三十四年（1769）开始，尽其所收珍本，刻印《知不足斋丛书》。至嘉庆十九年（1814）鲍廷博去世为止，出了二十七集。子士恭继承父志、至道光初又刻了三集，共30集，完成一套版本精良的综合丛书。鲍淑芳，业盐扬州，酷爱书画，广收唐宋元明墨迹，择其精者，汇为《安素轩法帖》。嘉庆四年（1799）；延请扬州著名篆刻家党锡龄镌刻。其子治亭、约亭继承父志，至道光九年（1829），历时30年方成。

徽州的儒商，除吴勉学以刻书致富外，大多不仅是为求利而刻书，亦不只想把自己著述传世，往往是雅好诗书，以刻书为消遣，与当时生活品位一致。富贾营造精巧的庭园斋馆、假山盆景，以供观赏。室内摆设雅致的家具，配合种种装置，沉湎于幽静安详、情致高雅的境界中。史籍上对于一时的儒贾奢侈的生活有很多记载。② 徽商所拥有的物质上的优越条件使明末私家刻书达到巅峰的阶段。

徽刻图书和版画

有关徽刻研究论著，近年来有台北中央图书馆举办的明代版画艺术图书特展（1989），法国召开的书籍史会议（1984），日人大木康出版的《明末江南出版文化研究》（1991）；还有周芜的《徽派版画史论集》（1983），都是这个题目的必读的著作③。

徽刻图书，门类齐全；各个方面，无不涉及。最昭著的有精刻绘图传奇、杂剧、小说及话本。凡乎每一本小说和戏剧作品，都附有插图来协助说明情节。第一种插图版杂剧《西厢记》于弘治十一年（1498）出版后，到明末有不下十种插图《西厢记》。著名小说如《西游记》《三国志演义》

---

① 《歙县志》卷9《人物·义行》，《黄晟传》转引自前揭张海鹏等主编前揭书第363－367页。
② 前揭张海鹏、王廷元书，第358－367页。
③ 台北"中央图书馆"编《明代版画艺术图书特展专辑》（台北"中央图书馆"，1989年）。"Le Livre l'Imprimerie en Extreme—Orient et en Ssie du Sud"（Actes du Colloque orgajise a Paris due 9 mars Il mars 1983），Revue Fransaise d'Historie du Livrem, 42—Nouvelleserie（Janvier Fevrier—Mars 1984）；大木康：《明末江南おける出文化っ研究》，发表于《广岛大学文学部纪要》50卷特辑号一（1991）；周芜：《徽派版画史论集》，安徽人民出版社1983年版。

《金瓶梅词话》，均有明版插图。单是《水符传》，就有7种不同的插图版。①

汪廷讷，室名环翠堂，刻有杂剧《广陵月》《环翠堂精订五种曲》（即五种杂剧：《真傀儡》《一文钱》《再生缘》《齐东绝倒》《男王后》）。五种曲，每种一卷，半页9行，行20字，左右双边，前有封面，上端横题"名家杂剧"，竖题《环翠堂精订五种曲》。此书流传甚少②。汪廷讷尚刻有传奇五种：《偷桃记》《义烈记》《三祝记》《彩舟记》《重刻天书记》。半页10行，行20字，白口，四周单边，版心上刻"环翠堂乐府"。所刻《袁了凡先生释义西厢记》二卷，半页12行，行25字，单鱼尾，版心上亦刻有"环翠堂乐府"。美国国会图书馆藏有《文坛列俎》10卷，有万历三十三年（1605）祝世禄序。原题"明新都无如汪廷讷昌期父编辑，了我甬尚哲镜远父参阅"。全书40册6函，10行20字，书口刻"环翠堂藏板"③。

精刻绘图造就了明代版画辉煌时代。当时版画中心在金陵，最著名的刻坊，如汪廷讷的环翠堂、胡正言的十竹斋等，皆系徽州人所开办。《中国版画史图录》著者郑振铎言："余收版画书20年，于梦寐中所不能忘者，惟彩色本程君房《墨苑》，胡曰从《十竹斋笺谱》及初印本《十竹斋画谱》等三伟著耳。"④

《程氏墨苑》为程大约撰，万历间程氏滋兰堂刊本。新安程氏世以制墨为业，此书以其墨编为图谱，凡十二卷。其谱分玄工、舆图、人宫、物华、儒藏、缁黄等六类，又析分上下。其图之绘，多由丁云鹏、吴佐千任之。镌工仅载黄麟一人。雕镌之精，时称佳构。

胡正言，字曰从，明末徽州休宁人，侨居金陵。胡氏交往者均为当时诗人、画家。他极其巧妙地运用饾版和拱花的方法，完成了两部杰出的套色版画，即《十竹斋画谱》和《十竹斋笺谱》，把版画艺术推向新阶段。《十竹斋画谱》始绘刻于万历年间，成于天启七年（1627）。全书8册，分为书画谱、墨华谱、果谱、翎毛谱、兰谱、竹潜、梅谱和石谱8种。关于胡氏技巧

---

① 钱存训：《中国科学技术史》第五卷，《化学及相关技术》第一分册，《纸和印刷》，上海古籍出版社1990年版，第234页。此书英文原本为：Tsien Tsuen-hsuin, Joseph Needham's Science and civilication in China, vol. one, Chemistry and Chemical Technology, Part 1, Paper and Printing（Cambridge, Cambridge University Press, 1985）

② 魏隐儒：《中国古籍印刷史》，北京印刷工业出版社1988年版，第107页。据作者说，仅北京大学图书馆藏有一部。

③ 美国国会图书馆藏此书，缺卷8第74页及88页；卷9第64页，卷10第92页。

④ 郑振铎：《劫中得书记》，上海古籍文学出版社1956年版。

之出神入化，其友人扬文聪于翎毛谱前作小序言："胡曰从巧心妙手，超越前代，以铁笔作颖生，以梨枣代绢素。而其中皴染之法及着色之轻重浅深，远近离合，无不呈妍曲致，穷巧极工。即当行体作手视之，定以为写生妙品，不敢作刻画观。"①《十竹斋笺谱》完成于崇祯四年（1631），此书共4卷，计印画页289幅，李克恭《十竹斋笺谱》序云："昭代（即明代）自嘉、隆以前，笺制朴拙，至万历中季，稍高鲜华，然未盛也。至中晚而称盛矣。历天、崇而愈盛矣！十竹诸笺，汇古今之名迹，集艺苑之大成，化旧翻新，穷工极变，毋乃太盛乎？而犹有说也。盖拱花、饾版之兴，五色缤纷，非不烂然夺目。"②由此看出，胡氏板刻已达登峰造极之境。

值得注意的是，为迎合正在出现的商业社会的需要，徽州板刻还出现了一批关于天文、地理、物产、科技、医药、乃至行旅路程、书契格式等为士农工商出外居家、日常生活必备的常识通俗读物。士商要览、行旅程图一类的商务书籍，尤其反映徽商实用的需要。关于此类书籍，目前知见的有：《钦定方舆路程考略》（美国国会图书馆藏残稿）、《一统路程图记》（日本内阁文库藏）、《天下水陆路程新编》（英国大英博物馆藏）、《士商类要》（日本尊经阁藏）、《新锓士商要览》（日本内阁文库藏）。我们知道，明晚期，徽商足迹几乎遍中国，经商的网络遍及大江南北，经营的规模与手段愈趋宠大、繁密。因之，对商业相关知识的需要愈加广泛、迫切。正如余英时先生所指出："商人是士以下教育水平最高的一个社会阶层，不但明清以来弃儒就贾的普遍趋势造成了大批士人流沛在商人阶层的社会现象，而且，更重要的是商业本身必须要求一定程度的知识水平。商业经营规模愈大，则知识水平的要求愈高。即以一般商人而言，明清时代便出现了大批的所谓商业书，为他们提供了必要的知识。"③

集诸书汇刻成编的所谓丛书，明嘉靖后纷纷出版。丛书的价值在于汇集各书在一起，便于保存和检索。又因其收辑佚书，提供精本、善本，有利于古籍的普及和流传。④ 美国国会图书馆藏徽刻丛书多种。兹介绍张潮辑《檀几丛书》、《昭代丛书》和鲍廷博辑《知不足斋丛书》。张潮，歙县人，号心斋，刻坊名为霞举堂。《檀几丛书》是康熙三十三年（1694）刊刻王晫原辑

---

① 胡正言：《十竹斋画谱》，明刻清印本。
② 胡正言：《十竹斋笺谱》，崇祯十七年序，收在《中国版画史图录》。
③ 余英时：《中国思想传统的现代诠释》，联经出版事业公司1987年版。
④ 刘尚恒：《古籍丛书概说》，上海古籍出版社1989年版。

之明清人全集，全书汇集150种明清杂著，分为三集，其内容包括翼经、论史、庄语、谐语、谈饮宴、识物产，是专汇笔记、杂著的丛书。《昭代丛书》原辑于康熙三十四年至四十二年（1695—1703），所取全系清初人小品杂著，计分甲乙丙三集，每集50种，每种一卷。

鲍廷博以自己的藏书为基础，又广集赵氏小山堂、汪氏振绮堂、吴氏瓶花斋、汪氏飞鸿堂、孙氏寿松堂、郑氏二老阁、金氏桐华馆等所藏珍本，汇集而成《知不足斋丛书》。其中"有向来藏书家仅有传钞而无刻本者，有时贤先辈撰著脱稿而未流传行世者，有刻本行世久远旧板散亡者，有诸家丛书编刻而讹误脱略未经人勘正者，始为择取校正入集。"（见《知不足斋丛书》凡例）原书乾隆中鲍廷博辑成27集。卒后，其子士恭续成，刻至30集。凡收书207种，每种首尾完整，序跋不遗。

徽州刻书和版画的特色

徽刻的特色可从各个角度来探讨。以下就其最突出者，作一论述。

1. 刻工与画家密切合作。明代以前，版画很少出自名画家之手。而明代名画家如丁云鹏、王文衡、汪耕、吴廷羽、陈洪绶、程应箕等为戏曲、小说作插图，由著名刻工镌刻，配合得天衣无缝。可列举者有焦竑著《养正图解》，丁云鹏画，黄奇刻，万历二十二年（1594）吴怀让刊本；汪廷讷著《人镜阳秋》，汪耕画，黄应祖刻，万历三十八年（1610）环翠堂刊本；《环翠堂园景图》，钱贡画，黄应祖刻，万历三十年（1602）环翠堂刊本；程大约著《程氏墨苑》，丁云鹏、吴佐千画，黄麟刻，万历间刊本；《博古叶子》，陈洪绶画，黄建中刻，清顺治八年（1651）刊本。

陈洪绶，字老莲，以善于创造人物个性著称，他一共设计了5套版画，崇祯十一年（1638）绘《九歌图》和《西厢记》、《鸳鸯冢》两部杂剧。崇祯十三年（1640）绘《水浒叶子》和《博古叶子》，都是纸牌上的图案。前者画了48位梁山头领，后者为48位历史人物。他的特色为白描人物，无背景烘托，其个性气质，完全汲文学人物的神情以及衣纹的精细流动。

版刻与绘画、文学的结合，从艺术史来看，由于中国传统的水墨画、白描画的特点，与版画有相似之处。再者，由于表现内容多为民众所熟悉的现实生活题材，属于小说绣像插图，其建筑格局、家具器物、人物服饰，均反映时代的面貌，容易被读者接受。台北中央图书馆版画特展专辑中，有两篇论文从美学观点对此题有深入研究。①

2. 插图版画技巧精湛。明初刻印书中插图多为上图下文,画面成扁短横幅,格式略显呆板。明末插图改成整版半幅、对幅,或页连式,其幅面根据内容或大或小,比较灵活悦目。版画有多色和单色之分。单色多用黑白对比法,如小说插图常用大片黑底,以阳刻勾勒出事物形态。彩色套印,可用 2~5 种颜色。《十竹斋斋笺谱》采用"饾版",与"拱花"两种新技巧。饾版就是将画稿按深浅浓淡各刻一板,依次套印,有十多次者。拱花即今印刷术中之凸版,将纸压在板上,花纹就凸现在纸上,书中鸟类羽毛,流水行云,多用此法。②

3. 刻工以镌刻为专业,世代相传。徽州刻书和版画,其优越之处,得自于技艺超群的刻工。当时最著名的刻工,来自黄、汪、仇、刘四姓。黄、仇两姓,世居歙县虬村,虬村原名仇村,明中叶仇姓在该村人口不少,从事刻书事业。后黄姓代之,并改仇村为虬村,弘治十一年(1498),仇氏弟兄和黄氏族人合刻程敏政辑《篁墩文粹》和《文集》。其他尚刻有《雪峰先生文集》(1498)、《秋崖先生小稿》(1526)、《张氏统宗世谱》(1526)、《李诗选注》(1572)和《徽州府志》(1566)。万历后,仇氏衰落,黄姓取而代之③。

根据《黄氏宗谱》,周芜对于虬村黄氏刻工做了详细的研究。④ 黄氏刻工自明朝正统至清朝道光年间(1436—1850),有 400 多年刻书历史。其鼎盛在万历至明末清初间。周芜收集黄氏刻书 241 部、刻工约 300 人,最知名者 31 位。由《黄氏宗谱》看来,黄氏 22 世至 23 世均从事版刻事业。他们起初居于本地,后迁往外地,以剞劂为生至三四代者都有。刻工在版心、边框的下方,或图一角,序跋牌记的末尾,刊署自己的姓名籍贯。由此印记,可以鉴定版本。黄氏以刻书为世业,其精美之境,如郑振铎所言:"歙县虬村黄氏诸名手所刻版画盛行于明万历至(清)乾隆初。时人有刻,必请歙工,而黄氏父子昆仲尤为其中之俊。举凡隽雅秀丽,或奔放雄迈之画幅,一入黄氏诸名工手中,胥能殚工尽巧以赴之,不损画家之神态,而亦能自行布

---

① 庄伯和:《明代小说图像版画所反映的审美意识》,收在《明代版画艺术图书特展专辑》,第 268–283 页;黄才郎:《明代版刻图像的画面经营》,收在《明代版画艺术图书特展专辑》,第 284–293 页。
② 钱存训前揭书,第 245–253 页。
③ 叶树声:《明代南直隶江南地区私人刻书概述》,收在《文献》(1987 年 2 月),第 224 页。
④ 周芜前揭书,第 19–47 页。

稿作图。"① 黄氏刻出的图书、插图和版画作品甚多。知名者如黄应光刻《集乐府先春》（万历三十年至三十六年）和《徐文长批评北西厢记》（万历三十九年）等，黄麟刻、焦坎撰、丁云鹏绘的《程氏墨苑》（万历三十三年），黄一楷刻《关汉卿续元本出相北西厢记》（万历三十八年），黄一彬刻的、张梦征编的、张学征绘的《青楼韵语》（万历四十四年），黄应泰刻的《古今女范》（万历三十年），黄应祖刻的《人镜阳秋》（万历三十八年），黄应瑞刻的《大雅堂杂剧》和《性命双修万神圭旨》（万历四十三年），黄一凤刻的《牡丹亭记》（万历四十五年），黄吉甫刻的《原本还魂记》（万历四十五年）和黄君倩刻的《彩笔情辞》（天启四年）等，这些精美的作品和黄氏世业，为徽刻研究提供了最好的脉络。

徽州镌刻技艺之精，与世业刻工的文化素养也有密切关系。刻工中，有的善书法，通绘画，能诗文，如黄铤，善书，精于草篆。六义八体，无所不精，又是丹青能手。黄应澄，工书善画，并著有诗集。所以，他们运刀如笔，铁笔生花，注重形神兼备，注入了其本人的气质神韵。因此之故，刻工之精，能上与宋椠比美，下同苏、常争价。这些刻工随着徽商的踪迹流布金陵、杭州等刻书版画业中心。据《黄氏宗谱》记载统计，虬村黄氏刻工流寓杭州、金陵等地就达一百多人，他们带去其高超的技艺，自当对当地版刻业发生影响。例如，徽州首创的刻本字体横细竖粗的长方体特点，② 因其具有规则化的优点，于万历间蔚成风气，从此可见其对各地板刻界影响之一斑。

结语

徽刻的兴盛，根植于本地区人文历史的发展，与徽商的崛起，关系尤大。伴随徽商的发展，徽州出现了一个人文郁起的局面。徽商贾而好儒，儒贾结合，是徽刻直接的推动力。徽商雄厚的财力，又为徽刻提供了优越的物质条件。刻工以镌刻为世业，技术精益求精；当地的历史文化渊源和黄山白岳的奇丽景色造就了一批批出类拔萃的画家。刻工、画家密切配合，致使镌刻、版画技艺超群，尤其饾版和拱花技术的出现，更把版画艺术推向巅峰。

---

① 郑振铎：《中国版画史图录》，中国版画史社1940—1942年版。此书共印200本，美国国会图书馆藏为发售本第37部。

② 参见严佐之：《论明代徽州刻书》，黄山市《徽学通讯》第11、12合期。

徽刻业既镌刻了供观赏、收藏、研读的著作，又印行了一批迎合市民趣味和世俗需要的实用读物。这不仅对文化普及作出贡献，尤使上层文化更细腻、精致。这也正反映了处于上层文化和通俗文化接榫处的徽商雅俗共赏的文化观念。

（原刊于《江淮论坛》1995年第2期）

徽州人才杰出繁盛探秘

关于徽州人才杰出繁盛的问题，许多文章都曾谈及，但迄今为止，尚缺乏专题的系统的论述。众所周知，人才是人类文明进步的推动力，是创建精神文明和物质文明的首要资源。探讨徽州历史上人才繁盛的历史文化渊源、培育人才的机制，以及人才与徽州社会经济文化发展的关系，揭示人才出现的奥秘，及其对社会文明所起的进步作用，意义深远。毫无疑问，徽州人才的研讨，必将有力地推进徽学研究的深入发展。我曾经不止一次地谈及，宋代徽州以尚文重教来回应首次出现的机遇，通过科举仕宦而进入统治集团，赢得"名臣辈出"的历史性第一回合的成功。这是失去特权和优越感的南迁山越之地徽州的中原大族脱离了原来的文化中心，对自己的文化传承有了危机的反省而形成创造性的转化；这是他们找回自我，从失落中抖擞精神，奋发进取的历史转折点，为尔后徽州社会经济文化的全面发展奠下了基础。

宋代，徽州中文科进士的人数达783名[①]，杰出的人才有程颐、朱熹为代表的理学领军人物。明清时期，人才愈加繁盛，"以才入仕，以文垂世者"越来越多。所谓"一科同郡两元者"，"连科三殿撰，十里四翰林"，"兄弟九进士，四尚书者，一榜十九进士者"等佳话频传。明清两朝，文科进士有1136名；状元23名（明代4名，清代19名），其中休宁便占16名（明代2名，清代14名），成为中国第一状元县。又如歙县，居科名之先，中状元者有唐皋、金榜、洪莹、洪钧等；立相国之隆者有许国、程国祥等；阐理学之微者有朱升、唐仲实等；大经济之业者有唐文风、杨宁等；宏政治之才者有唐相、吴湜等；擅文章之誉者有汪道昆、郑桓等；副师武之用者有汪宏宗、王应桢等，因商致富而上交天子者如得乾隆帝欢心的盐商江春、鲍廷博等。徽州人才之杰出超群于此可见。据方利山和万正中合著的《徽州人物志》，历史上有文献可征而为之作传者就已达5399人。其中有名臣能吏、富商巨贾、学者名儒、文坛才俊、艺苑名流、科技群彦、能工巧匠、隐士名僧、名媛闺秀，等等。其专长涉及政治、经济、哲学、经学、文学、艺

---

① 李琳琦：《徽州教育》第一章，见《徽州文化全书》系列丛书，安徽人民出版社2005年版。

术、科技、工艺、建筑、医学、雕刻、印刷、绘画、戏剧、餐饮等各个领域。由此可见，徽州人才的广泛性和多样性，不拘一格降人才。

宋代以降，由于中国经济中心逐渐南移，文化中心也随之移往东南一带。明清时期，在一般人的心目中多以苏州、杭州为中国文化中心地。但实际上，苏州、杭州等长三角地区是徽州人才的寄籍地。不少杰出人才是徽州人寄籍的。例如，清代112科112名状元中，得状元最多的苏州府计有24名（未包括太仓州），其中含徽州寄籍状元6名，实为18名。较之得19名状元的徽州还少1名。就徽州人才总体结构即人才的多样性和广泛性，以及其结构的相对平衡而言，似尚无别的地方可以出其右[①]。

至于文化中心地的内涵及其标准，目下尚乏人做出专论，或提出明晰的概念。如果要在明清时期评选中国的文化中心地，徽州当属考虑之列。在此，我仅就徽州人才繁盛的历史文化渊源，及其培育人才的机制，发表一些浅见，以就正于诸位同仁。

一、崇文重教和"徽骆驼"精神是徽州英才繁盛的两个文化基因

移居徽州的中原士族在宋代开局的成功，引发了尔后一系列的胜境。其源来自崇文重教的传统，以及对文化传承危机感的反省和身处逆境中铸就刚毅不屈的奋发进取的精神（即后人所称的"徽骆驼"精神）。"崇文重教"意味着徽州人重视文化知识的含量；"徽骆驼"精神，指的是徽州人坚韧不拔、奋发进取的精神状态。崇文重教与"徽骆驼"精神，这两个徽州人的文化基因，形成于宋代，也在宋代开始结出硕果。

学人几乎都乐于引用罗愿在《新安志》卷1《风俗》中所说的一段话：

> 黄巢之乱，中原衣冠避地保于此，后或去或留，俗益向文雅。宋兴则名臣辈出。

罗愿在此将徽州历史性的转变和历史性的成果都说出来了。移住徽州的衣冠大族，本有治儒学的家风，有深厚的家学渊源。他们注重教育，"以诗书训子弟"。在他们的带动和影响下，文化教育不断发达起来。"十户之村，不

---

① 李琳琦：《徽州教育》第六章。

废诵读",读书科举,蔚然成风。自宋代始,"取士不问家世",中国官僚选拔制度发生了大转变。由于唐末五代旷日持久的动乱,士族官僚"丧亡且尽",劫后幸存的徽州士族所坚持的崇文重教,使其在宋代科举中占到优势,赢得"宋兴则名臣辈出"的胜景。社会上出现了崇文重教的风尚,从读书求出路,追求高文化素质,就是这样慢慢培养起来的。徽州风俗也从"愿而朴"向"文雅"转化。原先越人的风俗日渐泯灭,也无人称土著居民为山越了。这意味着中原文化与山越文化互相激荡并趋于融合。尔后的历史证明,徽州人视崇文重教为法宝,不仅不离不弃,且日益珍惜重视。

元代休宁学者赵汸曾指出:

> 自井邑田野,以至于远山深谷,居民之处莫不有学,有师,有书史之藏。其学所本,则一以郡先师朱子为归。凡六经传注、诸子百氏之书,非经朱子论定者,父兄不以为教,子弟不以为学也。是以朱子之学虽行天下,而讲之熟,说之详,守之固,则惟新安之士为然。[①]

赵汸在这里将崇文重教的情景描述出来了:注重办学,注重师教,注重庋藏图书典籍[②];也说出了由朱熹教导下所形成的文风昌盛,"儒风独茂"的氛围。

官办州县儒学,徽州开风气之先,于宋初已经陆续设置。书院,也于宋代兴起,计有18所;元代赵向繁盛,增至42所。宋元,官私创办的各类学校蓬勃发展。有官办的小学,有私办的家学、家塾、塾馆、塾学、义学、义塾,等等。对师教十分重视,每当硕学名儒开馆授徒,四方学人蜂拥前往,拜师受教。尊师重道,蔚成风气。致仕名臣、理学名儒,如宋代朱权、程卓、陈栎,元代朱升等,都曾热衷于开馆授徒。有的根据生徒的特点,编写教材,以求更好的教学效果。尤其是朱熹,通过在其家乡授徒讲学,以及通过其门生、弟子的代代相传,重教之风,历久弥彰。徽州乃"程朱阙里",被视之为"道学渊源"之所在。程朱理学在其家乡的影响尤其深远。继朱熹之后,当地"先儒名贤比肩接踵","肩圣贤而躬实践者,指盖不胜屈"。至明清两代,官办学校依然繁盛。"科举必由学校",官学的设置,管理制

---

① 道光《休宁县志》卷1《疆域·风俗》。
② 关于宋代注重庋藏图书典籍的史实,可参见翟屯建《从五代北宋时期徽州人才有郁起看越文化与汉文化的融合》,2012年"千年徽州:人才与经济社会发展"学术研讨会论文。

度愈加健全、规范。书院教育，更上了一个台阶。不仅续紫阳书院讲学之余绪，且益加弘扬。明代，徽州书院讲会空前兴盛，尤其值得注意的是，王守仁的高足王艮、钱德洪、王畿、邹守益、刘邦采、罗汝芳等曾齐集徽州，主讲盟会。王学的重商思想，在徽州掀起大波，令人耳目一新，亦充实了徽州的文化活力。通过讲会，程朱理学和陆王心学，相互交锋，相互辩驳，体现了徽州文化的兼容性，有力地促进了人才的生长和发展。既有利于高层精英人才的涌现，也造就了人文社会学科、科技、工艺等不同职业人才的出现。前述的徽州人才的广泛性、多样性，显然与此有关。

  丰富的文献典籍，是学人成长的精神食粮。徽州庋藏文献典籍之丰富，与衣冠士族的治儒学传统有关，也与明清徽商的财雄势大密切相连。宋代以来，历史上庋藏的数量已经无法统计，但从近人的统计看，有20多万件反映徽州民间实态的文书契约的陆续发现，被称为20世纪继甲骨文、汉晋简牍、敦煌文书、明清大内档案之后的第五大发现。另外还有3000种徽州典籍文献和1000余种族谱流传在各地，中国国家图书馆现在所藏善本族谱400余部，其中属徽州修撰的就占一半以上。遗存的地面文物也极其丰富，据调查统计有5000余处，文物有20多万件。又有黄山和古村落宏村、西递，被联合国列入世界文化遗产。徽州可以说是文物之乡、文物之海，称它为文物"聚宝盆"、文物"博物馆"，一点也不过分。这些文化的积淀，应对历史上人才的成长起过重大作用。

  徽州固然是山明水秀，风景优美，但又是重峦叠嶂，几乎无发展农耕的潜力。当地经济资源的局限，迫使移住徽州的中原士族在这片"依山阻险，不纳王租""勇悍尚武""断发文身""火耕水耨"的新环境接受新的挑战，铸就了"徽骆驼"精神。这是中原精英才俊接受逆境的磨炼，并与土著越人融合的成果。历史证明，"徽骆驼"精神，代代相传，日久弥弘。明代嘉靖、万历以后，因"徽民寄命于商"，徽人从移入转为向外移出，"十三在邑，十七在天下"。当地流行的"十二三岁，往外一丢"的民谚，反映了徽人自少流徙他乡，置之于逆境中陶冶锻炼。我在《儒家传统文化与徽州商人》一文中曾指出，作为移民社会的徽州，经历着中原正统文化与越人文化相互激荡与相互融合的过程，因而社会充满活力。他们以勤、俭著称。勤、俭被写入商业专书之中，以供商人时时自省。例如，《又附警世歌》中写道："不勤不得，不俭不丰"；"俭约可培，浪侈难植"[①]。前句意为勤俭

---

 ① 见杨正泰：《商贾一览醒迷》，山西人民出版社1992年版。

乃积财之本，后句是说俭、侈可作为其人是否堪加造就、培植的依据。勤、俭在当地蔚然成风，据康熙《徽州府志》记载：

> 家居也，为俭啬而务畜积。贫者日再食，富者三食，食惟饘粥。客至不为黍，家不畜乘马，不畜鹅鹜……女人尤称能俭，居乡者数月不沾鱼肉，日挫针治縰纫绽。①

家居者如此，在外商人勤劳困苦的情状，如《悲商歌》描述道：

> 四海为家任去留，也无春夏也无秋。四业唯商最苦辛，半生饥饱几曾经；荒郊石枕常为寝，背负风霜拨雪行。万斛舟乘势撼山，江愁风浪浅愁滩。②

有的以勤俭为座右铭，提出"唯勤唯俭，是勉是师"③。有的将"筋力纤啬"的勤俭行状，"勒石堂右"④，以惊醒后人。他们坚信：勤与俭是致富之道。顾炎武在《肇域志》中也说："新都勤俭甲天下，故富甲天下。"⑤所以，有的徽商致富之后，依然以勤俭自律，即"居安逸而志在辛勤，处盈余而身甘淡泊"⑥。勤与俭，正是"徽骆驼"精神的体现。⑦

"徽骆驼"精神，是学人学业精进的必备条件。许多英才俊彦正是依靠这一精神磨炼出来的。他们奋迹江湖的同时，刻苦攻读文献典籍。歙县盐商吴炳寄寓扬州时，"往往昼筹盐策，夜究简编"⑧。休宁汪志德"虽寄居于商，尤潜心于学部无虚日"⑨。除研读儒家经典外，尤其究心于与治生、货殖有关的典籍。甚至诗赋琴棋书画，篆刻金石，堪舆星相，剑槊歌吹，皆有

---

① 康熙《徽州府志》卷2《风俗》。
② 见《商贾一览醒迷》，第300页。
③ 祁门《张氏统宗世谱》卷3《张元涣传》。
④ 歙县《许氏世谱》《朴翁传》。
⑤ 顾炎武：《肇域志》（抄本）《江南十一·徽州府》。
⑥ 《汪氏统宗谱》卷31《汪材传》。
⑦ 在《扬州画舫录》等文献中，的确有关于徽州富商大贾花天酒地、极端奢侈的描写，但这种奢侈之举，往往是为实现其某一特定目标的一种手段。我们对之评判，只能以其主要面为依据。不能以此否定徽骆驼精神是徽人的特质。
⑧ 《丰南志》第5册，《嵩堂府君行状》。
⑨ 《汪氏统宗谱》卷12《行状》。

涉猎。乾隆年间的休宁籍状元黄轩（1771年榜）、吴锡龄（1775年榜）出身贫寒。黄轩躲在阁楼苦读书，让家人抽掉楼梯，直至晚上才架楼梯下来；吴锡龄往往在野外苦读，以野菜充饥，以渠水解渴。黄、吴两位就是这样勤勉奋进而夺得科举的魁首。

从徽州的历史可以看到，崇文重教与"徽骆驼"精神这两个文化基因，不断传递，不断延续。它造就精英人才的不断涌现，人才队伍的不断扩大。明清时期，终于造就徽州人才，无论在杰出超凡、多样性、广泛性，抑或人才总体结构的合理性，都居全国的前列。

二、徽商是明清徽州人才的孵化器

人才繁盛与经济发展是联系在一起的。清人沈垚认为："古者士之子恒为士，后世商之子方能为士。此宋元明以来之大较也。天下之士多出于商。"① 后一句话，显然缺乏数据支持，如果改为天下之士多出于官、商和官商结合之家，应是确当的。很显然，缺乏经济基础，是难以读书成材的。徽商正是利用其雄厚的财力，构建了有利于人才成长的种种设施和人文氛围。

16世纪，徽商进入了鼎盛的阶段，成为龙头行业盐业中的老大，拥有的资本已有百万之巨，是当时的首富。我们知道，当时世界上荷兰东印度公司最大股东勒迈尔拥有的资本是8100英镑，同时期中国海商拥有的资本已达到7500英镑，但是这些中国海商的富有是不能与徽商相比拟的，所以可以说徽商拥有的资本应该是超过勒迈尔的。由于中国文献上的记载往往不重视数字的准确性。大都必须用约数记载。这里说的百万也是个约数。清代已经出现拥资千万的徽商，徽商的繁盛又超过明代。徽商成为清代广州十三行商人崛起前的首富，徽商经营的规模和资本额，达到了传统商业的巅峰。直至广州十三行商人崛起，如伍秉鉴拥有的资本已达2600万元（折合1800多万两），才继徽商之后成为首富。徽商"藏镪百万"，乃至千万的财富，为培育徽州人才提供了庞大而坚实的经济基础。

汪道昆有"新都（徽州的旧称）人才，儒一商三"之说。徽州人才中，大多数以商为业。从徽商历史的身份谱系看，本来就是先治儒，后营商。但是，即便已是"藏镪百万"的大贾，依然不忘情于儒学。对此，文献记载

---

① 沈垚：《落帆楼文集》卷24。

极为丰富，如"贾而好儒"、"贾服儒行"、"儒术饰贾"，等等。其中，或先从儒业而后经商，或既营商同时又从事儒业，或放弃儒业而去经商而后来又归回儒业，诸如此类贾儒结合的记载，正说明贾与儒之间彼此关联，难舍难分的关系。这里所说的儒贾结合，既意味着一个人儒贾兼治，也体现在一个家庭诸子中业商、业儒的分工。"贾为厚利，儒为名高"，贾、儒，有如人的两足，相互为用。"贾而好儒"已经牢固地成为徽商内在的情结，其外化为提高文化素质、培养英才俊彦的执着追求。

我们从一则大家熟悉的饶有风趣的文献记载中，也可看到徽州人才繁盛的一斑。这一则文献资料说：明代的名士王世贞曾率领江南地区一百多位名人去访问歙县的汪道昆。这些名人都各有专长，而且是当时很少有人可以同这些人相匹敌的。汪道昆租下名园数处，分住下来。对每一个来宾，都配有相应技艺的歙县人士做主人接待。在接待中有的谈学论道，互相辩驳；有的角技斗艺，争一技之长短。彼此之间，互有输赢。汪道昆仅以歙一县之人才与江浙汇聚的名家相斗智、斗艺，终以平手结局。王世贞有备而来，本想显示江南人才之盛，但事与愿违，终于称赏而去。这里没有说明当地各具专才人的身份。当时人才没有专业化，不能做分类统计。但从王世贞和汪道昆主持的江南与徽州文士研讨会中，从上可见徽州人才的杰出与多样性。

徽商除注重提高自身的文化素质外，也着意营造高文化品味的人文环境和文化氛围。他们建置充满人文境观和生态环境的花园山庄，并营造精巧的庭园斋馆、假山盆景，以供游憩观赏。室内摆设雅致，而且赏心悦目，尤其喜欢收藏丰富的典籍和古玩文物，古色古香，充满书卷气的文化品味。他们把读书、藏书、刻书和诗赋琴棋书画等看成高雅的事情，以这种雅致来得到自身的愉悦。徽商注重仪表、谈吐，情致高逸。有的在自己庭院、山馆中举行文会。例如侨居扬州的马曰琯所建的"小玲珑山馆"，便是当时负有盛名的名流文士聚会之所。汪梧风在老家歙县西溪所建的"不疏园"，也是汇集一时名家的胜地。在这个名园讲学论道的宿儒名士络绎不绝。朴学大师戴震便曾受聘于此园，从"不疏园"所藏的极为丰富的典籍中得益甚多。徽商不仅为文人墨士提供求知问学，辩驳切磋的机会，而且营造了"儒风独茂"的文化氛围。这对人才的培养，对提高人的文化素质，是极为有利的。

徽商对徽州的宗族事业、社会福利、社会保障、风水景观，不吝投入巨资，刻意营造，尤其对文化教育事业，不遗余力地给予经济上的全面支持，慷慨投入。不仅书院、社学、塾学林立，甚至"远山深谷，居民之处，莫不有师有学"。人文氛围浓厚，其宗旨是培养人才，高扬人文精神，营造一个有利于人才成长的文化氛围，以保持人才不断涌现的后续局面。既重视精英教育，培育高端人才，也注意普通职业、民间工艺技术的传授。为了迎合商业社会的需要，徽商斥巨资板刻一批批天文、地理、物产、科技、医药，乃至行旅路程、书契格式等士农工商出外居家、日常生活必备的常识通俗读物。以此营造崇尚知识，普及知识的风气，构建孕育人才的温床。

如果我们稍为注意徽属六县徽商的发展与人才成长间的关系，就可以发现人才成长规模和速度，是与徽商势力的强弱大体一致的。如前所述，歙县、休宁的人才最繁盛，显然同其商人的势力特别雄厚有关，盐业的祭酒，多出自这两个县。以歙县江村为例，据村志《橙阳散志》由笔者作的统计，该村便有 78 位作者，编著 155 种书。这一数字仅限于 1775 年之前。又据近人统计，徽州（缺休宁）历代著述者达 1852 人，成书 4175 种。[①] 单一个村，有著作的文人如此众多，限于阅历不敢肯定说绝无仅有，但尚未曾发现。又如，从徽州总体观之，清代徽商势力较之明代有了进一步发展，各方面的人才也随之较明代更为繁盛。明代状元 4 名，清代剧增为 19 名，就是一例。

三、徽州大族是抚育人才的摇篮

大凡名门世家背后都有文化底蕴，往往涌现群体性的杰出人才。陈寅恪说："学术文化与大族盛门不可分离。"徽州人才的繁盛，显然与徽州大族有密切关系。一方面，用宗族伦理设置激发人才滋生和成长的机制；另一方面，用族产普及宗族教育，奖掖族内之俊彦，因材施教，以便不拘一格降人才。

徽州本是历史上世家大族的聚集之地，其宗族伦理是以家族为本的。在家族本位的宗族伦理中，个人的升迁荣辱，是与宗族联系在一起的，即个人的身份地位取决于其所在的等差次序的伦理构架中的位置，取决于所属社会集团的势力。唯有提高本宗族的社会地位，方能实现自己的价值。家族本位的宗族伦理，深入人心，融化于人的灵魂深处，成为族众的自觉行动。因此，广大族众以家族本位为一切活动的中心。只有在这一前提下，才能求得自身的地位。

徽州的家族本位的宗族伦理，是由宋明理学中的程朱和陆王两派合力铸

---

① 参见拙作《明清徽州农村社会与佃仆制》，安徽人民出版社 1983 年版，第 193 页。

就的。把程朱的"官本位"和王学的重商思想熔为一炉,兼收并蓄。以亢宗扬名来激发人的内在超越精神,创建激发人才滋生和成长的机制。自明中叶始,徽州的宗族突破祠庙昭穆古礼,实行大小宗祠并举,功德配享,就是说小宗家庙可升级建祠,凡"才德拔萃",以科甲入仕崇礼名宦乡贤者,因起到"克家亢宗",可以"窜昭穆之次,升中堂之位",即所谓"配享"。①这意味着以有功名可破格享有宗族特权和地位来激励人才的成长。

由宋明理学的浸渍熏陶而引发出来的内在超越精神②,对徽州人才的成长,是起积极作用的。"天理"是宋明理学的最高理念。徽州人不同于西方清教徒般以创造业绩得到上帝的恩宠视为"天职观"。但是,徽州人也表现出一种内在的超越精神,就是说,以"读书穷理""格物致知"为职责,以"明道正谊"为一生追求的理想,相信按照理学的立教去修养,就可建立名德与功业,就可通"天理"。服膺"天理",就得作"诛心贼"的修养,培养敬业、自重、自强的精神。其中最重要的是宗奉勤、俭、诚、信、义等儒家传统信条。这些信条,可以克制人的自然性欲望,使人回到理性的状态中来。男人长至十三四岁,便每每投身商场,用"徽骆驼"精神进行磨炼,从勤与俭中培养出奋发进取精神和善于积财的能力。他们以诚、信为本,主张义中取利,因义用财,建立起富有特色的商业伦理,以使商业的宗旨不偏离既定的轨道。将被贬为"末业"的商人,抬高到与"士"并列,具有可通天理的人格,这无疑可起到振奋精神,自重、自信、自强的作用。徽州不少杰出人才就是依靠这种内在超越的精神磨炼出来的。

徽州宗族的强固,与徽商提供雄厚的物质支持是密切相连的。取得成功的徽商总是念念不忘地做尊祖、敬宗和睦族之举,诸如为修谱、建祠、置族田,等等,提供了源源不断的经费支持。与此同时,徽商或通过"捐输议叙"(明代)、"捐纳"(清代)获得荣衔虚职,或通过培养子弟,经科举而入仕,以实现缙绅化,跻入权贵集团,提高本宗族的社会地位。以壮丽祠墓相高和极力追求缙绅化,都是为了实现"家族荣耀"的终极关怀。经济上宗奉王学重商思想,最终同样落实到以家族为本,实现荣宗耀祖。

政治上以程朱的"官本位"为依归,经济上以王学的重商说教为本,

---

① 可参见林济:《明代徽州精英人才参与社会建设机制的形成——以徽州祠堂建设为例》,2012年"千年徽州:人才与经济社会发展"学术研讨会论文。

② 关于徽州人的内在超越精神,在拙稿《儒家传统文化与徽州商人》一文中有谈及,可供参考)。

兼收并蓄，共同铸就以家族为本的宗族伦理，并构建激发人才滋生和成长的机制。这就是坚持"官本位"以显亲扬名，必然策励对科举功名的不懈追求；接受王学"新四民观"的重商思想，坚持以家族为本，以追求光宗耀祖为终极目标的理念，势必转化为驱策族人经商的精神力量，从而以商业的成功为培养人才提供物质基础。可见，在以家族为本的宗族伦理制约下的程朱"官本位"价值观和王学的重商思想，最终都落到促进人才繁盛的实处，可谓是支撑人才滋生和成长的两根支柱。

与此同时，宗族还竭力资助贫寒子弟入学读书，以促其成器。大族都置有族产，如族田、山场、房舍、陂塘、水碓碾房等。其中拨出一部分作为教育族内子弟专用，诸如用以建置义学、义塾、书屋，乃至书院、文会（文社）等。注重择师训育，并对学童进行严格的考核，根据学习成绩给予奖赏。对俊秀而贫寒的子弟入学所需"修脯执费，礼传膳供，笔札膏火，行李往来，旦夕薪水，庆吊酬酢之费"[1]，以及科举应试费用，均由族产提供。中举者还另外嘉奖。这样使族内子弟都有受教育的机会，因材施教，各成其器。凡有天赋的俊彦，都可以脱颖而出，成为各方面的高端人才。不拘一格降人才与此有密切关联。

四、流动的文化是促进人才成长的温床

"无徽不成镇"，是长江中下游流行的谚语。徽州商人不仅以长三角和运河沿岸为其商业基地，甚至国内的边陲海隅，乃至东亚海域的一些国家和地区如马六甲、日本等地，都留下他们的踪迹。商业是文化传播、交融的媒介。走遍天下的徽商，既传播了文化，也博采众长，以充实自身。他们之所以胸怀广阔，眼界高远，具有高素质的文化，显然与此有着密切的关系。大凡移住或侨居他乡的徽人，都根据距家乡水程的长短定期回乡探望。这种经常变易不居、内外流动的社会，有利于人才保持蓬勃的生机和活力；尤其有利于精英激发其创造性，避免因循守旧和蜕化变质。在长三角等地建立的商业基地和徽州本土，形成了所谓的"大徽州"和"小徽州"。大、小徽州间具有聚合和扩散的功能，互相激励，互相吸纳，有力地推进了徽州精英才俊的涌现。从前述的徽州寄籍之多，也可以看到"小徽州"对"大徽州"人才成长的贡献。

---

[1] 见《茗洲吴氏家典》卷2，吴介石《学田议》。

还应当指出,徽州灵山秀水的无穷魅力,与人文荟萃、英才辈出,也是有关系的。古有"天人合一"之说。罗愿《新安志》曾经指出:"其山挺拔廉厉,水悍洁,其人多为御史谏官者。"大自然演化的过程与人类历史可视为一个过程,生态学因之兴起。在古代,人类以自然的影响为主;近代以降,虽以人文影响为主,但也没有摆脱自然的制约。徽州的明山秀水,钟灵毓秀之气,浸润熏陶着其人的气质。

徽州大自然清淑之气,蔚为人文。财力雄厚的徽商注重景观文化,更使徽州的人文景观超凡脱俗,人文精神大得张扬。时至今日,从现存的地面文物,如境内那些与大自然相协调的古建筑、古村落,从院落、古井、古街、小桥、古道,到石坊、祠堂、宅第,都可以折射出来。这些极其丰富的地面文物,蕴涵着多彩多姿的传统优秀文化,令人情不自禁地发出徽州文化博大精深的惊叹,并沉浸于对徽州文化的回味。面对此情此景,当可捕捉到徽州文化背后所充满着的无与伦比的灵感和激情,当可体会到其隐藏着的勃勃生机和散逸出的浓浓人文意蕴,并找回传统文化的精神家园。人的聪明才智的迸发,人的发明创造,是在传统文化的基础上,或说是在其边缘产生出来的。没有徽州深厚的历史积淀、厚重的文化传统、独特的精神气质,是不可能孕育如此众多,如此杰出超凡的人才的。总而言之,精英人才的出现与成长,无疑是文化基因、道德动力、经济条件和社会结构等因素合力铸就的。

[原刊于《安徽师范大学学报》(人文社会科学版)2012年第5期]

《古徽州的清官廉吏》引言

　　位于安徽南部，与浙赣相邻的古徽州，有黄山、白岳耸立其间，清澈的新安江静静地东流，径取东海为其归属。境内那与大自然相协调的古建筑、古村落，从院落、古井、古街、小桥、古道，到石坊、祠堂、宅第，乃至室内陈列的古字画、古器皿，都浸渍独特的儒商文化和宗族文化。可以毫无夸大地说，徽州是一座充满人文情趣的古文物历史博物馆。

　　徽州丰富的地面历史文物，隐含着其先人的亮丽业绩，折射着璀璨多彩的历史传统文化，给徽州增添了无穷的魅力。新发现的令人瞠目结舌而不得其解的花山石窟，更为古徽州布上了一抹神奇的色彩。我们很难找到如同徽州那样与中国传统文化的历史如此紧密相连，如此典型地代表着中华优秀传统文化的特色。

　　徽州总是将中国古典的文化底蕴和当代的新潮，完美地融为一体。其体现的中华传统文化的人文景观、人文精神，是难以比拟的。徽州文化不仅引领中华文化主流的风骚，而且不断通过徽商吸纳各地文化而丰富自身，使之成为中华优秀文化传承的典型。徽州，可以说是优秀的中华传统文化的窗口，是优秀中华传统文化追梦者的精神栖息地。

　　徽州不仅有占据明清商界鳌头、财雄势大的徽商，而且有灿若群星的英才纷呈。一州六县的徽州，聚集着如此众多的名流贤士、显宦达官和富商巨贾。单从徽州有文献可征而为之作传者达5399人，其中28位中状元，17位当宰相，便可窥见其人才之繁盛、英才之杰出。

　　"宋兴即名臣辈出"。官宦者更不胜枚举，且"多为御史谏官者"。其中清官廉吏代不乏人，"秉礼仗义，自古为然"。徽州，又因历代清官廉吏的层出不穷，添加了一道绚丽的光彩。

　　徽州的清官廉吏中有的斥贪拒贿，以清廉自持。明代祁门人程泰，景泰五年进士，任职户部、礼部期间，屡拒厚礼贿赂，为同僚上司所惊叹。明代歙人汪佐，任袁州通判后，廉洁自守如一日。有民歌颂咏他道："前有梅公福，后有汪菜粥"，说他与平民生活无异，日食以菜混米豆煮的粥。清代黟县人黄元治，历任江西、云南、山东等省地方官，所到之处，自奉清廉，吩咐随员在衙署后院种菜自给，时人称为"青菜太守"。

他们中有的以为人民谋福祉为己任。北宋祁门人许元，任丹阳县令时，为了救活久旱的禾苗，敢于违规开放关乎朝廷漕运的练湖之水。后接掌安徽、浙江、湖北等省漕粮，不仅纠正前任弊端，完成漕运额数，而且超额完成100万石。按惯例，如将这100万石"羡余"漕粮进奉朝廷，必可加官晋爵。但许元拒绝同僚的规劝，将这粮食留储地方，充当荒年储备粮。许元为人民谋福祉，从不顾自身的祸福荣辱。明代歙人吴远，历任蒲田、黎平等地方官，临土即劝农、教化。老百姓安居乐业，大得民心，口碑好评如潮。"谢政时，寒素如未第时"。

他们中有的不畏权奸，执法不阿，为民请命。南宋休宁人金安节，授殿中侍御史，不顾安危，敢于起来弹劾当朝宰相秦桧的胞兄、台州知府秦梓，被时人称誉为"真金石人"。名将韩世忠之子韩彦直，因父而得高官，败坏朝廷法纪。他也上疏皇帝，指斥此举乃自废法纪。他一扫当时对上逢迎诏媚之风，而且敢于批墨吏的逆鳞，表现了铁骨铮铮的浩然正气。宋末婺源人许月卿，敢于上疏指斥奸臣丁大全、贾似道，因而为人们称颂为"铁符"。明代太监刘瑾、冯保是臭名昭著的权奸。刘瑾想收罗祁门人汪溱于其门下。他曾放言：汪溱如肯来见我，可委边将重任。汪溱闻此，始终鄙视而不肯趋炎合污。万历朝御史歙人江东之，对秉笔太监冯保，敢于触其逆鳞，竟首先起来参奏其贪污不法罪行。万历皇帝终于下诏查办冯保，抄没其家产，为众人所称快。明代婺源人汪进，授山西刑部主事。在审理案件中，执法公正，不通私情。被诬罪判死刑者，查实释放；被诬陷栽赃、罗织罪名者，据实昭雪，哪怕是皇亲权贵也无所顾忌。

以上略举数例，已足以窥见徽人清官廉吏的追求、理想和精神风貌。

他们的施政方略与政绩各异，但都共同宗奉宋明新儒入世苦行，以天下为己任的思想，以人为本，充满人文关怀。他们既"志于仕"，也"志于道"。秉公守法、严格按照法规行事。以救世的热情，大破当时的陋俗，依法惩办贪官污吏，平冤狱。即使面对险境，也能泰然若素，浑身浩然正气。

在他们看来，"正己"才能正人，"成己"方能成物。凡事公私分明。因为一讲私情，自当用人唯亲，枉法徇私，其结果必然是祸国殃民。他们言行相副，内外如一。自守之道甚严，用道之心甚殷。在任何情况下，都没有忘情于怎样变无道为有道，仁爱化民，力图让老百姓体会到儒家的仁政。

他们身在名利横流的时代，却志洁行清，只求奉献，不作索取，以苦节自厉，只管一味按照自己预定的人生理想目标去奋斗，以实现自我的人生价值。宋元明清，除元代执政不足百年之外，其余朝代都能维持数百年的统

《古徽州的清官廉吏》引言

治。我们别小看了，没有这么一批批忠心耿耿、为之献身的清官廉吏，是根本做不到的。

徽州出现如此富有特色的清官廉吏，并非偶然。它是由源远流长的历史传统、儒风独茂的文化基因、显亲扬名的道德动力，乃至新安山水的钟灵毓秀之气，浸润熏陶所铸就的。

徽州是一个移民的社会，是由中原精英才俊移住并与土著越人融合的社会，是不断地点燃徽州精神之灯塔，使智慧之光得以长明，使悠悠徽州文化得以世代传承而不致坠落，并且牢牢地守住这一精神高地。

当今之贤者，对传承梓里文化一如既往，依然不遗余力。他们去掉功利，特立独行，不为世俗的种种诱惑而动心，着眼于深远关怀，孜孜不倦地追求完美的理性精神。他们业余致力于学术历练，对学问的追求甚至到了痴迷的程度。他们一旦从工作岗位退下来，便全情投入，以传扬徽州文化为职志。或致力于徽学的探微钩沉，为了揭开一部古典名著暗设的玄机，不计得失，大有"一箪食，一瓢饮，居陋巷"，也不改其乐的气概。由大、小徽州交流互动的社会。自魏晋南北朝至隋唐，中原士族的纷纷移入；明代，尤其嘉靖、万历以后，则因"徽民寄命于商"而从移入转为向外移出，"十三在邑，十七在天下"。这种经常变易不居、内外流动的社会，有利于精英激发其活力和创造性；有利于人才保持蓬勃的生机和活力，避免因循守旧和蜕化变质。这种清明透彻的、富有勃发生机的历史文化氛围，显然有利于清官廉吏的涌现。

徽州是程朱理学的故乡，有儒风独茂的文化基因。儒学在唐代已经退居颓势，占主导地位的是佛教。慧能的"若欲修行，在家亦得，不由在寺"的主张，标志着其教义从出世转向入世。由慧能发端的入世苦行，到宋代已扩及教外的世俗社会。儒、道起而效之，形成儒、佛、道三足鼎立。唐人韩愈在《原道》中提倡的正是后来宋明理学所谓的"人伦日用"，旨在为了恢复儒学对人们生活的指导作用。但他并没有挽回儒学的颓势。宋儒吸取佛教的修心，创立心性之学；又接受佛教的"彼岸"观，创立"天理"。新儒的彼岸世界与佛教的不同。佛教的彼岸背离此世，陷于虚幻；而新儒的彼世却面对此世，与此世相连，是本于天的实理。所以，引发出积极的入世苦行精神，以天下为己任。新儒中的程、朱一派，是以士大夫阶层为其教化对象的，同庶民大众相隔离。唯到王守仁创立的心学，儒学才深入民间，成为普通老百姓的精神要求。在他看来，他提出的格物致良知说，以及宋儒提出的"灭人欲，存天理"，是人人都可以做到的，并非只是读书人的专利。这就是他所谓的"满街是圣人"的含义。他曾说:"虽终日做买卖,不害其为圣贤。"又说:"四民异业而同道。"显然是在为抬高商人地位的"新四民观"立论。他创立的学派被称为王阳明学派(简称王学)。恰恰是在程朱的故乡——徽州,为王阳明学派提供讲坛。王守仁的高足王艮、钱德洪等齐集徽州,主讲盟会。王学在庶民阶层掀起大波。程朱和王学互为补充,共推儒学,使之成为社会的主流思想。我在这里之所以追述儒学的分化及其在徽州的合流,旨在有助于了解徽州清官廉吏的思想脉络及其思想归宿。

徽州人善于把程朱和王学结合起来。政治伦理,以程朱理学为依归,坚持科举仕宦为追求目标;经济伦理,则以王学的说教为本,利用其重商重利思想,取得商业的成功。由此可见,徽州文化的宽容性、包涵性和创新性。

由于坚持官本位的价值观,以显亲扬名的伦理道德所激励,徽州并不因为其商业盛行而影响其清官廉吏群体的出现。以个人而言,也不因为其家庭经商而有碍其为清官廉吏。被视为清官范式的海瑞,当"讼庭清闲,吏书无事"时,"听其从商"。但禁止不正当的商业行为,不准敲诈勒索。他任南京右都御史期间,就约束"自大僚至丞郎",不准写条子购物,买东西要按价付款。对于如同海瑞般既志于仕,又志于道的清官廉吏,官与商是可以并行不悖的。这里所说的"商",当然是指正当的商业活动,而不是如同今日利用特权让小舅、兄弟一类亲属做工程包工头,以捞取暴利。

在程朱理学的浸渍、熏陶下,如上所述,徽州人的心灵受到强劲的伦理道德动力的激励,即坚持官本位的价值观以显亲扬名,按照儒家塑造的官员传统模式去做不懈的追求。称为汪菜粥的汪佐和称为青菜太守的黄元治,之所以要吃粥,种青菜,是因为他们革除了收取"乡俗""陋规"的旧例,只靠朝廷定制的薪俸维持生计的缘故。我们知道,按定制,官员薪俸菲薄。官员要自肥,唯有从"乡俗""陋规"中搜括。所以,那些按照官员范式标准要求自己的官员,自然只有穿布袍子,吃菜粥,过着与老百姓相差无几的生活。迫于无奈,汪佐、黄元治在衙门空地,自己种菜,家人上山打柴,以做些补贴就在所难免了。有的官员如海瑞也不得不允许幕僚随员做合法生意以作补贴,这与理学的主张不悖。

还应当指出,徽州的山水在陶冶人的品格,激发人的灵性方面,是不容忽视的。黄山,挺拔严厉,而又神圣威仪;白岳(齐云山),恬适静谧,而又深邃苍劲;新安江,婉约秀美,水捍洁清,集聚着大地的灵韵和人类的灵慧。以这块土地的山山水水为根基的徽州人,构建了自身的人文环境。黄山、白岳的精华,新安江水的灵秀,渗润徽州人的灵魂中;徽人又以对家乡山水深切的了解和超凡的领悟力，将大自然的无限灵蕴表现出来。人与大自然的相依相融，终于酿出一批批耿直之臣。他们洁身自好，刚健自强，不畏权奸，执法不阿，以人为本，仁政爱民。他们所追求的正是为了实现君子"志于道"的人生价值。

《徽州社会科学》编辑部将古徽州之清官廉吏的业绩汇编成册，无疑是一篇别开生面的"徽文章"。这不仅另辟蹊径，推进了徽州文化的研究，尤其可以古为今用，通过弘扬古徽州清官廉吏的前言往行，精神风貌，可收扶正气、抨击歪风邪气之效。对于提高人文素质，加强社会主义荣辱观，构建和谐社会，具有重要价值。因之我乐于写下以上这些，权充本书引言。

2006 年 8 月 22 日于广州海龙湾幽篁室

明清徽州佃仆制试探

明清时期的佃仆制是一种具有严格隶属关系的租佃制度。佃仆制流行于安徽、江苏、浙江、江西、湖南、湖北、河南、广东、福建等省的某些地区[①]，尤以皖南的徽州地区为盛。徽州府在明清领有歙县、祁门、休宁、黟县、绩溪、婺源等6县。本文根据明清时期徽州地区的佃仆文约、地主账簿、家规宗谱、历史档案，结合其他历史文献和实地调查所得的材料，相互参订，试图对该地区佃仆制的来源、性质，及其演变情况，作一初步的探讨。

一、佃仆的名目和数量的估计

历史的现象是错综复杂，备极纷纭的。同一内容的东西，在历史文献上

---

① 略举例如下：

安徽省：康熙《江南通志》卷65，徐相国《特参势豪勒诈疏》："凤颍大家将佃户称庄奴，不容他适"。

江苏省：康熙《崇明县志》卷6，"佃户例称佃仆，江南各属皆然"。又同书卷4："内地佃户与仆无异"。

浙江省：《江山县志》卷1《舆地·风俗》引汪浩志："田亩倩人种植，成熟分收，即佃户也。别有一种曰伙余。多自家仆，令其居庄看守，或外乡单丁，以庄屋栖之，给以偶，如奴隶。"

江西省：钱仪吉《碑传集》卷8，邵长蘅《提词江西学政按察使司佥事加一级邵公延龄墓碑》："吉赣俗以佃为仆，子孙无得与童子试"。

湖南省：《清文献通考》卷2"田赋"：湖南地主对佃户"有驱使之如奴隶者"。又同治《长沙县志》卷20《政迹》：湖南地主"有擅将佃户为仆，恣意役使，过索租粒"。

河南省：李渔《资治新书》卷7，金长真《请严主仆》中说，汝南地主将佃户"多称为佃仆，肆行役使，过索租课"。

湖北省：万历《承天府志》卷6《风俗》：潜江"获田多者，皆流商豪恣之民，土著反为佃仆"。

广东省：钟秉文《乌槎幕府记》：饶平等地地主将佃户称为"田僮田仆"。李渔《资治新书》卷1，李少文《行高要县牌》中说该县地主将世佃"称为世仆"。

福建省：凌濛初《二刻拍案惊奇》卷13《鹿胎庵客人作寺主，剡溪里旧鬼借新尸》一文中，福州刘秀才的佃户称为"庄仆"。按这一篇小说取材自宋洪迈《夷坚志》补卷十六《鬼小娘》一文。小说作者将原文的"田仆"改为"庄仆"，可见宋代的田仆，明末已习惯被称为"庄仆"。

往往有不同的名称；而同一名称，在不同时期内，又往往有不同的内容。明清时期的历史文献及民间文约上常见徽州地区载有佃仆、地仆、庄仆、庄人、火佃、细民、伴当等名目。经实地调查，有的名目如佃仆、庄仆、火佃等，于民国时期已不复存在；有的保留至新中国成立前，如地仆、细民、伴当等即是。祁门南议源一带依然流行"地仆"的名称。"伴当"，在祁门是指地主家内的奴仆，承担家内生活上的劳役，非用于生产，这应该是伴当的原来含义；在歙县的昌溪等地区，则指役使如奴的佃户。"庄仆""庄人"之称，解放前已不通用，但"庄户"的名称，在祁门等地仍尚流行。庄户显然是庄仆、庄人名目的代称。① 另外，新中国成立前还流行着别的一些性质相同的名称。如黟县、休宁有小户、小姓之称，它与细民是当同义语通用的。歙县则称为"低下人"。小姓、小户先前并非都是佃仆，但都是被勒迫为佃仆的对象。年深日久，小姓、小户之称便与佃仆一词通用了。祁门的查湾还根据佃仆承担的劳役定其名目，诸如，守坟庄、抬轿庄、守木庄、拳斗庄、火把庄，等等。"庄"是庄仆的省略。以上种种名目在明清的一些文献上统称之为"仆"或"世仆"，其妻女才称为"婢"或"庄婢"。这是因为在法律上，他们与奴婢被划为同属一类的缘故。其实，他们不同于奴婢，有独立的个体小家庭经济，有自由支配的劳动时间。地主只能以地租和劳役的形式，部分地占有他们的人身和劳动成果。通过实地调查，访问老农和熟于掌故的老先生，结合文献材料进行综合分析，使我们了解到明清时期存在于徽州地区的佃仆等不同名目，是来自不同的历史时期和不同的地区，以及为地主所承担的不同劳役，实际上彼此之间并没有什么本质的差异。为了行文的方便，各种名目统称为佃仆。

佃仆的数量，已难以作出确切的统计。从当地风俗，凡"葬主之山，佃主之田，住主之屋"，皆为佃仆看②，当属不少。嘉靖二十四年（1545）成书的《窦山公家议》中说："计议佃仆，昔称繁庶，今渐落落，殊可慨也。"但是，就在祁门善和程氏地主自叹为佃仆"落落"之时，该书所胪列

---

① 嘉庆《黟县续志》卷3《风俗》："族居者曰村，其系属于村者曰庄。"当地的地主往往在田头、山沟建置房舍，供佃仆居住。佃仆负责耕种管理一定范围的田地和山场。这些房屋、田地及附属于此的佃仆，统称之为"庄佃"（详见程昌《窦山公家议》卷6《庄佃议》）。住主屋、种主田的封建依附者，称为佃仆，或"庄仆"。《资治通鉴》二九〇卷，"后周广顺元年九月"末载："衡山指挥使廖偃帅庄户及乡人悉为兵。"胡三省在其下注云："佃豪家之田而纳其租，谓之庄户。"可见庄户指可役使之为家兵的佃户，也可见庄户之名称由来久矣！

② 高廷瑶：《宦游纪略》卷上。

的庄佃，据统计还有 24 处，佃仆 47 户①，那么，"昔称繁庶"的年代，佃仆的数量当会更多。从《李姓各庄印信议墨》中看，清顺治年间，李氏地主宗德、宗厚、宗荣、宗礼、宗义兄弟五房拥有的佃仆便有 11 户又 13 姓。② 乾隆五十六年（1791）汪氏宗祠支丁先岸、柴垣、振民、敏正等先祖遗下的佃仆中，竟有十二姓仆众③，一姓有多少户不得而知，但从一家地主动辄有几十户，乃至十余姓，想其数量是甚属可观的。嘉庆十四年（1809），安徽巡抚董教增奏请"世仆名分，当以有无身契，是否服役为断，如未有身契与未列服役及不与奴仆为婚者，虽葬主之山，佃主之田，住主之屋，均应开豁为良"。事为朝廷所批准。公文从省下逮府县，以至都里，几经辗转，真正能有效执行的程度是不高的。即使如此，据说："一时开豁数万人"④。如果包括未属开豁之列，和属开豁之列而未得开豁的在内，数量就更可观了。事实上经嘉庆十四年"开豁"之后遗下的佃仆仍然很多。例如，据道光三年（1823）安徽案内刑部咨议载："安徽省徽州等府属地方，似世仆而非世仆，似良民而非良民，俗谓细民者，不下数千余户。"⑤ 细民是佃仆的种种名称中的一种，其数竟达数千余户。综上所述，佃仆制是盛行于徽州地区的租佃制度。

二、佃仆制的由来及其顽固延续的原因

关于徽州地区佃仆制的由来，在近年来发现的大量明清民间文约中没有具体说明。从当地名宗大族的家乘谱牒以及地方志看，明初佃仆制已经"繁庶"、流行。《明实录》载：永乐时李增枝"于各处多立庄田，每庄蓄佃仆无虑千百户"⑥，可见佃仆制流行于明初，也非仅限徽州一地。据此，佃仆制在明代之前无疑已经存在。《窦山公家议》一书的记载证明了这一点。此书已透露出徽属祁门善和里程氏地主早在元代以前已经采用佃仆制的租佃

---

① 程昌：《窦山公家议》卷 6《庄佃议》。
② 原件藏社会科学院历史研究所，编号 003646。
③ 见《汪氏宗祠立议合墨》，编号 237.4，原件藏社会科学院经济研究所。
④ 高廷瑶：《宦游纪略》卷上；又见《大清会典事例》卷 752。此数以徽州府居多，还包含宁国、池州二府，也可能有些夸大。
⑤ 见光绪十四年《大清律例汇辑便览》卷 27。
⑥ 《明成祖实录》卷 30，永乐二年八月。

形式。① 这与方志的记载，恰可相互参证。康熙《婺源县志》载：

> 乡落皆聚族而居，多世族世系，数十代尊卑长幼犹秩秩然，罔敢僭忒，主仆之分甚严，役以世即其家殷厚有资，终不得列于大姓。

与豪绅地主有主仆名分的佃仆既已历经数十代，若每代以三十年计，佃仆制的存在距康熙年间至少已有数百年了。对此，道光《徽州府志》的记载更具体：

> 家多故旧，自唐宋来数百年世系比比皆是，重宗义，讲世好，上下六亲之施，无不秩然有序……其主仆名分尤极严肃而分别。②

把佃仆制起源的上限断定在唐宋③。类似的论述，在明清时期官僚的文集、奏折中也有反映。嘉靖朝的官僚歙人方弘静在《素园存稿》中说：

> 盖郡之俗重土著，其来远矣。其远者当西汉之末，吾家太常府君之墓世犹守之。其在晋之东以及梁陈之际者比比可纪也。其姓之著者，即一圩落而所聚盖不啻千人矣。……以千人之家，其仆佃之数不啻如之矣！咸臂指相使非一朝一夕也，有事则各为其主，主则饮食之，以为恒，此皆子弟父兄之兵也。④

方弘静溯源更远，肯定"仆佃"在东晋南朝已有。乾隆年间的安徽按察使晸善在一个奏折中写道：

> 安徽省徽州、宁国，池州府属地方，自宋元明以来缙绅有力之家，召募贫民佃种田亩，给予工本，遇有婚丧等事，呼之应役，其初尚不能

---

① 详见拙作《从祁门善和里程氏家乘谱牒所见的徽州佃仆制度》，《学术研究》1978年第4期。
② 道光《徽州府志》卷2《舆地志·风俗》。
③ 〔日〕周藤吉之教授在《中国土地制度史研究》一书中也曾指出，唐代似乎已出现了佃仆。详见该书第二章第三节。
④ 《素园存稿》卷17《郡语下》。

附于豪强奴仆之列，累世相承，称为佃仆，遂不得自齿于齐民。①

暻善所述，佃仆制始自宋代，经历元明，清代仍然存在。

诸人所见，有所不同，或把佃仆制起源的上限断在东晋南朝，或定于宋代，但都肯定在明代以前已经存在。他们的说法是否符合历史事实呢？

为了说明问题，我们不得不对徽州地区的历史作一简单的追述。

徽州地区，西汉时属于丹阳郡。汉武帝曾强迫东瓯、闽越之民徙居江淮地区，被迁徙的东越人有的逃到了徽州境内。三国时，称徽属之民为山越。实际上，所谓山越，除东越人外，还包括土著居民和因躲避赋役逃往此地的汉人。作为东越人的后裔，已和土著居民及外来的汉人融合。当地的汉人大族多以宗部的形式控制山民。宗，即指宗族，是战国以来日渐瓦解的以血缘关系和地域关系构成的氏族公社的遗留。宗部是指以结聚而居的宗族为核心的部伍。这些部伍且耕且战，是封建依附者，又是地主武装。徽属地势险阻，"周旋数千里，山谷万重"。对孙吴政权，豪强地主往往利用宗部，负固顽抗。孙吴先后多次派兵征讨，山越最终为诸葛恪所平定。② 平定山越后的处治办法是："强者补兵，赢者补户。"③ 补兵的山越，名为官兵，实际上在孙吴的世袭领兵制下，已变成私家的封建依附者。补户的山越，列入国家的编户齐民。但孙吴政权有时将这些农户赐予军队的将帅和各级官僚为复客。例如，孙权把新安县（今歙县，明清属徽州府）200家农户赐予陈武之子陈表为复人。④ 这种复客、复人，亦称为佃客。⑤

东晋南朝以来，南渡迁徽的北方"衣冠巨族"，有的携带宗族部曲逃来，有的到徽州后依然采用部曲、佃客制的生产关系。如徽州的望族程氏，其始祖程元谭在东晋出任新安太守，受朝廷赏赐田宅而留居于此，无疑是采取佃客、部曲制的生产关系的。其后代，在梁、陈两朝"功"显一时的程灵洗，当"侯景之乱"时，曾经"聚徒据黟、歙以拒景"。⑥ 这种"徒"，当包括门徒、徒附、佃客、部曲等封建依附者。在唐末农民起义中，这个家

---

① 乾隆三十四年六月二十六日安徽按察使暻善《案奏佃户分别种田确据以定主仆名份》，卷号1—5（2），藏中央档案馆。
② 《三国志·吴书》卷19《诸葛恪传》。
③ 《三国志·吴书》卷13《陆逊传》。
④ 《三国志·吴书》卷10《陈武附子表传》。按复即覆，"复人"即免除赋役的荫户。
⑤ 参阅唐长孺：《三至六世纪江南大土地所有制的发展》第80—96页。
⑥ 《南史》卷67，《程灵洗传》，又见《陈书》卷10。

族的程沄、程淘兄弟也曾聚众在休宁东密岩，负固顽抗。这支地主武装"众不过四百余"，"依山阻险以自安，无事则耕织以供伏腊，仓促则修战以相庇卫"①。这里所说的"众"，也应包括具有严格隶属关系的部曲、佃客一类的封建依附者②。从上所见，徽州名宗大族在魏晋南朝，乃至隋唐，都是部曲、佃客制生产关系的代表者。

部曲、佃客制经过隋末农民起义的沉重打击已经衰落。又经唐末农民起义的扫荡，作为代表最落后生产关系的世家大族退出了历史舞台，部曲、佃客制也随之消失。

到了宋代，佃户一般称为佃客（或客户）。由于唐末农民起义彻底打垮了世家大族，由于商品经济的发展，佃客的封建人身隶属关系已经有所松弛，一些地区如北方的客户已经允许迁徙他方。但其身份地位还是与农奴差不多。另外，在山东、浙江、江西、湖北、安徽等地的佃户中，还有庄奴、田奴、佃仆、田仆等名称。③ 他们都是与田主有主仆名分的同一类型农民（下面为了行文的方便，统称之为佃仆）。据《宋史·朱寿隆传》说，北宋时，京东地区"岁恶民移，寿隆谕大姓富室，蓄为田仆"④。南宋时，徽州人罗愿也曾指出，这些人"或迫饥寒，或遭诱略"⑤，可见是来自破产的农民。必须指出，历史文献上所说的僮仆、仆奴、奴婢，并非都是家内奴隶，有的正是这种佃仆。例如，南宋时，徽属祁门善和里程鸣凤，僮仆成群。他"抚僮仆以'恕'，遇荒必随其所积计口而'赈'"⑥。这里所说的"僮仆"，如果是衣食于主人的家内奴仆，就无须赈济了。很显然，是指有独立小家庭个体经济的佃仆。在我们看来，宋代的佃仆比当时的佃客更接近东晋南朝隋唐的部曲、佃客。诚然，彼此之间存在着种种差别。如前所述，就是佃仆本身，在各个历史时期，在不同地区，有不同的名目，诸名目之间也存在某些差异。但是，就部曲、佃客和佃仆所处的政治、经济地位看，都是同一类型

---

① 程淘：《程氏世谱序》，见《祁门善和程氏谱》卷首。
② 部曲，在唐代已不多见，据《唐律疏义二二·释文》所载："自幼无归，投身衣饭，其主以奴畜之，及其长成，因娶妻。此等之人，随主属贯，又别无户籍，诸此之类，名为部曲。"据此说，似是家内奴隶。但是部曲的含义本来就很不固定。这种既是家兵，又是封建依附农民，二者一体的部曲，在唐代的某些地区，是依然存在的。
③ 见袁采：《袁氏世范》卷3《治家》，洪迈：《容斋三笔》卷16《多赦长恶》，洪迈：《夷坚志》支庚卷1《黄觯元田仆》，支庚卷7《向生驴》，夷坚三志卷1《邓生畏罗卜》。
④ 《宋史》卷333。
⑤ 《罗鄂州小集》卷5《鄂州到任五事札子》。
⑥ 程昌：《祁门善和程氏谱》，《梧冈程先生行实》。

的封建依附者，彼此有一脉相承的继承性。明清时期，乃至民国年间，有的佃仆还是一边佃种土地，一边充当田主的家兵，径称为"拳斗庄"。有的佃仆于春节期间，要耍把戏如舞狮、游龙等供主人观赏取乐，在他们上衣的胸背分别写"勇""兵"二字。这些不就是当年部曲的影子吗？明人方弘静正是看到了部曲、佃客同佃仆有一脉相承关系，才笼统地称之为"仆佃"。清人瞫善则把部曲、佃客同佃仆区别开来，断言佃仆制始于宋代。他俩说法有出入，但都从不同的历史角度，说明明清时期的佃仆制是东晋南朝隋唐部曲、佃客制，宋代佃仆制的延续。

　　明清时期，由于商品经济的发展，特别是明中叶出现资本主义萌芽之后，从全国范围看，严格隶属关系的租佃制逐步让位于依附关系相对松弛的契约租佃制，地主对农民的人身任意奴役逐步转为以高额地租的榨取为主，这是主佃关系历史发展的总趋势。但是，在徽州地区，严格隶属关系的佃仆制为什么能够历经宋元，到了明清依然顽固地延续下来呢？这是我们下面要探讨的一个问题。

　　残留的奴隶制的影响，是这一落后的封建生产关系得以延续的重要原因。徽州地区处于万山丛中，地势险阻，北方的强宗大族为了逃避战乱，特别是逃避农民起义军的锋芒，纷纷南渡，其中一部分迁入徽州。"略举其时，则晋宋两南渡及唐末避黄巢之乱，此三期为最盛"①，尤以唐末避黄巢起义鼠窜于此者为多。据明人郑佐等辑《新安名族志》记载，有戴，夏，臧、陈、朱、葛、赵、潘、施、齐、康、王、毕、周、江、梅、刘、罗、金等十九姓大族，就是避黄巢起义而逃往徽州地区的。南宋徽州人罗愿也曾经指出："黄巢之乱，中原衣冠避地保于此，后或去或留，俗益响文雅。宋兴则名臣辈出。"② 迁入徽州地区的这些强宗大族，以奴隶制的残余作为封建剥削的补充，都拥有家内奴隶——文献上记载的所谓"世仆"，除一部分是佃仆外，还有一部分就是家内奴婢。他们是一群带有奴隶制斑点的封建豪绅。在他们的统治下，当地成为坚持落后生产关系的封建顽固堡垒。

　　氏族公社残余的影响与封建理学的思想禁锢，对佃仆制的延续也是不无关系的。迁入徽属的豪强大姓或仕宦之家，多按一家一族来建村立寨，形成一村一族的制度，严限他姓人在此住家，就是女儿和女婿也不得在母家同房居住。随着家族的繁衍，有的分房外迁另建村寨，也仍保持派系不散。保持

---

① 石国柱：《歙县志》卷1《风俗》。
② 罗愿：《新安志》卷1《州郡风俗》。

南北朝时以孝治天下，团聚宗族，孝亲敬宗，循守礼法的一些遗风。徽州作为封建理学的故乡，程颐①、朱熹鼓吹的三纲五常，特别是恢复宗子法的主张所发生的影响尤其恶劣。在那里，"千年之塚，不动一抔，千丁之族，未尝散处，千载之谱，丝毫不紊，主仆之严，虽数十世不改"②。这种按尊卑长幼等级建立起来的家族组织，就是氏族公社的残余。村寨之中，祠宇高耸，匾额辉煌，牌坊林立，氤氲着一派孝亲敬宗、崇奖贞节的气象。实际上其背后却充满着封建宗法地主对族众、佃仆的残酷压榨。一族设有柯堂、族长，通过修宗谱、订宗规家法来控制压迫族人和佃仆。对族内，以尊卑长幼划分等级，大倡忠义孝悌。例如，乾隆《新安程氏祠规纲领》规定："居家孝悌"，"严禁败伦"，凡不孝不悌，或妇女"忤逆谗妒淫纵，犯七出者"开除出族，生死不许入祠。被除族的人，变成贱民，往往沦为佃仆。"正始闺门"，媳妇要细心事姑嫜，顺夫子。凡"欺比邻，慢尊长"者柯堂族长有权视情节轻重予以惩治③。惩治的办法是骇人听闻的，除用吊、打、挖眼睛等酷刑外，甚至以活埋处死。族长是封建伦理道德、家法宗规的宣扬者和执行者，祠堂则是宣扬和执行这种封建伦理道德和宗规家法的场所。毛泽东同志曾指出："政权、族权、神权、夫权，代表了全部封建宗法的思想和制度，是束缚中国人民特别是农民的四条极大的绳索。"④徽州的缙绅地主正是以族长的身份，集封建"四权"于一身，大发其淫威，任意处罚族人和佃仆，草菅人命。各个宗祠有自己的土地财产，诸如祭田、祠田、义田、学田等，名义上属于族内公有，实际上操在族长、祠款经管人等豪绅地主的手里。这些田产的收入主要用来作为科举考试的奖励，以便扩大封建宗法豪绅地主在地方和中央的特权，此外，也分出些许作祭祀祖宗和收恤族众之用，藉以掩盖族内的阶级对立。其余的皆由族长、祠款经管人等合伙中饱肥己，尽情挥霍。如举办赛马、新年春戏、秋报神会，等等，如祠款不够支出，还要向族人摊派。利用封建宗法制来对族内农民进行家长式的统治。对佃仆，以良贱、主仆名分来维持封建的身份体制，灌输名门贱寓、主仆贵贱有别的思

---

① 据《祁门善和程氏谱》载，程颐"青出中山，中山之青出自新安之黄墩，实忠壮公（即程灵洗）之裔。"程颐、程颢被视为歙县（黄墩属歙县）人，朱熹，婺源人。他们所鼓吹的理学影响特深。程、朱又出自此地，所以徽州有"东南邹鲁"之称。

② 道光《安徽通志》卷21《舆地志·风俗》引旧志，又见赵吉士《寄园寄所寄》卷11《故老杂纪》。

③ 原件藏社会科学院经济研究所。

④ 《毛泽东选集》四卷合订本，第31页。

想。说什么地主富贵是由于祖坟葬中风水。当地特别注意坟茔风水,守护坟墓是佃仆服役的重要内容。风水之讼甚多,"其平时构争结讼,强半为此"①。这同理学家朱熹大倡风水之说是密切相关的。编造佃仆受苦是"奴才投胎,命里注定"的谎言;千方百计地培养佃仆的奴性,使之安分守己,"甘受污贱";主仆名分,贵贱之别,贫富之差,被视为天经地义,不可移易,这种严格的封建宗法制度尤其程朱鼓吹的伦理纲常,对于维持徽州地区主佃严格隶属关系的佃仆制,起了极其恶劣的作用。

唐宋到太平天国革命前,徽州的豪绅地主很少受到农民起义的打击,也是佃仆制得以延续的一个原因。强宗大族"依山阻险以自安"。在东晋南朝就已置坞壁以自保,当地还有命名为坞的地名留存。徽州地区的地理环境成为强宗大族逃脱农民起义兵锋的避难所。在唐宋以降的历次农民起义中,豪绅地主不仅很少受到打击,而且有的还在镇压农民起义中捞取好处。例如唐末农民起义中,徽州人、唐王朝的御史中丞程沄及其子程仲繁便由于在本地镇压农民起义"有功",而加官晋爵。元末农民起义中,朱元璋于至正十七年(1357年)攻下徽州时,善于见风驶舵的一些地主分子如祁门程弥寿之流,为了攀龙附凤而投靠辕门,"一方赖以晏然"②。地主分子儒生朱升、唐仲实还为朱元璋出谋献策而深得宠信③。因此,大族豪绅在这次农民大起义中没有受到损害。"山谷民衣冠至百年不变"④。这些没有受到唐宋以降历次农民起义打击的强宗巨族,绝不会自动放弃传统的落后生产关系,放松对具有严格人身隶属关系的封建依附者的控制。

还必须指出,徽州地区以富著称,实则贫富极端悬殊。这个特点,也是同佃仆制有关系的。当地的文化工艺品,如徽墨、歙砚、澄心堂纸、刻书等深为世人所称道,土特产如茶,杉,漆等亦享盛名。特别是商业资本发达,因而以富著称天下。富商大贾"藏镪有至百万者,其他二三十万则中贾耳"⑤。徽商足迹"几遍天下"⑥,有"无徽不成镇"之谚。豪绅、商人被服儒雅,过着挥霍无度、奢侈豪华的生活。在那里,封建文化发达,"十户之

---

① 赵吉士:《寄园寄所寄》卷11《故老杂纪》"稗史"条。
② 程昌:《窦山公家议》卷8附录。
③ 《明史》卷136《朱升传》,夏燮《明通鉴》元至正十八年十一月条。
④ 罗愿:《新安志》卷1《风俗》。
⑤ 谢肇淛《五杂俎》卷4。
⑥ 张瀚《松窗梦语》卷4《商贾记》。

村不废诵读"①。宋代以降，高官显贵，代不乏人。封建文人一提起徽州，便眉飞色舞，赞叹不绝，说什么"人文郁起，为海内之望，郁郁乎盛矣"②，誉之为"东南邹鲁"③。汤显祖有一首诗云："欲识金银气，多从黄白游，一生痴绝处，无梦到徽州"④。可见明人对徽州的羡慕。徽州既是封建社会后期以富著称的一颗"夜明珠"，又是一问"贫者愈贫，富者愈富"⑤的阶级压迫极其残酷的人间地狱。农民受尽凌辱压榨，贫困至极。当地习俗，农民日仅两餐"馆粥"，数月不见鱼肉更是平常事。他们索然寡居，互不往来。在宋代，乡民"不染他俗"⑥，到了明代，依然如此。"嘉万之世人，有终其身未入城郭者"⑦，"六色之语，互不相通"⑧，甚至相距数里，语言彼此不通。据作者实地调查，新中国成立前还存在这种情况。徽州就是这样一个既富又贫，对外既四通八达，内部又险阻四塞，彼此隔绝；既是文化发达，讲究礼仪，又是愚昧、质朴少文的地方。对立的两者似是矛盾，实是相辅相成。徽州豪绅、商人财富的积累，封建文化的繁荣，正是建筑在对佃仆的残酷压榨基础上。例如，商业资本的形成过程是复杂的，原因是多方面的，但其中一个重要原因是来自对佃仆地租的剥削，特别是山租的剥削。⑨这些往往利用僮仆营商，身上带有浓厚奴隶制斑点的豪绅，富商正是佃仆制生产关系的代表。从上可见，徽州地区顽固坚持佃仆制，良有以也。总的来说，在全国范围内，佃农的封建依附关系发生了日趋松弛的趋势，但是在徽州这样的局部地区由于以上的种种原因，落后的严格隶属关系的租佃制却依然顽固保持下来了，表明了历史发展的不平衡性。

三、农民陷为佃仆的方式及其身份地位

如前所述，明清时期徽州的佃仆制由来已久。由于豪绅地主的残酷压榨和奴役，佃仆的夭折和逃亡是不可避免的。佃仆的队伍是怎样得到不断补充

---

① 嘉靖《婺源县志》卷4《风俗》。
② 万历《歙志》卷3《风土》，北京图书馆善本室显微镜胶卷本。
③ 康熙《休宁县志》卷1《风俗》，转引赵汸《商山书院学田记》。
④ 转引自赵吉士《寄园寄所寄》卷11《新安理学》。
⑤ 顾炎武《天下郡国利病书》卷32，《江南二〇·歙县风土论》。
⑥ 罗愿：《新安志》卷1《风俗》。
⑦ 道光《徽州府志》卷2《舆地志·风俗》。
⑧ 高暐：《徽州府通志》卷6《风俗》，北京图书馆康熙二十二年旧钞本。
⑨ 徽州商业资本与佃仆制之间的关系，由于篇幅所限，俟后另文论述。

的呢？除地主将少量的家内老奴世仆婚配成家，拨出一些屋地供其佃住耕种，或驱逐出外，以佃种田地为生，自立家庭，作为佃仆队伍的补充外①，更大量的是农民由于如下几种原因沦为佃仆。

1. 由于佃种地主或祠堂的田地而沦为佃仆。

徽属六邑"山大抵居十之五，民鲜田畴"。豪绅地主每当开辟成一片田地，往往视田地的多寡相应在田头建置庄屋，招诱农民居住佃种，勒迫为佃仆。因有庄屋可供居住，有田可供佃种，故称之为"庄佃"。地主还在村旁路口，关隘墓边建置房舍，以便在此居住的佃仆担负巡夜、守卫和报警等劳役。住庄、佃田一般是连在一起的。豪绅地主利用口碑相传的习俗，凡"佃主之田，住主之屋"者，迫勒为佃仆。据《祁门诉讼档案》记载：许文多的祖父和长兄于嘉靖、隆庆年间先后将屋地尽行卖出，然后租回居住耕种，对田主"在徽俗即截然有主仆之分也"②。也有单独佃种田地而沦为佃仆的。例如，康熙年间，休宁吴佛寿因佃种程氏祠堂的扶墩丘田而沦为佃仆，除交租外，还要"承值递年众役火拦等项门户"。吴佛寿户死绝，招诱吴守仁顶替，"依旧承值"。吴守仁户又无嗣，于是"众议召与张平承役，以后凡种此田者，承其役无词"③。说明一种此地，除非死绝，便无法逃脱充当佃仆的厄运。直至清末光绪年间，依然保持"佃主之田"被胁迫为佃仆的习俗。祁门县农民胡永因"幼失怙恃，租种张姓田营生"。光绪十六年（1890年）正月，梅树坑口章禄看到胡永能干、吃苦，便雇他为长工，继而以女宜巧婚配，迫勒他立卖身文约。胡永自认已是张姓之仆，不能复卖自身而加以拒绝。④ 胡永去当长工，可能是已经退佃的缘故。但是，胡永还自认为张姓地主的佃仆，可见即使退佃，名分依然存在。这与清代中叶以后的法

---

① 据徽州文约载：休宁人余百龄于康熙四十六年被卖给项姓地主为奴，改名富有，时当八岁，过了三年，转卖给汪姓地主，又改名为长发。康熙六十一年，婚配婢女金花，生了一男二女。雍正八年被逐出汪姓地主家，移居金村，后搬往江村。他被逐独居后，以佃田营生，从原来的家内奴婢变成了佃仆。原件藏社会科学院经济研究所。又张萱《西园闻见录》卷6"婢仆"条："黄省曾曰：徽州风土，皆役髫童，方与娶配，逐出别居，给本自爨，有召来来。"这种"逐出别居"的婢仆也就变成了佃仆。

② 编号003799，原件藏社会科学院历史研究所。

③ 休宁《程氏祠堂簿》，原件藏社会科学院经济研究所。

④ 光绪《祁门各式状词抄底》，原件藏社会科学院经济研究所。

律规定是相符的。①

2. 由于无栖身之所，被迫投到地主庄屋居住而沦为佃仆。

据徽州文约载，单"住主屋"也迫勒为佃仆。如隆庆六年（1572）四月，汪什给张姓地主立还文书中写道：

> 今因本身无房住歇，父子商议自愿投东主张名下土名社屋巷口房屋一所拚披攒，是身父子住歇。日后递年上工五日，且遇婚姻丧祭，听从叫唤使用，毋得拦阻，每年新正贺庆无失。②

同年，还有汪付保、汪三保兄弟投到这一家地主庄屋居住，也同样立还文约，写明上工日数和承役项目。③ 类似的文约并不乏见。1965年冬，我在歙县社会主义教育运动展览会的材料中看到，解放前休宁县农民项桂生及其母流落歙县，就因无处安身，投到呈坎村罗氏祠堂居住而沦为佃仆。可见凡"住主屋"为佃仆的定例，顽固地坚持至新中国成立前。

3. 由于葬在地主山场，死者的后人沦为佃仆。

田地山场已尽为地主所霸占，那些无立锥之地的农民，自然死无葬身之所。他们一旦将先人葬入地主的山场，便要立还文约，承担劳役，对地主有主仆名分。例如，胡乞、胡进童等由于将祖父安葬在地主洪瀚的山脚地，便沦为洪家佃仆。凡洪家"祖坟山地一应事务并婚姻丧葬应付使唤"。正德九年（1514），胡乞、胡进童又将其父及叔父夫妇葬在该地主山场。此后，"洪家于黄岗一应事务听自使唤，以准山租"④。这一例子说明，沦为佃仆的农民，在地主山场入葬增多，服役也随之扩大范围。有的地主担心误给风水之地与农民纳葬，只允"暂借浮殡丧柩"，以便日后随时责令"将柩另移"。即使如此，仍然算属"葬主山"定例的范围，是要迫勒其为佃仆的，同样

---

① 乾隆三十四年刑部议："为奴而兼佃户者，即退佃而名分永存"。见《祁门诉讼档案》，原件藏社会科学院经济研究所。又见乾隆《祁门状词抄底》"胡永案"。原件藏社会科学院历史研究所。

② 《汪什立还文书》，编号003957，原件藏社会科学院历史研究所。

③ 隆庆六年十一月二十一日《汪付保、汪三保立还文约》载："为因无房住歇，兄弟商议自愿投到东主张名下土名申明亭房屋三间并出入门垣后地披攒，是身住歇。日后每人递年自行上工三日，但遇主家婚姻丧祭之事，听从叫唤使用，不敢推拒，新正贺庆无失。"又在此约上批道："当领主文银二钱作买农具之用"。文约编号003958，原件藏社会科学院历史研究所。

④ 《葬山应役文约》，见《明代仆人应主文书》，原件藏社会科学院经济研究所。

要服役,"应付使唤"。更甚者,农民葬坟过界一二尺,也被迫勒为佃仆。①在名分争讼的案件中也可看到以"葬伊山上"作其为佃仆的依据。很显然"葬主之山"即为佃仆,已为法律所承认。自从安徽巡抚董教增于嘉庆十四年(1809)的奏请被清朝廷批准之后,单凭"葬主之山"并不能构成主仆名分。事实并不然。在光绪十五年(1889)成册的休宁吴姓《葆和堂需役给工食定例》中,竟然抬出"雍正七年(1729),本县朱老爷以种主田、葬主山、住主屋三事,通详,有一于此,俱在应主之例"的陈年老账,继续坚持旧例,可见为国家法律取消的地主阶级特权,在社会上的封建习俗,或地主阶级制定的祠规家法中依然保留下来;可见忽视民法,只根据官府的典章法律定例来研究佃仆的身份地位,势必陷入片面性。民法是"可以把旧的封建法权形式的很大一部分保存下来"②。

4. 由于入赘、婚配佃仆的妻女而沦为佃仆。

徽俗"婚姻论门第,辨别上中下等"③。名宗大族的族人尽管已经破落成贫苦农民,但仍然禁止和佃仆通婚。违者,除族,划入贱民,与族人有良贱之别。一入赘佃仆的妻女,便沦为佃仆。嘉靖四十三年(1564),祁门县农民方勇入赘佃仆汪六遗孀张六仙为夫妇。他立还应主文书中被迫写明:日后"生有男女并本身,永远居住房东谢求三大房庄屋,逐年照例应主毋词"④。有的入赘佃仆要改从仆姓。崇祯十一年(1638),胡天得入赘休宁渠口地主汪承恩的地仆陈六郎媳七俚为夫妇后,便改名为陈学寿⑤。来自远地的入赘人,还需要有介绍人立约担保。康熙三十九年(1700),太平县二都后村人孙尧入赘到休宁渠口汪姓地主佃仆朱永祥遗妻为夫妇,除给地主立还入赘文约外,介绍人胡泰立又立还文约,写明"倘有来历不明,带妻私逃及为非不法等事",由他承担责任⑥。改嫁给佃仆的寡妇及其随身子女,也沦为佃仆。万历年间,陈姓寡妇吴氏改嫁给洪姓地主火佃胡喜孙。吴氏随身之子陈大魁、陈小魁改从胡姓,称为继子,均为洪姓地主之佃仆。⑦ 这里,

---

① 据乾隆《程氏置产簿》载,万历四十六年至康熙六年叶毛乞、叶求富子孙三代因所谓葬坟过界等事,先后给程氏地主立下六纸文书。详见拙作《从祁门善和里程氏家乘谱牒所见的徽州佃仆制度》,《学术研究》1978年第4期。

② 《马克思恩格斯选集》第4卷,第248页。

③ 同治《祁门县志》卷5《风俗》引康熙志。

④ 《方勇立还入赘文约》,编号005087,原件藏社会科学院历史研究所。

⑤ 《胡天得立还入赘文约》,编号004902,原件藏社会科学院历史研究所。

⑥ 《孙尧、胡泰立立还文约》,编号006529、006521,原件藏社会科学院历史研究所。

⑦ 《胡喜孙立还应主文书》,见《明代仆人应主文书》,原件藏社会科学院历史研究所。

地主阶级显然是通过招赘、婚配的方法,保证其占有劳动人手,并为他进行劳动力的再生产,以便补充佃仆的队伍。

5. 因生活所迫而卖身充当佃仆。

有一张于万历己酉年(三十七年,1609年)十月立下的文约写道:

> 洪三元同妻李氏,男国胜,今因欠少食用,自愿凭中出卖与洪相公名下为仆,得财礼银十五两正,住居潭渡祠屋看守坟墓,每年正月初二上门叩岁、清明拜扫、中元节及送寒衣。主人上坟,务要在祠伺候。所种田园纳租每年麦豆粟各一石三斗,乾洁送纳,不致短少,以上如有违失,以凭任责治无辞。①

这是一张出卖全家为仆的文约。约中又有关于承佃纳租服役的字句,其为佃仆无疑。据实地调查,类似的例子并不缺乏,当亦为佃仆的来源之一。我1965年在歙县社会主义教育运动展览材料中发现民国年间一张卖子为祠堂佃仆的契约:

> 立领文书人汪茂因需用钱,愿将亲生子汪来富卖给呈坎罗家祠内守祠服役,领去银元四十元整。自后如肴偷盗走失,俱身承当,天时不测,各安天命,空口无凭,立此存照。
>
> 民国十八年九月　日立领文书汪茂
> 　　　　　　　　　　中见人罗向手
> 　　　　　　　　　　代书人罗时淦

卖身为祠堂佃仆的汪来富当时还健在,正担任生产队的干部。

以上所列沦为佃仆亦即主仆名分形成的五种原因,最终都归结为与"种主田、住主屋、葬主山"有关。不管是入赘、婚配佃仆妻女或卖身充当佃仆,他们都得"种主田、住主屋",死后还得"葬主山"。佃仆住庄佃种,并非始自明代。据宋代文献记载,在宋代,有的地主在僻静之地,或要害去处,设立庄屋,招诱农民居之,"或有火烛窃盗,可以即相救应"。住在这

---

① 《徽州文约》,原件存安徽省博物馆。

些庄屋,以耕佃为业的农民也称为佃仆。① 佃仆自无立锥之地,地主不得不给死去的佃仆提供山场纳葬。明清时期,徽州地区的豪绅地主将"主山仆葬"作为古例写在祠堂"定例"上。②"种主田、葬主山、住主屋",三者联在一起,靠习俗相沿,形成定例。它成为农民沦为佃仆,亦即主仆名分形成的依据,也是徽州地区佃仆制的一个重要特征。

这三者中,佃田应是农民沦为佃仆亦即主仆名分形成的主要起因,因为地主正是凭借他们"实际存在的土地关系的力量"③,才有可能迫勒农民为其佃仆。前引的曝善所说,自宋元明以来,贫农佃耕"缙绅有力之家"的田地,"累世相承,称为佃仆",这固然没有概括农民沦为佃仆的全部起因,但应该说他抓住了问题的主要点。

佃仆的身份地位,近于奴仆,以贱民视之。在法律上归入"奴仆类"。一旦沦为佃仆,便如落陷阱,打上主仆名分的印记,且是"数十世不改"④。清中叶以后,虽然可以退佃,但退佃后名分永存。到了清末,有的佃仆即使出外打长工,对原主人的主仆名分也依然存在,不能出卖自己作别人之仆。⑤ 说明隶属关系逐步稍有松弛,但主仆名分的印记仍然不能抹掉。佃仆"即盛资厚富,终不得齿于宗族乡里",不得应试出仕⑥。佃仆"如与家长及家长之亲属有犯,悉照奴婢例分别问拟"⑦。

佃仆没有人身的自由。他们被束缚于地主的庄屋、土地,随着屋地的转手、赠送、分籍而更换或增加主人。如佃仆始团,从隆庆元年至万历十一年(1567—1583)的16年间,便随着他住歇的屋地两度转卖,先后经历了3个主人。⑧ 又如万历年间,地主洪宗周兄弟将分得的李坑庄塘山屋地四股之一卖给洪兆先。两年后洪兆先又赠与洪寿公六大房。于是佃住耕种这块屋地的佃仆吴记富、吴记元2人在两年间也随之变换了3次主人,即由洪宗周而洪

---

① 袁采:《袁氏世范》卷3《治家》,又见洪迈《夷坚志》癸集下"东塔寺庄风灾",丁集下"灵山水精",晁补之《鸡肋集》卷5《视田》。
② 《葆和堂需役给工食定例》。
③ 《列宁全集》第6卷,人民出版社1959年版,第106页。
④ 道光《安徽通志》卷2《风俗》。
⑤ 光绪《祁门状词抄底》"胡永案",原件藏社会科学院经济研究所。
⑥ 万历《祁门县志》卷4《风俗》,嘉庆《婺源县志》卷4《风俗》,道光《徽州府志》卷2之五《舆地志》《风俗》。
⑦ 祝庆祺:《刑案汇览》(道光刻本)卷39。
⑧ 徽州文约,编号004388、002907,原件藏社会科学院历史研究所。

兆先，继而洪寿公六大房，亦即从一家变成了六家，增加了主人。[1] 佃仆是不准迁移、逃跑的。迁移别处的佃仆，以"背主逃走之罪"论处[2]。对逃亡的佃仆，地主或自行追捕，或请官府代为缉拿。非追缉捕获不肯罢休。佃仆家内事务也受到地主干预，没有婚姻、过继等自由。有的文约中写明："后代婚配照例一由家主。"[3] 过继叔伯如未经地主同意，就"被责为欺藐之罪"[4]。婢女转变来的佃仆之妻所生子女，要以一女给主人当婢女，以"抵母之役"[5]。

主仆等级森严，从日常衣着到死后墓葬规格，都有一系列区别等级、侮辱人格的规定。[6] 这些规定有的写在家法宗规，有的靠相沿而成的惯例来维持。据祁门县查湾的老佃仆口述：佃仆禁用布伞，所穿的草鞋规定前端只作一边纽。春节出门要腰束青带，以示低贱。年初二，地主依辈数年龄次序坐在祠堂正厅，将关闭着的大门底板抽出，要佃仆从门底下洞口爬进去向他们跪拜叩贺，祈祷他们增财益寿。与地主不能尔我相称，饮食不能与共。甚至生儿取名也不得冒犯家主及祖讳。佃仆必须循规蹈矩，不得僭分越格。这种人就是典型的农奴。

四、佃仆所受的封建剥削和奴役

大族豪绅对佃仆采取实物地租和劳役地租相结合的剥削形式。佃仆租种田地，既要交租，又要供地主驱使奴役。正如《窦山公家议》一书所说："前人置立庄佃，不惟耕种田地，且以备预役使。"[7] 劳役在地租中的比重比一般佃户要多。

佃仆的境遇最为悲惨。他们像牛马般劳累终年，妇女白天在田间劳动，夜间还得从事纺织，"女工一月得四十五□"[8]，而一年所得，除缴租纳税外，剩下来的，食不足以果腹，衣不足以蔽寒。只好冬天上山挖掘蕨根充

---

[1] 《万历庄仆立还应主文书》，编号021，原件藏社会科学院经济研究所。
[2] 徽州文约，编号006526，原件藏社会科学院历史研究所。
[3] 徽州文约，编号004882，原件藏社会科学院历史研究所。
[4] 徽州文约，编号004904，又006532，原件藏社会科学院历史研究所。
[5] 《乾隆四十六年至五十四年状词和批示汇抄》，编号63，原件藏社会科学院经济研究所。
[6] 详见魏金玉：《明清时代佃农的农奴地位》，《历史研究》1963年第5期。
[7] 《窦山公家议》卷6《庄佃议》。
[8] 嘉靖《徽州府志》卷2，《风俗》卷之二。

饥，夏麦登场时，则用糠屑来掺杂米，名之曰乾粮。他们披星戴月，负薪走市，换得一升半合之米，但往往为债主之家抢走，以致无不腹枵。有的佃仆揭其敝衣残褥，投到短押小铺去换升合之米，以作晨炊。他们连盐也买不起，往往淡食。"数月不沾鱼肉"①，更是常事。歙县石步坑一带流传的一首民谣："稻屏竖起，家无口粮，寒冬腊月，冻得筛糠。"这正是他们穷苦生活的写照。生时既无快乐之日，死后也往往得不到安葬。地主往往只许他们暂时浮殡停柩。由于买不起棺材，多用茅茨掩盖尸体，遇洪水时骸骨被冲散于四野，更是不用说了。

豪绅地主对佃仆在经济方面的剥削，是通过田租、山租、高利贷及额外农副产品的勒索。田租多取定额租（或称硬租），"不论风旱包交"。明中叶一般是亩缴十秤左右（一秤 18～20 斤），约折 200 斤。高的达十六秤。也有少量的取分成制，即稻谷成熟收割时，地主派人登场察看，依约定的成数缴纳。

地租基本上是以地上所产的实物缴纳。定额租，由于租额是固定的，容易向货币地租转化，已经出现从实物地租转向货币地租的过渡形态——折银租。例如，嘉靖三十八年（1559），黄毛、黄保给地主洪寿公立还文约中写道：

> 每年交硬谷租三秤半，计定价纹银二钱正，其银约定十二月尽送还付匣明白，不致短少。②

又如崇祯四年（1631），胡社龙等给洪氏六大房立还佃约中写道：

> 早租一百三十八秤三斤六两，晚租二十七秤。其早晚（租）不论年早熟，价目贵贱，额定早租每秤价银七分，晚租价银八分，其银递年冬至日交钱一半，次年初一日交足，如过期每两每月加利三分。③

逾期的地租按高利贷缴利息这一点甚值得注意。佃仆在这种折银租和高利贷结合起来的剥削形式面前所遭到的厄运是不难想象的。一些种经济作物的园

---

① 嘉靖《徽州府志》卷 2《风俗》。
② 《黄毛、黄保立还文约》，编号 1—38，原件藏社会科学院经济研究所。
③ 《胡社龙等立还文书》，记号 18，原件藏社会科学院经济研究所。

地、山场，则直接以银租的形式出现。明中叶，祁门善和程氏地主就把园地纳银租的数额写在《家议》上①，可见园地缴银租在程氏地主那里已成定例。折银租和银租，迫使佃仆必须出售农产品，以换取银两，因而对市场的倚赖日强。佃仆又增加了受商业、高利贷资本的居间剥削。但它毕竟是一种比实物地租较为进步的地租形态，因为以银纳租使农民有较多的经营土地的自由。为什么极端落后的生产关系却出现稍微进步的地租形态呢？这与徽州地区内部是一个封闭的顽固的封建堡垒，同时对外"行贾遍及天下"，商业资本发达的历史特点有关。

正租之外，还以斛面、河斛、淋尖等名目进行额外榨取。一般来说，斛面每石加一斗二升，河斛每石加一斗，淋尖租有时规定以鸡顶替。这些规定不是一成不变的，往往因时、因地、因地主贪欲的不同而不同。租谷规定"午后谷"。缴租时，要"请接主人端看租谷，登场抛扬洁净"②。对来收租的地主家人，要准备"租膳"款待。租膳酒菜的式样、规格，有的地主还作了规定。守祠和守坟的佃仆，在备租膳的同时，还得"宰鸡祭祠"或"祭墓"③。还规定缴租草、租鸡（文约中或称信鸡，或讹为信记）、柴薪等。有的地主将这些农副产品折银征收。例如，清康熙三十年（1691），胡文鼎给地主立还文约中写明：柴薪银"自十六岁起至六十六岁"都要缴纳。"祖例柴薪每年每丁纳银一钱，自明迄今，胡姓交纳无异"④。

田皮权是永佃权的一种形式。清初，江西瑞金、石城等地佃农起义中曾以永佃权相号召。⑤ 由于佃农的反抗斗争，江南地区相继出现了永佃权。形成的原因是多方面的。在徽州，佃仆向地主租来一些荒地，开垦成熟地，花费了工本费，而赢得了所谓"田皮"。田骨归地主，田皮归佃仆。这种田皮就是佃仆所付出工本的代价。它成为佃仆的一种财产。但地主往往通过"偿还工本"的方法收归己有，或借口"出卖先尽山主（或田主）"等一类理由，利用购买优先权压价收买。这样，于原有田主（名曰"田骨主"）之

---

① 《窦山公家议》卷4《田地议》。
② 《徽州文约》，编号004795，又005487，原件藏社会科学院历史研究所。
③ 详见拙作《从祁门善和里程氏家乘谱牒所见的徽州佃仆制度》，《学术研究》1978年第4期。
④ 《胡文鼎立还文书》，编号003499，原件藏社会科学院历史研究所，又见康熙三十年《胡春元立还文约》，原件藏南开大学。
⑤ 详见傅衣凌：《明清之际的奴变和佃农解放运动》，《明清农村社会经济》，生活·读书·新知三联书店1961年版，第68－153页。

外，又增加了"田皮主"这一阶层。一般没有田皮的佃仆除交正租外，还得向田皮主缴纳小租。例如，清乾隆四十三年（1778），王宗佩给陈姓地主立还佃约中写道：

> 本佃老租十二石整，麦租五斗五升，小租每石三升照算。①

有的小租高达"每石加六升"②。也有的以抬高正租的办法，包"小租在正租"内③。

田皮被视为一种财产，因而可以转佃或出卖。例如，乾隆十七年（1752），祁门陈英有一块田皮原是出佃给吴姓地主的，后来经过加价便断卖了。契约中说：

> 今有自己田皮二号……计有两亩，先年凭中出佃到吴朝奉名下为业，已得价交业，当日佃约原载有听从原价回赎。今因正经急用，央原中向田主吴名下加价银三两整，其银当日一并收足，其田皮听从执田耕种，再无异说。④

有的田皮主把田皮出佃给别人，领回自种，向新田皮主交小租。如道光十二年（1832），李东望给昌公会出佃田皮立下的文约中说：

> 立佃田皮约人李东望，今因年逼，愿孜〔将〕土名亭子头客租田一块计租拾砠租，今佃到昌公会内为业，当田得受田价九五平色银捌两整。言定秋后交利谷捌吊不得短小。⑤

这里"利谷捌吊"，显然是相当小租，只不过以货币的形式出现罢了。又如同治十二年（1873）十二月祁门县刘社福给地主吴慎修立的出佃田皮文书中写道：

---

① 《王宗佩立还佃约》，编号004795，原件藏社会科学院历史研究所。
② 嘉庆二十一年《郭长先立还佃约》，编号005518，原件藏社会科学院历史研究所。
③ 见《佃仆立还佃约》，编号005498，原件藏社会科学院历史研究所。
④ 《陈英立还断卖田皮契约》，编号004513，原件藏社会科学院历史研究所。
⑤ 《李东望出佃田皮契约》，编号004513，原件藏社会科学院历史研究所。

> 今有承祖遗田皮一号……计税一亩二分，并田塍茶柯一并在内，今因正事急用，自愿央中将前项一并尽力立契出佃与吴慎修朝奉名下为业，当日三面言定得受契价银洋十元整。……其田央中情商，原出佃人领回耕种，每年秋收交下午谷一百六十斤，不得短少……其田任从迟早听从原价取赎。取赎之日，倘未到秋收交租，按月二分行息，取赎之日认还中金洋五角。①

此约值得注意的是取赎之日未到收获缴租之期，按规定的租谷每月二分算息。假定缴租期在十月，田皮出佃人如十二月赎回，应按两个月行息，即 160 斤 × 0.2 × 2 = 64 斤。如四月赎回，则应以 6 个月行息，即 160 斤 × 0.2 × 6 = 192 斤。如此苛重的利息，其目的在于防止秋收前赎回。

通过出佃山场给佃仆看养（或称兴养）树木，这是地主剥削佃仆的一种重要方式。现存徽州地区佃仆给地主立的这方面的佃约不少。一般都写明山场四至，栽种树木品种，租额，以及勤于兴养，禁盗变卖等保证。山租以分成租为主，偶有定额租。租率有"四六""三七"开，不等。清乾隆三十四年（1769）陈正璜给康兴仁堂立还文约中写道：

> 祖坟山一号，土名瓦窑山，新立四至……是身承去兴养松杉杂柴，三年以满将四至另议租银，出（由）身砍斫烧炭。其余山日后成材之日眼同出栲，三七均分，主得七分，力得三分。向有古树不在其内。三十七年十月初九日面议每年清明日交纳租钱一百八十文，不得拖欠（批注）。②

从上述文约来看，可以分为两部分：其一，养山满了三年，便将松杉杂柴，划定某些范围（四至），议定在此范围内佃仆得以砍柴烧炭构租价。其二，除砍作烧炭的以外，其余将来长成的木材，双方亲眼检定，采取三七的分成制。还应特别指出，原有的古树，佃仆是绝对没有份的。兴养山场的佃仆，不能私砍树木，哪怕是一根杂树或一支树丫。③ 被盗要赔偿，有的佃约中规定"盗一赔九"。如果盗砍的人是山主的秩下子孙，对于佃仆来说还是个主

---

① 《刘社福出佃田皮文书》，编号 004602，原件藏社会科学院历史研究所。
② 《陈正璜立还文书》，原件藏社会科学院经济研究所。
③ 清雍正三年《金富等给汪姓地主立还文书》，编号 003500，原件藏社会科学院历史研究所。

人。这是要称呼为"官人""相公"或"老爷"的。要行加追究,就犯"以卑凌尊"之罪①;如果不报山主,被发觉了,又要受处罚,作赔偿。例如,康熙五十二年(1713),吴子富、谢四给李务本堂立还文约中说:

> 凡遇出水之日,蒙主拔捞养之资,历来无异,近因身等懈怠,以至本堂支下庭官人、寿官人、福官人窃取竹木苗笋,今被众主察出现藏脏证,要行重罚身等,再四恳求,蒙主宽恕,身等愿备三牲封山,量偿竹木价银一两正。自今封禁之后,自必用心看守,倘有家、外人等再盗竹木,不敢隐瞒,如再仍前懈怠,悉听家主重治。②

这是一张代人受罚的冤约。此约还有值得注意的是:山主不作山场收入分成比例的规定,而是在"山水之日",随意以一笔所谓"拔捞养之资",来抵偿佃仆看养山场所付出的劳动。这里,更谈不到享有力坌了。

所谓"力坌",它相当于上述的所谓"田皮"。有些山场,原来只有稀稀落落的几根杂树,甚至山石堆垒,难以植树。佃仆在看养山场过程中花费了工本,例如有的松杉树苗是由佃仆人出备的,因而形成了力坌。有的佃约写明,松杉树苗是由山主出备的,"言定佥(无)力分〔坌〕"③。力坌是佃仆所出工本的代价。它成为佃仆的一种财产,是可以占有或出卖和转佃的。但是在文约上多载有"其力坌先尽山主,不许变卖他〔人〕"④ 这个附带条件。万历四十五年(1617),庄婢(佃仆遗孀)洪阿旺因赘子倪春成结婚,就把她先夫的力坌卖给山主吴德臣,其约文写道:

> 原承故夫倪保先年间佃到东主吴名下山二号……栽坌木苗,今因赘子春成毕姻,自情愿将在内山浮木本位该得力坌尽数立卖与东主吴德臣老官人名下为业,当得受银二两正。⑤

---

① 封建理学家、徽州人朱熹在《戊申延和奏札一》中说:"凡有狱讼,必先论其尊、卑、上、下、长、幼、亲、疏之分,而后诉其曲直之辞。凡以下犯上,以卑凌尊者,虽直不右,其不直者,罪加凡人之坐。"见《晦庵先生朱文公文集》卷14。
② 《吴子富、谢四立还文书》,编号004399,原件藏社会科学院历史研究所。
③ 《庄人唐圣等给地主吴元臣立还文约》,万历四十八年、天启二年各立下一纸,见《吴氏眷契簿》,原件藏社会科学院经济研究所。
④ 天启二年《庄人徐乐、徐兴给山主吴元臣立还文约》,见《吴氏眷契簿》,原件藏社会科学院经济研究所。
⑤ 《洪阿旺卖力坌文约》,见《吴氏眷契簿》,编号132,原件藏社会科学院经济研究所。

有的力坌甚至几经转手，如倪孔祥先年从佃仆唐潘买得力坌三号，后于万历四十六年（1618）又转卖给另一地主吴元臣。①

"田皮"（或力坌）权，本是明清时期佃农（包佃仆）为争取永佃权而做斗争所取得的成果，最终却变成对佃户（包佃仆）加多了一重剥削。人类的历史是这样的曲折：有时本来已经进了一步的，后来却又退了两步。从争得田皮权倒退为缴小租的历史结局正是这样。

佃仆除向地主缴纳地租、山租之外，还要服劳役。这种劳役一般不是用于生产，而是用来满足地主生活上的需要。所以，劳役量和范围都很不固定，往往因地主贪欲的不同而有所差别。明代及清中叶前，佃仆的服役范围见之于文字的多限于守坟、元旦拜节、婚冠丧祭、神社、应考各役，以及其他的急务。但实际上，服役的范围远不止此，佃仆往往根据地主的需要，随时"听从呼唤使用的"。

守坟的佃仆要经常给坟茔添土拔草，庇坟的树木要精心保护，不准外人践踏、砍伐。清明时节，要侍候前来拜扫、祭墓的地主及其子孙，还要承担祭墓的各项杂务。祠堂佃仆要负责祠堂内及其周围的日常洒扫，以及恭奉香火。指定担任乐役的佃仆称为"乐仆"或"乐人"，平时要练习吹打，防止业务荒疏。供役一定要及时，不得有稍微差误。禁止乐仆"私自工雇与人，远出买卖"。因此，乐仆往往唯恐供役不及时而请求改服别役。有一张顺治八年（1651）的文约写道：

> 吴天贞今因移往别居，不在原处，合族大众婚姻丧祭等事，难以呼唤应用，不便。……神会之乐事，而所祭数百金，……今自愿托中另立新文，子孙永远应服所有杂差等项，听主不时呼唤使用。②

佃仆吴天贞显然是因移往远居，难以及时应役，才不得不要求地主改派别役。除指定服专役外，不时呼唤服役的项目还很多。地主子弟应考时，要派佃仆护送，挑行李。遇到地主家有"婚庆吉祥"之事，佃仆要前往办理酒席，散发请帖，接送宾客。对新郎新娘及显贵宾客，佃仆要抬轿接送。佃仆还要承担诸如新年春戏、秋报神会等神社之杂役。休宁《程氏祠堂簿》上有康熙年间举办秋报神会时佃仆服役规定的记载：

---

① 《倪孔祥卖力坌文约》，见《吴氏誊契簿》，原件藏社会科学院经济研究所。
② 《吴天贞立还文约》，原件藏南开大学。

> 本村并赤土岭万斛庄,地(仆)、火(佃)共二十一名老户,〔负责〕拖木、搭棚、送桥交还原主。今除宋永祥、永起故绝,仍实一十九户。以鸣锣三通,各要齐至共事,如隐丁故将老幼搪抵及点名不到者,重责十板,以警将来。

此外,还规定神会所用的火栏,由"地仆轮流买办松明燃点"。这一本《祠堂簿》上还有这样的记载:

> 顺治十年癸巳岁,众造正厅及回廊门正厅,……六月十二日乙亥动,工,本村地仆,见丁应工一日。……八月十二日乙亥辰午时,竖柱排列正问及东西两间,起屋之日……本村地仆俱至助力。①

可见兴建房屋、祠堂,佃仆是要提供劳役的。同时,还可以看到,程氏地主以旧社会择吉日时辰的迷信为理由,责令佃仆准时供役,"神权"支配的一斑,于此可见。地主家有丧祭之事,佃仆要守护死尸,洗抹尸体,更换衣服,以及报讣、送殡、埋葬,等等。稍有怠慢,就"要行呈〔惩〕治","不敢有违"。

佃仆还因地主的分籍繁衍而扩大服役对象。如万历年间,祁门的板石胡村源康姓地主有七分二厘二毛三丝的地基为佃仆胡法所居住,后因"房东各分买受分籍"的缘故,该地共分成多寡不均的十四分,为十户和四个祠堂所有。要按占地的多寡给各房东和各祠堂服役诸多不便。经请里长出面召集各房主会议,商定以交晚租一秤十六斤代替一部分劳役。各房东和各祠堂依占地的多寡分摊这些租谷。衢公祠分得最多,即得该地二分二厘二毛七丝八忽,分得租谷十二斤一两半。胡长孙、法孙、金保、显爵、应有等五户分得最少,各分得地六毛零二忽,租谷四两八钱。此外,凡房东有"婚姻、丧葬竖造",佃仆胡法要"听主差使一日"。胡法便从原来只有1个主人增

---

① 原件藏社会科学院经济研究所。

加到14个主人,对他们都要缴租和供役。①

清代中叶以后,随着佃仆人数日益减少,服役的范围似乎逐步趋向于固定化。光绪十五年(1889年),吴葆根录记的休宁吴氏《葆和堂需役给工食定例》,对各项服役都作了规定,包括服役的质量要求、花费时间,等等。有些劳役还指定了专人。从《定例》中所载"葆和堂支下有婚冠丧祭等事,众仆、己仆一体互为应主,例已数百年"之句来看,当是前已如此,只不过将佃仆的服役规范化、制度化罢了。这与明代,乃至清初,佃仆"听主不时呼唤使用"这种无边无际的服役情况对比,似乎有所改善。可是从《定例》罗列的服役名目之庞杂看,服役还很繁重。况且《定例》虽然规定了服役范围,地主还可以随时按需要对《定例》进行修改或补充,或者索性把它撕毁,而任意强迫佃仆为之服役。

到了民国年间,佃仆的服役基本沿前清旧例。祁门的查湾村有句古谣说:"查湾三千南户(即主户),八百庄(即庄仆)",就是说三千主户的查湾拥有八百户佃仆。新中国成立前查湾"南户"汪姓只有120余户,其中地主23户。他们拥有的佃仆共72户,其中汪姓占15户。这可能有的是因忤逆家法宗规而被除族的南户汪姓,有的是流落到此的外来汪姓农民。这些佃仆名义上隶属于查湾所有南户汪姓,实际上为祠堂和23户地主所驱使奴

---

① 万历十一年《胡法给十四房主人立还租约》原文如下:

十三都住佃胡法向住板石胡村源房东康名下柒保土名新丈二百玖拾七号。胡法住基计成地七分二厘二毛三丝,今因房东各分买受,分籍,多寡不均,应付不便。自情愿托凭本都里长陈汝忠请(有分的房主)至会议,将身住基议交晚租一秤十六斤。秋熟之时,送租上门。照依分籍交纳,以准递年应付。有分房东婚姻丧葬竖造,听主差使一日。其余分外杂差,众议尽行蠲免。庆贺新年,犒赏年碗。倘身修造屋宇木料工食,照依分籍助。自议之后,身等子孙永远交租,不敢欠少。房东子孙体意宽恤,并不分外差使。恐后无凭,立此清分租约为照。

　　　　计开房东各该分籍租数于后
衢公祠该地二分四厘二毛七丝八忽该租壹拾贰斤一两半　　仕祠该地一厘二毛〇四忽该租九两半
逸祠该地二分四厘二毛七丝七忽该租一十二斤一两半　　　武果祠地一厘贰毛〇四忽该租玖两半
□□该地四厘二毛一丝二忽该租二斤一两半　　　　　　　长孙该地陆毛〇贰忽该租四两八钱中
恒该地四厘〇壹丝三忽该租二斤　　　　　　　　　　　　法孙该地陆毛〇贰忽该租四两八钱
圣护该地三厘〇一丝忽该租一斤半　　　　　　　　　　　金保该地六毛〇二忽该租四两八钱
永宪该地三厘〇〇玖忽该租一斤半　　　　　　　　　　　显爵该地陆毛〇=忽该租四两八钱
祯祥该地四厘〇一丝三忽该租二斤言为定　　　　　　　　应有该地陆毛〇=忽该租四两八钱

　　　　　　　　　　　　　　　　　　　　　　　　　　　　　立约人胡法
　　　　　　　　　　　　　　　万历十一年十二月初一日中见里长　陈汝忠
　　　　　　　　　　　　　　　　　　　　　　　　　　户　丁　　陈世肇

编号1·29,原件藏社会科学院经济研究所。

役。他们之中除两户居住在祠堂外，其余部分居住在查湾四周的路口关隘或田头坟边。汪姓地主根据服役的需要，给佃仆赋以不同的名称。现将其不同的名称及服役内容分类列下：

（一）家兵劳役

拳斗庄，充当地主的保镖。地主持重资出外营商时要他们随从，与别的土豪劣绅械斗时，要他们充当打手。为了使武艺不致荒疏，地主规定他们要经常练习。

（二）营建劳役

修房庄，负责木工、石工、泥土工等修建房屋技术性的劳役。

修路庄，经常维修查湾的通道。要拔除杂草，斩砍荆棘，铺石补路。

搭戏台庄，每逢迎春台戏或秋报神会，承担戏台搭拆的劳役。

（三）交通劳役

挑担庄，充挑担之役，如挑担上坟，替地主挑租谷等。

抬轿庄，供抬轿之役。他们要随时听从呼唤。

火把庄，平时负责提供照明火把，并承担地主晚间外出时在前面持火把领路，有事负责报警。

（四）看守劳役

守木庄，负责看养、管理山场。

守夜庄，负责巡夜、打更。

粮仓庄，负责看守汪氏族内学田、祠堂田等仓库财物。

（五）礼乐劳役

吹打庄，即乐仆。门应付婚庆丧祭的吹打奏乐。世代传授，并要经常教习。

祭祖庄，应付祭祖宗的各种杂役。

龙灯庄，规定正月十五日到查湾舞龙，供主人观赏取乐。

道士庄，当行丧祭礼仪时，在汪氏祖宗神灵前画符念咒，以此迷信差事为其劳役。

洒扫庄，即祠堂佃仆。负责守卫、洒扫、恭奉香火等。

（六）祭葬劳役

抬棺木庄，主家死了人，负责守灵、报讣，移棺，敛葬等杂役。

守坟庄，即守坟佃仆。负责守坟，标挂挑祭。

包袱庄，主家死了人，将纸元宝打成一个包袱，写上死人的名字，先背到坟上，再背回祠堂死人神位前烧化。这意味着死后仍在阴间当家资巨万的富翁。

以上名目的"庄",是"庄仆"的省略。这些名目或增或减,不是固定的。它往往根据地主的需要以及佃仆数量的多寡而定。佃仆的这种分工是相对的,随时都有打破分工界限去供役的可能。例如,兴建房屋时,"修房庄"只担任砌墙木工和竖栋上梁等技术工作。挑土运料等粗活,则由其他的佃仆承担。有的佃仆则一身兼二任,既是"吹打庄"又是"龙灯庄"[①]。新中国成立前,徽州其他地方的佃仆,服役范围基本上和查湾的雷同,只不过数量不多,一般没有如此明确分工的专役。

综上所述,自明清,乃至民国,佃仆服役的范围,主要是属于地主的生活方面的。但也有一些属于生产性的劳动,如看守树木、除草、修路、建筑仓库、搭桥、春渡等。还应指出,如抬轿、奏乐、丧葬杂役等"贱役",是由佃仆承担的,而且成为佃仆的一个标志。[②] 同时,似尚可看出佃仆服役前后变化的痕迹:明代,有的佃仆在立还应主文书中写明"递年上工"的日数,或所谓"庸"几天;这种以天数计算的生产性劳役,清代以后不多见了。明代以至清初,佃仆除供服被视为"贱役"等固定劳役外,日常生活的"寻常事"也是任意"滥征"的[③]。清中叶后服役的范围相对固定。应该说多少是一个进步。明末清初,佃仆登主门服役时,只管吃饭,清中叶以后,有时支付酒资或小费。这似乎系随着当日工食制度的改变而改变。它是从工食制逐步转入货币工资的一种反映。以上种种劳役是和实物地租同时存在的。

五、争取人身解放的斗争与佃仆制的没落

豪绅地主对佃仆敲骨吸髓的压榨和奴役,势必引起他们的反抗斗争。一般来说,在明代,佃仆的反抗斗争还处于低潮。他们或则抗交田租,拒绝服役;或则盗砍树木变卖;有的干脆"挈妻并男",全家"背主逃走"[④]。明

---

① 据笔者于 1965 年 11 月 26 日在查湾召开有汪德锋、汪钦芳、汪保南、汪炎言、方智海等贫下中农和汪珍来、王赦育等公社干部参加的座谈会上,与会同志发言记录整理。
② 〔日〕仁井田陞教授在《中国法制史研究》(第 3 卷)中也曾指出,只要承担主人祭祀的劳役,哪怕是最低限度的保留,就意味着仍然残存作为世仆(按:亦即佃仆)的依据。详见该书第九章第一节。
③ 见《窦山公家议》卷 6《庄佃议》。
④ 《万历火佃立还限约》,编号 20,原件藏社会科学院经济研究所。

嘉靖、隆庆以后，佃仆的反抗斗争趋向高涨。"冠履之分素明"的徽郡，此时"俗渐漓矣，圭窦雕梁，纨绔敝缊，……于是有主仆之狱矣"。歙县官僚地主方弘静面对这种形势，痛心疾首地惊叹："纪纲弛矣！"① 歙县县令姚某则对反抗的佃仆进行血腥的镇压。② 但是，佃仆的反抗意志是封建政府的屠刀所砍不掉的。

到了明末清初，佃仆在李自成农民大起义的影响、推动下，趁新旧王朝更迭的大动荡时机，掀起了反封建压迫、求人身解放的武装起义。

清顺治二年（1645）五月，清兵渡江下金陵，极端腐朽的南明弘光政权不堪一击，朝臣宿将望风而逃，福王被捕。南京陷落的消息传到徽州，衣冠之族惊惶万状。值此时，黟县万村人万黑九因主仆名分事与其田主韩氏发生冲突。官府对田主的袒护，激起佃仆奴婢们的义愤，连夜围攻韩氏地主家③，焚其屋，杀其一家老小，然后拉队伍结成山寨，揭开了佃仆奴隶起义的序幕。

黟县附郭蔡村佃仆宋七（官书诬之为"宋乞"），趁万黑九起事之机，在佃仆奴婢中进行发动组织工作。宋对他们说："以吾辈祖父为役，子孙隶其籍，终不能自脱，天之授我，此其时矣。"他还指出这些豪绅地主"皆孱弱不胜干戈"④；南明的地方官则疲于对付清军，无暇顾及，发动起义正是大好时机。在宋的鼓动和号召下，数千名佃仆奴隶于顺治二年七月发难于奇墅屏山⑤。他们列营立寨36处，各设有首领负责统帅一寨部众，共推宋七为首，皆听他亲自指挥的东郊寨的号令。各寨之间"呼吸相通，捷于影响"。义军勒令豪绅地主交出其先世及其本身的投主卖身文契，输纳粮饷。对一般的地主，警告说："尔今归顺我，保汝妻子无他也"；对恶贯满盈的豪绅地主如江完卿之流，坚决处以极刑；对敢于负固顽抗的强宗大族如九都舒氏，则集中兵力拔除之，责令名宗大姓"改姓合族"，"共居婚姻"，填平了主仆、良贱的鸿沟。要地主"司茶行酒"⑥，并训诫说："皇帝已换，家主

---

① 方弘静《素园存稿》卷19《谕里文》，卷17《郡语下》。
② 嘉靖朝官僚、歙人汪道昆在《副墨》卷10《姚令君生祠碑记》中说："歙俗故以家世相役仆，而逆节渐萌，令君谓问佥：借是以庇其家长民者，借是以保其土〔者〕，分定故也。渐诛跋扈，以正名"。
③ 程功《乙酉纪事》，见嘉庆《黟县志》卷15《艺文》。
④ 江碧《义烈江伯升雷传》，见嘉庆《黟县志》卷15《艺文》。
⑤ 见江同文辑《思豫述略》。
⑥ 黟县庞村《江氏宗谱·忠悃公义勇传》，转引自刘序功：《略谈清初徽州的所谓"奴变"》，《史学工作通讯》1957年第1期。

亦应作仆，事我辈矣"①。"主仆以兄弟相称，时〔地主家族中〕有嫁娶者，新人皆步行，竟无一人为僮仆。"② 慑于义军的威力，一时间"主家惶恐，争致牛酒，诣辕门为谢"③。这与往日"唯大声呼曰'来'，堂上一呼，堂下百诺"④ 相比，真是另一番气象了。地主八面威风扫地以尽，"不敢自言衣冠之族，壮者逃散于外，老弱任挫折而莫敢谁何"⑤。有的也曾奔报当地府台镇官，但官府无能为力，只得装聋作哑，甚至县令"知无如何，亦往贺焉"⑥。正如一个反动文人所描绘的，"斯时张〔维光〕县令如纸糊，杨兵道如泥塑"⑦。的确是这样，反动派个个活像泥塑、纸老虎。

宋七在黟县领导的佃仆奴隶起义，声势浩大，很快波及徽属诸县，休宁、歙县、祁门等县佃仆奴隶纷起响应。豪绅地主在无力镇压义军的情况下，便改换策略，企图以暗杀义军首领来达到瓦解起义队伍的目的。先是唆使黟县五都南屏亡命之徒叶万四潜匿厕所，出其不意地刺杀宋七，未遂。后利用暴徒江雷、汪曰俞施计诱杀了宋七。宋七的遇难，固然给义军带来重大损失，使他们失去了杰出的领导人，但是更大地激起了义军将士的义愤。他们共推朱太为首领，继续坚持斗争。清军进入徽境后，为了笼络人心，收买义军，授朱太以都司之职。清顺治三年（1646）一月举行乡饮酒礼时，特命举朱太之父朱满及九都之仆金奶为宾，并让各寨子弟得以参加童子试。⑧ 但是，义军并没有受骗上当。同年三月，义军围攻黟县城池，攻势很猛，县官连忙发羽书告急。后因清政府派来援军才被击败。朱太、林老和查万起等义军首领英勇牺牲。徽属其他各县也纷纷组织地主武装与起义军对抗。例如，"休宁诸巨室闻之大悖，遂立七十二社，富者输饷以给军，知县欧阳铉邀邑绅痛饮，倡议严为之备。"歙县的豪绅地主也组织队伍，"设备守卫"⑨。金声、江天一等也起兵守绩溪。基于敌众我寡的形势，这次佃仆奴隶起义终于遭到了失败。但是起义军的余部，仍然出没"山林，时出剽掠截杀大户

---

① 计六奇：《明季南略》卷9，《金声、江天一起兵守绩溪附记》。
② 江同文：《思豫述略》。
③ 江碧：《义烈江伯升雷传》，见嘉庆《黟县志》卷15《艺文》。
④ 《清稗类钞》第三九册"奴婢类"。
⑤ 程功：《乙酉纪事》，见嘉庆《黟县志》卷15《艺文》。
⑥ 江碧：《义烈江伯升雷传》，见嘉庆《黟县志》卷15《艺文》。
⑦ 金师濂：《烈士汪日俞公京都序》，转引自吴景贤：《明清之际徽州奴变考》，《学风》七卷五期。
⑧ 依当地定例，佃仆子弟是不得报捐考试的。
⑨ 江同文：《思豫述略》。

之人，数年不靖"①。甚至在近30年后即康熙十三年（1674），他们还在安徽、江西边界"蟠据徽饶三百里"的张公山中举着义旗，坚持斗争。

这次起义沉重地打击了徽州的强宗大族。处于社会最底层的佃仆奴婢们犹如火山爆发般喷射出来的革命怒火，把徽州这个用严格的封建宗法制度裹包着的封闭的封建顽固堡垒冲击得七零八落。豪绅地主被打得落花流水，威风体面扫地以尽。奴隶们瓜分了家主的财产，专了家主的政。对奴隶们来说，是天翻地覆的革命的盛大节日；在地主豪绅看来，却是"冠冕涂地，惨目昏天"的一次浩劫。② 这无异于把徽州这块被视为封建社会后期的夜明珠捣碎了。难怪巨室豪强、官僚缙绅们哀号不已。有一首诗这样写道：

> 横流至乙酉，黟民乃罗苦。怡堂多燕雀，揭竿自牧竖。么麽（妖魔）平头奴，相率戕其主。纷纷隶宋乞〔七〕，怕耳听队伍。拿攫如饥鹰，唏阚类饿虎。坎地埋千人，燃炬灰百堵。石角悬头颅，村枒挂肠肚。守险防逸足，声势若尽取。智者无成谋，勇士莫奋勇。……③

诗的作者对起义军恨之入骨，极力诬蔑。但从诗的反面却可以看出义军的英雄气概和巨大威力。这次起义还着重打击了主仆名分、良贱等级的封建宗法制度。他们在斗争中提出的"改姓合族""共居婚姻"的口号，表现了他们要求人身平等、消灭封建宗法等级制度的强烈愿望。他们勒令地主"司茶行酒"，并非是取而代之，而是出自对地主的阶级仇恨而采取的报复行动。这一次打击封建生产关系和封建宗法制度的革命壮举，对佃仆奴隶们来说，既是一次自己力量的大检阅，也是一次思想的大解放。

宋七、朱太领导的佃仆奴隶起义，虽被封建统治者用血腥的屠杀镇压下去，但反抗的烈火是扑灭不了的。此后佃仆的反抗斗争此伏彼起，从未间断过。只是在统治阶级力量比较强大的时候，改变了组织形式和斗争方式罢了。他们从抗租拒役，擅自招亲，出逃他乡，乃至结伙与家主对抗，否认先年的投主卖身契约。为了对付这种局面，祁门县黄邦华等三房门地主于雍正六年（1728），订立合墨盟约。约中说什么佃仆"突起风波，强悍忤逆，希图脱籍"，使得"族众人人发指，难容坐视"。因而合族盟神歃血，共同合

---

① 程历：《乙酉纪事》，嘉庆《黟县志》卷15《艺文》。
② 金师濂：《烈士汪日俞公京都序》。
③ 《喜阊邑立江伯升先生雷义烈专祠纪事》，嘉庆《黟县志》卷15《艺文》。

墨，表示对佃仆的反抗，"要同心协力，始终相顾，无得推诿退缩，自相嗟怨"，"或呈官惩治，或私行责罚，务必力处，以杜刁风"①。这时佃仆的反抗已不是明代那样一家一户的单独行动，而是联合起来共同斗争了。因而豪绅地主也感到非合族联合起来不可。这表明佃仆反抗力量的日趋强大。有的经常发展成为小股的武装起义，如康熙五十八年（1719），黄土岭枋头一带"庄逆仆叛，跳梁下尾山"②。到了乾隆年间，仍然发现小股的"叛逆跳梁"③。

封建政府面对佃仆连绵不断的反抗斗争，意识到一味采取镇压的强硬手段已经不够，因而改为同时使用有条件地开豁一部分佃仆为"良民"的欺骗方法，来缓和佃仆的反抗情绪。清雍正五年（1727），世宗发布的一道"上谕"，玩弄的就是这个把戏。"谕旨"说道：

> 近闻江南徽州有伴当、宁国府则有世仆，本地呼为细民，几与乐户、惰民相同。又其甚者，如二姓丁户村庄相等，而此姓乃系彼姓伴当、世仆，凡彼姓有婚丧之事，此姓即往服役。稍有不合，加以箠楚，及讯其仆役起自何时，则皆茫然无考，非实有上下之分，不过相沿恶习耳。此朕得诸传闻者，若果有之，应予开豁为良，俾得奋兴向上，免至污贱终身，累及后裔。著该抚查明定议具奏。④

经安庆巡抚魏廷珍查明复奏，礼部于雍正六年（1728）正月二十九日具题奏报世宗胤禛，二月一日奉旨："依议钦此"。因而遵旨议准：

> 至年代久远、文契无存，不受主家豢养者，概不得以世仆名之。⑤

但是受主家豢养的标志是什么呢？没有明确规定。魏廷珍经办此事时钻空子做了这样的规定：

---

① 《合同租簿》（安字第86号），原件藏北京市文物管理处，编号：文198。
② 徽州文约，编号003581，原件藏社会科学院历史研究所。
③ 乾隆《汪氏宗祠立议合墨》，原件藏社会科学院经济研究所。
④ 《清世宗实录》雍正五年四月癸丑。
⑤ 《大清会典事例》卷158《户部·户口》，黟县革委会大门里东墙根下石碑铭文，见刘序功：《略谈清初徽州的所谓"奴变"》，《史学工作通讯》1957年第1期。

> 如有种田主之田，葬田主之山，居田主之屋，系现受田主豢养，非应开豁之人。①

但是三者皆备才算，还是有一二于此就算"受田主豢养"呢？含混的词句方便下面随意附会。雍正七年（1729），休宁县令朱某作了这样的解释：

> 种主田，葬主山，住主屋三事，……有一于此，俱在应主之例。②

这道上谕，经礼部而巡抚，下逮县令，层层解释，最后竟成一纸空文。

事隔40年后，到乾隆三十四年（1769）六月十四日，安徽按察使暘善又就佃仆的名分问题向朝廷奏请，他写道：

> 臣以为主仆之名分全以卖身契为断。其有年代虽远，而其祖父卖身文契现存，其子孙仍在主家服役；或虽不在主家服役，而伊主给田佃种，确有凭据，自应仍存主仆名分，不便悉行开豁。其有并无文契，惟执别项单辞只字内有佃仆等类语句者，此即当日之佃户受豪强凌压所致，应请悉准开豁为良。其有先世实系殡葬田主之山，子孙现在耕种田主之田，饬令地方官查讯明确，或令其结价退佃，以杜日后葛藤。③

这一奏请于同年同月廿六日为朝廷所批准。暘善提出"主仆名分全以卖身文契为断"，与雍正五年"上谕"的精神是一致的。唯有他提出的开豁为良的两个条件最值得注意：其一，豪绅地主并无文契，只在别项抓住片言只字如佃仆等类语句而"凌压"为佃仆者；其二，先世葬主山，现在又佃主田者，要令其结价退佃。这在现实生活中未必能真正执行。譬如，"结价退佃"一款，佃仆无钱"结价"固不待言，即使倾家荡产，勉为凑数结了价，退了佃，岂不意味着切断了生活之源？佃仆何以为生？官样文章而已。

又过了40年，即嘉庆十四年（1809）安徽巡抚董教增奏请"将远年世仆分别开豁"。刑部遵旨纂定条例曰：

---

① 乾隆三十四年六月十四日安徽按察使暘善《条奏佃户分别种田确据以定主仆名分》，卷号1—5（2），藏中央档案馆。
② 《葆和堂需役给工食定例》。
③ 《条奏佃户分别种田确据以定主仆名分》，卷号1—5（2），藏中央档案馆。

安徽省徽、宁、池三府民间世仆，如现在主家服役者，应俟放出三年后所生子孙方准报捐考试，若早经放出，并非现在服役豢养及现不与奴仆为婚姻者，虽曾葬主家之山，佃主家之田，均一体开豁为民。已历三代者，即准其报捐考试。①

按此条例，似乎否定明代以来凡"种主田、葬主山"即被迫勒为仆的定例。主仆名分唯以现在主家服役豢养为准。据说条例下达后，徽、宁、池三府一时开豁为良者达"数万人"②。必须指出，这是不可能彻底遵照执行的。其一，即使无卖身文契，且早已放出，并非仍在主家服役豢养，但既然葬主山、佃主田，势必为之驱使服役，因而也就可以用为之服役一事解释为仍在豢养服役，而继续凌压为仆。其二，佃仆因主仆名分相沿已久，往往不敢以上引的条例为理由向地主提出开豁的要求。担心受田主刁难，开豁未成，反受其累。祁门县佃仆周容法就是一例。周容法一家自明代起就附居李姓村旁，佃其田，葬其山，住其屋，为李氏地主守坟，并无偿地承担婚庆丧祭杂役，以及吹打奏乐、抬轿等所谓"贱役"，依惯俗被目为佃仆。但查无卖身典身文契，服役始自何时也无从稽考。按理应于嘉庆十四年奉例开豁。然而，周容法一家顾及开豁后"别无生计"，又"因相沿已久，又恐李姓不依，仍照常服役"。后来周容法因受其主李应芳凌辱，忍无可忍，愤而殴之致死。地方官将此案奏诸朝廷。就此案，刑部咨议内称：

> 若无卖身文契，朝夕服役，受其豢养，只系先年佃主家之田，葬主家之山，其子孙为之执役，此等细民，或除其贱籍，概予开豁为良；或相沿日久，不便遽事纷更。而于区别流品之中，如何酌量示以限制，应悉由该抚察看情形筹定章程，据实奏明，请旨遵行。

道光五年（1825）安徽巡抚遵旨奏曰：

> 若无卖身文契，又非朝夕服役受其豢养，虽佃大户之田，葬大户之

---

① 光绪十四年《大清律例汇辑便览》卷27，道光三年《安徽案内刑部咨议》。
② 高廷瑶：《宦游纪略》卷上（同治刻本）第37页。

山，住大户之屋，非实有主仆名分者，应请除其贱籍，一体开豁为良。①

事为朝廷所批准，它与嘉庆十四年董教增奏准的精神基本相同。

综上所述，可以看到佃仆主仆名分的法律规定先后是不同的。雍正年间，以受主家豢养为根据，所谓"受主家豢养"，被解释为"佃主田、葬主山、住主屋"。这是明代以来相沿恶习的合法化，以法律形式加以肯定。到乾隆三十四年（1769）改为主要"以卖身文契为断"。其附带条款，如上所述，成为豪绅地主继续役使佃仆的借口，因而在现实生活中是不可能收到多大效果。唯有到嘉庆十四年，规定以在主家服役、豢养为准。这一规定实际上收到了一定的成效。道光时期基本沿袭嘉庆十四年的规定，法律条文反映出主仆名分的规定范围逐步缩小。这不是偶然的。没有佃仆不断地给封建宗法制度的代表、主仆名分良贱等级的维护者强宗大族以沉重的冲击，特别是宋七、朱太领导的佃仆起义所给予的猛烈打击，就不可能有封建王朝"开豁为良"的举动，也就不可能出现法律上主仆名分规定范围的不断缩小。

列宁曾经教导我们："请记住，任何表现或肯定这些残余（按指农奴制残余）的统一的司法机关都是不存在的"，"被俄国所有的经济研究无数次证明了的明显的徭役经济残余，并不是靠某种专门保护它们的法律来维持，而是靠实际存在的土地关系的力量来维持的"②。历史事实也是如此。佃仆制的日益没落并不是由于统治阶级法律的不断修改的结果；主仆名分范围不断缩小的法律规定，只是现实阶级斗争状况以及阶级力量对比发生变化的一种反映。地主能驱使奴役佃仆，并非靠法律维持，而是靠其实际存在的土地关系的力量。法律的规定往往与现实的主仆间的关系相脱节，有时甚至是相反的。例如，在法律上从乾隆年间起已经逐渐明确地放弃了以"佃田、葬山、住屋"三者为形成主仆名分的依据，但在民间，直至光绪年间仍然在宗规家法中保留下来，说明法律上已作修改或取消了的条文，仍可以在家法宗规、惯例和习俗中得到保留，形成习惯法。而习惯法往往与法律具有同等的效力。

---

① 光绪十四年《大清律例汇辑便览》卷27，道光三年《安徽案内刑部咨议》，祝庆祺《刑案汇览》（道光刻本）卷39《良贱相殴》。

② 《列宁全集》第6卷，第106页。

佃仆制的衰落，原因是多方面的，如商品经济发展、资本主义萌芽的影响等，限于篇幅，于此从略。这里只着重指出，只有佃仆的反抗斗争，才是他们求得自身解放的根本途径。继宋七、朱太起义之后，他们又投入了太平天国革命的伟大斗争。在这次震撼世界的伟大革命风暴中，把地主豪绅打得屁滚尿流，狼狈不堪。据方志记载，在这次农民革命中，"歙人（封建地主）受祸，实为奇酷，烽燹所至，闾里为墟，幽壑深岩，逃匿无所。"① 真是锋芒所向，无处躲藏，可见对名宗大族打击之沉重。消灭了骑在佃仆头上的家主，佃仆当然也就赢得了解放。邻县旌德江村巨室江氏七分祠原有"仆人尤、赵、孙、江、汤、任六姓，各房又均有私仆，共计不下千余丁。乱（指太平天国运动）后尚剩十姓，统归祠内当差，男女数十名而已。"至于其他"各都世仆，也零落不堪"②。由此可见佃仆通过斗争得到人身解放的一斑；由此也可见，从清初起，佃仆制越发衰落，数量不断减少，是佃仆前仆后继、英勇斗争的结果，绝不是清朝廷的一纸"上谕"所恩赐。

到了民国年间，佃仆制仍然顽固地残存下来，但数量已不多了。据调查，祁门县查湾大队在新中国成立前夕共320户，其中佃仆70户，占总户数的22%；南仪源120户，其中佃仆11户，约占10%；善和里121户，其中佃仆8户，占6.6%；莲花塘47户，其中佃仆10户，占21%；歙县昌溪450户，佃仆40多户，约占10%；雄村300多户，佃仆10户，约占3%；黟县的西递村、九都、屏山、碧山、横岗和县城的余、程二姓，都拥有一二十户，乃至四五十户不等。这些地区均属封建宗法势力的顽固堡垒。

一直到徽州地区的解放，佃仆制才得到了彻底的消灭，奴隶们也才得到了真正的解放。当年的佃仆当上生产队、公社、区、县的革命干部，真正当了家做了主，昔日备受奴役驱使的牛马生活一去不复返了。

综上所述，东晋南朝以来不断迁入徽州地区的强宗大族，利用该地区的历史特点，凭借封建"四权"，迫勒农民为佃仆，坚持严格人身隶属关系的租佃制。这种佃仆制实际上就是经过改头换面的部曲、佃客制的变种。明清时期，又将传统的以结聚而居的宗族制和封建理学糅合起来，形成严格的封建宗法制度，强化封建"四权"，继续顽固坚持佃仆制。佃仆制历经宋元而明清，在漫长的历史长河里虽然也出现盛衰流变，但就其实质来说，都是同

---

① 石国柱：《歙县志》卷11《烈女》。
② 见《旌川杂志》，转引自刘序功《略谈清初徽州的所谓"奴变"》，《史学工作通讯》1957年第1期。

一类型的封建依附者，是典型的农奴。在全国范围内，主佃关系的发展出现了人身依附逐步松弛、经济剥削日渐加重的总趋向。徽州的佃仆制竟然作为农奴制的残余形态保留至新中国成立前，表现出历史发展的不平衡性。这对我们理解中国封建社会的某些特点特别是长期缓慢发展的特点是有补益的。

（原刊于《中山大学学报》1979 年第 2 期）

关于徽州的佃仆制*

关于徽州佃仆制，由于年代久远，文献记载，往往在疑似之间。实地调查不仅可解纷释疑，而且有的比文献记载更为明白可靠。为了使文献记载得到调查材料的佐证，我曾于1965年和1979年两度前往安徽省徽州地区，在歙县、祁门、休宁、绩溪等县选定一些调查点，以个别访问和座谈会的方式对当年的佃仆及其主家进行了调查，并探访、考察了有关佃仆的遗址、遗物。

据调查，新中国成立前徽州地区的佃仆数量已经不多，只存在于某些封建宗法势力比较顽固的村庄，并且只是一些残余形态。佃仆的户数占这些村庄的总户数的比例是不大的，一般地说都在10%以下。而祁门的查湾和休宁的茗洲却例外，佃仆的数量超过其依附的家主的户数。这两个村的佃仆制有一定的代表性，从此可窥见清代佃仆制的一些侧面。

我两次徽州之行的调查材料，在《明清徽州佃仆制试探》《从祁门善和里程氏家乘谱牒所见的徽州佃仆制度》和《试论徽州商人资本的形成与发展》等拙作中①，曾作为与文献材料互相参证而引用过，但未曾做过典型的系统的介绍。本文主要介绍查湾和茗洲两个村佃仆制调查所得的材料，同时略谈一些初步的认识。如有不当，请读者指正。

一

关于查湾佃仆制的调查。

---

* 本文根据实地调查，提供了一些关于佃仆制的新材料和新看法。根据调查所得并证以文献材料，作者肯定了佃仆制的形成是以租佃关系为前提的，其身份属于农奴，带有宗族农奴的性质。佃仆制和庄田制、劳役地租制是互相依存，互相影响的。

文章指出，主人对佃仆的奴役也施行奴隶制的一些原则，但佃仆不同于奴隶。明末地主用于生产的所谓奴仆，绝大部实是佃仆。佃仆制之所以能以农奴制的残余形态保留至解放前，这同徽州地区的一些历史特点是有关系的。

① 分别刊载于《中山大学学报》1979年第2期，《学术研究》1978年第4期和《中国史研究》1980年第3期。

查湾于清代属祁门县十五都,在县城南部四十公里,今属芦溪公社。南邻江西浮梁,顺闾江水系可下江西景德镇等地。四周山峦环绕,地形起伏,宜于茶和杉、松等树木生长。可耕的土地比徽州其他地方相对多些,以种水稻、玉米为主。据1951年统计,查湾行政村①土改前(即1950年前)各阶层户口、占有土地、出租与使用土地的情况见表1、表2。

表1　查湾行政村土改前占有土地和出租情况

项目＼阶层	占有土地		出租土地(亩)				备注
	亩数	占全村土地%	本村	外村	合计	占全村出租土地%	
公堂祠会	1762.5	75.2	1217.1	545.4	1762.5	78.6	
地主(23户)	433.1	18.5	396.2	7.8	404	18	
其他(小土地所有者等)	148.7	6.3	65.7	11.5	77.2	3.4	
总计	2344.3	100	1679	564.7	2243.7	100	

表2　查湾行政村土改前各阶层土地使用情况

户别	户数	人口	自耕土地(亩)	租入土地(亩)				附注
				本村	外村	合计	占全村租入土地%	
地主	23	92	29.1	123.1		123.1	6.7	
富农	1	6	1.1	11		11	0.6	
小土地出租名	3	9	2.5	2.3		2.3	0.1	
富裕中农	6	26	4.1	43.7		43.7	2.4	
中农	27	93	18.5	79		79	4.3	
佃中农	22	91	3.9	357.1	27.7	384.8	21	
贫农	173	629	41.1	1066	120	1186	64.9	
雇农	13	18	0.3	2.8		2.8	0.2	
总计	268	964	100.6	1685	147.7	1832.7	100	

① 查湾行政村包括隶属查湾的一些邻近的佃仆村落。

查湾本村只有125户，其中地主23户。村里除洪、倪两户守祠佃仆外，其余皆系汪姓。古来风俗排斥外姓来村居住，即所谓"聚族成部到处同，尊卑有序见淳风"①。直到新中国成立前依然如此。23户地主均兼营商业，在外地多有产业。最大的地主是祠堂，占有全村土地的78.4%，是23户地主占有土地的4倍多。此外，在祁门县城还有五栋房子，江西景德镇有10多栋房子，均作为店邸出租取息。祠堂的这些田地、房产，名义上属汪氏族下子孙所有，实为族中的显贵所把持控制。中农、贫农占有土地很少。中农平均每人仅三分地，贫农每人平均还不到一分地。贫农中绝大部分和部分佃中农是佃仆。这些人是没有土地的，靠租种祠堂和地主的土地维持生活。从土地的占有情况，可见阶级对立的深厚的经济根源。

查湾汪氏祠堂占有土地之多，是与族权的发展联结在一起的。族权是在士族门阀退出历史舞台之后，地主继续严格控制农民的一种形式。祠产是族权的经济基础。明中期以前，置祠产是不多的。歙人汪道昆在《吴田义庄吴次公墓志铭》一文中曾说，嘉靖时徽州海宁（休宁）地主吴义庄"尝倡义茸宗祠，置祠田，定宗约，以兴孝让"（汪道昆：《大函集》卷56）。明中期以后，随着徽州商人资本势力的发展，富商巨贾纷纷捐资购置祠产，祠田迅速增多。作为家长权力的扩大——族长族权也伴随祠产的增殖而膨胀。祠堂族长凭借族权和土地关系的力量，继续保持对佃仆的驱使和奴役。

汪氏在徽州是一大姓。"新安十姓九汪"（明·程尚宽：《新安名族志》，"汪姓"条）之说，虽是夸词，但反映了汪姓在徽州所占的重要地位。自唐初汪华被封为越国公起，汪姓在徽州成为头等的名族。宋代仁宗（1023—1063年）时，汪华的后裔有一叫汪廷茂的迁到查湾，是为始祖。宋代以来，查湾汪氏一直保持聚族而居。太阳庙为阎村的总庙堂，其下有报本祠和崇本祠两大祠堂，作为两大支派拜祖的场所。各分房还有各自的分祠堂。全村汪姓是靠祠庙这个以拜祖为中心的祭祀系统来维系的。家族组织与祠庙祭祀系统合为一体。靠血缘关系这一面纱掩盖族内的阶级对立，使家族系统历宋元明清，乃至民国，近一千年而不散。

查湾汪氏到了明代中后期，中进士的有汪标、汪溙和汪惟效三人，曾先后出任中央和地方的中级官僚。当地为之建牌坊、书院，以表彰其"功

---

① 见吴梅颠：《徽歙竹枝词》，歙县图书馆藏手抄本。

业"①。这是查湾汪氏宗族在地方势力最为强大的时候。除他们父子祖孙三人外，从弘治年间到明末140多年中，出任州县地方官的还有汪于祚、汪于祜、汪必晖、汪必皥等人。到了清代，见诸同治年间修《祁门县志》的州县之官8人，贡生4人，捐资授庠生2人。这一宗族从明正德起至清初，累世仕宦。清中期以降，其势力渐趋式微。族内显贵者是家法宗规的制定者和解释者，也是祖宗遗训的代言人和执行者，实际上处于"宗子"的地位。他们凭借特权，庇护宗族；为扩张其势力，往往策动向邻近宗族进行械斗。他们控制祠产，操有发放"周济"贫穷族人、资助族内子弟入学膏火的权力。由于享有种种的政治、经济特权，族人不得不听命于他们。这种带有氏族家长制残余、以血缘相联系的大小家庭组合而成的宗族，成为农村中最顽固的组织。

必须指出，这些汪姓的官绅们，除了利用族权以扩大自己的势力以外，他们本人正是这一地区大量佃仆的奴役者。下面先说明佃仆的情况。

当地流传一句古谣说："查湾三千郎户，八百庄。"郎户即充当家兵的佃仆，这一称呼一直保留至新中国成立前，亦称"拳斗庄"。庄，即庄仆的简称。就是说查湾拥有三千户郎户、八百户庄仆。新中国成立前，汪氏祖传遗下的还有郎户121户，小户87户，共208户。这些都是查湾汪氏宗族的佃仆。小户亦称小姓。徐珂《清稗类钞·种族类》载："徽州有小姓，小姓者别于大姓之称。大姓为齐民，小姓为世族所蓄家僮之裔。"查湾的小户，即拳斗庄（郎户）以外的佃仆之泛称。汪氏地主根据劳役的需要，给小户以不同的名称。由于一家小户往往兼服几种劳役，因而也就一身兼有数种名称。

新中国成立前查湾佃仆分布、名称和服役情况见表3。

---

① 见康熙《祁门县志》卷4，《宦业》，《汪标、汪溁、汪惟效传》；同治《祁门县志》卷11，《舆地志》。

表3 新中国成立前查湾佃仆分布、名称和服役情况

居住点名称	户数	佃仆名称	服役情况
高碣上	1	郎户（亦称拳斗庄）	以服家兵劳役为主要内容。负责守卫汪氏山场、财产，防止外人越界开山种粮或其他不测事件。因负有守卫山场的任务，有时称之为"守木庄"。发生械斗时，驱之充当打手。汪氏地主、商人外出时，也可呼之去当保镖。拳斗庄是绅衿地主用以炫耀武力于乡里的工具。凡年龄16～45岁的男子，均在应服拳斗劳役之列。每年冬天，由武艺高强的师傅负责教习武艺，每期40天。此外，还要承担修路、祠堂修建房子所需的劳役，以及提供秋报神会演戏用的照明火把。
捉蝉坑	1	郎户（亦称拳斗庄）	
大西元	1	郎户（亦称拳斗庄）	
小西元	1	郎户（亦称拳斗庄）	
栏牛坑	1	郎户（亦称拳斗庄）	
上东元	1	郎户（亦称拳斗庄）	
招 州	2	郎户（亦称拳斗庄）	
桥 头	3	郎户（亦称拳斗庄）	
四十里	2	郎户（亦称拳斗庄）	
蕨基坦	8	郎户（亦称拳斗庄）	
舍会山	16	郎户（亦称拳斗庄）	
大下湾	1	郎户（亦称拳斗庄）	
安平山	1	郎户（亦称拳斗庄）	
南 岔	8	郎户（亦称拳斗庄）	
石坑元	1	郎户（亦称拳斗庄）	
枫术坦	14	郎户兼当戏台庄	除承担拳斗庄的劳役外，还要承担搭戏台的劳役。戏台固定在五凤楼门口八级台阶上。按照传统的规格，用柱子架搭，有舞台、乐池、化装间等，需要有专门的技术。演戏时间为每年农历七月，历时20天。地主利用演戏机会惩罚佃仆。凡管山失职，如山场被烧、树木被盗，或冒犯宗规家法者，罚跪台前，按情节轻重罚款，充当演戏费用。
田坦坞	18	郎户兼当戏台庄	
屋基坦	15	郎户兼当戏台庄	
冲 坑	6	郎户兼当戏台庄	
梅术坞	3	郎户兼当守坟庄	除承担拳斗庄的劳役外，还负责守坟、标挂挑祭。
宋家山	81	郎户兼当守坟庄	
湖 口	1	郎户兼当守坟庄	
方家坞	8	郎户兼当道士庄	除承担拳斗庄的劳役外，当行丧祭礼仪时，在汪氏祖宗神灵前画符念咒，以此迷信差事为其劳役。

续上表

居住点名称	户数	佃仆名称	服役情况
林家	4	吹打庄兼龙灯庄	应付冠婚丧祭的吹打奏乐。要经常教习，世代传授。正月十五日晚到查湾舞龙灯，供主人观赏取乐。舞龙灯之前，先按花名册点卯，旁边放着马鞭、竹鞭等刑具。依时到者，用香在其名下烧一洞，点三次不到者，鞭打屁股。
青山里	4	吹打庄兼龙灯庄、仓库庄	服役同上。另外，还负责守卫粮仓。
倪家	1	吹打庄兼守坟庄	应付冠婚丧祭的吹打奏乐。还承担守坟、标挂挑祭等劳役。
潘充坞	1	吹打庄兼守坟庄	
中洲山	11	吹打庄兼治丧庄	应付冠婚丧祭的吹打奏乐。治丧庄又叫抬棺木庄，承担治丧的劳役，如主家死了人，负责守灵、报讣、移棺，殓葬等杂役。
尚田汪家	7	抬轿庄	承担抬轿的劳役。
尚田江家	8	抬轿庄	
城门坦	1	抬轿庄	
垦头	1	抬轿庄	
茅屋里	1	抬轿庄	
右庇	2	抬轿庄	
嫦术坳	2	抬轿庄兼守坟庄	除承担抬轿的劳役外，还负责守坟、标挂挑祭。
合村	2	抬轿庄兼守坟庄、粮仓庄、	服役同上。另外，还负责守卫粮仓。
虎陷坳	8	抬轿庄兼治丧庄	承担抬轿和丧葬劳役。
江家坞	4	抬轿庄兼治丧庄、挑担庄	承担抬轿和丧葬劳役，还负责挑送婚娶礼物及其他挑担劳役。

续上表

居住点名称	户数	佃仆名称	服役情况
柘术坛 鲍　村	7 3	守坟庄 守坟庄	负责守坟、标挂挑祭。
白术坞 松术碣 中门坑	1 1 1	守坟庄兼治丧庄 守坟庄兼治丧庄 守坟庄兼治丧庄	负责守坟、标挂挑祭和丧葬劳役。
奇溪坞 坑　口	8 1	守坟庄兼粮仓庄 守坟庄兼粮仓庄	负责守坟、标挂挑祭和守卫粮仓。
板　溪	2	粮仓庄	负责守卫粮仓。
胡家山 沙鱼坑	3 1	火把庄 火把庄	负责提供主家婚娶所需的火把（当地习俗，迎亲定在晚间，应是古代抢亲陋俗的遗风）和每年秋报神会演戏所需的一部分火把。居住通道边上，汪氏地主晚间外出时，要持火把护送。
崇本祠 报本祠	1 1	守祠庄兼守夜庄、包袱庄 守祠庄兼守夜庄、包袱庄	负责祠堂守卫、洒扫、供奉香火等，并要巡夜打更。崇本祠和报本祠及其支下子孙需要佃仆来服役时，分别由这两户负责传呼。另外，凡汪氏族众死了人，要将纸元宝打成一个包袱，写上死人名字，先背到坟上，再背回祠堂在死人牌主前烧化。
合　计	208		附注：郎户以外的统称"小户"。

表中所列的名目或增或减，不是固定的。往往根据祠堂、地主的需要以及佃仆数量的多寡而定。佃仆的这种分工也是相对的，随时都有可能打破分工界限去服役。

查湾的佃仆始自何时，已不可考。但可以肯定在明中叶已经存在了。据调查，残存至新中国成立前的佃仆有如下几个来源。

1. 从家内奴仆转变来的。据76岁的汪焕庭先生等说，在外当官的族人致仕还乡时，将随从奴仆带回，给予婚配，提供田宅居住耕种。这些人要给家主纳租服役，保持主仆名份。他们世代相承，一直保留至新中国成立前。据口碑相传，田坦坞、屋基坦、枫术坦、白石坞、江家坞、中洲山、青山里、奇溪等村的佃仆，是八十世祖汪标从外地带回的仆人的后代。合村、胡家山、舍会山、宋家山、柘术坛、城门坦、虎陷坳等村的佃仆，是八十一世祖汪溱带回的仆人的后代。板溪、坑口等村的佃仆，是八十二世祖汪于祚带回的仆人的后代。尚田汪家村的佃仆是八十三世祖汪必晖带回的仆人的后代。蕨基坦的佃仆是八十四世祖汪惟效带回的仆人的后代。这种传说虽然没有见诸文献记载，但似非空穴来风。例如，柘术坛的佃仆因原是明代嘉靖年间汪溱带回的仆人的后代，故新中国成立前旧历年初二清早就要赶到距六公里远的查湾，向汪溱派系的子孙拜年，口喊："我们柘术坛来向东家相公拜年。"可见家内奴仆放出别居，靠租种田地、山场过活，是佃仆的一个来源。这与文献的记载是吻合的。

2. 投献。因荒年暴岁，农民流落到此，便勒迫其为佃仆。当年的老佃仆郑光佑、郑万荼等说，他们的先祖原在江西，逃荒到查湾后，汪氏地主便安插他们到枫术坦、田坦坞、屋基、冲坑坞等几个村子去住屋种田，自此起便沦为佃仆。当地的老规矩：凡是种了汪氏的田，住了汪氏的屋，葬了汪氏的山，都得充当佃仆。笔者在祁门的善和里、莲花塘等地做调查时，也有同样的说法。此说与文献的记载是一致的。据主家汪焕庭先生提供的书面材料及参加座谈会的老佃仆说，投靠的佃仆占大多数。

3. 因触犯家法宗规被开除出族而沦为佃仆。解放前查湾汪氏占有的佃仆中有十五户是汪姓。据老佃仆汪德锋说，其父告诉他，祖先因忤逆宗规被除族，并驱逐到虎陷坳村居住，从而沦为佃仆。当地的习俗，同宗子弟是不能因佃田而以仆视之的。主仆同姓的原因，除将被除族的子弟勒迫为佃仆外，还有由改从主姓的家内奴仆演变而来。徐珂《清稗类钞·奴婢类》记载："既已卖身，例从主姓。"如上所述，这种改从主姓的家内奴仆放出别居，以租佃为生，变成了佃仆。再是有的佃仆与其附着的屋地一起买来的。乾隆祁门善和里《程氏置产簿》中誊录的康熙三十年八月十八日郑双玉给程氏地主的卖契中明载：郑双玉将附着在胡家坦屋地上的庄仆（亦即佃仆）洪、王、程三姓连同屋地一起卖给程氏地主为业。[①] 这是买来同姓佃仆之一例。查湾与家主同姓的15户佃仆是否全属被除族的查湾汪氏族下子孙，已不可考。

---

① 原件藏中国社会科学院经济研究所。

查湾汪氏地主佃仆队伍的扩充是和兼并土地联在一起的。汪氏地主不断地将周围的土地、山场据为己有。嘉靖年间，汪溱对周围土地的兼并是大规模的。传说，他从任所退休回到查湾后，登上金谷峰，凡纵目所及的田地、山场都用胁迫投献，或压价强买的方法霸占了。在这块土地的关隘、路旁、坟边，建屋僻田，由佃仆居住租种。佃仆的数量也随之而增多。几经兴废盛衰，到新中国成立前还有 208 户佃仆分别居住在 48 处佃仆的居住点。在这片以查湾为中心，南北约 27 公里，东西约 9 公里的长方块土地上，除两户庙户①外，居民全系查湾汪氏及其佃仆。佃仆居住点的分布见图 1。

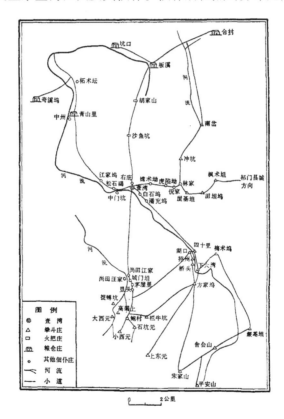

图 1　佃仆居住点的分布

---

① 设有关帝庙、周王庙，每庙有一户看守，称之为庙户，靠汪氏祠堂及朝拜者施舍米粮、金钱过活，其身份地位高于佃仆。

从图1可以看出,它以查湾为中心,根据地形、耕种土地、管理山场和服劳役的需要,建置佃仆的居住点。从查湾出发,有东西南北四条通向四周各个村落的道路,既便于对各村的控制,也有利于各村对查湾汪氏家主的拱卫。作为家兵的拳斗庄(郎户),是主要根据地形和守卫的需要设置的。在北部的产粮区青山里、奇溪坞、坑口、合村、板溪等村设有粮仓,收下的租谷可就地贮藏。把处于通道上的胡家山、沙鱼坑,规定为火把庄,在此居住的佃仆专门提供照明火把,负责汪氏地主晚间出入的护送。佃仆居民点的建置,是经过精心筹划的。

  佃仆是靠租种汪氏报本祠和崇本祠及汪氏地主的土地过活的。佃仆对汪氏祠堂、地主,除缴纳实物地租外,还要提供劳役。实物租均系定额租制。笔者曾做过几户典型调查,经济上所受的剥削见表4。

表4 祁门县查湾佃仆1949年租种土地情况调查

佃仆姓名	佃仆名称	现在年龄	全家人口	全家劳动力	租种田地山场		生产成本				租入土地山场的纯收入	地租(包括土特产折谷)			每年给祠堂、家主服役天数	备注
					亩数	产量(折谷)	种子	农具肥料损耗(折谷)		合计		额数	占总产量%	占纯收入%		
郑光佑	拳斗庄	53	4	2	14.5	2925	210	200		410	2515	1410	48.2	56.6	40	
程仲仁	拳斗庄	51	3	2	16	5821	240	400		680	5141	2520	43.3	49	40	
汪德锋	抬轿庄	54	4	2	14	5810	220	400		660	5150	2880	49.6	55.9	40	
倪金财	守祠庄	64	5	3	6	1800	120	200		320	1480	170	9.4	11.5	180	
汪谷水	抬轿庄	75	3	3	7	2100	140	220		360	1740	1050	50	160.3	60	
洪仕开	守祠庄	55	5	2	8	2813	160	240		400	2413	1355	48.2	55.71	180	
郑富镜	拳斗庄	61	4	2	7	2100	140	220		360	1740	1050	50	60.3	40	

续上表

佃仆姓名	佃仆名称	现在年龄	全家人口	全家劳动力	租种田地山场		生产成本			租入土地山场的纯收入	地租（包括土特产折谷）			每年给祠堂、家主服役天数	备注
					亩数	产量（折谷）	种子	农具肥料损耗（折谷）	合计		额数	占总产量%	占纯收入%		
方元国	拳斗庄	68	3	2	16	4800	320	430	750	4050	1800	37.5	44.4	40	

注：谷以斤计。

由表4可见，佃仆固定租额多在总产量的四成多到五成，占生产纯收入的50%～60%。但遇荒年暴岁，可酌情减免，甚至的确生活无着的，也可由祠产给以一定的赈济。佃仆的生活比一般的佃户有保证，这是为了防止他们外逃，稳定佃仆队伍。对于守祠和守坟佃仆，为了鼓励他们勤于守卫、管理，额租有时从优。有的每亩只收租二三十斤。表4所列倪金财租种的田地的租额正是一例。守坟佃仆有时由于坟墓护理得好，甚至"开恩"免缴租谷。

服劳役是佃仆的一个沉重负担。在清代除修粮仓、守卫山林等属生产性劳役外，主要用以满足地主生活上的需要，尤以服喜庆婚冠丧祭的劳役为主。守祠佃仆所承担的劳役最重。新中国成立前守崇本祠的洪仕开和守报本祠的倪金财两户佃仆每年服役约占半年。除承担祠堂的守卫、洒扫、供奉香火、巡夜打更外，凡祠堂、汪氏地主经常所需的劳役，以及查湾汪氏族人的婚丧祭祀所需的劳役，均由他俩负责传呼。佃仆住地距查湾远近不等，远者达10多公里。浩繁的、不时的传唤劳役，是一项十分沉重的负担，而且往往耽误自身的生产。因此，崇本祠每年给祠仆洪仕开400斤谷子，报本祠每年给祠仆倪金财800斤谷子。佃仆应呼服役，主家要给以一定的米肉等食物，既是酬其劳，又含有家主豢养奴仆之意。拳斗庄的劳役相对少些，如不兼充别的名目，1年服役约1个半月，主要用来教习武艺（约占40天），多在冬天农闲季节。除各服专役（见表3）外，不时的传唤，如办理酒席、散发请帖、接送宾客等等，是无边无际的。总之，佃仆所受的人身奴役十分残酷，是介乎奴隶和一般佃户之间的贱民阶层。

在各类佃仆中，其身份地位也稍有不同。拳斗庄（郎户）略高。例如，祠堂集会时，允许站在台阶上，也许出自保卫的需要；春节可免束标志低贱的青带，但遇汪氏女婿要远远避开，以免误受拜贺。抬棺木庄等承担丧葬劳役的佃仆最为低微。佃仆间身份地位的稍微差别，是与其所服劳役相关的。除拳斗庄服役是固定的外，其余佃仆所服的劳役是时有变换的。佃仆服役分类和身份稍微差别详见图2。

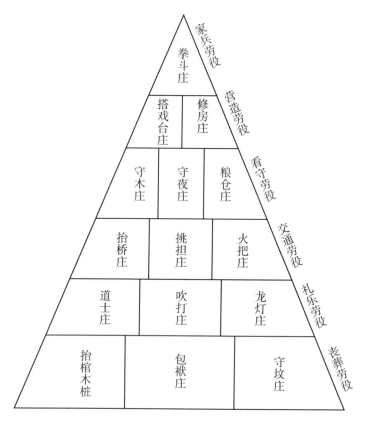

图2　佃仆服役分类和身份的差别

佃仆作为农村中的最低层，遭到如此沉重的政治压迫和经济剥削，势必起来反抗。可惜查湾汪氏佃仆于清代及清以前的反抗斗争情况，无征于文献，又没有见诸传闻。但在民国四年（1915）曾经发生过一次。拳斗庄郑炳阳等召集枫术坦、田坦坞、屋基坦、冲坑、尚田、中洲山等村佃仆于查村亭开会，歃血誓盟，准备暴动。不料走漏了消息，当200多个佃仆按计划赶到查湾时，汪氏地主已做了武装戒备。在戒备森严的情况下，汪氏地主采用欺骗软化的手法瓦解佃仆的斗志。战斗尚未打响，准备暴动的队伍便被哄散了。策动这次暴动的郑炳阳等逃亡江西。其余参与者，或罚款，或受刑，或坐班房，遭到了残酷的镇压。

二

关于休宁茗洲佃仆制的调查。

茗洲位于休宁的西陲，西连祁门，南邻江西浮梁，今属流口公社。关于该村的记载，有万历年间成书的《茗洲吴氏家记》（以下简称《家记》），康熙年间吴翟撰的《茗洲吴氏家典》（以下简称《家典》）和光绪十五年（1889）吴葆根记录的《葆和堂需役给工食定例》（以下简称《定例》）传世。这些文献为了解该村的历史提供了一些宝贵的资料。《家典》卷1《家规》，载有"吾祖自迁祖以来四百年"的字句，从此可推知于元代迁此。洪武年间，四世祖吴永昌因举贤良而出任过句容县令。他曾持"家谱谒赵东山（按即赵汸）先生，思立宗人法"，不久卒于官未遂。八世祖吴竹溪"作《家记》，垂成而没。嗣子瑞榖公继之"（见《茗洲吴氏家典》，吴翟《自叙》）。清代又编纂有《家典》。《定例》，可见吴氏家族是很重视宗规家法的撰修的。

茗洲是沿着流经山谷的新安江上游的支流——率水湾曲的河岸建置的，形成半月形。四周群山耸峙，重峦叠嶂，可耕的土地甚少。经陆续开垦，现在全村土地才共有56亩。以现有人口326人计，每人平均不到二分地。前清的土地当属更少。茗洲四周的山场是著名的产茶区，所产"茗洲茶"是安徽茶叶的珍品之一。当地居民靠出产茶叶、木材和经营商业维持生计。

到了晚清，特别是民国年间，茗洲吴姓宗族已经衰落。新中国成立前，全村吴姓40户，其中地主3户，小土地出租者6户，中农3户，贫农28户。吴氏族人多兼营商业。贫穷族人子弟往往跟随外出当店员伙计。有一民谣说："前世不修，生在徽州，十三四岁，往外一丢。"当地是把商业视为"恒业"的，前清尤其如此。《家典》卷之一《家规》中说："族中子弟不能读书，又无田可耕，势不得不从事商贾，族众或提携之，或从它亲友处推荐之。令有恒业可以糊口，勿使游手好闲，致生祸患。"田少而盛产茶叶、木材等商品的茗洲，以商业作为谋生手段是有其理由的。有的商人长期携家在外。1956年工商业公私合营后，一些商人及其家属陆续回到茗洲，有的至今仍未归。

吴氏自迁茗洲以来，一直聚族而居。新中国成立前，住房一列列并排，井然不紊。列与列之间的里弄装有门。按房系、嫡庶居住，别姓人是不准混居其间的。依附于吴姓的佃仆则散居在茗洲的四周，以便于呼唤服役，并作警卫。吴氏有一总祠堂曰"葆和堂"，乃祭始祖之祠。其下有五大支派，每支派立有分祠堂。支派下各分房又有祠，如启贤堂、全璧堂、世宁堂、礼仪堂、顺正堂、兴仁堂、日永堂等。葆和堂是行使最高权力的场所，族内纠纷，或对佃仆的惩处，均到此裁决。执行官是族长。新中国成立前夕任族长的是一位小土地出租者，因他辈行尊而年齿高的缘故。他虽为一族之长，但往往听命于族内有势力的地主、商人。

"佃仆"是明代修撰的《家记》上的称呼①，《定例》称之为"仆婢"，新中国成立前则称之为小户。据统计，新中国成立前茗洲吴氏共同占有的佃仆有黄姓11户，李姓1户；葆和堂占有汪姓11户，陈姓（称大陈）2户、王姓2户；启贤堂占有胡姓10户，韩姓3户，陈姓（称小陈）12户；商人吴厚富占有谢姓1户，总共53户。佃仆隶属关系如表5所示。

表5

佃仆占有者名称	佃仆户数	佃仆户主名单				备考
吴氏族众	12户（其中黄姓11户，李姓1户）	黄宽川 黄疋生 黄茂才 李钧富	黄茂坤 黄太书 黄东生	黄太茂 黄美娇 黄文梯	黄梨民 黄齐茂	
葆和堂	15户（其中汪姓11户，大陈2户，王姓2户）	汪庭左 汪细祥 汪宽贵 陈光和 主坤文	汪进书 汪本祥 汪明根 陈自祥 王兴发	汪小良 汪年祥 汪并言	汪能律 汪成贵	

---

① 见《茗洲吴氏家记》卷7。

续上表

佃仆占有者名称	佃仆户数	佃仆户主名单				备考
启贤堂	25户（其中胡姓10户，韩姓3户，小陈12户）	胡积茂 胡茂修 胡武律 韩启汉 陈兴丁 陈家锡 陈快录	胡必达 胡堂文 胡福口 韩神汉 陈宽有 陈光春 陈志业	胡松律 胡炳文 韩长汉 陈灶录 陈爱求 陈炳泉	胡亮达 胡神申 陈小赵 陈明和 陈炳忠	
吴厚富	1户	谢三财				
合计	53户					

由表5可见，佃仆的占有形式分为吴氏族众占有、祠堂占有和私家占有三种。这与《定例》的记载是一致的。《定例》中载有"众仆、己仆"，"众、堂、私家仆婢"等字句。由此可见这三种占有形式，前清已然。

茗洲残存下来的佃仆数目已经不少。但据当年的主家吴姓及老佃仆的回忆，前清的数量更多。民国年间，吴氏家族日益衰落，主家对呼来服役的佃仆应酬报的"工食"物，如米、肉、钱等，已不能按规定发给。私家占有的佃仆只留下一户，族众共同占有和祠堂占有的佃仆也减少了。见诸《定例》的佃仆如徐、倪、周、李、盛五姓，新中国成立前已不存在。

笔者曾访问当年的佃仆，问其由来，绝大部分已全然不知，只知道世代相承。唯有65岁的陈近贤说，据其父告诉他，陈姓是从祁门塔坊来的。因犯了族规而被赶出来，流落到茗洲，当了吴氏商人的家内奴仆，后配以婢女，离主别居，靠租种其家主田地、山场过活。繁衍的子孙便世代为其佃仆。因同为佃仆的有人数更多的陈姓，为了区别，称之为"大陈"，自称为"小陈"。始自何时，已茫然无考。但从《定例》中动称"古例""旧例""例已数百年"看，为时已久。

这些佃仆对茗洲吴氏有主仆名分，身份是不平等的。不管"众仆""祠仆""己仆"，对吴氏男性称呼为朝奉、老爷、相公、官人，对吴氏女性称为孺人。如途中相遇，不作这样的称呼，便被诉诸祠堂，治以貌视家主之罪，打屁股四十大板。《定例》中规定，佃仆不能与主家吴姓通婚姻，做坟立碑要按规定的格式,生儿取名不得"犯家主及祖讳","衣衫酒席""娶亲饮酒",都有一套污蔑人格的规定。这些条规在民国年间依然有效。佃仆结婚,原规定新娘不准坐轿,只能用人背。民国时期,有一年旧历初七舞龙灯时,佃仆们为此集体向吴氏地主请愿。经过斗争,才允许坐轿,但用的是小轿,以示与主家用的大轿相区别。

佃仆的田宅是吴氏祠堂,地主提供的,正如《定例》所说的:"竹木与尔等看守,尽可得利;山业与尔等看守,尽可受惠;田园交尔等耕耘,杂山任尔等拔种,税山任尔等安葬,税地任尔等宅居。"为了改善一下居住条件,佃仆自做一间屋是允许的,即所谓"税地任尔等宅居",但须向柯堂禀明起屋地点,经同意后才能按规定格式做。民国年间,有的佃仆在山边开垦一二分山地种些茶树,吴氏祠堂有时也免予收租。但这些垦出的零星山地还不算佃仆所有,祠堂随时都可以把它收回来。

吴氏地主对佃仆实行地租剥削和人身奴役。《定例》明确规定,"禁交青湿有谷","交租者必须干净色老,一切青湿有屑,有名无实者,退还不收。"这些在新中国成立前依然有效。地租取定额租。我曾以老佃仆陈近贤为典型作过调查。在新中国成立前,他租种葆和堂田地3.5亩,其中田1.8亩,年产谷400斤,租谷200斤;地0.7亩,种苞谷年产70斤,租35斤。租额均占产量的一半,除去生产成本,剥削率已超过50%。一亩山场种茶,年产约35斤,租茶10斤。除去地租外,还要交柴薪银。《定例》上明载:"二十岁起,六十岁免,每丁一钱,折九五银八分。定于冬至日交齐,例已数百年矣。……至于经收之家需用柴炭,即以柴炭抵算柴薪银。"民国后期,由于佃仆的抵制反对,交柴薪银的规定已无法执行。

服役方面主要是冠婚丧祭及喜庆杂役。在《定例》中各项都有具体规定,如丧礼一项有闻讣、移棺、小殓、大殓、举殡、宿柩等劳役。这些劳役由何姓佃仆承担,人数多少,以及酬报的饭食定例,都在每项劳役下面写明。除喜庆冠婚丧祭等所谓"贱役"外,还要承担"拔路扯草""搭戏台""起屋""搭桥撑船"等劳役。在新中国成立前,基本上仍按《定例》规定执行。但由于吴姓宗族的衰落,冠婚丧祭的繁礼缛节已有所减省。此外,吴氏地主的家内劳役,也依旧不时呼唤佃仆去承担。有时还随同主家出外经商。在新中国成立前夕,有两户女儿被主家娶当小妾的佃仆各出一人随同出外经商。从此可推知似对取得主家信任的佃仆方可委以营商的业务。有的佃仆虽隶属于各分祠堂及吴氏私家地主,但吴氏族人因都属葆和堂支下子孙,对他们都有部分的支配权力。《定例》明确规定,不管"众仆、已仆一体互为应主，例已数百年"。就是说，一旦祠堂或吴氏族众有劳役的需要，随时都可打破主仆相属的界限去服役，这个规定已数百年了。例如起屋，《定例》就规定"公仆、私仆，悉听本家唤用"，即不管你是属于吴氏共有，或私家之仆，只要起屋的吴氏族人呼唤，都得前去"应主助力"。可见名为私仆，实际上又有充当整个吴氏宗族之仆的一面。这种情况，在新中国成立前依然如此。这与广东新会的世仆制相类似。梁启超在《中国文化史》中指出：

> 吾乡及附近各乡皆有所谓世仆者，其在吾乡者为龚姓。其人为吾梁姓之公仆。问其来由，正如雍正谕所谓"仆役起自何时茫然无考"者。
> 其身份特异之点则：（一）不得与梁姓通婚姻（邻乡良家亦无与通婚者，其婚姻皆限于各乡之世仆）。（二）不得应试出仕。（三）不得穿白袜。其职务则：（一）梁家祠堂祭祀必须执役。（二）凡梁家各户有喜事凶事必须执役。（梁启超：《饮冰室合集》专集第十八册）

但徽州佃仆人身所受的约束及服役的范围，远较新会世仆为甚。

三

查湾和茗洲佃仆制的实地调查，使我们对明清时期佃仆制的一些疑团得以解释。沦为佃仆亦即主仆名分和应役义务形成的原因，史学界看法很不一致。有的认为大都不是以租佃关系为前提，而是由于住屋、葬山、入赘、家仆分爨分居等其他原因[①]，因此概称之为庄仆或世仆[②]。但是，从调查所得的材料看，尽管沦为佃仆的原因不一，最终都归结为与"种主田、住主屋、葬主山"有关，尤以"种主田"为主要。我们用"佃仆"概称之，源自于此。不仅查湾、茗洲的佃仆，徽州其他地方的佃仆也均无土地。在封建宗法制强固、各大族聚族而居的徽州，凡土地山场无论开垦与否，都一概划界确定占有权。一旦界限不清或占有权有争议，就会发生诉讼，甚至宗族间械斗。当地习俗，除被除族者外，同宗是不相抑之为奴的；非属其族类者，又

[①] 见章有义：《从吴葆和堂庄仆条规看清代徽州庄仆制度》，《文物》1977年第11期。
[②] 日人仁井田陞在《中国法制史》第三卷第九章中称之为庄仆制，文中有时又称为世仆。

不允许混居在其所属的地域上①。因此,凡沦为佃仆者,一般均来自外地。他们不仅无田地,连房屋、葬地也没有。地主除租给其土地外,还得提供房舍、葬地。了解这一点,我们对明清文献中屡将"佃田、住屋、葬山"三者联在一起,视为判定佃仆的依据,就不会感到迷惑不解了。

调查材料说明,封建地主一般采取庄田制的方式来役使佃仆,即在村寨的四周险要、僻静之处置庄屋,设居民点,以及仓库、坟场,安排佃仆去居住、守护。其目的是为了便于呼唤应役。佃仆除纳实物租外,还要服劳役。占有一定分量的劳役地租成为佃仆制的一个重要特点。佃仆制、庄田制和劳役租制,是互相依存、互相影响的。

佃仆的人身隶属于主家,与主家有主仆名分,子孙世代相承,没有迁移的自由,不准离主他去。佃仆家内事务如婚姻、过继等也受到地主的干预。主仆等级森严,从日常衣着到死后墓葬规格,都有一系列区别等级、侮辱人格的规定,甚至生子取名也不得冒犯主家及其祖讳。这些写在家法宗规上的条规、定例,佃仆必须严格遵守,稍有僭分越格,就要受到处罚。凌驾于佃仆头上的不仅是所隶属的单个主家,而且是一村的整个宗族。佃仆子孙不得读书、应试出仕。在法律上,佃仆归入"奴仆类"。凡此种种,说明佃仆的这种被奴役的地位是施行奴隶制的一些原则的结果。这意味着奴隶制这个古老的毒果,直到新中国成立前还没有完全消失其恶劣的作用。

但是必须指出,佃仆终究不同于奴隶,有一定的独立性,佃仆不是主人之物,而是隶属于主家之人;不是会说话的工具,而是有劳动兴趣的自主的独立的生产者。佃仆有个体的家庭经济,财产权取得某种程度的承认。生存权已得到一定的保证。婚姻虽然可受干预,但被承认是合法的。这种人实际上就是典型的农奴。这里还应当顺便指出的是,人们往往把明清的佃仆和家内奴仆混同起来。据文献记载,明清时期,尤其明末,地主拥有的奴仆动辄以百千计。请看:

(麻城)梅,刘,田、李强宗右姓,家僮不下三,四千人。(王葆心:《蕲黄四十八砦纪事》)

(常熟钱海山)僮奴数千指。(徐复祚:《花当阁丛谈》卷3)

吴中仕宦之家,奴有至一二千人者。(顾炎武:《日知录》卷13,

---

① 赵吉士:《寄园寄所寄》卷11《故老杂纪》:"新安各姓,聚族而居,绝无一杂姓搀入者,其风最为近古"。

关于徽州的佃仆制

"奴仆"条)

明末乡宦家僮至以千计,谓之靠势。(吴骞:《愚谷文存》卷13)

地主拥有的奴仆数量如此之巨,且用之于生产,又竟然出现在封建社会的没落期,显然是难以思议的。史学界不少同志据此得出明末蓄奴之风盛行的结论。有的认为这是生产关系逆转的表现,有的甚至认为"明末使用奴婢生产比汉代广泛得多"[①]。实地调查,才使我恍然大悟。同一名称,在各个历史时期往往含义不同;同一内容的东西,文献记载又往往迥异。明清文献上所载的奴仆大部分就是这一类佃仆。佃客、佃仆和奴仆在记载上的混同,非仅限于明清时期的历史文献。关于南朝"耕当问奴,织当访婢"(《宋书》卷77,《沈庆之传》)的记载,曾为某些史学家引作社会上广泛使用奴隶生产的根据。[②] 对此,郭沫若早就指出:"此处奴婢已成为下人的泛称,不能引为奴隶制的证明,例如清朝大臣犹有自称'奴才',命妇犹自称'婢人',不能谓清朝就是奴隶制。"(《略论汉代政权的本质》,见《文史论集》第109页附注)唐长孺在《西晋户调式的意义》一文中,引证了许多有说服力的史料后也指出:"东汉末年至三国时奴和客简直难以区别。""客的身份非常低微,他们像奴婢一样以数目的多寡表示主人财富之大小,而且在计算时奴客混在一起,不知何者为奴,何者为客。"这种客,其中就有佃客。唐先生还指出:"当时习惯上奴僮和客常常通称。但严格讲来客毕竟不是奴僮。"(《魏晋南北朝史论续编》第12—15页)五代、宋朝时期,依然有把佃仆和奴僮混同的情况。例如《新五代史》卷66《楚世家·周行逢传》记载五代末年,楚大臣周行逢妻"押佃户送租入城"一事;路振《九国志》卷11《周行逢传》称佃户为"奴仆";《资治通鉴》卷293记同一事,则称之为"僮仆"。元代更是如此。据《元史》记载:"荆湖行省阿里海牙以降民三千八百户没人为家奴,自置吏治之,岁责其租赋。"(《元史》卷163,《张雄飞传》)这种"岁责其租赋"的家奴(或称驱口),就是佃仆一类的佃户。我们了解奴、佃混称之后,对于明后期大量使用"奴仆"生产的记载,就不会惊奇了。正如明代人所指出的:"光山一荐乡书,则奴仆十百倍皆带田产而来,止听差遣,不费衣食。"(王士性:《广志绎》卷3)很明显,这里

[①] 陈恒力:《〈补农书〉研究》,中华书局1958年版,第75页。
[②] 见日知:《从重农抑商的传统谈到汉代政权的本质》,转引自郭沫若《略论汉代政权的本质》。

的所谓"奴仆"就是农民以奴仆名义隐庇于豪绅门下,以避政府赋役的佃仆。

查湾和茗洲的调查材料还告诉我们,尽管清王朝于雍正五年(1727)、六年(1728),乾隆三十四年(1769),嘉庆十四年(1809),道光五年(1825),先后5次下诏将这些人豁免为良,逐渐明确地放弃以"佃田、葬山、住屋"三者为勒迫农民作佃仆的依据①,但事实上某些封建宗法势力强大的宗族依然坚持旧例,顽固维持佃仆制。这说明封建地主驱使奴役佃仆,并非仅靠法令维持,也靠"实际存在的土地关系的力量"②,以及封建宗法的势力。例如,嘉庆十四年(1809)刑部遵旨纂定的条例中已否定了明代以来"种主田、葬主山",即被勒迫为佃仆的定例,在光绪十五年(1889)记录的茗洲吴氏《葆和堂需役给工食定例》中却被保留下来了。在《定例》中重申:"种主田、葬主山、住主屋三事","有一于此",仍为佃仆。可见封建法令的实施过程中,有的却遭到了宗法势力的抵制。但是,佃仆这一落后的生产关系日趋没落的历史潮流是任何力量也阻挡不住的。到了晚清和民国时期,徽州的佃仆制毕竟发生了许多变化。佃仆的身份地位也有所提高,已没有看到主家将佃仆随田变卖等情况。对主家的人身依附已有所松弛。当年加诸佃仆头上的条规、定例,有的已经失效。主家也发生了变化。缙绅地主已经衰落,祠堂的田产不断扩大,祠堂族权日益强化。值得注意的是,这些佃仆除一户隶属一家商人外,其余的主要是隶属于祠堂,可见祠堂是佃仆最后的藏身之所。因为勒迫农民为佃仆的法律条文虽然被取消,但这些法律条文的内容,如上所述却在家法宗规中被保留下来了。祠堂正是宣扬和执行家规宗法的场所,族长是其执行者。祠堂族长地位之高,权力之大,正是直接从古老的宗法制因袭而来,又经程朱理学的浸透和装饰后表现出来的一个特点。明清时期,乃至民国年间,祠堂族长、家法宗规所体现的宗法制,是束缚佃仆的一条绳索。

徽州封建宗法势力之强大,除有其自身的历史渊源外,与当地对程朱理学的力倡、商业资本的发展,是密切相关的。商人、官僚、地主往往三位一体。徽商赚得的高额利润中有一部分用来开办书院、学堂,培养封建人才,

---

① 详见拙作《明清徽州佃仆制试探》第五节。
② 列宁指出:"请记住,任何表现或肯定这些残余(按指农奴制残余)的统一的司法机关都是不存在的","被俄国所有的经济研究无数次证明了的明显的徭役经济残余,并不是靠某种专门保护它们的法律来维持,而是靠实际存在的土地关系的力量来维持的。"见《列宁全集》第六卷,第106页。

扩大其在地方和中央的政治势力。徽州作为封建理学的故乡，程颐、朱熹①所鼓吹的三纲五常，特别是恢复宗子法的主张所发生的影响尤其恶劣。徽商的一部分商业利润则投入建宗祠，置祠田，修坟茔，买祭田，修族谱（或称统宗谱、世谱、世牒、支谱、房谱、家乘等），订家规宗法。这些正是佃仆人身被束缚之所在。徽商投入这方面的资金愈多，封建"四权"愈加强化，佃仆队伍愈有可能增多与顽固地保留。

由于徽州地区的种种历史特点，诸如当地豪绅地主多系魏晋南北朝隋唐时期从北方迁来的名宗大族，其身上带着浓厚的奴隶制的斑点；此地又处于万山丛中，"险阻四塞"，太平天国革命前很少受到农民起义的打击；以古老的聚族而居的宗法制和程朱理学糅合起来形成严格的封建宗法制度；商业资本的发展等，佃仆制作为农奴制的残余形态被保留至新中国成立前，表现出历史发展的不平衡性。这对我们理解中国封建社会的某些特点，特别是长期缓慢发展的特点，是有补益的。

（原刊于《中国社会科学》1981 年第 1 期）

---

① 据《祁门善和程氏谱》载：程颐"胄出中山，中山之胄出自新安之黄墩，实忠壮公（即程灵洗）之裔。"程颐、程颢被视为歙县黄墩人。朱熹，婺源人。所以徽州有"东南邹鲁"之称，视为封建理学的故乡。

从祁门善和里程氏家乘谱牒所见的徽州佃仆制度

根据现有的文献和民间文约记载，明清时期，存在着一种具有严格人身依附关系的佃仆制。而皖南的徽州地区尤为典型。随着徽州地区大量佃仆文约的发现，佃仆制已引起学术界的重视。有的同志已发表了很好的意见。关于佃仆的起源、性质及其演变，本文不可能作全面的探讨，仅就祁门县善和里程氏的家乘谱牒、文约，结合其他文献记载，作者实地调查所得，相互参订，作一个侧面的初步研究。

一

祁门县六都善和里程氏地主和徽州多半的强宗大族一样是从北方迁来的。① 其远祖可追溯至东晋的程元谭。元谭因出任新安（今歙县，明清属徽州府）太守，受东晋王朝赏赐田宅而留居歙县黄墩。唐末户部尚书程仲繁始迁善和里，建置房产，辟成村落。唐宋以降，善和里程氏家族累世显宦。明初，曾因军役"以例坐累"而呈现式微。到自号"窦山"（以五代周朝燕山窦氏自比）的程新春（1379—1452）手里，又"日益饶裕，资产甲于一乡"②。在弘治、嘉靖年间，因两度失火，这个家族又陷入"资计不足"的困境。③ 各房房长于嘉靖二十四年（1545）计议，决定把这位以"窦山"自号的祖宗所遗之产，"植而培之"。由程昌④将众议汇录成册，名之曰《窦山公家议》，作为重振家业的"家训"。

善和里程氏家族从宋元乃至明清，在徽州地区的名宗大族中一直占据重要地位，具有代表性。这个家族撰修的《窦山公家议》（以下简称《家议》），以及佃仆立还文约汇集《程氏置产簿》等文献中，对佃仆制的某些方面有比较丰富的记载，为研究中国近古佃农的农奴地位提供了可靠的

---

① 石国柱《歙县志》卷1《风俗》："各大族半皆由北而南，略举其时，则晋、宋两南渡及唐末避黄巢之乱，此三朝为最盛"；又见明郑佐等辑《新安名族志》。
② 《窦山公家议》卷首《窦山先生程氏行实》。
③ 《窦山公家议》卷首《叙家议》。
④ 程昌，族人，正德进士，官至湖广、四川按察使。府、县志皆有传。

资料。

关于佃仆的由来,程氏家乘谱牒没有明确记载。但据《家议》卷4《田地议》载,程新春曾勒迫当地农民在韩村给他修了五条大围堨,塞垦成田,并在田头盖房屋,招诱那些生活无着的农民来当佃仆。接着又建置月山、咀山下、杨坑、方村等处"庄佃"。① 程新春到底拥有多少庄佃,不得而知。《家议》中说:"计议佃仆,昔称繁庶,今渐落落,殊可慨也。"就是在程氏地主自认为佃仆"落落"的嘉靖年间,据《家议》所胪列的庄佃还有24处,佃仆47户,可见佃仆"繁庶"的年代,其数量应会更多。24处庄佃是"窦山公所遗未分之产"。这个数目应包括程新春的先祖所遗留的庄佃在内。理由是:①上引的月山等处庄佃特别写明是程新春所手创而加以表彰。如果24处庄佃均系他所建置,不可能不作为他的业绩而大加渲染。《家议》的作者在《庄佃议》中笼统地说"前人之所遗",而不说是某人建置所遗,也是一证。②任何一种制度从产生到繁盛都需要有一个历史过程。佃仆制在程新春时已经盛行,可见这一制度来自明代以前就是没有疑义的了。

程氏地主的远祖程元谭既受东晋朝廷赏赐田宅,当占有佃客、部曲等封建依附者。他的后代程灵洗当"侯景之乱"时,曾经"聚徒据黟、歙以拒景"②。这里所说的"徒",应包括平时耕种,战时当家兵的部曲、佃客和徒附等在内。经过隋末和唐末农民大起义,作为世家大族这一代表最落后生产关系的社会阶层,已经退出历史舞台,佃客部曲制也随之消失。但是,并不排除在个别地区由于种种原因,佃客部曲制经过改头换面得以残留下来。

在黄巢农民起义中,善和程氏地主程沄、程淘曾组织族众在休宁东密岩,负固顽抗。这支地主武装"众不过四百余","依山阻险以自安,无事则耕织以供伏腊,仓促则修战以相庇卫"。这里所说的"众",无疑也包括具有严格隶属关系的属佃客、部曲一类的封建依附者。③ 程氏地主不仅没有受到唐末农民起义的打击,反而因镇压农民起义"有功",而加官晋爵。到了宋真宗年间(998—1023),程津、程海"广置产业",因"其家资以十万

---

① "庄佃"包括庄屋、田地及附属于此的佃仆。一处庄佃意味着附属于庄屋及其周围田地上的一村佃仆。

② 《陈书》卷10《程灵洗传》、《南史》卷67《程灵洗传》、《程氏贻范集》卷1《广烈侯诏》、程敏政《新安文献志》卷61《梁将军程忠壮公灵洗碑》。

③ 程昌《祁门善和程氏谱》旧序;程淘《程氏世谱序》。"部曲"在唐代已不多见。据《唐律疏义》所载,部曲带有家内奴隶性质,但部曲类型的封建依附者,应依然存在。

计"，乡人称之为"程十万"①。传至南宋的程鸣凤，也是以富著称，僮仆成群。②在元末农民起义中，程氏地主弥寿出自攀龙附凤的动机，投靠朱元璋，被授以行枢密院都事。因而，这个家族也没有受到损害。像这样没有受到唐宋以降历次农民起义打击的强宗大族，绝不会自动放弃落后的生产关系，放松对具有严格人身隶属关系的封建依附者的控制。

同时，徽州地区处于万山丛中，河流湍急，险阻四塞，山民索然寡居，不相往来。这种状况，亦利于照旧维持传统的统治。在宋代，乡民"不染他俗"③，到了明代，"嘉万之世人，有终身未入城郭者"④。据作者实地调查，直至解放前还存在这种情况。由于与外界隔绝的地理环境的特点，徽州地区成为强宗豪族逃避战乱和躲避农民起义兵锋的避难所。从东晋南朝，乃至唐宋，名宗大族纷纷迁入徽州。宋代徽州人罗愿曾指出："黄巢之乱，中原衣冠避地保于此，后或去或留，俗益向文雅。宋兴则名臣辈出。"⑤ 名宗巨族的源源麇集，使徽州成为保持落后生产关系的封建顽固堡垒。

迁入徽属的豪强大姓，多按一家一族来建村立寨，"形成一村一族的制度，严限他姓人在此住家。就是女儿和女婿也不得在母家同房居住。"⑥ 善和里就是以程氏一姓建立起来的家族组织。随着家族的繁衍，有的分房外迁另建村寨，也仍保持派系不散。保持南北朝时以孝治天下，团聚宗族，孝亲敬祖，循守礼法的一些遗风。徽州是封建理学的故乡。程颐⑦、朱熹鼓吹的三纲五常特别是恢复宗子法的主张所发生的影响尤其恶劣。在那里，"千年之塚，不动一抔，千丁之族，未尝散处。千载之谱，丝毫不紊，主仆之严，数十世不改"⑧。村寨之中，祠宇高耸，匾额辉煌，牌坊峙立。他们修宗谱，订宗规家法，鼓吹良贱主仆名分是天经地义的，千方百计地使佃仆安分守

---

① 《祁门善和程氏族谱》；《足征录》卷3，程复《书四府君派后》。
② 《祁门善和程氏族谱》；《梧冈程先生行实》中说："抚憧仆以恕，遇荒必随其所积计口而赈，人有售产者必增价赏之。"这固然是谀词，但从中可以看到，所谓"僮仆"是有独立的小家庭个体经济的封建依附者佃仆。
③ 罗愿《新安志》卷1《风俗》。
④ 道光《徽州府志》卷2《舆地志·风俗》。
⑤ 罗愿《新安志》卷1《风俗》，又见《肇域志·南直隶·徽州府·歙县》。
⑥ 近人祁门胡樵壁《封建制度下的大户与小户之分》，未发表。原稿本文者收藏。
⑦ 据《祁门善和程氏谱》载：程颐"胄出中山，中山之胄出自新安之黄墩，实忠壮公〔按程灵洗〕之裔"。程颐、程颢被视为同宗，其鼓吹的理学，视作家学，影响特深。
⑧ 道光《安徽通志》卷21《舆地志·风俗》引旧志，赵吉士《寄园寄所寄》卷11《故老杂纪》。

己,"甘受污贱"。总之,对族内,按尊卑长幼划分封建等级;对佃仆,以良贱主仆名分来维护主佃的身份体制。尤其是祠堂族长的族权可以任意处治族人和佃仆,草菅人命。这种把宗族制和程朱理学糅为一体的严格的封建宗法制度,对维护落后的封建生产关系起了极其恶劣的作用。

关于徽州佃仆制在明代之前已经存在的论断,从历史文献中也可找到佐证。明嘉靖朝的官僚歙人方弘静在《素园存稿》卷17《郡语下》中说:

> 盖郡之俗重土著其来远矣。其远者当西汉之末,吾家太常府君之墓世犹守之。其在晋之东以及梁之际比比可纪也。其姓之著者即一墟落而所聚盖不啻千人矣。……以千人之家,其仆佃之数不啻如之矣。咸臂指相使非一朝一夕也。有事则各为其主,主则饮食之,以为恒,此皆子弟父兄之兵也。

康熙《婺源县志》卷2《风俗》载:

> 乡落皆聚族而居,多世族世系,数十代尊卑长幼犹秩秩然,罔敢僭忒。……主仆之分甚严。役以世,即其家殷厚有资,终不得列于大姓。

乾隆三十四年(1769年)安徽按察使暲善在一个奏折中写道:

> 安徽省徽州、宁国、池州府属地方,自宋元明以来,缙绅有力之家,召募贫民佃种田亩,给予工本,遇有婚丧等事,呼之应役,其初尚不能附于豪族奴仆之列,累世相承,称为佃仆,遂不得自齿于齐民。①

以上所述,对佃仆制由来的上限,或认为佃仆制来自东晋南朝,或认为始于宋元。这是因为东晋南朝隋唐的佃客、部曲,与宋代乃至明清的佃仆,名称不同,即使同一名称,在不同的历史时期,彼此之间也有种种差别,但都是同一类型的封建依附者。所以,方弘静才笼统地称之为"仆佃"。而暲善则将有一脉相承的佃客、部曲与佃仆区别开来,断言佃仆制始自宋元。诸人各有所据,说法不一,但都从不同的角度反映了历史的实际。他们的记述同善

---

① 乾隆三十四年六月二十六日安徽按察使暲善《条奏佃户分别种田确据以定主仆名分》卷号1—5,中央档案馆藏。

和程氏家乘谱牒所反映出来的史实可以互相印证。

二

明清时期，由于商品经济的发展，特别是明中叶出现资本主义萌芽之后，佃户和地主的封建依附关系，一般来说已相对松弛。明初，朱元璋就规定佃户对地主只行"以少事长之礼，若在亲属，不拘主佃止行亲属礼"①，说明封建政府承认存在尊卑等级，并无主仆名分。但徽州的佃仆制依然保持主佃间森严的人身隶属关系。佃仆所受的奴役剥削比一般佃户更为残酷，是佃户地位最低的阶层。农民一旦沦为佃仆，便与地主具有主仆名分，世世代代不能摆脱。在明代，佃仆一般说来既住庄，又佃田。所以，《家议》将"庄"和"佃"联系起来。地主程新春每辟成一片田地，都相应建置庄屋，在《家议》中罗列的24处庄佃，皆有田地、房屋，以供佃仆居住耕种。有的佃仆则居住祠堂或墓边的小屋，负责管理祠堂或护墓，耕种祠堂田或祀田。有的佃仆还兼看管山场。崇祯三年（1630），吴五得同妻汪爱弟便投到地主程继英的杨坑辛塘庄屋居住，"耕种田垣，看管山场"，充当佃仆。②

从明末编修的邻县《休宁范氏族谱》一书看，也有类似的情况。据该书《七族村居图说》所绘的村居图，往往在路口村旁绘有佃仆的房屋。如在《汉口村居图》中，就于"村心大路"边上画有一列庄屋，标上"本家火佃"。③ 又如《油潭村居图》中，范氏地主住屋群周围设有围墙。围墙外东南角路口的一列庄屋，也标上"火佃"。这也说明地主是按例给佃仆提供住房的。正因为如此，有时称之为"庄仆"。当地的田地、山场既已被强宗大姓所占有，佃仆死了也只有葬在地主的山场上。佃仆因葬主山而给程家地主立还的文书是不少的。正如休宁《葆和堂需役给工食定例》所载："主山仆葬，此古例也。"④

"种主田、葬主山、住主屋"，三者联在一起，成为佃仆与地主之间确定主仆名分的依据。以此三者为辞勒迫农民为仆，纯属相习而成的惯例。在

---

① 《皇明诏旨》洪武五年五月。
② 《吴五得立还文书》见乾隆《程氏置产簿》，原件藏社会科学院经济研究所。
③ 火佃亦即佃仆，承担给地主提供照明的火把，并在地主晚上外出时，服持火把照明的劳役。据《朱文公集》九九《约束粜米及劫掠榜》载："州县火客佃户，耕作主家田土，用力为多"。吕午《左史谏草·秦财赋八事》："火佃出力以得其半"，得知火佃之名之，宋代已有。
④ 见章有义《从吴葆和堂庄仆条规看清代徽州庄仆制度》附录，《文物》1977年第11期。

封建社会，惯例往往是不成文的法律，具有与官方法律同等的效力，并且最终也将为法律所认可。从徽州的文约中可以看到，由于服役多年而成了老奴世仆的家内奴婢因某种原因赢得地主的欢心而给他（她）婚配成家，并分给田地租种，使之成为佃仆。这种从奴婢转为佃仆，也还是"种主田、住主屋"，死了也还得"葬主山"。又如入赘庄婢（包括佃仆妻女）的佃仆，也势必要种地主的田地，住地主的房子。不仅明代如此，甚至到了清代也依然如故。乾隆十二年（1747），李友孝因无妻室，又失怙恃，入赘程氏地主的杨坑庄佃仆吴再旺之遗妻林氏，因为"林氏日食不给，祀田难以耕种"。李友孝一入赘，便立下顶替吴再旺耕种田地，看管山场，交租服役，不得将林氏拐带潜走的文书，确定主仆名分。① 李友孝除种主田，住主屋外，他死后即便老家还有公共的荒地足以供埋葬，也无经济能力迁灵柩回原籍，最终还得葬在程氏地主的山场。

如上所述，沦为佃仆的起因，亦即主仆名分的形成，佃田应该是主要的。地主提供房屋如同提供工本一样，是为了使佃仆有可能维持正常的生产，提供葬地则因为佃仆不占有山场荒地，出自无奈。但是名宗豪族往往按照"种主田、住主屋、葬主山"的定例，凡"有一于此"，便迫之为仆，令其承应服役。例如，叶志明、叶毛乞俩兄弟，原附居善和里的近邻。万历年间，长兄志明因生活所迫已投到程氏地主充当佃仆。南明弘光元年（1644），兄弟毛乞葬母于郊坞口。地主程仙说葬过山界两尺。毛乞于正月十二日给地主程仙呈上文书，"求免改正"，并保证"日后再不得侵界一寸"。程仙却借此口实，硬勒迫毛乞于事隔4天后给他立下应役文书，接受主仆名分。② 这样，叶氏兄弟便先后沦为程氏地主的佃仆。

在豪绅地主看来，佃仆住屋、葬山也是租佃土地的一种形式，同样需要交租，只不过因不产实物，采用劳动地租的形态罢了。万历十九年（1591）正月十四日程究保给地主程仙立还的文书中说："先年造牛栏厕所在主山上，其地亦不起租，以准看守坟茔之资。"③ 可供一证。前引的曝善所说，自宋元明以来，贫民佃耕"绍绅有力之家"的田地，"累世相承，称为佃仆"。这固然没有概括农民沦为佃仆的全部起因，但反映了历史的主流。

---

① 《李友孝立还文书》，见乾隆《程氏置产簿》。
② 《叶毛乞、叶求富等立还文书》，见乾隆《程氏置产簿》。叶氏子孙三代从万历四十六年到康熙六年的四十九年间先后给程氏地主立下了六纸文书。
③ 《程究保立还文书》，见乾隆《程氏置产簿》。

佃仆的身份地位近于奴仆，被视为贱民，在法律上归入"奴仆"类。但佃仆不同于奴仆，因为他们有独立的小家庭个体经济；也不同于当时视为良民的一般佃户，他们的身上有主仆名分的印记，被束缚于地主的庄屋土地，没有迁移等人身自由。婚姻、家庭过继等也受地主干预。他们随着土地庄屋的转卖、分籍，而更换其主人。如康熙三十年（1691），地主郑双玉把二都月形东旁基地庄屋卖给程氏地主照卿，在此居住耕种的洪、王、程三姓佃仆也改为隶属于新的主人程照卿。①佃仆是不准迁移，逃跑，或私雇于人的。康熙十年（1671）佃仆吴新富将弟弟吴新法私雇于江西汪氏地主，地主不给工钱，后又私雇于程氏地主，还是不给工钱。迫得吴新法"在景德镇衣囊尽当，幸空身跟客回家"。善和程氏地主发现后行加追究，勒迫立还文书，保证"不得再私雇［于］他人"②。汪氏和程氏地主拒发工钱，也许知道吴新法是潜逃佃仆的缘故。

大族豪绅制定了一系列区分主仆良贱、侮辱佃仆人格的条规。佃仆不得僭分越格。佃仆从衣着、日常用品，到起屋，乃至死后墓葬，等等，都有具体规定，连生子取名也不得犯家主及其祖宗之讳。这些条规是记载在家法、宗规、族谱和文约上的，至于没有成文而靠习惯维持的种种限制，一定还有很多。据善和里的老佃仆口述：新中国成立前，除了这些规定外，佃仆同地主不能尔我相称，饮食不能与共。远远看到地主，要尽量回避。到地主家要站在门外，不穿干净衣服不得入内。春节期间，佃仆要腰束青带，方能出门，以防和家主族人混杂。青带是身份微贱的标志。大年初一要挨家挨户地给程氏五户地主拜年，不论男女老幼，都要叩头作揖，口说："向老官、老孺拜年。"

一般来说，佃仆犯了宗规家法，要由族长出面缉拿到宗祠当众惩治。有的豪绅地主则不必通过宗祠族长，可以径自处治。当然，族长和豪绅地主往往是一身而二任焉。明初的程新春就是一个典型。他包揽地方事务，把持农村司法。他私立公庭，"里或有讼，率不白郡县"，他的一句话，便使"是非曲直有所归"③。对佃仆操有生杀予夺之权，佃仆就是典型的农奴。

---

① 《二都月形东旁基地屋契》，见乾隆《程氏置产簿》。
② 《吴新富立还文书》，见乾隆《程氏置产簿》。
③ 李友闻：《窦山先生程公行实》，又丘濬《明故窦山处士程公墓志铭》，均载于《窦山公家议》卷首。

三

大族豪绅对佃仆采取实物地租和劳役地租相结合的剥削形式。劳役地租在地租中的比重比一般的佃户要大,超经济强制特别粗暴。这也是佃仆不同于一般佃户之处。《家议》卷6《庄佃议》载:"前人置立庄佃,不惟耕种田地,且以备预役使。"就是说,佃仆既要缴纳地租,又要听候地主驱使服役。

佃仆所受的剥削、奴役最为深重。佃仆的住屋分散在村落四周如村口、村侧或河边,以便于替地主巡更守夜。有的则孤零零地居住在坟边、田头或山沟里。房子粗陋、矮小、潮湿、阴暗。生产条件也是极其恶劣的。当地几乎是崇山峻岭,需要在山坡上开垦田地,坡度很陡,层累而上,直至十余级的高度,还不足一亩。牛犁都使用不上,只有刀耕火种。在这样陡峻的梯田上劳动,要同声呼唱,合力耕种,以防虎狼的突然袭击。佃仆成年累月背负着卑贱的精神重荷,像牛马一样生息、劳役,饥寒、苦楚像恶魔一样缠绕着他们。当地的一首民谣:"稻屌竖起,家无口粮,寒冬腊月,冻得筛糠",正是佃仆穷苦生活的写照。

封建宗法地主通过田租、山租、高利贷及额外农副产品的勒索,几乎把佃仆榨取到最后一滴血。田租多取定额租(或称"硬租"),一般是1亩交十秤左右(一秤18～22斤),约折200斤。高的达16秤。地主到各庄佃去收租,佃仆要准备租膳。租膳规格有具体规定。例如,规定住在杨坑上圳庄的桂寿、桂初孙兄弟的租膳是:"进门牛肉、腐菜各一品,饭,酒二瓶;晚间猪、牛肉,腐菜各一品,酒随用;早晨鸡子汤一次,不宿免。"负责守祠堂和护坟的佃仆,在备租膳的同时,还得"宰鸡祭祠","祭奠"[①]。有的规定送租上门,如佃仆金文禹耕种塘坞口大塘一所,规定"秋收之日略取硬租陆秤,送至上门交纳,不得短少斤两"[②]。正租之外,还以斛面、河斛、淋尖等名目进行额外榨取。当地斛面有每石加一斗二升的,河斛每石加一斗的,淋尖租有时规定以鸡顶替。还规定缴租鸡、茶叶等。据嘉靖年间16个庄佃的统计,佃仆每年就得向程氏地主交61只租鸡。[③]

---

① 《窦山公家议》卷4《田地议》。
② 乾隆十二年《程希范、程天章立的召约》,见乾隆《程氏置产簿》。
③ 《窦山公家议》卷4《田地议》。

山租是地主剥削佃仆的一项重要内容。现存佃仆给程氏地主立的这方面的佃约不少。一般都写明山场四至，栽种树木的品名，租额，以及保证勤于兴养，禁盗变卖。山租多取分成制。租率有对分、四六、三七不等。例如，崇祯三年（1630），佃仆吴五得给程氏地主立的佃约中写道："栽养松杉成材，主壅〔按：壅即力壅〕三七相分，主得七分，壅得三分。"①当地有的地主干脆不给力壅。树木兴养成材后，地主只酌情给佃仆些许"拔榾养之资"。所谓"拔榾养之资"，即酬报佃仆兴养树木的款额。其多寡是悉听家主的意旨的。②果树苗是山主供给的，文约写明"言定无力分"等字样。③力壅的来源是由于山场兴养成林过程中，"佃山人出备"树苗，花费了工本的缘故。④"力壅"相当于"田皮"。力壅和田皮就是佃人所出工本的代价。力壅成为佃仆的一种财产，是可以占有、出卖或转佃的。在转佃或出卖时，地主可以借口"偿还工本费"或"出卖先尽山主"等这一类的理由而享有优先权。于山主之外，又增加了力壅主阶层。没有力壅的佃仆，除缴正租外，还要向壅主缴纳小租，从中增加了一层剥削。

管养山场的佃仆，不能私砍树木，被盗要赔偿。有的佃约就明写：盗"一赔九"。如果盗砍的人是程氏地主秩下子孙，与佃仆有主仆名分，要行加追究，就犯"以卑凌尊"之罪；⑤如果不报山主，被发觉了，又要受处罚作赔偿。左右为难，不知何以处置。康熙十五年（1676），程氏地主的子孙程荣官强令佃仆吴新富帮他盗卖树木，被发现后，被处罚的是佃仆吴新富。⑥

佃仆除向地主缴纳地租、山租外，还要服劳役。劳役量和范围都很不固定。有的劳役是属于生产性的，诸如看守树林、除草、修路、建筑仓库、搭桥、春渡，等等。有的文约规定佃仆"递年娶婚听自唤外，每年议应付三工"⑦。但是，生产性的劳役还不是主要的，更大量的劳役是用来

---

① 《吴五得立还文书》，见乾隆《程氏置产簿》。
② 康熙五十二年《吴子富、谢四给李务本堂立看养文书》，原件藏社会科学院经济研究所。
③ 《唐圣等给山主吴元臣立还文书》，见《吴氏誊契簿》，原件藏社会科学院经济研究所。
④ 《唐圣给地主吴元臣立还文书》，见《吴氏誊契簿》。
⑤ 封建理学家朱熹在《戊申延和奏札一》中说："凡有狱讼，必先论其尊、卑、上、下、长、幼、亲、疏之分，而后诉其曲直之辞。凡以下犯上，以卑凌尊者，虽直不右；其不直者，罪加凡人之坐。见《晦庵先生朱文忠公文集》卷14。
⑥ 《吴新富立还文书》，见乾隆《程氏置产簿》。
⑦ 崇祯四年八月二十四《汪记龙、汪三毛、汪夏保立还文书》，见乾隆《程氏置产簿》。

满足地主生活上的需要。明代到清代中叶以前,佃仆服役的范围见诸文字的多限于护坟、元旦拜节、婚冠丧祭、神社等贱役和应考服役,以及其他急务。实际上,远超过这些范围,例如地主外出,佃仆要给他抬轿,晚间外出还得有火佃在前面持火把照明;同外地土豪劣绅搞械斗,佃仆还得充当打手。总之,佃仆是根据地主的需要,随时"听从呼唤使用"的。有些技术性的劳役,如舞狮、吹打音乐、拳斗等,还要从佃仆中指定专人充当,以便平时教习。随着地主家族的繁衍,佃仆的服役对象也随之扩大,服役量也跟着不断增加。这是宗法豪绅地主对佃仆最粗暴的超经济剥削形式。

这种敲骨吸髓的剥削和非人的奴役,不可能不遭到佃仆的反抗。嘉靖、万历以后,佃仆的反抗斗争日益抬头。[①] 程氏地主装出一副悲天悯人的面孔,说什么"征发日繁,彼何以堪。今议:凡有婚娶丧葬大事,令赴役一日,其余寻常事务毋得滥征"[②]。这固然是花言巧语,企图笼络人心,但也透露出在佃仆的反抗斗争下,地主不得不考虑把服役范围规范化。总的趋势是:从滥征到趋向固定化。清中叶以后,服役的范围逐趋具体规定。休宁县的吴氏宗祠葆和堂于光绪年间制定的庄仆条规[③],就是一例。其实,要地主完全遵循他们制定的条规去役使佃仆是不可能的。他们必要时,可用种种借口越格役使。何况条规既是地主制定的,地主认为有必要时,也就可以更改。

从善和里程氏地主的家史中告诉我们,自东晋南朝起,不断迁入徽属的强宗豪右,利用该地区的历史特点,凭借封建"四权",把田客部曲制经过改头换面以佃仆制的形式,从宋元而明清,乃至民国,顽固地延续下来。尽管在漫长的历史长河里,中经盛衰流变,但其实质不变。这对我们理解中国封建社会的一些问题特别是长期缓慢发展的特点,是有帮助的。

从主佃关系发展的总趋势看,明清时期,地主阶级从对农民人身的任意奴役,逐步转为以高额地租的榨取为主,严格封建隶属关系的租佃制逐步让位于封建依附关系相对松弛的契约租佃制。但是,徽州地区的大族豪绅对佃

---

① 方弘静《素园存稿》卷17《谕里文》载:"吾郡冠履之分素明,主无苛求,仆无踰越,海内推为笃厚尚矣。近者风习日漓,寖益陵替,倒悬之势,可为太息。"

② 《窦山公家议》卷6《庄佃议》。

③ 见章有义:《从吴葆和堂庄仆条规看清代徽州庄仆制度》附录。

仆依然肆意奴役和榨取，保持严格的良贱主仆名分，这又反映了历史发展的不平衡性。

（原刊于《学术研究》1978年第4期）

新时代与徽学研究琐议

——2019年6月18日在"首届徽学大会"上的主旨报告

面临新时代,新史学世代之交,徽学研究要传承优秀史学传统,对未来作出新的谋划。以"首届"来彰显徽学正处于一个继往开来的重要转折点。也蕴涵着本次会议所担负的使命。

新时代必然带来新风尚,正如史学大师陈寅恪所说:"一个时代之学术,必有其新材料与新问题。取用此材料,以研求问题,则为此时代学术之新潮流。"就是说,一个时代,有一个时代的新材料、新问题,这就是新时代的学术潮流。目前,创建有自己话语权的有中国特色的学术体系,是新时代的呼唤。

当然,构建新的史学体系,必须以守住优秀传统史学为前提。因为学术有传承,古今是不能决裂的。传承,当然是指徽州文化原典精神的激荡,并做解构的创新,而不是回归老路。所以,本次大会用"守正创新"一词来概括。年鉴学派奠基者之一马克·布洛赫在其《历史学家的技艺》中所说:"各时代的统一性是如此紧密,古今之间的关系是双向的。对现实的曲解必定源于对历史的无知;而对现实一无所知的人,要了解历史必定也是徒劳无功的。"所谓双向,即"由古知今"和"由今知古",要以历史感来认识现实,要从现实中寻找其历史渊源。

在浩瀚的史学领域中,我们每个历史从业者,只能耕耘于一隅,亦即做徽州区域研究,或做一个行业一个老字号的个案研究,或做专题研究,或做人物研究,等等。个案和总体史是互相联系的。没有比较准确地把握总体史是很难写出精当的个案史,反之亦然。四年前陈春声先生从近年来博士生选题出现的"碎片化"趋势,就提出学术研究要防止"小题大做"变成自言自语。这个提法,我很赞同。

我们知道,选定的题目有大有小。关键在所论的题旨,是否能牵一发而动全身。就是说,题目虽小,但它处于历史总体的一个节点,与总体史有着千丝万缕的内在联系。把它置于历史的总体中做个案分析研究,自可收窥斑见豹之效。再是,有些小题目本是鸡零狗碎的问题,投射面本来就狭窄,涉及的维度也很小,既无学术价值,也没有现实意义,根本就"大做"不起来。即使硬要铺张成冗长的篇幅，也不是通常所说的"大做"。从这一角度看，题目关乎学问之大小，有影响价值评判的一面。小题目的好处是个案功夫容易进行，实证的可靠度高。所以，对于初学者，史学界的老前辈经常教导说要"小题大做"。其意思是，入手处不妨小，所见及者不能不大；从小问题折射出大千世界。这其间存在一个个案与总体的关系，也就是说做小专题要放眼历史总体，不能局限于就事论事，自说自话。正如《哈姆雷特》的一句台词所说："我可以关在核桃壳里，而把自己当作无限空间之王"。

目前热衷于做"碎片化"的小题目，很容易转移、淡化了对历史学科所面临的主要问题及其本身所承担使命的关注和担当。当今的时代，是"日新月异"的时代，我们面临的问题和挑战比任何时候都复杂和严峻。如何培养带有"终极关怀"意义的方向感去追寻，去探索，把徽学研究与建构"中国文明""世界文明"的历史联结起来，任重道远啊！

（原刊于《安徽日报》2019年6月25日第7版）

关于徽学学科构建的几点思考

关于徽学的内涵和建构，徽学研究的同仁，已有不少的建树，其成果已收集在朱万曙主编的《论徽学》一书中。我在一篇文章中也曾谈及徽学的内涵，认为它是随着徽学研究的深入，主客观研究条件的优化，以及学术背景的变迁，而不断扩展和完善的。而且在一次谈话中曾简要的直截了当地做出这样的表述："徽学是以徽州文书案、典籍文献、地表文物和生态文化遗存为基本资料，以徽州文化为研究对象的一门综合性学科。"（见《徽商》专访刊于 2008 年第 3 期）

徽州文化，我则这样概述：它"是原徽州属下歙县、黟县、休宁、祁门、绩溪和婺源等六县所出现的既有独特性，又有典型性，并具有学术价值的各种文化现象的总和。它根植于本土'小徽州'，伸展于中华大地，尤其伸展于以江南（苏州、松江、常州、镇江、江宁、杭州、嘉兴、湖州、太仓）和淮扬地区，以及芜湖、安庆、武汉、临清等城市为基地形成的所谓'大徽州'，由大小'徽州'互动融合形成的博大精深的文化。它包含着物质文化、制度文化和精神文化，为人文学科、社会科学、自然科学等多门学科的研究提供丰富的内容和广阔的天地。"（见 2004 年写的《徽州文化全书》总序）

事过四年，我在接受《徽商》杂志的专访谈及徽州文化时，由于受到方利山先生的启发，觉得徽州的生态环境如此优越，应当以环境史的视野，做生态文化的研究。因此，谈及徽学的内涵时，我又增加了"生态文化"一项。这一思考，显然与当下的学术背景有关。我是把徽学内涵的不断扩展和完善，视为徽学发展的一个标志。

承邀出席本会，深感荣幸。关于徽学内涵与建构，以及与藏学、敦煌学的关系等等问题，发表不出什么高论，只就近日对徽学学科构建的一些思考所得，谈点肤浅看法，以就正于与会诸位。

一、把生态文化作为徽州文化的重要内涵,构建徽州文化生态学

徽州生态环境之优越,是国内所罕见的。黄山依然挺拔苍劲,新安江照样婉约秀美,集聚着大地的灵韵和人类的灵慧。它从另一个角度展示了徽州人对中国传统文化"天人合一"精义的把握和传承,值得认真研究。

传统的儒家思想是坚持天人相通的历史观的。孟子有"万物皆备于我",司马迁有"究天人之际,通古今之变"的说法;到宋张载、程颢更提出天人合一。张载说"民吾同胞,物吾与也"(《西铭》)。所以如此,是因为"天地之塞,吾其体;天地之帅,吾其性",在物质上和精神上,人都与物同体。程颢的名言是"浑然与物同体"(《识仁篇》)。明人王阳明进一步说"大人者,天地万物为一体也"(《大学问》)。于今看来,我国天人合一的环保思想,早慧于悠远的古代,而世界的环保意识要到20世纪的六七十年代才萌发,更显难得而需要格外珍视。

徽州人对宋明理学"天人合一"历史观的传承和运用是很有成效的。如果我们从人与自然、社会与环境的统一和互动去考察徽州的生态环境,那么将不难发现徽州景观的秀美、和谐,与他们的风水意识,以及弃农营商,避免因人口压力导致集约化耕作而造成的土地过度开发有关;还可发现钟灵毓秀的徽州山水的浸润熏陶与人文荟萃、英才辈出,甚有关联。人的才智、品德、情操和人文环境的关系,还乏人做学理性的研究,可以徽州做典型剖析。所以,从环境史,即从人与自然、社会与环境的统一和互动去考察徽州历史,可能会取得许多新的结论和新的成果。

二、徽商是徽学研究的重要课题,也是目下取得成果最丰硕的课题。但窃以为还大有必要另从视角,另辟蹊径,进行深化研究

"徽商与江南商业化、城市化"问题,虽有唐力行先生等做了卓越的研究,但从广度和深度作总体考察,仍然是一个亟待下大功夫做进一步研究的课题。

我曾在一篇文章中提出,从其特质着眼,明代共占商界鳌头的晋商与徽商分别充当了内陆文化和海洋文化的代表。应当从海洋文化的角度分析徽州

海商的思想与举措。

徽州由于地域上属于海洋文化（根据西方的学者的看法，距海岸线500公里内的陆地都属海洋文化范围），加之有新安江直通东海，越发拉近了徽州与海的距离。因此，徽州在明中叶分享了大航海时代的海洋文明，并与海洋结下不解之缘，是有其缘由的。徽商以海洋贸易和盐业为主业，以海洋贸易的前沿江南地区为基地，面向海洋，以长途贸易为主，开展了一场叱咤风云的历史性商业活动。我曾指出，对汪直海商集团陷入被剿灭的厄运，在中国当时的历史背景下是必然的。它是传统农耕经济战胜新型的商业经济的表现。

对于徽商的这一史无前例的壮举，如果站在16世纪大航海时代的高度，从海洋文化视角进行考察研究，更符合当时的历史现实，也势必取得新的创获，新的成果。

我在拙作《徽商的历史性贡献》一文中曾提出，关于徽州海商对明中叶江南社会经济所做的贡献，有待深入研究和做出评估。对明清江南社会经济的研究要有突破性的进展，似对徽州海商做进一步的研究是一关键。不仅如此，对徽商本身的研究，要取得进一步的突破，似也仰赖于对这一问题研究的进展。时至今日，我仍然坚持这一观点。

大家知道，致力于江南社会经济研究的中国学者，在其近年的研究成果中，多认为江南经济发展明显加快始于嘉靖、万历时期。而这一时期正是历史上所谓"嘉靖倭难"年代（嘉靖三十一年至四十四年，即1552—1565年），也就是徽商汪直、徐海以江南地区为基地，称雄海上的时期。显然，江南经济的快速发展，是与此时江南和东南沿海地区，首次突破国界，较大规模地参与了东南亚、日本，乃至葡萄牙、西班牙等西方殖民国家的带有世界性经济交流的海上贸易密切相关的。这与有些作倭寇专题的研究者得出"倭寇"板荡江南的说法互相抵牾。看来所谓"倭患"给经济社会带来的影响，固然难免，但它是一时性的，并不能阻挡经济发展的大趋势。在作专题研究的同时，应当做历史总体的观照。

已经有人预言，随着徽商与江南社会经济研究的深入开展，虽不敢说颠覆，至少必将使江南地区社会经济史的传统研究大为改观。

再是重建"明清徽州徽商生活史"的条件日渐成熟，也应着手这方面的研究。近年来，徽州文书搜集和整理出版的进展，为徽商研究提供了新的丰富资料。尤其是为重建徽商的生活史、心态史，提供了最重要的资料来源。我们知道，在明清徽州商业社会，契约文书，尤其是商务文书，是作为参与商务关系、商品交换的手段而出现的，也是实现各自的商业利益所倚重的工具。其含有徽商的商业伦理、商业理念、核心价值观、运作手段、经营管理方法，乃至徽商的日常生活实态，等等，都是重建明清徽商生活史、心态史绝好的资料。

三、徽州社会生活史、徽州民众心态史，也是值得投入大力气研究的课题。前说的徽商生活史是其中的一部分

当下虽然已有王振忠等学者对草根民众的日常生活状况、民众的心态做了深入的研究，而且取得可喜的成果。但总的来看仍感不足。其间是有其缘由的。

这是由于徽州大量的政书、官书、文集、笔记等文献，所给我们提供的社会日常生活的风貌，诸如文人士子交际唱和、朱子家礼所规范的喜庆丧祭的礼俗、儒商的生活，以及列在良民（庶民）之外的贱民佃仆的生活（有关佃仆生活的资料是作为当时社会的特例而被记载的）等，只体现由士绅所倡导的在理学熏陶、宗族社会氛围下生活情态的一面。偶有提及平民百姓的生活，也是日常生活中的一些特例；常态的生活细节，却几乎阙如。这是因为习以为常的、司空见惯的生活细节，被认为不屑一顾，无法进入社会文化阶层的法眼。

从庶民百姓社交应酬、宗教信仰、对灾害的应变举措、以娱神自娱为宗旨的"行傩"，等等，民俗活动中所反映的生活实态，以及由此反映出他们对俗世、人生、生死的理解，对命运和鬼神世界的看法，对现实与未来的希冀、期待和追求，乃至他们的心理特质，等等，却可以汇成推动社会运动的意志和愿望。我们常说，历史是人民群众创造的，指的正是他们根据其意志和愿望对历史变迁做出的抉择。对于这样重大的课题，多年来也因缺乏资料，而使一些有志于此的学者望而却步。我们却因文献资料的缺乏而不甚了了。这是为什么大家都期冀著的徽州社会生活史（或徽州民众心态史）迟迟没有出现的原因。

可喜的是，有王振忠、卞利、刘伯山等先生，经过多年来孜孜不倦地奔走于徽州各地，串村走巷，深入社会基层作实地调查，搜集以往不为人们所注意的民间契约、档案、账本、宗教科仪文书和碑刻等，以及口述资料，其成果日渐增多，为研究这一课题积累了越来越多的资料。尤其是不断推出的

经整理出版的徽州契约文书，与士大夫"雅"文化相对应，从民间"俗"文化的角度反映了徽州社会多彩多姿的生活情态。更为徽州社会生活史、徽州民众心态史的研究，提供了更大的资源。对此，只要投入更多的力量，必将取得更大的成果。也唯有如此，才有可能建构徽州社会生活史。

四、以徽州契约文书为研究对象，创建徽州契约学

对徽州契约文书进行研究才刚刚起步。据我所知，黄山学院黄柏树教授对民国初年以降的契约做了研究，并写出专著（待刊），令人兴奋。目下尚亟待对契约文书做出系统研究，在研究中构建徽州契约文书学。契约文书历经数千年，从口头契约到文书契约，从简到繁。根据我国文献典籍的记载，早在汉代，乃至可追溯至西周，契约已有称为傅别、质剂和书契等三种。形式愈来愈多样，内容也越来越丰富。徽州大量契约文书的出现，为构建契约文书学提供了条件。契约文书学的内容，应当是专业研究者根据自己研究的成果做出理论上的概括。这里略谈点滴思考。

从契约形式和内容及其演变，研究地方社会与国家政府间不同时期的互动。中国是一专制中央集权的国家。中央与地方有统属关系，但地方社会又有一定的自主的空间，而且两者间还有互动的一面。地方文化无疑受国家主流文化的制约，但地方文化又有其特点。从徽州地方文书的形式与内容看，必然反映中央政府的意识形态，主流的价值观，但又含有地方特点的文化成分。所以，从契约文书体现的法律精神、乡规俗例、伦理道德，与中央的法规和典章制度间的同异，可以窥见地方社会与国家间如何通过士大夫阶层进行协调、互动的机制，可以有助于从地方历史的肌理与脉络中理解中国总体历史传统。如果以徽州文书与国内各地，以及西方比较，我们还可从契约的角度了解国内各地间历史运行的特点，以及中西方历史的殊同。

通过研究契约文书形式、内容的演进状况，探测市场发育的水平，以及徽州商业社会的变迁。"契约自由"的思想，早在古代已经出现。"契约自由"原则，则在资产阶级革命胜利之后才得以真正确立，并纳入资产阶级民法的三大基石之一。它标志着作为主体的人的自由度的增加和尊严的确立，也标志着从身份关系社会到契约关系社会的过渡。但明清时期，在身份等级制度社会的徽州，"契约自由"原则是无从确立的。在徽州文书中，强制性的"勒立"契约屡见不鲜，就证明了这一点。但是"契约自由"的思想，总是在不断地冲破牢笼，并伴随着商品经济的繁荣和身份等级制的松动

而日益发展。所以,"契约自由"思想发展程度,折射出徽州商业社会的演变。契约关系的盛行是与徽州商业的发展相适应的。

"同意"是缔结契约的基础,体现了"契约自由"的思想。随着商业的繁荣,要求有相应的更加复杂的反映法律关系的文书契约,以适应商品经济的需要。明清时期,形式纷繁,内容丰富的债务、买卖、租赁、合伙和委托等徽州契约文书,反映双方的法律关系,法权观念的发展变化历程。

徽州社会是身份等级制与"契约自由"思想并存;既宗奉程朱"官本位"的价值观,又服膺王阳明的重商思想。以徽商而言,既有海洋文化的成分,又是贾而好儒的儒商。处处呈现出两者对应的悖论。如同研究其他问题一样,研究徽州"契约文书"所体现的悖论,应是解开徽州社会奥秘的新视角。

2010 年 11 月 9 日写于广州

站在时代的制高点，共推徽学研究

"徽学"的兴起，当以新资料的大量发现为其直接的导因。从20世纪50年代以来，尤其五六十年代间，20余万件反映徽州民间实态的民间契约的发现，无疑是学术界的盛事。早在20世纪60年代初，严中平、梁方仲等学术界老前辈，已看出其研究价值和学术前景，于是着令笔者投身于这方面的研究工作，并耳提面命，多方教诲。不期徽州竟与笔者的学术生涯结下不解之缘。30多年来，前半段时间几乎沉浸在徽学的研究之中，后半段虽转入珠江三角洲的研究，但也没有忘情于徽学的课题。由于与"徽学"难解的情结，以及对"徽学"命运的关注，笔者在1984年撰写的《徽学在海外》（刊于《江淮论坛》1985年第1期）一文中，曾预言，"徽学"必将发展成为国际性的学术。所幸为笔者所言中，"徽学"果然已经不是20世纪80年代初之前那样由少数人所耕耘；短暂的十几年间，徽学日渐茂盛，枝叶扶疏。愈来愈多的不同学科的中外学者，对之产生了浓厚的兴趣。他们络绎不绝地、乐而不疲地前往徽州作实地考察，从不同的角度进行学术研究。从对徽州原始文书的关注，到研究课题的拓展，都表现出极大的热情。其研究成果，丰硕繁多，新见迭出。徽学已经成为一门令人注目的显学。

1999年安徽大学徽学研究中心被选定为教育部人文社科重点研究基地，标志着"徽学"作为一门新兴的学科已为国家所确认，以此为契机，在国际上也必将引起更广泛的关注。值此之际，笔者拟就如下几个问题，发表一些浅见，以就正于徽学同仁。

关于目前存在争议的徽学（徽州学）的含义，窃以为是一个有张力的、弹性的概念。一般来说，一个学科的内涵总是从简到繁，从粗糙到精细，且不断地扩大范围。界定其含义时，必然受到时代、条件和自身视野的局限。在80年代中期，基于当时的情况，我曾提出徽学的研究对象是徽州社会经济史。重新审视，此说显然过于狭窄，当时是从自身专业的角度考虑的。今日，徽学的同仁主张对徽学的研究对象加以扩展，是完全有必要的。徽学是一千秋万代的事业。随着文物和文献资料发掘的增多、认识水平的提高和思维方式的变化，未来徽学的含义必将更加扩展，必将包含更多新的内容。一门学科，需要日新而日日新，这是学术的生机所在；因循守旧，囿于陈说而故步自封，必致僵化而终归消亡。

作总体史观的"区域体系"（Regional System）的分析和专题、个案研究相结合，是目前徽学研究中值得注意的问题。基于徽州地区历史发展的典型性，对它作区域体系的分析尤显得必要。但作整体的综合研究与部分的专题分析，应当是同时并进，彼此互动的。离开整体来研究部分，或缺乏专题和个案的研究而企求对整体的把握，都有可能是徒劳而无功的。在研究过程中，有些问题，虽持之有据，引出的结论也是合乎逻辑性的；但置于徽州的总体历史看，却与相关的其他问题相悖。例如，关于徽商的生活，以李斗的《扬州画舫录》等文献记载为据，得出的结论是花天酒地，极端奢侈。但如果放宽视野，把徽州地区的风习、徽人的贾道、官商互济的成功之道等，都纳入考察的范围，那么得出的结论似应当是，其奢侈之举，是出自为攀附权贵，或抬高自身以取信于人的公关目的。这一看法似可反映了其奢侈的事实，又可与"徽骆驼"的俭朴精神兼容不悖。由此可见，当专题与总体史的结论有冲突时，往往是或专题的结论偏颇，或总体的分析欠妥。只有通过两者的互动，彼此检验，才有可能作出符合历史实际的结论。

在对徽州作区域体系分析的过程中，一个引人注目的问题是，明清时期的徽州在政治、经济、社会、文化等方面，取得了高度的整体性协调发展，是明清时期中国境内各区域总体全面发展的典型代表。我们还未曾发现有一处可与之相比拟的区域。徽州能取得如此高度的整体全面发展，显然与徽州区域内部总体结构的优化，以及各方面保持协调发展有关。如果对之作认真的研究，徽州总体结构优化的内涵及其保持协调发展的原因，当可得到揭示。

徽商是徽州历史全面高度发展的支点。已故的张海鹏先生说，中原文化的积淀，是徽州文化的基因，加之当地固有文化因子的融入，形成徽州文化深厚的底蕴；徽州文化的发达，则源自徽商的"酵母"。事实上，徽商雄厚的经济力量与徽州地区的总体全面发展，两者间是密切相关联的。徽商贾而好儒的特色，导致徽商重视对文化的全面投入。人才的大量培植，既促进了文化的全面发展，又结下了"官商互济"之果。就是徽州文化的亮点之一，即高雅与通俗文化艺术共存共荣的特色，也同徽商处于上层文化和通俗文化接榫处的特点有密切关系的。这是由于受雅俗共赏的文化观念驱使，徽商在倡导高雅文化的同时，没有忘情于对大众文化艺术的扶持与投入的缘故。可以说，徽商的历史作用几乎渗透到当地的各个方面。

关于徽商的论著甚丰，要深入一步，就有赖于深挖与扩大有关的研究资源，或作细致的徽商个案研究，或另辟蹊径，用新的视角、新的方法，以求有所创新与突破。例如，徽商在明中叶的崛起，本是一个学术界关注的老问题，且做了富有成果的研究。但是审视既往，似乎还没有放在由于新大陆的发现和东方航线的开通，预兆着全球一体化的高度去考察。被称为"倭寇王"的歙县人汪直，本是从事海上走私贸易的商人。他因请求朝廷开海贸易遭到拒绝，而走上海上劫掠的道路。如果站在16世纪国际贸易新形势的制高点来加以审视，应更能把握嘉靖年间"倭寇"的实质。又如，当我们探讨徽商与海上贸易的关系时，往往局限于海盗式的走私贸易，而缺乏对徽商全面参与海贸及其海陆相结合的关注。东方航线的开通，导致跨越太平洋的联结中国与美洲大陆的丝绸之路的出现。这一海上丝绸之路的中继点"马尼拉丝市"的建立，有力地刺激了中国江南地区的蚕丝业，并由此而引发了江南地区的商业化。在江南地区与马尼拉的丝绸贸易中，徽商应不会袖手旁观。据西人裴化行在《天主教十六世纪在华传教志》一书记载，嘉靖年间，"商业的利源，是被原籍属广州、徽州、泉州三处的十三家商号垄断着。他们不顾民众的反对，一味致力于发展外人的势力。"又据梁嘉彬教授发现的西班牙传教士的有关记载称，1556年葡人入市之初，有十三商馆（行）与之贸易，其中广人五行，泉人五行，徽人三行，共十三行等语。从此可见，徽商在当时的中国主要对外贸易港市广州与外商联系密切，其势力是雄厚的。文献记载中有云，"远服南越，与岛夷为市"，说明徽商在与南海岛国的海上贸易中也是占有份额的；提到海商时，历史文献上有时也把"闽广徽浙"并提。沿海的福建、广东、浙江是海商的基地，处于内陆的徽州被列其间，亦可见其在海商中的地位。然而，迄今为止，尚未见到系统专论关于徽商从事海上贸易有分量的论文。这显然与掌握资料不足有关。今后徽商的研究，除努力广泛发掘有关徽商经营海贸的资料外，似还应站在16世纪世界历史制高点，从海陆贸易相结合，看两者的互动，做时空构架的分析。

从徽商网络的角度来探讨大小徽州的互动关系，是一个尤其值得重视、并投入力量的问题。据我所知，徽商网络问题，最早是由日本学者臼井佐智子教授提出的。尔后也有不少学者论及，但目前仍亟待做详尽深入的研究。徽商的网络具有聚合（小徽州）和扩散（大徽州）的功能。其经济功能，即集聚资金、组织货源、推销商品和公关等方面，容易引起注意；实际上，其文化功能也是不容忽视的。首先是传入、吸收各地文化。例如，传入并吸取王学重商思想，使其文化充满活力。徽剧就是在吸纳外地的余姚、弋阳腔，而形成自身，起了聚合外地文化的作用，同时又把徽州文化扩散到各地去，徽班进京孵化出京剧。晚明江南等地出现重商思想同徽商传播"以营商为第一生业"（二刻《拍案惊奇》卷37）的习俗，是不无关系的。聚合与扩散的功能，导致徽州地区内部结构的优化，从而促进地区总体的全面发展。徽州网络与徽州地区总体全面发展间的关系，实在是一亟待探索的课题。

徽学从默默寡闻而勃然兴起，今已蔚然成大国，耸立于学界之林。从每次出席徽学研讨会之踊跃，兴趣之蓬勃，人数之多，尤其提交论文内容之丰富与充实，可见徽学正方兴未艾，前程无限。但是，从时代的角度加以审视，徽学面临的挑战是严峻的。由数字化方式与因特网、电脑、高科技相结合而营造的科学研究环境，有力地促进了各门学科日新月异的进展。我们既要不断地发掘整理有关徽州历史文化的资料，以扩充丰富研究资源——这是丝毫不可忽略的基础工程；又要在思维方式、研究的视角、研究手段和方法等方面不断更新。唯有如此，才能不断有所创新，有所突破。

（原刊于《徽学》2006年卷）

在徽学成长发展中做出了历史性贡献

——杭州徽学研究会成立 30 周年庆典感言

徽学,兴起于 20 世纪 80 年代,从默默无闻蔚成大国,从一棵细苗勃然成长,在短短的 20 多年间,终于长成枝叶扶疏的大树,进而与敦煌学、藏学成为中国学术界的三大显学之一。2010 年 11 月 14～16 日,由光明日报和安徽大学主持在合肥召开的藏学、敦煌学和徽学三学会议,即一标志。

一个研究的课题,要称之为"学",是需要具备一定条件的。徽州历史文化研究课题和徽州学是不能等同的。徽州历史文化的研究,应当达到一定的深度并形成体系,方能称为徽州学。但我却于 1984 年的一些会议上首先提出了"徽州学",而且以《徽州学在海外》为题写了一文发表在《江淮论坛》学刊(1985 年第 1 期)上。不期有幸得到响应。学界大概出自简要称为"徽学"。徽州的学者曾有人向我提出,称为"徽学"不妥,"徽"容易误解为安徽,主张仍用"徽州学"。我认为,"安徽"之名取自安庆和徽州,简称为"皖"(地处春秋时皖国之故)。"徽"不能误指安徽。所以,我后来也沿用"徽学"之称。

1985 年,徽州地委领导沈荣先生等曾亲来广州同我商谈成立徽州文化研究会事宜。正式成立时,我并没有参与。杭州的江敦厚、胡永吉等先生对徽学有一种天然的敏感,1987 年便做出响应,发起筹备杭州徽学研究会,并于 1989 年正式成立。他们具有远见卓识,实在难得。尤其值得称道的是,自 1991 年起胡永吉先生出任会长,时达 22 年,历尽艰辛,无私奉献,令人感佩。

杭州徽学研究会在徽学的成长和发展过程中,发挥了积极的作用,做出了历史性的贡献。

杭州徽学研究会提供了涵育学术,激活思想和灵感的平台。诸多海内外学者、博雅之士(指的是知识渊博、素质高雅的业余学者),以及书画家和艺术家,都曾被邀讲演或献艺。在思想的碰撞中闪出火花;在切磋中得到升华。

当地的博雅之士,倾情投入。他们的徽学研究的成果,令人耳目一新。他们不是学术研究的从业人员,但是具有超越专业视野的人生境界和非凡的人文情怀。他们不受专业和文体的限制,谈文说艺,拓宽了多元的学术空间。他们尤擅长当地资料的搜集和掌故的阐释。

他们所选定的题目有大有小,不受学科与时空的限制。虽说题目关乎学之大小,可以影响价值之评判,但求大者未必大,似小者未必小。关键在于所论的题旨是否能牵一发而动全身。即便是一孔之见,能够揭幽钩沉,亦属难得。博雅之士充当了地方性研究会的主力军。

杭州徽学研究会召开多次学术研讨会,出版发行学刊、论文集、专著,等等。例如,《杭州徽学通讯》(学刊)、《徽学研究文集》、《徽学研究文存》、《徽学论丛》、《徽学文丛》、《胡适研究文集辑》、《胡适研究续集》、《新安医学研究文集》、《新安医学研究续集》、《徽学艺圃》,等等。硕果累累,成绩斐然。

研究会组织研究骨干回徽州故土访问交流考察。会长胡永吉先生还多次应邀出席国内外徽学学术研讨会,交流学术,广结善缘,成为徽学群体中的朋友。我本人就是学术研讨会上与胡会长相识,并结下深厚友谊的。

研究会的领导骨干,30年来带领全体会员,筚路蓝缕启山林,栉风沐雨砥砺行,终于在杭州开辟出一处徽学研究园地。培育了人才,出版了一批研究成果,为推进徽学研究做出了历史性贡献。他们最可贵之处,是正如郑板桥诗所云:"咬定青山不放松,立根原在破岩中,千磨万击还坚劲,任尔东南西北风。"

杭州是明清时期徽州商人从新安江前往江南,走向海洋的主要通道,是大小"徽州"文化互动的关键地点。毫无疑义,她为孕育辉煌的徽州文化做出了巨大的不可磨灭的贡献。

我还想顺带谈及的是,从杭州的地理区位看它在徽学研究中的重要性。作为徽州母亲河的新安江,可直通杭州而进入江南,走向海洋。这是徽商向外扩张的枢纽。引人注目的"倭寇"汪直史事中,可看出杭州在徽州文化研究中的地位。汪直走向海洋的始发地与他生命的终点都在杭州。他是在16世纪中叶从杭州前往当时中国最早的海上国际贸易中心双屿岛的。他敢于引领大航海时代之潮流,冲破海禁屏障,加入世界商战行列,主张海上贸易自由。后来被诱杀也正是在杭州。

汪直仿效西方海商,制造大舰,并武装起来,称雄于东亚海域,尤其是他在日本五岛建立商业殖民地,自称"徽王",显示了徽州海商的气度和魄力,掀起了空前的声势浩大的中国海洋贸易的第一波。

汪直等海商集团有掳掠的一面,授人以"寇""盗"的口实。但是,我们应该注意：在古代历史上，特别是近代化发展初期，商业是与海盗、走私、掠夺和奴隶贩卖联系一起的。16世纪，欧洲人对海盗掳掠和合法贸易是不加区分的。到18世纪，欧洲理论界才开始谈论国际法上海盗和合法贸易的区别。汪直海商集团与西方各国东印度公司在亚洲海域的行径，就其实质而言，是大体雷同的。他们都是力求快速增殖资本，都打下了时代的烙印。但他们间不同的是：西方的公司有本国政府作后盾，得到政府政治、经济、技术的支持；享有特许状、军事、殖民地等特权；在重商主义支配下，有寻找商机，建立商业殖民地的明确目标。例如，与汪直同时代的英国德雷克，本是地道的强盗，曾在英国女王的资助下，大肆掳掠。后英国利用其武装打败西班牙，他为国家立了大功，终于晋升为贵族，受到国人的崇敬。汪直等中国海商的海上贸易，却被官府视为违禁作乱而加以武力镇压，终于被剿灭，并戴上"倭寇"之恶名，备受唾骂。汪直海商集团的失败，从某种意义上说，是传统农耕文化战胜新型的商业文化的表现。张丽教授有汪直和德雷克比较研究的文章发表，并指导其学生以此为博士论文题目。该博士论文已经出版。我曾多次呼吁对汪直的研究，还其历史的真相。我还预言，也可能由此引发对江南经济史的改写。历史和现实相连，但不能等同。

众多的徽商是从杭州转往江南各地建立商业基地的。杭州对徽州历史文化的形成所起的作用绝不能低估。我坚信，在杭州徽学研究会的努力下，当可发掘更多的有关徽州历史文化资料，当可做出更多的研究成果。

有幸应邀出席本次盛会，不胜感激，但提不出好的建言。谢谢大家。

2017年9月26日于广州

明山秀水与人类智慧的完美结合

——《名人故里绩溪》丛书总序

  位于皖浙赣交界处的徽州，依偎在黄山的怀抱之中，清澈的新安江静静地流过，直奔东海的杭州湾。灵山秀水给徽州增添了无穷的魅力。那里人文荟萃，英才辈出，更使徽州充满难以破解的神奇色彩。

  20世纪60年代初，我攻读中山大学研究生时，便以徽州的历史作为研究生毕业论文题目。从那时起，我便与徽州结下了不解之缘。已经记不住多少次踏上这片令我魂牵梦萦的热土。徽州的山山水水，一草一木，一砖一瓦，都使我着迷，令我流连忘返。徽州，40多年来一直是我的学术家园。徽州属下六县，如果沿用前人的比喻，称之为一簇夜明珠的话，那么，绩溪便是其中光芒四射、别具风采的一颗。

  绩溪，是明山秀水和人类智慧的完美结合。从徽山神韵，徽水灵秀，到鄣山鬼斧神工，龙川山水形胜，乃至徽杭古道，乡村水口，处处都暗藏玄机，最具风水人文景观。绩溪不是一座有公园的县级地域，而是一座县级地域的风景秀丽的公园。

  绩溪建县近1500年来，作为一个历史文化的载体，承载着一部绚丽多彩的历史。深厚的历史积淀、厚重的文化传统、独特的精神气质，乃至灵魂、风骨、光荣、梦想，都可通过当地的风土人情、文物古迹展现出来。

  当您在有"进士村"之誉的龙川，漫步于"进士巷"，目睹独具匠心的镂空浮雕精绝的"奕世坊"等科仕碑坊时，当您在上庄"适之路"徜徉观赏时，当您在徽商叱咤风云掀起最后一波的代表人物胡雪岩的故里湖里村游览观光时，面对蕴涵着其先人光辉业绩的地面历史文物，面对透过地面文物所折射出来的多彩多姿的传统优秀文化，您将情不自禁地生出徽州文化博大精深的惊叹，沉浸于对徽州文化的回味。面对此情此景，您当可捕捉到徽州文化背后所充满着的无与伦比的灵感和激情，当可体会到其隐藏着的勃勃生机和散逸出的浓浓的人文意蕴；并找到回应传统文化的精神家园。

  龙川，是胡锦涛主席的故居所在地，是一座由胡氏先人建村且经历1600多年的古村庄，迄今依然弥漫着一股浓浓的灵气。在小巷上没走几步就有可供参观的文物。令人惊叹的是历史上先后出了22位举人进士。为胡富、胡宗宪等官宦树立的牌坊就有12座。区区一座小村庄，竟有如此众多的官宦名流聚集于此，实在使人难以想象。更令人惊奇的是，胡氏宗祠正厅有一副留传至今的对联，曰：毓秀钟灵彩换一天星斗，凝禧集祉详开百代文人。此联表达了胡氏先人的气度、豪情，以及对子孙后人的企盼。难得的是胡氏先人的隐喻，竟照进了当今的现实。

上庄，是胡适的诞生地。它坐落在群山环抱的盆地上，是一块倚山濒水，占尽风水之宝地；胡适是历史上学术界的巨擘，是一座文化史上划时代的丰碑。他对旧文化首起发难，在20世纪初的新文化运动中，竭力宣扬"民主""科学"，提倡白话文，反对封建礼教。对发展新文化做出了重要贡献，成为新兴的启蒙文化的最杰出代表。上庄胡天柱所创的"胡开文墨庄"，是中国"文房四宝"的徽墨金牌，独占海内墨业的魁首，享有"天下墨业在绩溪"的美誉。今设有"胡开文纪念馆"。名居、名馆，更赋予此地以厚重的人文意蕴。

湖里，是胡雪岩的故里，处徽杭古道要冲的古聚落。环山合抱，有登源水透迤东来，绕村而去。碑坊、祠庙耸立，显示出宋兴即科举昌盛的亮丽业绩。尤其值得湖里人自豪的是晚清出了一位名扬中外的"红顶商人"胡雪岩。胡雪岩不愧为徽商的睿嗣。在商业革命的浪潮已经波及中国，面临与西方列强激烈竞争的情况下，他力挽狂澜，敢于与西方商人决一雌雄，再次创造辉煌，成为徽商最后的骄傲。

以上略举数例，已足以窥见绩溪人才之超群杰出。他们智慧高超，贡献卓著，都曾在全国，乃至世界范围，各领风骚，引领潮流，为中华文化浓墨重彩地写下了遒劲的一笔。他们不仅是绩溪、徽州的骄傲，也是中华民族的骄傲。

绩溪富有人文意蕴的古村落、古祠庙、古街巷、古道商路、名山胜迹，以及涌现灿若繁星的名儒硕彦，是不胜枚举的。本丛书已有专册作较详尽的介绍。

绩溪这块地灵人杰的土地，我到过多次，每一次都有不同的感受。我往往因这里的山，威仪恬适；水，清澈秀美，而体验到大地的灵韵，又因这里人才杰出超群而体会到人类灵慧的深邃。

更使我陷入久久挥之不去，且深深思索的是：胡适、胡雪岩的精神路标和历史先例不就是从此开创出来的吗？我国当今正在开创的科学发展，共建和谐的宏伟目标，不也是与此地有关联吗？难道不可视为引领中华文明的继往开来的一处精神圣地吗？

绩溪出现如此富有特色的英才俊彦，并非偶然。它是由源远流长的徽州历史传统、儒风独茂的文化基因、显亲扬名的道德动力，乃至山水的钟灵毓秀之气，浸润熏陶所铸就的。我们知道，徽州是一个移民的社会，是由中原精英才俊移住并与土著越人融合的社会；明清期间，更是由于徽商在江南和运河沿岸等地建立的商业殖民地而形成的大、小徽州交流互动的社会。这种经常变易不居、内外流动的社会，有利于精英激发其活力和创造性；有利于人才保持蓬勃的生机和活力，避免因循守旧和蜕化变质。厚重的传统文化积淀，清明透彻的富有勃发生机的历史文化氛围，有利于英杰人才的涌现。徽州人又善于把程朱和王（阳明）学结合起来。政治伦理，以程朱理学为依归，坚持科举仕宦为追求目标；经济伦理，则以王学的说教为本，利用其重商重利思想，取得商业的成功。这体现了徽州文化的宽容性、包容性和创新性。

自从80年代徽学兴起之后，绩溪的历史文化，虽已纳入徽州文化的总体加以研究。但从绩溪一县、一个古镇、一个村落、一个府第，或一个人物、一个掌故，进行考察研究，也不失为一个好方法。后者就是时下所称的"乡土历史"。乡土历史研究，已经摆脱了原先边缘的地位，开始登上堂奥，愈来愈为人们所注重。乡土历史的研究，在某种意义上更能发挥业余学者之所长。业余学者中多是本地人，因熟悉当地掌故，对地方文献的解读富有敏感性，其见解往往不乏独创性，而且较之于那些单靠文本研究者有可能更容易贴近史实。又，他们身处各行各业，与社会现实有血肉关联，他们的著述，直面现实，富有浓郁的现实感，洋溢关注现实社会的情怀。加之他们用通俗简洁的语言表述深奥的学理，于庄重中透露出活泼秀雅，有文有史有思有趣，更能赢得广大群众的欢迎与理解，从而使其著述蕴涵着鲜活的生命力。

有感受于此，我认为学界存在着的基础高端理论研究和应用科普研究两个层面，应当各有侧重。学术专业人员，应当执着于知识的发掘、文明的薪传，充当理念的守护神，知识的源头活水；遵照学术规范进行原创性研究，以推动学术不断地向纵深发展。业余学者，则可允许有更大的自由度，有时甚至可以从需要的角度将某一历史问题扩大其外延，以获得现实的价值。两者互动，必能取得更大的成效。

为了推介绩溪的乡土历史，绩溪县集聚该县业余学者的精英，撰写《名人故里绩溪》丛书。该丛书共分《徽山徽水话绩溪》《山村不绝育读声》《江山代有人才出》《绩溪徽商绩溪牛》《蚕桑丝绸誉古今》《徽菜之乡鄣美名》《天开文运说墨宝》《钟灵毓秀古村落》《锦绣龙川荟人文》《祠坊千载存古韵》《徽派三雕遍城乡》和《徽风徽俗品绩溪》等12分册。由潘万金先生出任总编。本丛书各分册的作者都是徽学研究有素的业余学者，而且各有建树，都有论文发表，或有专书行世。

皇皇大端的《名人故里绩溪》丛书，凝聚了作者的智慧和研究所得。每一分册都各有其特色和创新见解。这套丛书，作为内容如此广泛，几乎囊括绩溪方方面面的基础研究成果，不失为一部雅俗共赏，别具一格，具有普及性、通俗性和带有学术性的著作。这是徽学研究中的重大事件。我受嘱为丛书撰写总序，荣幸之余，在此向总编、各册作者表示祝贺。

2007年4月13日于广州洛溪新城海龙湾幽篁室

学术使命感与全情投入

——王振忠著《徽州社会文化史探微》序

我与王振忠教授首次相见时,他的年轻令我惊讶。年轻而又做出卓越的成绩,往往令人羡慕,乃至于妒忌。在此之前,我读过他的书、论文,并读过他给我的长信。真实的他和我意想中的形象是不同的。他的质朴、拘谨、诚恳,给我留下了深刻的印象。随着相见增多,彼此就熟悉了。后来,我从徽州人士处得知他是当地的常客。徽州的村落、市镇,山山水水,都留下了他的踪迹。他不仅深入村落田野,考察人文地理生态环境,而且串村入户,搜集历史资料。他同徽州结下了不解之缘。无论严寒酷暑,还是凄风苦雨,只要他能安排空档的时间,就到徽州去做田野考察和搜集资料。自20世纪90年代初以来,先后到徽州达数十次之多。其间,搜集到大批的文书资料。内有契约、成册的稿本、抄本,计达1万多份。这批资料的一个鲜明特点是比较集中地反映徽州的民众生活和社会文化。

记得1989年冬,我作为访问学者寓居香港中文大学期间,当时任教于该校人类学系的陈其南先生来访,曾谈及与我合作重建徽商生活史的意向。当时我正致力于珠江三角洲社会经济史的研究,无暇顾及。于是推荐安徽省社科院的郑力民先生协助他实现这一愿望。他们后来似乎没有完成这一计划。但此事一直耿耿萦怀,苦于不能转到这一课题上来。今看到王振忠先生有志于这方面的研究,并且已经写出《徽州社会文化史探微》一书,自然感到无比欣慰。

徽学自20世纪80年代中期勃然兴起,硕果累累,新论迭出。今已蔚然成大国,耸立于学术界之林。1999年安徽大学徽学研究中心被选定为教育部首批人文社科重点研究基地,以及安徽省组织撰写多卷本的《徽州文化全书》,由卢家丰副省长担任编委会主任,由国内40多位徽学专家组成编撰小组,分工撰写:徽州土地所有制、徽州宗族制、徽州商人、新安理学、徽州科技、徽州朴学、徽州工艺、徽州建筑、徽州民俗、徽州戏剧、徽州版画、徽州篆刻、徽州刻书、徽州文献、徽州历史档案、徽州教育、徽州村落、徽州方言、新安画派、新安医学等20卷,经过5年的努力,各卷已经完稿,即将分卷独立成书由安徽人民出版社出版,标志着徽学这一门新兴的学科进入了一个崭新的阶段。但是，现有的研究成果，只不过显示了徽学的博大精深，及其深远广阔的研究前景。

王振忠先生的研究不仅在深挖与扩大徽学研究资源方面做出了贡献，而且他推出的这部著作也是别开生面、富有开拓精神的。从他的著作中透露出来的对学术的使命感和全情投入，以及对史料作钩沉搜隐的功夫，不得不令人钦佩。作为一个未届不惑之年的年轻学者，在学风趋向浮躁、急于求成的今天，能对喧嚣的俗情世界保持距离，养成纯学者的气质，就越发显得难能可贵。

本书作者依然以对明清徽州文书的研究为主，但与其他的学者有所不同。以往的学者对徽州文书的研究主要注重于商业、土地关系和诉讼案卷等专题，王先生则力图透过村落文书、家族文书、宗教科仪及相关的文书、商业文书、教育科举文书、徽商的尺牍和诉讼文书等所展示的基层社会之不同侧面，着重于徽州社会文化史特别是民众日常生活的研究。这种研究，也可视为心态史的研究。庶民百姓的日常生活是其心声的吐露，举止言谈都能直指本心。日常生活的变异反映着其心态的变迁，亦即反映着他们不同时期的意志和愿望。当我们强调经济因素对历史进程所起的极其重要的作用的同时，我们不应当忽略了庶民百姓的愿望和意志也是推动历史演进的重要因素。我们常说，历史是人民群众创造的，指的是他们对历史变迁所做出的抉择。社会生活史、心态史的研究，在西方已经日趋盛行，在中国却还没有给予应有的重视。王先生在本书中着眼于社会生活史的研究，力图发掘文化底蕴，引出富有启迪的洞见，是值得称许的。

多年来，中国历史学的研究偏重于宏观，偏重于政治、军事、经济、典章制度的变迁。庶民百姓的日常生活，往往被认为无关宏旨而不屑一顾；一些有识之士则因为缺乏有关这方面的文字记载，欲书而无从下笔。我们知道，历史上留下的政书、官书、文集、笔记等文献，虽然汗牛充栋，但其间几乎没有关于庶民百姓日常生活方面的记载。偶有提及，也是日常生活中的一些特例；至于习以为常的、司空见惯的生活细节，却几乎阙如。今天，我们要建构历史上民众的社会生活，尤其是社会底层的生活实态，唯有深入社会基层作实地调查，搜集以往不为人们所注意的民间契约、档案、账本、宗教科仪文书等，以及口述资料，并体验当地的生活情景，在建立共情的基础上，理解庶民百姓，感悟生活，以此帮助诠释纸面记载的表面含义和解读其背后的隐喻，旨在得出历史的真实。再提到理论的层面作分析，以寻找对今天有启迪意义的特定传统，从而有助于认识人类自我，悟出未来归趋的学术功能。此外，别无他途。本书作者正是循着这一学术研究路向，十年如一日地努力追求、探索。

徽州原先大量的文献、契约文书所给我们提供的社会日常生活的风貌，诸如文人士子交际唱和、朱子家礼所规范的喜庆丧祭的礼俗、儒商的生活，以及列在良民（庶民）之外的贱民佃仆的生活（有关佃仆生活的资料是作为当时社会的特例而被记载的）等，只体现由士绅所倡导的在理学熏陶、宗族社会氛围下生活情态的一面。至于从庶民百姓社交应酬、宗教信仰、对灾害的应变举措、以娱神自娱为宗旨的"行傩"，等等民俗活动中所反映的生活实态，以及由此反映出的对人生、命运、生死的看法，对俗世和鬼神世界、对现实与未来的希冀、祈待和追求的一面，以及他们的心理特质，我们却因资料的缺乏而不甚了了。

近年来由于本书作者，以及刘伯山等个人和学术单位的发掘、搜寻，已发现了这方面巨量的资料。王先生历尽艰辛，煞费苦心，发掘出大批庶民百姓生活史资料本身，已经是一个贡献。他还对这方面资料做了专题研究，并将其成果结集成本书出版，无疑又是一嘉惠学林之举。基于这些资料尚未为学人所熟知，所以王先生以介绍史料和研究相结合的方法进行写作。由于这种写法本身的局限，难免有时显得介绍性多于分析性，就是说资料的征引、罗列是充分而且扎实的，但如何做更细致的分析，在理论层次上作更深入的探索，似乎尚有进一步提高的空间。我们没有权力对一部著作提出尽善尽美的苛求。

历史学是一门人文学科，对历史的底蕴，只能通过不断地探索以逐渐加深了解，而难以完全揭示，也不可能加以验证。治史者尽管力求客观地再现历史的真实，但总难免带有个人的主观性、时代意识和价值取向，对史料的取舍、观察的角度，以及对之所做的分析，引出的结论，都与个人的精神世界有密切关系。所以，作为历史的客体和我们对之的认识，两者之间总是有距离的。从业人员的使命，就是以求真求实为目标，不断地缩短这一距离。为此，要求治史者在对史料的诠释和解读，乃至提高到理论层面做分析时，投入个人的灵性和感知力。对于社会生活史、心态史的研究，尤其需要具有从实地体验、感悟生活，以睿智反思历史的学术品格。目前已经发掘出来的有关徽州社会生活史的大量资料，为建构明清徽州社会生活史提供了可能。我相信，凭王先生的学术根底，尤其是对这方面资料的把握，一部汇通性的徽州社会生活史（或徽州民众心态史），是可以翘首以待的。

2002 年 7 月 5 日于广州洛溪新城洛浦湖畔

科学技术影响的隽永魅力

——汪明裕主编《千年徽州杰出历史人物》序

历史上的徽州,在人们的心目中是一颗耀眼的夜明珠。它不仅有财雄势大的徽商,把持着国内商界的鳌头,尤其以英才辈出,灿若群星而引以为豪和令人钦羡。徽州精英人才之盛,就其总体结构而言,似尚无别的地方可以出其右者。江泽民主席近日登黄山,参观徽州的地面遗留的历史文物时,不禁发出"如此灿烂的文化,如此博大精深的文化"的感叹!徽州人对中华民族的灿烂文化所做的不可磨灭的贡献,有文献可征,有实物足鉴。所以,当人们回眸审视中华民族往昔光辉的传统时,便情不自禁地把目光投向徽州。今天,探索、揭示徽州历史人物的精神面貌和彪炳史册的业绩,发扬优良传统,以再创辉煌,便成为一项严肃而有魅力的历史使命。

有鉴于此,为了"浓缩古徽熠史,展现众杰伟绩",黄山市政协文史委决定编辑出版《千年徽州杰出历史人物》一书。早在世纪之交前夕,中共黄山市委宣传部、黄山风景管委会、黄山日报社和《徽州社会科学》编辑部便已共同筹划,决定于2000年春联合举办"千年徽州杰出历史人物评选"活动,以迎接新世纪与新千年之禧。先由有关专家和各方面代表组成评委会,在较广泛提出名单的基础上经过评委会筛选,提出自宋代设立徽州府近千年以来杰出人物候选名单50名。再推向社会,进行投票选举。参加评选的有来自北京、天津、上海、浙江、江苏等10多个省市及黄山市本土的各方面人士1000多张选票。按得票多寡为序,取前30名为入选名单。尔后,黄山市政协文史委组织人力,分别为评选出来的30位杰出历史人物作传。这就是本书的缘由。

被评选出来的30位杰出历史人物,在徽州有作为的历史人物中所占的比例是微乎其微的。据方利山和万正中先生合著的《徽州人物志》[①] 书稿,有文献可征而为之作传者就已达5399人。内中有名臣能吏、富商巨贾、学者名儒、文坛才俊、艺苑名流、科技群彦、能工巧匠、隐士名僧、名媛闺秀,等等。其专长涉及政治、经济、哲学、经学、文学、艺术、科技、工

---

① 《徽州人物志》是《徽州文化全书》中的一种。

艺、建筑、医学、雕刻、印刷、绘画、戏剧、饮食等各个领域。它意味着人才不拘一格，具有广泛性。又据汪修煦先生在《状元与宰相》一书的统计，徽州共出了28位状元，占全国状元总数的二十四分之一；当过宰相的达17位，也占全国宰相总数的二十四分之一①。徽州人才之杰出超群于此可见。他们智慧高超，贡献卓著，为中华文化浓墨重彩地写下了遒劲的一笔。

这30位杰出历史人物中，方腊、许国、胡宗宪和王茂荫是政治人物，曾经显赫一时，或政绩卓著，为后人所景仰。汪道昆和程敏政虽然当过高官，但终其一生是以学术成就的影响力为主要的。商人江春、胡雪岩，上交天子，手眼通天，是商界叱咤风云的人物。除此以外，其余的都属学术、科技和工艺人物。这些人都在历史上有所建树，有所发明。有的在其所在的领域享有崇高的地位。例如，朱熹、戴震和胡适就是历史上学术界的巨擘，也是思想史上的三座丰碑。其思想影响广泛而且深远。朱熹面对唐末五代以来社会上出现伦常败坏、道德沦丧、理想破灭、思想空虚的局面，承担起改造儒学的重任，重整伦理纲常、道德规范，建构了一个富有思辨色彩、哲理化的理论架构。他所创新的理学，是宋儒对前代儒学的修正和发展，它有别于汉代的天人学、魏晋的玄学和隋唐的佛学。朱熹生年虽受贬谪，但终被元明清王朝钦定为正统而变成文化发展的主流。戴震是革新儒学的代表。宋儒有"尊德性"和"道问学"之争，在当时是主张先"心性修养"，还是强调"客观认知"的争论。戴震提出："舍夫道问学，则恶可命之尊德性乎？"这里已经表现他"道问学"的精神。这一强调客观认知的倾向，有可能为儒学突破人文的领域进入自然世界提供契机。在他个人的治学实践中，则表现为重考证是为了求义理，义理才是考证的最后归宿。他在此已为儒学从传统到近代转型打破了决口。惜其后学不能从此转身前行，创造出儒学的新境。他关于舍名分而论是非，反对上下尊卑等级制度的主张，具有近代启蒙思想的色彩。胡适，在20世纪初的新文化运动中，积极宣扬"民主""科学"，

---

① 据何炳棣先生《明清进士和东南文人》（刊于《庆祝王钟翰教授八十五暨韦庆远教授七十华诞学术论文合集》，黄山书社1999年版）一文所列的明清科举领先诸府中，徽州未曾纳入。近读李琳琦先生《徽州教育》（属《徽州文化全书》中的一种，待刊稿）一书，据他统计，徽州明代进士452名，其数应在何先生所统计的松江府466名之后，广州府437名之前，居于第13位；清代684名，其数则在福州府723名之后，常州府618名之前，处于第4位。又据李琳琦先生在前引的书中的统计，清代112科112名状元中，徽州本籍状元4名，寄籍状元15名，共19名，占全国17%。而得状元最多的苏州府计有24名（未包括太仓州），剔除内中含有徽州籍状元6名，实得18名，比徽州少1名。笔者是从人才的总体结构考虑而做出"无以出其右者"的估计。

提倡白话文，反对封建礼教。1917年1月，他发表《文学改良刍议》一文，被誉为"首举义旗"的发难文章，对发展新文化做出了重要贡献，成为新兴资产阶级启蒙文化最杰出的代表。科技工艺方面的人物也都各具专长，各有绝技，奉献出璀璨的成果。诸如古建"三绝"（宅第、祠堂、石坊）和"三雕"（木雕、砖雕、石雕）、刻书、版画、文房四宝、篆刻、绘画、盆景、漆器、徽菜，等等，不一而足。科技发明创造有的在国内处于领先地位，甚至有的发明或著作在国外也产生了广泛的影响。

本书是30位杰出历史人物传记的结集，从各个传主在科技教育、文学艺术、学术和政治等领域，以及商业活动所表现出深邃的智慧、辉煌的业绩、卓著的贡献和勤奋的"徽骆驼"精神，已经反映出历史上徽州人才多彩多姿的风貌。

我们知道，徽州"宋兴则名臣辈出"，历代官宦人物不胜枚举，如前所述，官至极品如宰相者就有17位之众。这些政治人物都曾叱咤风云，显赫一时。在传统的历史编著中，总是以他们为主角的。但是，这次经过群众基础较为广泛的、有各阶层人士参加评选而推举出来的30位杰出历史人物中，科技学术人物竟占绝大多数，而单从政治着眼入选的政治人物只有4位。这到底说明什么呢？我深思良久，答案是：它反映了智慧和学术影响力的持久性，从某种意义上说它是对人类历史进程深层规律的一种揭示。由此观之，这本书对传主的选择、取舍上，反映了当代徽州人别具慧眼的情怀和识见。

徽州历史人物的研究，是一个有待深入探讨的课题。要选择各个领域的代表人物作深入的研究，要通过人物反映时代，以他所处的时代来理解人物。历史上的杰出人物是在特定的历史环境中活动的，他既对当代起作用，又为该时代所制约。要把握时代写人物，也写出不同的时代，即所谓"要了解传主，并把传主分色，泼墨出一代风云"。既要让人们知道他做了些什么，更要使人们了解他为什么这样做。要写出传主的理想，写出理想的传主，还要对不同时代的精英群体及其结构作出分析。精英人才的出现与成长，无疑是文化基因、道德动力、经济条件和社会结构，等等因素，合力起作用的结果。在分析这些有利于滋生精英人才的因素时，固然要涉及徽州"儒风独茂"的文化因素、显亲扬名的道德动力、徽商财雄势大的经济条件和各方面协调发展的社会结构，以及山明水秀的自然、人文环境的熏陶，但是大、小徽州间聚合和扩散的功能尤其值得注意。徽州人不仅以长江中下游和运河沿岸各城镇为其活动的基地，甚至边陲海隅，乃至东亚海域的一些国家和地区，如马六甲、日本等地都留下他们的踪迹。徽州的精英之所以胸怀广阔、眼界高远、学问博大精深,显然与此有着密切的关系。对历史上的徽州精英,既作个案研究,也要作群体的探索,唯有如此,才有助于揭示徽州精英人才繁盛的奥秘。

  本书的出版,只是徽州历史人物的研究的良好开端,我希望由此而引出更多这方面的研究成果来。

      2001年12月3日写于广州番禺区洛溪新城洛浦湖畔

史学的探幽索微与投入现实情怀

——《徽州文化研究》序

江泽民主席于2001年5月莅临黄山，参观徽州地面遗留的历史文物时惊叹道："如此灿烂的文化，如此博大精深的文化，一定要世世代代传下去，让它永远立于世界文化之林。"对徽州文化做了确当的评价。璀璨于明清的徽州文化，对中原文化的原典保留最多，发展光大的成分亦众，成为中华优秀文化传承的典型；又由于徽州在政治、经济、社会、文化等方面，取得了高度的整体性协调发展，也成为明清时期区域总体全面发展最有代表性的地区；尤其是遗留下来的文献和地面的历史文物最为丰富。所以，当人们回眸审视并寻找中华民族往昔光辉的传统时，便情不自禁地把目光投向徽州。也正因为如此，在国内乃至世界上的一些地区，"徽学"的研究热潮，应运而生，并且正在蓬勃地发展。

随着"徽学"在海内外的传播，灿烂辉煌的徽州文化日益展现其历史价值。不仅学术界的莘莘学子络绎不绝地、乐而不疲地前来徽州做实地考察，从不同学科的角度进行研究；就是热衷于了解中国传统文化的人们，也争相前来这一中华优秀文化传承典型地区——黄山市，观赏那蕴涵着其先人亮丽的业绩、折射着多彩多姿的传统文化的地面文物，尤其领略那不可多得的儒商文化和宗族文化的韵味。今天的黄山市，也因此而直面全国，直面世界各地。

作为"徽学"的发祥地，黄山市自应首当其冲、责无旁贷地为推进"徽学"研究，为把"徽州牌"推向全国、推向世界，而竭尽全力。为适应这一需要而创办黄山市徽州文化研究院，无疑是一明智而正确的决策。

黄山市徽州文化研究院成立伊始，便推出了这本论文集，可见学院同仁们的勤奋努力。本论文集共分为11个篇章，收入31篇文章，内容广泛而充实。既有对徽州历史上的经济、文化、艺术、教育等各个方面探索，尤其有对社会现实投入浓郁的关注的情怀，体现了社会现实与学术的结合。这是本论文集的一个特点。再是本文集中既有专业作者的研究成果，又有大、小徽州博雅之士（或称业余学者）的著作。后者兴致勃勃地对徽州文化探幽索微，并投入了以古为鉴、充满现实感的情怀。两者合集，可收互补之功。

专业性的学术研究与业余学者的著述如何沟通，彼此结合，的确是一个值得关注的问题。专业化是学术发展所必需的。而在中国，学术的专业化是近代发生的事。作为历史学的从业人员，必须接受本专业的系统训练，包括中外历史知识、版本目录、史料搜集与考据、分析研究方法、对前人论据的检核，以及研究操作规范，等等基本功的训练。甚至还需要掌握并能够运用其他相关的边缘学科的研究方法。所以，专业化的著作，要求对问题的看法深邃而系统。对一专业训练有素的学者来说，也许所论的似是小问题，但却能"于几微见世界"，或"从木石觅文章"。在选题立意、洞察幽微中，平时积累的学养就体现出来了。写出来的是公之于众的一面，隐在纸背的一面更具个人的特色和风格。细心的读者自可体会出文章的境界。但是，我们也应当看到，愈是知识专业化，愈受限制于相对狭隘的知识领域，而且受到越来越多的技术上的形式主义所束缚。

业余的学者，在运用专业操作方法上可能有所缺失，但由于他们身处社会上的各行各业，与社会现实有血肉联系，富有浓郁的现实感。他们的著述，直面现实，洋溢着关注现实社会的情怀，加之他们用通俗简洁的语言表述深奥的学理，因而赢得广大群众的欢迎与理解，从而蕴涵着鲜活的学术生命力。这往往是专业学者所欠缺的。玄奥晦涩的表述，却是专业学者屡犯的弊病。这种著作只能停留于学术圈子内部彼此交流的层次，造成研究者与现实生活的剥离。这就影响了发挥学术的社会功能。专业学者的这一缺失，也可以从业余学者的著作中得到弥补。

学术的价值固然不以一时的评判为准，有其自身传承的功能。但是，脱离社会现实、得不到当代人理解的学术，毕竟是缺乏生机和活力。本论文集把专业学者和博雅之士的著作合集出版，显然不失为一种彼此沟通、互相取长补短的途径。对于广大读者却是一部雅俗共赏，别具一格，具有普及性、通俗性和学术性的著作。

2002 年 6 月 6 日于广州洛浦湖畔

有待深入开发的学术富矿

——《中国徽州文书》序

民间文书,最早的应是契约文书。契约文书是作为恪守诚实信用、不准反悔的文字凭据。它早已存在于悠远的古代。先是以口约的形式流行,后来为了证明口约的存在,并使口头契约有所凭据,便用文字记载下来。随着文字使用的日益广泛,文书契约便取代了口头契约,而且日渐具有法律的效力。相对于口头契约,文书契约无疑是一进步。

从古巴比伦汉谟拉比法典看,两河流域(今伊拉克)在3000多年前已经有契约文书的存在。在古罗马,文书契约的形式更是多样,内容也越发丰富。罗马法的契约,便先后出现了口头契约、文书契约、要式契约和诺成契约等几种形式。

根据我国文献典籍的记载,早在汉代,乃至可追溯至西周,契约已有称为傅别、质剂和书契三种。至于文书契约的实物遗存,从秦汉晋木简、隋唐五代敦煌吐鲁番文书,到明清以来的契约文书的发现,见证了契约文书在民间流行两千多年漫长的历史。彰显我国的文书契约,与西方一样悠久长远。维权的文书契约,已经成为法学史研究的重要课题。作为一个边缘学科——契约学,也正在应运而兴起。

徽州文书,在我国民间契约文书的宝库中占据着最突出的位置。自20世纪50年代末以来,反映徽州社会实态的二三十万件民间文书的陆续发现,轰动学术界,成为徽学于20世纪80年代兀然兴起的直接动因。这些文字资料,由于具有原始性、唯一性和文物性的品格而弥足珍贵,堪称为20世纪继甲骨文、汉晋简牍、敦煌文书、明清大内档案之后的第五大发现。

尤其令人注目的是,徽州文书不仅以数量巨大著称,而且内容丰富,范围广泛,门类繁多,其中包括土地关系和财产文书、赋役文书、商业文书、宗族文书、诉讼文书、教育与科举文书、社团会社文书、宗教科仪文书,等等。社会的方方面面,几乎无所不囊括。这些文书始自宋代,历元明清,迄于民国,具有跨越时代长,还有不少的前后相承且具横向联系可构成个案的特点。

徽州人以"程朱阙里""东南邹鲁"自居。他们好舞文弄墨,敬惜字纸。不仅债务、商务、宗族社团、喜庆丧祭活动，社交应酬，甚至日常生活，言谈举止，事无巨细，都喜欢用纸笔记录下来。也许他们意识到人生短暂，凡事瞬息即逝，唯有诉诸纸笔，才能长久地保留下来。我想如此奇迹般的大量文书，就是这样产生的。徽州文书与士大夫"雅"文化相对应，从民间"俗"文化的角度反映了徽州社会多彩多姿的生活情态。

应当指出的是，徽州还有格外丰富的典籍文献和地面文物可供与文书契约相互参照，互相印证。据已经发现的有3000种徽州典籍文献和1000余种族谱（中国国家图书馆所藏善本族谱400余部，其中徽州族谱占一半以上）传世，又据调查统计，传世文物有20多万件，遗存的地面文物有5000余处，内有明清的住宅、庙宇、祠堂、牌坊，以及惊动世人的花山谜窟等文化遗物。文书与典籍、文物相结合，为人文社会科学各门学科构建宽阔的平台，为学人进行田野考察，作专题、专科的研究，乃至跨学科的综合研究提供极其优越的条件。

对徽州如此浩瀚的文书资料，目前尚处于进一步深入民间搜集和进行整理出版的阶段。学术界对它的利用，只是冰山一角；对之进行深入研究，也才刚刚开始，而且多着重于对土地关系与财产文书、服役文书和商业文书等三类文书的研究，其他方面的文书，还没有给予应有的重视。从"契约学"的角度对徽州文书契约进行研究更是阙如。

中国是一专制中央集权的国家。中央与地方有统属关系，但地方社会又有一定的自主的空间，而且两者还有互动的一面。地方文化无疑受国家主流文化的制约，但地方文化又有其特点。从徽州地方文书的形式与内容看，必然反映中央政府的意识形态，主流的价值观，但又含有地方特点的文化成分。所以，从契约文书体现的法律精神、乡规俗例，伦理道德，与中央的法规和典章制度间的同异，可以窥见地方社会与国家间如何通过士大夫阶层进行协调、互动的机制，可以有助于从地方历史的肌理与脉络中理解中国总体历史传统。如果以徽州文书与国内各地，以及西方比较，我们还可从契约的角度了解国内各地间历史运行的特点，以及中西方历史的殊同。

从契约文书形式、内容的演进，可以探测市场发育的水平，也可以折射徽州商业社会的变迁。

契约最初主要是因交换买卖债务而兴起的。它由两人以上，以同意之事项，订立条件，互相遵守，而以文字为其凭据。同意是缔结契约的基础，体现了"契约自由"的思想。随着商业的繁荣，要求有相应的更加复杂的反映法律关系的文书契约，以适应商品经济的需要。明清时期，形式纷繁，内容丰富的债务、买卖、租赁、合伙和委托等徽州契约文书，正是反映这种法律关系的凭据。

"契约自由"的思想，早在古代已经出现。"契约自由"原则，则在资产阶级革命胜利之后才得以真正确立，并纳入资产阶级民法的三大基石之一。它标志着作为主体的人的自由度的增加和尊严的确立，也标志着从身份关系社会到契约关系社会的过渡。但明清时期，在身份等级制度社会的徽州，"契约自由"原则是无从确立的。在徽州文书中，强制性的"勒立"契约屡见不鲜，就证明了这一点。但是，"契约自由"的思想，总是在不断地冲破牢笼，并伴随着商品经济的繁荣和身份等级制的松动而日益发展。所以，"契约自由"思想发展的程度，折射出徽州商业社会的演变。契约关系的盛行与徽州的商业社会显然有密切关系。

徽州社会是身份等级制与"契约自由"思想并存；既宗奉程朱"官本位"的价值观，又服膺王阳明的重商思想。研究徽州"契约自由"思想，应是解开徽州社会奥秘的新视角。

我之所以在此强调从契约学的角度研究徽州文书的问题，是因当今乏人注意这方面的缘故，并非意味着其他方面的研究不重要。其实，如此丰富的徽州文书，其具有的潜在优势是显而易见的。对人文社会科学的各门学科都有大用武之地，也必将是一股强劲的推动力。

契约文书，记载着一物一事，看似是零碎的、片断的，缺乏抽象，缺乏逻辑化。这是一些人当年之所以视它为废物，并曾运往纸厂当纸浆的缘由。但早在三四十年代，梁方仲、傅衣凌等学者已经看到散见于民间的"易知由单"、土地契约一类文书的学术价值。他们"于几微见世界"，"从木石觅文章"，从文书契约中看出大千世界。以此为基础，参证其他的文献资料，从小处着眼，从高处理解，以宏观的眼界做微观的分析，分别写出《易知由单的研究》《福建佃农经济史丛考》等有价值的著作。近年来，更有不少学者利用徽州文书写出了一系列有分量的学术著作。但是，从迄今发现的大量契约文书和已经取得的研究成果看，显然不能相比，可以说正处于研究的起步阶段。

文本的解读，古来便是做学问的基本功。传统的国学要求从治小学（文字学）始。由字而通词，由词而通道。我们对徽州文书的研究，也要从解读始。既要了解其字面的含义，还要读懂其背后的意蕴，乃至于解读文本背后的人，以判断其识见的高下，有否暗藏玄机。因此，对之解读，需要具备丰厚的学养，需要对中央典章制度，以及对当地历史掌故有深刻的了解。

地方文书的作者，水平不一，误写、错别字，在所难免。例如，"计"字，有时写成"十言"（将"十"移往"言"左）。有些地方的契约，为了避免与皇朝中央规定精神相悖，当地每每有应对的方法。典当契约上的数额往往加倍书写，是人们所熟知的。有的"以按写买"，名为"买"契，实为按揭契，而且按照按揭实价的两倍书写。而衙役得银，则"以两为钱"。对一些名物术语，如果不参照地方的乡规俗语例作解，必陷入谬误。至于对文书诠释，洞察幽微，揭示其文书纸背之蕴涵，并提高到理论的层次作分析，就须要运用一个人的学养，发挥灵性和睿智了。

人类学者之所以主张回归历史现场，主张参与者的观察，正是为了使研究者与研究对象建立共情，理解对象，感悟历史，在原始资料的基础上，做主观能动性的意义解释。这种解释主义（或称为质性研究）与实证主义研究，是可以互为补充的。我们知道，人虽有其通性，但其行为与思想，却随时受场景和感情的驱使而变化不拘，毕竟不同于自然界的物质可以检验，可以还原。求实崇真，是历史学家追求的目标。也唯因其永远不能达到终极的"真"，历史才将永远地呈现出其无穷的魅力，吸引人们作永无止境地探索。

徽州文书的发现，将有助于改变当前人文社会科学定向选题的格局。随着徽州文书的不断发现和整理，随着其学术价值的日益体现，在我们可以预期的未来，必将吸引越来越多的人文社会科学学者对徽学的关注，从而引发对乡村实态社会、基层民众的研究热潮。

多年来，学术界的研究偏重于宏观，侧重于政治、军事、经济、典章制度的变迁。这与以帝王将相为主的英雄史观的学术传统和我国文献典藏的状况有关。我国文献资料之丰富，可谓是汗牛充栋，容易得手，利用方便。但其中的内容几乎都是帝皇将相业绩和反映士大夫生活情态的资料；而有关平民百姓的记载，却是凤毛麟角，甚至空白。因为基层社会的生活实态，被视为生活琐事而不屑一顾，不可能进入历史上有话语权的社会精英的法眼。他们在留下的历史文献中，偶有提及，也是日常生活中的一些特例；习以为常的、司空见惯的生活细节，几乎阙如。这就为研究者造成种种的困难。

中华人民共和国成立后，尽管提出以唯物史观为指导，而唯物史观的核心是劳动人民创造历史。但是，研究劳动人民历史的成果，几乎局限于农民起义史，而且是着重于其领袖人物。因此，严格地说仍未摆脱英雄史观的窠臼。

大批反映社会生活实态的徽州文书，正可以弥补文献记载的缺失。对于写劳动人民的历史，重建社会底层的生活实态史，对于研究庶民百姓的心态史，对于区域性的专题或个案研究，无疑将起重大的推动作用。这一课题也将成为学术研究的高地。

关于广大平民百姓的日常生活，诸如社交应酬、宗教信仰、对灾害的应变举措、以娱神自娱为宗旨的"傩"戏、迎神赛会，等等民俗活动中所反映的生活实态，以及由此反映出的对人生、命运、生死的看法；对俗世和鬼神世界、对现实与未来的希冀、期待和追求，以及他们的心理特质，等等却可以汇集成推动社会运动的意志和愿望。我们常说，历史是人民群众创造的，指的正是他们根据其意志和愿望对历史变迁做出的抉择。对于这样重大的课题，多年来也因缺乏资料，而使一些有志于此的学者望而却步。

又如，徽商在明清创建了辉煌的业绩，又无奈地趋向衰落。学术界对此一直关注，且发表了一系列富有见地的著作。但在利用徽州文书资料方面，或嫌缺失，或嫌不足。至于重建、再现徽商生活史，迄今尚属乏人着手的领域。

近年来，徽州文书搜集和整理出版的进展，为徽商研究提供了新的丰富资料。尤其是为重建徽商的生活史、心态史，提供了最重要的资料来源。我们知道，在明清徽州商业社会，契约文书，尤其是商务文书，是作为参与商务关系、商品交换的手段而出现的，也是实现各自的商业利益所倚重的工具。其含有徽商的商业伦理、商业理念、核心价值观、运作手段、经营管理方法，乃至徽商的日常生活实态，等等，都是重建明清徽商生活史、心态史绝好的资料。

因此，徽州文书的大量发现和整理出版，必将引发学术界扩大学术视野，拓宽研究面，把社会底层的社会实态，将平民百姓的生活史、心态史，等等，纳入学术研究的主流；徽州文书也必将成为学者们的关注点，从而促使研究方向、选题和研究兴趣向新的学术领域转移。

黄山学院，作为"徽学"的发祥地徽州地区的最高学府，自当责无旁贷地承担着推进徽学研究的重任。近年来，该院在搜集徽州文献、文物，整理出版徽州典籍契约文书，组织专题国际性的徽学研讨会，创办徽学研究学刊，发表徽学专题或综合研究成果，以及以各种方式与国内外学术团体进行学术交流等方面，皆做了不懈的努力，并取得了显著的成果。该院在徽学研究上的潜在优势，以及在学术交流层面上所起的东道主的作用，正日益显现出来，并越来越为学术界所注目。

黄山学院早在20世纪90年代，就着力搜求隐藏在民间的徽州文书，所获甚丰。根据目前国内徽州文书"簿册文书出版，明清充实，民国空白；

鱼鳞册出版，明代充实，清代薄弱"的现状，采取"填补空白，充实薄弱"的原则，将其新发现的文书，推出《中国徽州文书》影印本一书。此书共分三编：民国编20卷，清代编60卷，专题编20卷。此书洋洋大观，是徽学研究中一个基础性的重大工程，是学术界的一大盛事。

此书的出版，不仅扩大与丰富了已经出版的徽州文书的内涵，更使自宋至民国年间连续贯通，弥补了其历时链条中的缺失。单就后者而论，其意义就十分重大。同一地区，自宋始迄于民国的近千年绵延不断的文书被发现，这本身就是一个奇迹。从中可以历时段地探讨文书所反映的近千年徽州社会的各个方面，尤其是民间实态之发展变化状况；与此同时，由于文书涉及的地域扩大，在作个案与专题研究中，也提供了更大横向联系的空间。这已经足以使有志于徽学研究者垂涎与眼热了。对于契约学与法学史学者，也可借此探索近千年徽州文书内容与形式，以及当地法权观念所经历的发展变化历程，对他们同样也是难得之机缘。

2008年1月24日于广州海龙湾水如轩

徽商与徽州的文化底蕴

——汪明裕主编《古代商人》序

中国传统的商业于明中叶（16世纪）发生了转型。其标志是从以贩运奢侈品和土特产、为社会上层集团服务为主的商业，向贩卖日用百货、面向庶民百姓的商业转化。商业趋向空前的繁荣。国内各地区间长距离的贸易往来日益加强。与周边国家的贡舶贸易从以怀柔为主趋向计值贸易，并日渐式微；商舶贸易逐渐发展为对外贸易的主要形式。以葡萄牙人租借的澳门为据点，恢复了经印度洋、阿拉伯海而抵达西亚、东南非洲的传统商道；通过西班牙侵据的菲律宾马尼拉，拓展了越过太平洋到达美洲的墨西哥、秘鲁等地的商路；尤其值得注意的是海上走私贸易盛行，庶民海商冲破由地方帅臣和土酋垄断海上贸易的格局，敢于犯禁走私于东南亚各地并建立了商业网络。

正当此时，徽商应运而崛起，并和山西商人成为控制中国商界的两大商帮。徽商不仅以盐、典、茶、木等行业著称，而且也插手海上贸易，歙县人许栋、汪直的贸易集团横行海上的事例是学术界所熟悉的。自嘉、隆（16世纪）至清嘉庆（18世纪）之间，是她的黄金时代。他们转毂天下，边陲海疆，乃至海上，无不留下其踪迹；称雄于中国经济发达区——长江中下游及淮河两岸，控制着横贯东西的长江商道和纵穿南北的大运河商道。在明代，最大的徽商已拥有百万巨资，当已超过1602年荷兰东印度公司最大股东勒迈尔拥资8100英镑的额数了；清代，徽商的商业资本激增至千万两之巨。就其经营规模和资本额而言，已达到了传统商业的巅峰。其财雄势大，手可通天，与山西商人共为伯仲，同执中国商界之牛耳。作为一个商帮，从16—19世纪初称雄商界，竟长达4个世纪之久。

徽商兀然崛起，且经四百年而未衰，实在是商界的奇迹。对此，海内外学者历来关注，并做了一系列成果卓著的研究。有关的文章，连篇累牍，新论迭出。然而，大家并没有因此而引以为满足，都在力图从不同的视角做出分析，以揭示其真正的底蕴。

这里，我想着重指出的是，文化特征所起的作用值得重视。徽州处于万山丛中，四面险阻，是一避难的安全地。北方士族自东汉起不断迁入，西晋末年永嘉之乱和唐末黄巢起义期间迁入者尤多。经过长期地与当地越人融合而形成徽州人。移住的北方士族，带来了治儒学的家风，"十家之村，不废诵读"，人文之盛，无以出其右者。宋代确立科举制度之后，凭其家学渊源而取得科举仕宦成功者甚多。正如宋人罗愿所指出的，"宋兴则名臣辈出"。明清时期，"自井邑田野，以至于远山深谷，居民之处，莫不有学、有师、有书史之藏"。"先贤名儒比肩接瞳"，"虽僻村陋室，肩圣贤而躬实践者，指盖不胜屈也"，有"东南邹鲁"之称。

移住徽州的北方士民，也同时传入经商之习俗和货殖之术，经商的风气源远流长。徽州地区的自然环境，虽有利于木植和因地制宜地发展手工业生产，但也受到交通条件的局限。山多田少的格局，几乎无发展农业的潜力。当地经济资源的局限，促使徽州人利用其业儒业商的传统寻找生活出路。明中叶在儒学氛围氤氲中崛起的徽商，自当与儒学有不解之缘。了解这一点，就不难理解徽州文献上"贾而好儒""贾服儒行""儒术饰贾"等贾儒结合的记载了。徽商或从儒而趋商，或商而兼儒，或弃儒从商而后又归儒。一般而言，徽商集团的文化水准是比较高的。他们有可能把儒学的优秀文化传统，运用到商业活动中来，更有足够的经济实力从事儒业。因此，贾而好儒，弃儒从贾，成为徽商的一个特色。

徽州是以程颐、朱熹故乡自居的。宋明新儒中程朱一派对当地的影响自属深远。但是，陆九渊、王守仁一派的心学，由于对儒学的修养简易直截，尤其重要的是其抬高商人地位的经济伦理，亦为徽商所乐于接受。据歙县《竦塘黄氏宗谱》记载，黄崇德（1469—1537）初有意于举业。其父对他说，"象山之学以治生为先"，于是遵父命经商于山东，终于成巨富。可见陆九渊的心学已为徽商所接受。黄崇德与王守仁是同时代人，受教于父时，王学尚未出现，王阳明尊商之说是后话。徽州出身商人世家、历任朝廷和地方官僚的汪道昆（1525—1593），其宗奉之学则把陆王连在一起了。据歙县志中的汪道昆传记载，他"于学则远推象山，近推东越"。"嘉靖以迄于明末"，对于王学，徽州人趋之若鹜。休宁程默"负笈千里，从学阳明"；歙县程大宾"受学绪山（王守仁弟子钱德洪）"，"及东廓（王守仁弟子邹守益）之门"。王守仁的高足王艮、钱德洪、王畿、邹守益、刘邦采、罗汝芳等更是齐集徽州，主讲盟会。王学在徽州掀起大波，令人耳目一新，纷纷"崇尚《传习录》，群目朱子为支离"。由此可见陆王一派与徽人的关系。可以说，徽商在政治伦理上，是以程朱理学为依归的，而在经济伦理上却以王学的说教为本。王学提出"四民异业而同道""百姓日用即道"；徽州就有"士商异术而同志""以营商为第一生业""良贾何负闳儒"的风俗和说法。

王学重商的观念被渗透到家法、族规、乡约中去，其经济伦理因而被广泛地推向社会，并使其经济伦理变成人们的自觉行动。

战国中期以后出现的"士农工商"本以形成传统的职业构成的顺序，此时也相应地发生了变化。"贾为厚利，儒为名高"，贾、儒迭相为用意味着"商"已置于"农工"之上而与"士"并列。这一"新四民观"和"以营商为第一生业"的习俗，是在该地区的特定环境，以及明代新儒影响下的文化因素等合力作用下出现的。

徽商在经济伦理上以王阳明为代表的新儒学为本，在政治伦理上却以程朱理学为依归。王学的重商思想和程朱理学的以家族为本的宗族理念，从两个方面驱策了徽人的营商热情。朱、王两派儒学的影响，导致儒为名高，贾为厚利，儒贾结合，官商互济。这是徽人发展其商业的要诀。徽商在把儒家的优秀文化传统落到实施过程中，建立起了自己的贾道和营运形式。

勤与俭，是儒家传统文化中最古老的训诫。安贫乐道，内圣外王、入世拯救，是儒家传统的精神。韦伯的新教伦理概括为勤、俭两大要目，也正是以此为特征的新教伦理成为启动西方资本主义的文化因素。作为移民社会的徽州，经历着中原正统文化与越人文化相互激荡与相互融合的过程，社会充满活力。他们以勤俭著称。勤与俭成为他们日常宗奉的信条并竭诚实践。勤，促使他们极尽人事之运用，富有进取冒险的精神；俭，使他们善于积财。他们把勤、俭载于家法。族规，用于规范族众。徽商以诚实取信于人，且多行义举，在其家乡以及聚集的侨居地，实行余缺互济的道义经济，以种德为根本，形成其贾道。在此氛围下成长的徽商子孙，受其熏陶，其贾道得以传承不息。

徽商还建立起与其贾道相适应的经营形式，即所谓"商业网络""股份制""伙计制"和"行商与坐贾相结合"等。长江中下游，尤其江南地区和运河沿岸是明清时期富人聚集之地，是商品消费量最大的地区。徽商经过不断开辟商业殖民地，这一带市镇的商业终于为徽商所控制，"无徽不成镇"之谚即说明这一问题；扬州、南京、杭州、汉口、临清等要地更是徽商的大本营。家庭是以宗族为依托的，侨居异地的单个家庭并不能形成社会力量，所以徽商总是按血缘、地缘聚居。血缘网络和地域网络结为一体。他们"观时变察低昂"，"急趋利而善逐时"。他们转毂四方，尤其是沿长江和运河作东—西、南—北的双向商品交流。他们从书本中攫取知识，从实践中吸取经验。他们从历史上的名商，如三致千金的范蠡、精通经商之道的计然和白圭、富比王侯的猗顿、与国君分庭抗礼的子贡，等等，取得榜样的力量和经商的知识，从经商的实践中总结经验，有的还写成商业专书，如《商贾一览醒迷》，等等。诚如清代歙商鲍建旌所说："自少至壮，以孑身综练百务，意度深谨，得之书史者半，得之游历者半。"由于徽商具有广博的历史知识，又有丰富的实践经验，所以当天下万物之情了然于胸之后，能够作出比较正确的判断。歙商阮弼一到芜湖，观其形势，便以芜湖为拓展其商业的根基，并决定经营当时尚无人经营的赫蹄（缣帛）业，继而立染局，兼业印染缣帛，后扩设分局并在吴、越、荆、梁、燕、豫、齐、鲁等地要津贩卖，终成大贾。他的成功也是来自了解商情，善于作灵活经营。

但是，徽商始终以儒为体，以贾为用。科举仕宦，光宗耀祖，才是其终极目标。徽商之所以走到传统商业的边缘而止步，最根本的原因是浸透尊卑等级的家族伦理，及其制约下的"官本位"的价值观。

徽商是明清历史的一只多棱镜。从徽商的身上可以折射出种种的明清社会问题。对徽商的深入研究，无疑还可以有助于我们对明清历史其他问题的了解。

本文集收入文章28篇，从不同角度阐述了徽商活动的史迹：《一块明代徽商墓志铭》一文，介绍了新发现的资料；附录3篇，从总体上论述了徽商的概况，并从宗谱和方志有关徽商的记载中爬梳辑录出600多名徽商的籍贯，生卒年份和经营行业，还对其中一些人的业绩做了简单的介绍。作者皆系本地人，对当地的情况熟悉，史迹的考订是他们的长项。例如，对海商汪直，他是姓王还是姓汪，一直存疑，胡武林先生在《明代徽州海商》一文中，经考订作出姓汪的结论，就很有说服力。有的作者系徽商的后裔，在叙述先祖的活动和业绩中可提供新的视角。徽商与堪舆、星相学的关系，迄今尚乏人做深入研究，《罗氏经商考》和《万安罗盘与日晷》两文为这方面提供了有意义的史料和初步的看法。本书介乎学术研究和普及知识著作之间，既可帮助一般的读者了解历史上的徽商，又可供历史专业研究者参考。

本书是徽商系列丛书的一部，但愿其余的著作尽快相继出版，让曾以诚信广交天下客而叱咤风云的徽商重新闪烁其身影。

1999年9月中旬于广州黄花岗畔

徽学研究的一座丰碑

——评介《徽州文化全书》

"徽州文化",指的是原徽州属下歙县、黟县、休宁、祁门、绩溪和婺源等6县所出现的既有独特性,又有典型性,并具有学术价值的各种文化现象的总和。它根植于本土"小徽州",伸展于中华大地,尤其伸展于以江南(苏州、松江、常州、镇江、江宁、杭州、嘉兴、湖州、太仓)和淮扬地区,以及芜湖、安庆、武汉、临清等城市为基地形成的所谓"大徽州",由大小"徽州"互动融合形成的博大精深的文化。它包含着物质文化、制度文化和精神文化。徽州文化虽然糅合了一些地方性的因素,但作为程朱理学的故乡,其保留正统文化的原典最多,发扬光大的成分亦众,成为中华优秀文化传承的典型,所以它具有研究传统中国的范本价值。

"古来新学问起,大都由于新发现"。自20世纪50年代末以来,反映徽州民间实态的20多万件文书契约的陆续发现,是徽学于20世纪80年代兀然兴起的直接动因。这些原始的文字资料,由于具有原始性、唯一性和文物性的品格而弥足珍贵,堪称为20世纪继甲骨文、汉晋简牍、敦煌文书、明清大内档案之后的第五大发现。加之有3000种徽州典籍文献和1000余种族谱(中国国家图书馆所藏善本族谱400余部,其中徽州族谱占一半以上)传世,可供与文书契约互相参证。又加之遗存的地面文物极其丰富,据调查统计有5000余处,文物有20多万件,内有明清的住宅、庙宇、祠堂、碑坊,以及惊动世人的花山谜窟等,黄山和古村落宏村、西递,被联合国列入世界文化遗产。徽州可谓是明清文物之乡、文物之海,堪称文物"聚宝盆"、文物"博物馆"。丰富的文物,可以帮助解读,或印证文献典籍和文书契约的记载。对如此丰富的文书契约、文献典籍和地面文物的开发和利用,才刚刚开始。它为田野考察,为专题、专科的研究,乃至跨学科的综合研究,提供了广阔的天地和优越的条件。因此,徽州正吸引着国内外莘莘学人络绎不绝地前来考察,并加入徽学研究的行列。在短暂的近20年间,徽学蓬勃发展,今已耸立于学界之林,成为一门令人注目的显学。

徽学是以徽州文献与文书和物质文化遗存为基础,徽州历史文化为主要研究对象,进而探索中华传统文化的综合性学科。1999年安徽大学徽学研究中心被选定为教育部人文社科重点研究基地,标志着"徽学"作为一门新兴的学科已为国家所确认。在国际上,愈来愈多的学者投入这一课题的研究,从不同的角度进行学术探索。从对徽州原始文书的注重,到研究课题的拓展,都表现出识见宏深,热情日增。这从1993年以来先后在黄山、合肥、池州等地举办的国际性徽学会议就可以看出来。1999年12月在美国召开的"徽州历史档案与徽州文化国际研讨会",也充分表达了国际上学者对徽学的重视和兴趣。今日的徽学,还越出学术的范围,为社会所广泛关注。在浙江、海南等省,也已出现民间的徽州文化研究机构。

为了推进徽学的研究,由卢家丰(安徽省原副省长)领衔的《徽州文化全书》(以下简称《全书》)课题,被确定为全国社会科学1999年度重点项目。《全书》从历史文化学的角度,宽视野、多层次地研究徽州的文化现象,并探索各种文化现象的形成、演进情况,以及彼此间的互动关系。《全书》分为徽州土地所有制、徽州宗族制、徽州商人、新安理学、徽州科技、徽州朴学、徽州工艺、徽州建筑、徽州民俗、徽州戏剧、徽州版画、徽州篆刻、徽州刻书、徽州文献、徽州历史档案、徽州教育、徽州村落、徽州方言、新安画派和新安医学等20卷,由国内40多位徽学学者,分别撰写。《全书》不设总主编,文责由各卷作者自负。各卷都具有相对的独立性,并允许不同的观点并存。参加撰写的各位同仁,都是对相应的专题素有研究的徽学专家,大都曾有著作问世,饮誉学界。经过6年的努力,现在《全书》20卷已由安徽人民出版社于2005年5月出版。《全书》按卷分别成册,共20册600多万字,1000多幅彩色黑白历史文物照(图)片,图文并茂,印刷精美。《全书》具有如下的特色:

首先,《全书》几乎囊括了人文学科的各个方面内容,自然科学的一些领域也有所涉猎,堪称徽学系统基础研究工程。我们从中可以看出徽州文化的丰富内涵、杰出成就,及其充满生机和活力。

传统文化是一生生不息,绵延不绝的生命。自宋以降,尤其在明清,徽州锤炼造就了一个个文化光环。纵看,其彼此相扣,联成光芒四射的长链;横看,又蔚成灿若繁星的景观。徽州文化既继承了中华优秀文化传统,又作解构,吸取新潮。在思想界传承程朱理学,又兼收明中叶新兴的王阳明学说。恪守程朱理学官本位的价值观以取得科举仕宦的成功;经济伦理上以王阳明的重商说教为本,吸取重利文化以取得商业上的成功;并由此而引发徽州文化的全面发展。徽州文化既有守成,又有创新。守成是为了不使优秀文化传统失落,吸取新潮旨在创新,使之充满着生机与活力。这是徽州文化的一个重要特色。

"学术文化与大族盛门不可分离。"（国学大师陈寅恪语）中华优秀传统文化在徽州之所以传承不衰，且于明代解构，注入新活力，发扬光大，这与唐末以前移住的中原世家大族躲过农民起义的锋芒，趁宋代官僚体制改革之机，通过科举取得"名臣辈出"的成功有密切联系。自宋元而明清，他们政治上虽失去贵族的身份，也不管从事何种行业，却依然以诗书自娱，保留贵族的精神状态。值得注意的是，宋代以降，中国已无贵族，在徽州却存在精神贵族。正是这批失去贵族身份的精神贵族将中国古典的文化底蕴和当代的新潮，完美地融为一体，引领中华文化主流的风骚，开明清两代商业文化的硕果，缔造了多彩多姿的徽州文化。

众所周知，中华文化是由海纳各地的优秀文化而形成的。明清徽州文化不仅领中华文化主流的风骚，而且不断通过徽商抓住明中叶海洋贸易带来的机遇，全面参与，并作海陆相结合地建立起商业网络，吸纳各地文化而丰富自身，使之成为中华优秀文化传承的典型。徽州，堪称中华优秀传统文化的窗口，是中华优秀传统文化追梦者的精神栖息地。《全书》较成功地阐释了徽州文化不仅具有地方特色，尤其具有优秀中华传统文化范式的价值。《全书》实际上是对中华优秀文化最具典型性的个案研究。

因此，本书的投射面已不止是一个地区，而是波及全国，乃至全球的华文社区，即世界华人文化圈。凡是企盼了解、热爱中华优秀文化的人们，都可以从徽州文化中找到精神栖息地。

其次，探索了徽州方方面面文化现象的形成、演进过程，其内在理路的连续性，彼此的互动性，以及各自的历史地位。

从《全书》可见，徽州在政治、经济、哲学、经学、文学、艺术、科技、工艺、建筑、医学、雕刻、印刷、绘画、戏剧、饮食等各个领域，都出现"人文郁起"的局面。他们为世人奉献璀璨的成果，诸如"新安医学"、古建"三绝"（宅第、祠堂、石坊）和"三雕"（木雕、砖雕、石雕）、刻书、版画、文房四宝、篆刻、绘画、盆景、漆器、徽菜，等等，不一而足。科技发明创造有的在国内处于领先地位。甚至有的发明或著作在国外也产生了广泛的影响。徽州"如此光辉灿烂""如此博大精深"的文化成就，固然有其地方性的特点，更重要的是她超越徽州地域本身，具有中华优秀文化典型性的品格。她集中地、典型地体现了中华传统文化的精华。

《全书》还从具体方面与总体结合上把握徽州文化建构的总过程。我们可以看出徽州文化建构的大势，先是宋代以尚文重教来回应首次出现的机遇，通过科举仕宦而进入统治集团，赢得"名臣辈出"的徽州历史性第一回合的成功。继而在明中叶，以发展商业为主，越常规地增殖财富的战略抉择，来回应与中国社会经济开始转型时代俱来的机遇，赢得占据商界鳌头的历史性第二回合的成功。科举仕宦和商业致富，成为徽州文化发展的两个支点。传统形成的崇文重教与"徽骆驼"精神，则源源不断地造就徽州人优异的文化素质。又由"徽民寄命于商"，游贾寄寓四方的习俗所形成的"大徽州"与本土"小徽州"的互相激动、互相吸纳，推进了文化的繁荣。

其次，反映了时代的学术特点，代表了时代的学术成果。从对史料的搜集，专题研究的拓展，理论的探讨，乃至研究方法，都有时代标志性意义。本书作者怀着学术的使命感，全情投入，殚精竭虑，既吸收、体现了前人的研究成果，又有原创性的贡献，尤其是科技、工艺、民俗、篆刻、教育、村落、方言等少人涉足的领域，更显出其筚路蓝缕之功，贡献良多。

从某种意义上说，《全书》意味着上世纪徽学研究的终结，新世纪徽学研究的开端，具有里程碑的意义。

本书作者众多，各有其专长与特点，所以在研究方法、识见与行文风格上，都显得不尽一致。作为一部基础系统研究工程的巨著，疏漏与缺失，或待商之处，也在所难免。然而，学术是在不断辩驳、纠谬创新中发展起来的。白璧无瑕、完美无缺历来是与学术是无缘的。

（本文为2005年5月16日在合肥举行的《徽州文化全书》首发式会上发言稿，后刊于《黄山学院学报》2005年第4期）

站在时代的制高点，共推徽学研究

——《徽州学概论》序

明清时期，人们每当提起徽州，便眉飞色舞，赞叹不绝，谓之"人文郁起，为海内之望，郁郁乎盛矣！"誉之为"东南邹鲁"。时人幻梦身临其境，一睹其风情。诚如明代戏剧家汤显祖所感叹的："一生呆痴处，无梦到徽州！"

近年来，徽州的历史价值又重新闪现。到黄山观光的人，不仅乐于观赏黄山的胜景，尤其被徽州那与大自然相协调的古建筑、讲究风水的村落格局、充满儒学的人文氛围所陶醉，流连忘返，沉浸于对传统历史文化的回味。

被誉为"古建三绝"的明代石坊、祠堂、宅第，既隐含着徽商雄厚的经济背景，也反映出集建筑、书画、雕刻于一体的综合艺术之高超；以风水林作屏蔽的祁门松谭村、九龙进村的歙县槐塘，等等村落布局，透露出风水设计师的匠心独具。从院落、古井、古街、小桥古道，到室内陈列的古字画、古家具、古器皿，乃至于徽刻的书籍、大量的民间契约文书，都浸透着独特的浓郁的儒商文化和宗族文化。正是这些既有气势雄伟风格，又有玲珑剔透气息的地面文物，相映成趣，吐露着历史的韵味和时光的价值。丰富的徽州地面历史文物，隐含着其先人亮丽的业绩，折射着多彩多姿的传统历史文化。它为我们打通了时间的隧道，从一个角度展示着明清时代的风貌。徽州，对治史者而言，真是一部不可多得的必读的活书。

璀璨于明清的徽州文化，以当时的文物为载体躲过劫难而被保留下来，表现了徽州人珍惜文化的情怀。流传于世的明清文献、民间契约文书和明清族谱等，其数量之巨，在国内无以出其右者。大量民间文书契约的发现，弥足珍贵。它记录了习以为常，为官书和文人所乏载的社会情态——唯其司空见惯，才被视为不值一书。然而，正是这些反映民间日常生活、基层社会关系的文书契约，弥补了图书典籍记载之不足，为我们研究乡村社会提供了丰富而可靠的资料。这是我们重建明清徽州地域社会史所必备的、不可或缺的基本史料。唯有了这些资料，这一研究才有了可能。

徽州民间契约文书的大量发现，传世的明清族谱及其他文献资料的异常丰富，又有大量明清历史文物被保存下来，使得窥见徽州多彩多姿的历史文化成为可能。所以，自80年代以来，一个以徽州历史文化为研究对象的新学科——"徽学"（或称"徽州学"），才勃然兴起。

"徽学"的兴起，当以新资料的大量发现为其直接的导因。从本世纪50年代以来，尤其五六十年代间，20余万件反映徽州民间实态的民间契约的发现，无疑是学术界的盛事，被誉为中国历史文化继甲骨、汉简、敦煌文书、大内档案之后的第五大发现。它吸引着愈来愈多的学者投入这一研究。早在本世纪60年代初，严中平、梁方仲等学术界老前辈，已看出其研究价值和学术前景，于是着令笔者投身于这方面的研究工作，并耳提面命，多方教诲。不期与徽州结下不解之缘。30多年来，前半段时间几乎沉浸在徽学的研究之中，后半段虽转入珠江三角洲的研究，但也没有忘情于徽学的课题。由于与"徽学"难解的情结，以及对"徽学"命运的关注，笔者在1984年撰写的《徽学在海外》（刊于《江淮论坛》1985年第1期）一文中，曾预言，"徽学"必将发展成为国际性的学术。所幸为笔者所言中，"徽学"果然已经不是80年代初之前那样由少数人所耕耘；短暂的十几年间，徽学日渐茂盛，枝叶扶疏。其研究成果，丰硕繁多，新见迭出，。徽学已经成为一门令人注目的显学。1999年安徽大学徽学研究中心被选定为教育部人文社科重点研究基地，标志着"徽学"作为一门新兴的学科已为国家所确认。在国际上，愈来愈多的学者投入这一课题的研究，不同学科的中外学者络绎不绝地、乐而不疲地前往徽州作实地考察，从不同的角度进行学术研究。从对徽州原始文书的关注，到研究课题的拓展，都表现出极大的热情。这从1993年以来先后在黄山市举办的三次国际性会议就可以看出来。每次会议都有来自日本、韩国、美国等国家，以及我国台湾、香港、澳门等地区的学者出席，其规模皆在一百人左右。相应出版有《首届国际徽学学术讨论会文集》《'95国际徽学学术讨论会论文集》和《'98国际徽学学术讨论会论文集》等三部文集，从一个方面体现了徽学研究的国际水平。1999年12月在美国国家第二档案馆召开的"徽州历史档案与徽州文化国际研讨会"，也充分表达了国际上学者对徽学的重视和兴趣。

徽学在学术界的勃兴及其展示的前景，吸引着广大读者的关注。为推进徽学研究并饷读者，安徽省决定撰写多卷本的《徽州文化全书》，由卢家丰副省长担任编委会主任，由国内40多位徽学专家组成编撰小组，分工撰写。全书共分徽州土地所有制、徽州宗族制、徽州商人、徽州科技、徽州朴学、徽州工艺、徽州建筑、徽州民俗、徽州戏剧、徽州板画、徽州篆刻、徽州刻书、徽州文献、徽州历史档案、徽州教育、徽州村落、徽州方言、徽州历史人物、新安画派、新安理学、新安医学和徽菜等22卷，早在1998年已经着手研究撰写。各卷完稿后将独立成书出版。此书旨在为广大读者提供反映徽学的最新研究成果的读物，对专业史学工作者又具有参考价值，这是一部徽学研究的基础建设工程。

但是，它是一部近1000万字的长篇巨著，一般读者只能挑选感兴趣的分卷阅读，难以有余裕的时间读完全书。职是之故，作为徽学研究的重要单位之一黄山高专徽州文化研究所，发挥其处于徽州的区位优势，利用其熟悉本土掌故、又便于作实地调查的特点，集中科研人员的力量，经过四年多的时间，终于写出40多万字的《徽州学概论》一书。此书既对徽学的含义、研究对象和范围，研究的目的意义和方法等提出看法，同时介绍了目前史学界关于徽学含义的不同观点的辩论；尤其用大量的篇幅对徽学研究的重要内容，逐一作了简括的论述。前述的《徽州文化全书》提到的分卷内容都有论及。此书既从总体上对徽州文化作了宏观的探讨，又分别对徽州的自然生态环境，徽州人的由来，气质及其特点，极具特色的徽州宗族制，称雄中国商界300年的徽商，明清徽州科技文化艺术的辉煌成就，徽州历史上灿若群星的杰出人物，等等，作了深入浅出的论述，具有普及性、通俗性和学术性的特点。

本书可谓是第一部对徽学、徽州文化作全面论述的著作。她不仅为一般的读者提供一部关于徽学、徽州历史文化的简括的读物，而且对徽州历史文化爱好者可起导读的作用，就是对史学工作者也是饶有参考价值的。

由于本书涵盖面广阔，涉及的问题繁多，缺失或待商的地方难免。对提出的一些问题，或则需要发掘更多的资料加以考据与验证，或则需要时日作深入的思考以完善。有的问题，其本身就具有张力与弹性的特点，受时空和主观条件的制约。

例如，徽学（徽州学）的含义，窃以为就是一个有张力的、弹性的概念。往往根据不同的时期、不同的条件，以及学者自身的视角与理解，作出概述。一般地说，总是从简到繁，从粗糙到精细，且不断地扩大范围。在80年代中期，基于当时的情况，我曾提出徽学的研究对象是徽州社会经济史。重新审视，此说显然过于狭窄，当时是从自身专业的角度考虑的。今日，徽学的同仁主张对徽学的研究对象加以扩展，是完全有必要的。徽学是一千秋万代的事业。随着文物和文献资料发掘的增多，认识水平的提高和思维方式的变化，未来徽学的含义必将更加扩展，必将包含更多新的内容。一门学科，需要日新而日日新，这是学术的生机所在；因循守旧，囿于陈说而故步自封，必致僵化而终归消亡。

作总体史观的区域体系（Regional System）的分析和作专题、个案研究相结合，是目前徽学研究中值得注意的问题。基于徽州区域历史发展的典型性，作区域体系的分析尤显得必要。但整体的综合研究与部分的专题分析，应当是同时并进，彼此互动的。离开整体来研究部分，或缺乏专题和个案的研究而企求对整体的把握，都有可能是徒劳而无功的。在研究过程中，有些问题，既持之有据，引出的结论也是合乎逻辑性的；但置于徽州的总体历史看，却与相关的其他问题相悖。例如，关于徽商的生活，以李斗的《扬州画舫录》等文献记载为据，得出的结论是花天酒地，极端奢侈。但如果放宽视野，把徽州地区的风习、徽人的贾道、官商互济的成功要诀，等等都纳入考察的范围，那么得出的结论似应当是，其奢侈之举，是出自为攀附权贵，或抬高自身以取信于人的公关目的。这一看法似可反映其奢侈的事实，又可与"徽骆驼"的俭朴精神兼容不悖。由此可见，当专题与总体史的结论有冲突时，往往是或专题的结论偏颇，或总体的分析欠妥。只有通过两者的互动，彼此检验，才有可能作出符合历史实际的结论。

在作区域体系分析的过程中，一个引人注目的问题是，明清时期的徽州在政治、经济、社会、文化等方面，取得了高度的整体性协调发展，是明清时期区域总体全面发展的典型代表。我们还未曾发现有一处可与之相比拟的区域。徽州能取得如此高度的整体全面发展，显然同徽州区域内部总体结构的优化，以及各方面保持协调发展有关。如果对之作认真的研究，徽州总体结构优化的内涵及其保持协调发展的原因，当可得到揭示。

徽商是徽州历史全面高度发展的支点。已故的张海鹏先生说，中原文化的积淀，是徽州文化的基因，加之当地固有文化因子的融入，形成徽州文化深厚的底蕴；徽州文化的发达，则源自徽商的"酵母"。事实上，徽商雄厚的经济力量，和徽州地区的总体全面发展，两者间是密切关联的。徽商贾而好儒的特色，导致徽商重视对文化的全面投入。人才的大量培植，既促进了文化的全面发展，又结下了"官商互济"之果。就是徽州文化的亮点之一，即高雅与通俗文化艺术共存共荣的特色，也同徽商处于上层文化和通俗文化接榫处的特点有密切关系。这是由于受徽商雅俗共赏的文化观念驱使，在倡导高雅文化的同时，没有忘情于对大众文化艺术的扶持与投入的缘故。可以说，徽商的历史作用几乎渗透到当地的各个方面。

关于徽商的论著甚丰，要深入一步，极有赖于深挖与扩大有关的研究资源，或作细致的徽商个案研究，或另辟蹊径，投入新的视角，新的方法，以求有所创新与突破。例如，徽商在明中叶的崛起，本是一个学术界关注的老问题，且作了富有成果的研究。但是，回首审视，投放的眼光似乎还没有放在由于新大陆的发现和东方航线的开通，预兆着全球一体化的高度去考察明中叶的历史背景。被称为"倭寇王"的歙县人汪直，本是从事海上走私贸易的商人。他是因请求朝廷开放海禁遭到拒绝后被迫进行海上劫掠活动的。如果站在16世纪国际贸易新形势的制高点来加以审视，应更能把握嘉靖年间所谓"倭寇"的实质。又如，当我们探讨徽商与海上贸易的关系时，往往局限于海盗式的走私贸易，而缺乏对徽商全面参与海贸及其海陆相结合的关注。东方航线的开通，导致跨越太平洋的联系中国与美洲大陆的丝绸之路的出现。这一海上丝绸之路的中继点"马尼拉丝市"的建立，有力地刺激了中国江南地区的蚕丝业，并由此而引发了江南地区的商业化。作为徽商商业活动基地的江南地区，在与马尼拉进行丝货与白银的贸易中，徽商自当不会袖手旁观。据西人裴化行在《天主教十六世纪在华传教志》一书记载，嘉靖年间，"商业的利源，是被原籍属广州、徽州、泉州三处的十三家商号垄断着。他们不顾民众的反对，一味致力于发展外人的势力。"又据梁嘉彬教授寻到西班牙传教士的有关记载称，1556年葡人入市之初，有十三商馆（行）与之贸易，其中广人五行，泉人五行，徽人三行等语。由此可见，徽商在当时的中国主要对外贸易港市广州与外商联系密切，其势力是雄厚的。文献记载中有云，"远服南越，与岛夷为市"，说明徽商在与南海弧形岛国的海上贸易中也是占有份额的；提到海商时，历史文献上有"闽广徽浙"并提的记载。沿海的福建、广东、浙江是海商的基地，处于内陆的徽州被列其间，亦可见其在海商中的地位。然而，迄今为止，尚未见到系统专论关于徽商从事海上贸易有分量的论文。这显然与掌握资料不足有关。今后徽商的研究，除努力广泛发掘有关徽商经营海贸的资料外，似还应站在16世纪世界历史制高点，从海陆贸易相结合，看两者的互动，做时空构架的分析。

从徽商网络的角度来探讨大小徽州的互动关系，是一个尤其值得重视，并投入力量的问题。据我所知，徽商网络问题，最早是由日本学者臼井佐智子教授提出的。尔后也有不少学者论及。但目前仍极有待于做详尽深入的研究。徽商的网络具有聚合（小徽州）和扩散（大徽州）的功能。其经济功能，即集聚资金、组织货源、推销商品和公关等方面，容易引起注意；实际上其文化功能也是不容忽视的。首先是传入、吸收各地文化。例如，传入并吸取王学重商思想，使其文化充满活力，防止僵化；徽剧也是吸纳外地的余姚、弋阳腔，而形成自身，起了聚合外地文化的作用。同时，又把徽州文化扩散到各地去。徽班进京孵化出京剧；晚明江南等地出现重商思想同徽商传播"以营商为第一生业"的习俗，也起互相激荡的作用。聚合与扩散的功能，导致徽州地区内部结构的优化，从而促进地区总体的全面发展。徽州网络与徽州地区总体全面发展间的关系，实在是一亟待探索的课题。

  如前所述，徽学从默默寡闻而勃然兴起，今已蔚然成大国，耸立于学界之林。从每次出席徽学研讨会之踊跃，兴趣之蓬勃，人数之多，尤其提交论文内容之丰富与充实，可见徽学正方兴未艾，前程无限。但是，从时代的角度加以审视，徽学面临的挑战是严峻的。由数字化方式与因特网、电脑、高科技相结合而营造的科学研究环境，有力地促进了各门学科日新月异的进展。我们既要不断地发掘整理有关徽州历史文化的资料，以扩充丰富研究资源——这是不可丝毫忽略的基础工程；又要在思维方式、研究的视角、研究手段和方法等方面不断更新。唯有如此，才能不断有所创新，有所突破。

《徽州文献书目综录》序

　　胡益民教授，吾畏友也。我们是在上世纪90年代的一次学术研讨会上相识的。他的质朴、坦诚、憨直，竟成心印。尔后相遇次数不多，却每每收到他寄来的新作，并时时从朋友处听到他治学的趣事。他索居寡游，潜心学术，不求闻达，满足于一杯茶、一壶酒，享尽书斋神游之乐，学术界称之为"胡夫子"。他对学术的痴迷、治学的平实、为人的淡定，在功利喧嚣尘上的环境下，犹如孤松之独立。

　　益民先生30余年如一日，专心致志于文史研究，心无旁骛，夜以继日，孜孜不倦，从未松懈，据闻每日工作达10—12小时。苍天不负苦心人，他的努力已经结下丰硕的成果，迄今已有《儒林外史与中国士文化》《文史论荟》《清代小说史》等多部专著问世。近日又有巨著《徽州文献书目综录》（以下简称《综录》）一书，即将刊行。他靠个人之力纂著此书，不断补充，不断完善，先后历十余年而终于完稿，可喜可贺可敬也。

　　徽学在短暂的30年间，从默默寡闻到勃然兴起，今已蔚然成大观，耸立于学界之林，成为与敦煌学、藏学比肩的显学。其缘由是多方面的，而徽州文献之丰富是其中一个重要原因。作为知识载体的"文献"，其数量之多寡，关系着研究课题能否有效地开展。徽州文献为徽学研究者提供了丰富资料，展现了广阔的天地。

　　徽州，素来有"文献之邦"的美誉。徽州文献除本土入藏外，全国各地，乃至海外如日本等地均有丰富典藏，真可谓是汗牛充栋，浩如烟海。文献书目对于文史研究者，是至关重要的，可谓须臾不可或缺；活跃于90年代以前的学者，亦即在电子检索出现之前，感受尤其深刻。编纂一部《徽州文献书目》，无疑是徽学研究的基础性工程，是嘉惠于学林的盛事。然而，要将典藏于各地图书馆以及散落于民间的徽州文献，经过书目调查、搜集、爬梳整理，并对版本、作者逐一考订，然后条其篇目，分其部居，又要力求完备，不至于有重大遗漏。如此繁巨的工程，谈何容易？因而，不少人虽心向往，却往往望而却步。

　　但是，益民先生见难而上，怀着使命感和责任感，欣然承担，大有敢于"知其不可而为之"的气概。纂著工作之浩繁和艰辛是可以想象的。单书写卡片，他便做了 4 万张之谱。经过先后十余载坚忍不拔、锲而不舍的努力，终于大功告成。事实证明，他胜任愉快。

《综录》收录从唐宋至清末，徽州籍人士以及与徽州有关的作者 6000 余名，书 1.6 万余种。在继承传统编纂体例的基础上，他发凡启例，在目录学上做出了诸多创造性的贡献。《综录》设有：作者简介、著录与版本—馆藏和传记—研究资料索引等三个栏目。前后两个栏目，对文史研究从业人员意义尤其重大。这一编纂方法，兼顾了文与献的结合。

文献固然可以理解为历史上遗留下来的书面典籍，是知识的载体。但据朱熹在《四书章句集注》《论语·八佾》篇中"文献"注云："文，典籍也；献，贤也。""献"可理解为书背后的作者。陆游有诗云："衣冠方南奔，文献往往在。"典籍和贤人是连在一起的。因此，我们要真正读懂一本书，必须同时读懂此书的作者。唯有如此，方能把握该书的旨趣和真实含义。益民先生不辞艰苦，专设栏目，增加作者信息资料。这不仅对利用《综录》的读者提供方便，更重要的是有助于研究的深入，功莫大焉。

《综录》编纂工程之浩大繁巨，不仅考验了纂著者的坚忍、耐心和劳苦，尤能体现纂著者对目录学所下的功力和达到的造诣。《综录》力求反映徽州文献的历史面貌，以及其版本的衍递、流传状况；厘清了一些作者同名相混，著作张冠李戴，一人分裂为数人的弊端；基于徽州人寄籍、占籍众多，对作者籍贯的考订尤其显现出编纂者的考据功力。

五年前，益民先生嘱我为此书作序，今益民先生书已纂成，谨遵嘱以为之序。

2014 年 10 月 11 日于广州海龙湾水如轩幽篁室

潘志义先生《金瓶梅研究论文集》序

潘志义先生，字苟洞，以字行世。去年初夏，在黄山与苟洞兄又得相见。他的坦诚、质朴、风趣，加之高阳酒徒的风度，每每给我增添无任的愉快。有一天，他兴趣勃勃地给我出示他近30年来潜心研究《金瓶梅》的书稿，并要我为之作序。当时，很令我为难。应之，自感非"金学"中人，难以对他的著作做出评价；拒之，碍在相交多年的面子，难以启口。沉思良久，决定先虚应之，俟后再找借口推却。但是，我回到广州之后，他催稿的电话甚勤。直到我把他的稿子认真拜读后，觉得他对"金学"的研究，创获至丰，独成一说，为之感奋。

《金瓶梅》这部深刻反映明代社会现实的古典小说巨著，在上世纪80年代中叶以前，大学的图书馆虽有收藏，但被视为洪水猛兽而层层加锁，严禁借阅。尽管如此，我还是从朋友处借到民国年间的简本（性的描写被删去，留下空白，注明此处删去的字数）阅读。能读到全版《金瓶梅》，是承已故的安徽大学原哲学系主任孙以楷教授之所赐。此书是1957年由文学古籍刊行社影印明万历刊本，并集崇祯本《金瓶梅》插图为一册，置于书前，线装，两函，21册。影印说明是"供古典小说研究者参考"。以楷兄曾供职于中华书局，因参与此书的发行工作而得买一部。由于我研究明代经济史之需要，以楷兄终于慨然让给了我。我阅读此书的目的，只为了解明代经济社会的现实。对此书的种种争论，未曾投入关注。正因为如此，不敢为苟洞先生的大著写序。但读到他认为《金瓶梅》的作者、背景，都在徽州，而且说的有根有据。他呼吁研究《金瓶梅》必须研究徽州文化；研究徽州文化，必须研读《金瓶梅》。这对以徽学为学术家园的我，自然倍感兴趣。面对苟洞先生骄人的研究成果，种种引人注目的创获，羡慕之余，觉得真是欲罢不能，非说几句不可。

我对苟洞先生心仪久矣。当我获悉他仅凭高小程度的文化底子，在艰苦的生活条件下，潜心研究《金瓶梅》时，便对他刻苦钻研的精神产生了赞赏、尊敬之情。2008年我为《黄山市徽州文化研究院研究员文集丛书》写的序文中，曾写道："或致力于徽学的探微钩沉，为了揭开一部古典名著暗设的玄机，不计得失，大有'一箪食，一瓢饮，居陋巷'，也不改其乐的气概"。这里说的正是指他刻苦研究,以苦为乐的治学精神。近日奉读了他的书稿之后,更钦羡他"金学"研究所取得的突出成就。

《金瓶梅》由于性行为恣肆铺陈地描写,被罩上"诲淫"的罪名。康熙年间,被列为禁书,更使"诲淫"的罪名合法化。因此,流传不广。但其历史地位,学术价值,在明代小说中却是首屈一指,受到肯定。作者以其博通淹洽的学识,直面明代晚期的社会现实,把他所处时代的种种丑恶事物,栩栩如生地做了细腻的描写。上至皇宫、府衙黑幕,下至市井平民生活情态,乃至三教九流,市井常谈,闺房碎语,无不涉及。作者以清醒冷峻的眼光,在理性审视的背后,对社会的种种黑幕,一一做了无情的揭露和批判。

对《金瓶梅》的研究,近年来,在国内外学术界日益受到重视。由于民族、文化传统,以及性的观念不同,此书在国外似更受关注。近100多年来,它成为英、日、德、法、俄等国学界翻译、改编、研究的热门。这部描写社会历史的小说,涉及的问题广泛繁多,它的谜团、疑点亦众,这是它的魅力所在,因而更能产生诱惑力。它吸引各门人文学科从不同的角度对之进行研究。国内外已先后成立了多个《金瓶梅》研究会。研究"金学"热潮的兴起,标志着"金学"的形成。

苟洞先生的幸运处,是他根据自身的优势,选择研究《金瓶梅》的切入点。他是从《金瓶梅》一书的作者疑起,且自此切入。他深厚的本土情怀,促使他对《金瓶梅》的一些谜团有特殊的敏感性。所谓敏感性,亦即独具慧眼,容易破解玄机,洞察其间的奥妙。他利用自己的这一优势,从破解对此书争论不休的谜团入手,层层拓展,步步深入,终于摘下"金学"的硕果。

苟洞先生对历来纠缠不清的、扑朔迷离的所谓作者之谜,取材背景之谜,成书之谜,以及文人独创抑或集体创作之谜等谜团,提出了独到的见解。他认为《金瓶梅》全面反映了徽州文化,其作者乃徽州人汪道昆;取材于歙县西溪南地区;西门庆的原形是西溪南富商吴天行;成书于万历十七年(1589)至万历二十一年(1593)之间。指出此书是从传统的口头文学世代累积型的集体创作,向书面文学个人独创转变的初期阶段的作品。此说,可谓是石破天惊!

作者从《金瓶梅》与徽派建筑、徽州方言、物产、器具、乃至风俗习惯,等等,论证其取材自徽州。尤其是作者运用徽州方言,循音辨字、循字辨音,疏通书中难懂的方言,纠正书中的一些白字。他破解《金瓶梅》谜团之说,论据充分且扎实,已经成为"金学"的一说而得到认可,赢得了众多的赞誉。因此，当以潘志义先生为所长的黄山市三函金瓶梅研究所挂牌成立时，便收到了海内外20余名金学专家的贺电。

作者潜心研究《金瓶梅》近30年，执着一如，全情投入。所得出的结论，读者尽可以提出质疑，甚至不同意，但不能说其立论之无据。他的研究成果，无疑是别开生面，具有开拓性；不仅对金学研究做出卓越的贡献，而且对徽学研究也是巨大的推动。

这里，我想指出的是，《金瓶梅》取材背景可能以某个地方为主，但不是单一的，很可能是多源的。小说不同于历史。小说是社会现实的反映，可以采自作者熟悉的各地的元素；历史则要求局限于时空人事实的描述。《金瓶梅》故事的发生地，有河北清河及紧靠的山东临清，三吴二浙，江淮运河，还有反映运河文化等诸说，似可以说明故事的元素分散在这些地方。目下取材背景的不同说法，往往以方言为立论根据。清河、临清说，举出数以百计的方言作证；徽州说，同样可以有大量方言作证据。方言未必能相通，但可以同时流行于一些地方之间。这是由于历史上同一群体移民经过不同地方留下的。处于中原的河北、山东方言，是否也有同时流行于徽州地区呢？这是否与中原世家大族迁入徽州旅程有关呢？关于这些问题，值得深加研究。关于《金瓶梅》作者，历来聚讼纷纭。先后有王世贞、李开先、徐渭、卢楠、薛应旂、赵南星、李卓吾、贾三近、蔡荣名等众多说法。其间，与取材背景的不同看法，也不无关系。

值得注意的是，故事背景有不同之说，却都同属长三角和运河沿岸。此乃徽商的商业基地。反映在《金瓶梅》中的方言，也都在这些地域之内。汪道昆是徽商的后裔，如果他对这一地域的方言熟悉的话，大可在书中采用，借此布下迷阵。这里不禁要问：汪道昆是否具备这一条件呢？！

做学问，固然靠的是理性推论，并建立在足够的证据基础上。但是，这期间多疑、蓄疑、好奇和感悟，也是重要的。疑起于思，因疑更引起深思、感悟，然后动手动脚寻找证据，从而做出学理的分析判断。人们往往就是在这样先是无意的疑惑、思考、感悟中，终于摘下丰硕的学术之果。苟洞在"文化大革命"时期，有机会获得《金瓶梅》，实属稀奇；能读到吴晗关于《金瓶梅》的论文，也属十分偶然。难得的是他没有把《金瓶梅》当猎奇物，而是边读边蓄疑。吴晗关于《金瓶梅》作者的发问，引起了他的疑虑。他把《金瓶梅》的故事与家乡的人和事联系起来，经过几十年如一日，苦苦追索，锲而不舍，同时凭其灵性和感悟，终于写出系列论文。这些论文已经作为解开金学谜团之一说而受到重视，受到肯定。作者今将论文结集出版，是嘉惠学林之举，必将受到读者的欢迎。

潘志义自学成材，在学术研究取得成就，在徽州具有代表性。如同潘志义般的徽州博雅之士，已经形成一个群体。他们具有超越专业视野的人生境界和非凡的人文情怀。他们不受专业和文体的限制，搜奇探史，谈文说艺，拓宽了多元的学术空间。当今的徽州，文人如山，著作如林，意味着徽州人的智力活动和精神生活依然保持向上昂扬的状态。这是徽州文化集合体传递的一种标志。

徽州这一博雅之士群体，是徽州人文环境的产儿。徽州本是历史上世家大族聚集之地。大凡名门世家背后都有文化底蕴，往往涌现出群体性的杰出学者。"学术文化与大族盛门不可分离。"（陈寅恪语）他们在有深厚文化底蕴的环境下生长，受到这种文化氛围的浸渍熏陶。他之所以醉心于学术研究，并作不懈的追求，显然是徽州的文化基因在起作用的结果。他们去掉功利，特立独行，不为世俗的种种诱惑而动心，着眼于深远关怀，孜孜不倦地追求完美的理性精神。他们业余致力于学术历练，对学问的追求甚至到了痴迷的程度。正是这些徽州的贤者，代代薪火相传，点燃徽州精神之灯塔，不断地放射智慧之光，使悠悠徽州文化得以世代传承而不致坠落，并且牢牢地守住这一精神高地。

奉读苟洞先生之大著后，受益良多。作为徽学的一名园丁，深为徽州出现如此博雅之士，写出如此非凡的著作而感到兴奋和鼓舞，不胜愉快写下以上感言，权为序。

2012 年 3 月 29 日于广州水如轩幽篁室

《黄山市徽州文化研究院研究员文集丛书》序

  黄山市徽州文化研究院作为"徽学"的发祥地徽州地区的学术研究机构，责无旁贷地承担着推进徽学研究的重任。自2002年创办以来，本着"组织、研究、转化"的建院宗旨，开展生动活泼的富有创意的工作。先后聘请国内外研究人员80余人。逐年召开年度"徽州文化学术研讨会"，并出版年度学术论文集；组织研究员开展学术研讨及徽州文化实地调研、考察策划活动，部署研究课题，确定研究方向，促进研究员之间的交流，形成研究合力。并致力于徽州文化的普及，以及徽州文化的产业化开拓。

  黄山徽学研究院还与国内外的相关研究机构建立广泛联系，或共同举办学术研讨会，或建立互访合作关系，进行学术交流。为推进徽学研究的深入发展做出了重大的贡献。

  基于徽学涵盖整个人文社会科学，乃至自然科学的一些学科，该院聘请的研究员不拘一格。其研究员中既有相应学科的海内外专家，也有当地的博雅之士（或称业余学者）。近日，研究院又决定出版《黄山市徽州文化研究院研究员文集丛书》，凡该院研究员的研究成果，经审定达到出版水平者，由该院负责出版。

  我曾在为该院出版的《徽州文化研究》写的序文中，提出关于专业人员与业余学者相互交流、彼此结合的问题。黄山徽学研究院的举措，正为此提供了很好的学术平台。

  徽州自宋以降，人文郁起，迄明清，更发展到了极致。很难找到一个地区似徽州那样展现如此丰富的中华传统文化的精粹，六县弹丸之地，见诸载籍的名人贤士，竟达5000多名，聚集着如此众多的名流贤士，似乎此地是为文化，为文人贤士而存在的。文士如林，著作如山，真堪称文献之邦啊！"文，典籍也；献，贤者也。"（马端临语）正是徽州的贤者，代代薪火相传，不断地点燃徽州精神之灯塔，使智慧之光得以长明，使悠悠徽州文化得以世代传承而不致坠落，并且牢牢地守住这一精神高地。

  当今之贤者，对传承梓里文化一如既往，依然不遗余力。他们去掉功利，特立独行，不为世俗的种种诱惑而动心，着眼于深远关怀，孜孜不倦地追求完美的理性精神。他们业余致力于学术历练，对学问的追求甚至到了痴迷的程度。他们一旦从工作岗位退下来，便全情投入，以传扬徽州文化为职志。或致力于徽学的探微钩沉，为了揭开一部古典名著暗设的玄机，不计得失，大有"一箪食，一瓢饮，居陋巷"，也不改其乐的气概。或著书立说，或四处宣讲徽州文化，甚至登上国内外学术讲坛，演绎徽州文化的精义。他们不乏精品之作，其文思深邃磅礴，意境隽永邈远，有文，有史，有思，有趣。他们具有超越专业视野的人生境界和非凡的人文情怀。他们不受专业和文体的限制，搜奇探史，谈文说艺，论经议政，拓宽了多元的学术空间。

《黄山市徽州文化研究院研究员文集丛书》的大部分作者，自幼受徽州文化的熏陶，其著作别具一格，富有特色。他们土生土长，处于历史的现场，对研究的对象具有天然的共情，容易理解对象，感悟历史。乡人研究乡土历史，只要态度坦诚、公正，其优势是显而易见的。他们又多系建国以来社会变革的参与者，对现实活生生事物的理解能力强。这些恰恰是专业作者往往缺乏的。法国年鉴学派大师马克·布罗赫，便把这种能力视为"一个历史学家最重要的才能"。因为现实是历史的延续，两者有内在的联系。在对现实感悟、理解能力的观照下，更有可能对过去的历史看得透彻。

从其著作看，他们兴致勃勃地对徽州文化探幽索微，使一些历来纠缠不清的、扑朔迷离的历史问题，得以澄清。他们往往以古为鉴，其著作充满现实感；有的直面现实，抱着关注现实社会的热忱，对当今的社会问题，敢于直抒胸臆，吐露情怀，使其作品蕴涵着鲜活的生命力。尽管有的看似粗糙，乃至在运用专业操作方法上可能有所缺失，但充满"一种元气淋漓之象"。

其选定的题目有大有小，不受学科与时空的限制。虽说题目关乎学问之大小，可影响价值之评判，但求大者未必大，似小者未必小。关键在所论的题旨，是否能牵一发而动全身。

其实，史无定法，绝难找到亘古不变的学术范式。纯粹的学术操作，是对学位学术论文的规范要求，是学术圈内薪火传承以求学术自身发展功能的要求。这种范式并非理想的学术状态。数据的罗列考量、事件的辨析疏理，是规范学术研究必不可少的。但它往往使鲜活的历史充满学究味，使广大读者兴味索然，甚至望而生厌。学术成为高台讲章，自与广大群众相隔绝。正因为如此，目前才出现将学术成果转化为通俗易懂的科普要求。学术通俗化的明星也因而应运兴起。

我在徽学研究中曾得益于这些贤者（或称博雅之士），对之素怀敬意和感激。受丛书编者之嘱，不胜愉快写下以上这些，权且为序。

2008 年 3 月 24 日写于广州海龙湾水如轩

《陈平民文集》序

　　与陈平民先生的订交是一种缘分。1979年,我前往徽州做第二次农村社会调查,先到合肥谒见赖少其先生,承赖先生垂爱,给时任徽州地委宣传部长朱泽写了一封介绍信。朱泽部长和歙县、祁门、休宁等县县委书记,对我研究徽州历史十分重视和支持。他们不仅给我的工作提供种种方便,而且要我谈研究徽州历史的初步成果。歙县为我举办了由县委书记亲自主持的有数百名干部出席的学术报告会。朱泽部长请我在屯溪影剧院有徽州地区各县副县长和宣传部长参加的机关干部大会上作关于徽州历史的讲演,时任地委宣传部理论干事的陈平民,按部长吩咐到会负责记录。我们就是在这次会上相识的。

　　20世纪90年代中后期,有三次国际徽学盛会在徽州文化的故乡举行,推进了徽州文化的定位和发展大势的形成。1994年11月在屯溪举行的"首届中国徽学国际学术讨论会"、1995年8月在屯溪举行的"第二届中国徽学国际学术讨论会"和1998年8月在绩溪举行的'98国际徽学学术讨论会,我都应邀赴会了,并且分别提交了《明清时期徽州刻书和版画》(与居蜜共同署名)、《徽州和珠江三角洲宗法制比较研究》和《儒家传统文化与徽州商人》三篇论文。当时,平民任黄山市委宣传部副部长兼市委讲师团长,是前两次国际徽学盛会的发起人和筹备组负责人之一。1994年黄山市之行距我1979年去徽州农村做社会调查,已经相隔15年,阔别多年,故地重游,老友新朋相聚,十分高兴。

　　和平民结下忘年交的情谊,应该说始于2001年12月下旬。时任黄山市社科联主席的平民亲来我入住的安徽大学宾馆的寓所,邀请我往访黄山。24日,我们乘坐公交车前往屯溪。他向我倾谈首次同我相识的情景。他说我当年在会上讲的一些史事,于今看来并不陌生,可是当年负责记录的他竟无法着笔,"程灵洗"之名即一例。途中午餐是他排队买的盒饭。他唯恐我吃不好而显出的忐忑不安,反而使我不知所措。他的率直、厚道和诚恳给我留下深刻印象。为邀请我这次学术访问,黄山市社科联特意举办了"二十一世纪徽文化研究与展望座谈会",请我作讲演,我讲了徽州有三次发展机遇,一是宋代,二是明代,三是现在。这次,我与中国社科院副院长朱佳木先生同被黄山市社科联和《徽州社会科学》杂志聘为学术顾问。尔后,我每次到黄山,都得到他周到的接待。彼此接触、倾谈的机会就很多了。他待人处事,恭然谦让、从容淡定,显出儒雅内敛的风姿。

当忆起与平民的相识,每每引发我对改革开放时代初期,徽州人对其故乡历史研究的异乎寻常的关注和别样情怀的种种美好的回忆:从地区、县的领导,到当地的博雅之士,乃至村民,对我的田野调查工作都给予热情的支持和帮助。此情此景,历历在目。浓重的谢意的情感,萦绕胸臆,久久不能排解。今天看来,他们当时对我当年实地调查研究所表现出来的热情,也是一种出自对发覆其家乡历史文化的支持,也是徽州人具有文化先觉性的流露;在他们的潜意识中已经感到经历十年"文化大革命",必将迎来对故乡历史、对传统文化的眷顾。

从平民追寻其梦想的历程中,也很能说明这一点。1976年他大学毕业后,放弃了留校任教的机会,毅然回到家乡徽州地区工作。先是在宣传部,继而在讲师团、报社、社科联任要职。平生做的都是与文化有关的领导工作,而且专注敬业,竭诚奉献。对徽学研究,不仅在行政工作上极力推动,而且亲自参与,全情投入,做出了贡献。应当说,他是黄山市研究徽州文化早期倡导者和践行者之一。是他,曾经积极向徽州地委的领导建言成立机构,网络人才,制订规划,加强对徽学的研究;也是他,曾经作为筹备组负责人之一负责筹备召开了首届国际徽学学术研讨会、第二届国际徽学学术研讨会、国际朱子学讨论会和2004年国际徽学学术研讨会。他与国内外的徽学研究专家建立了密切联系和深厚友谊。

我想,他之所以始终如一地从事与徽学有关的工作,并以此为职志,显然是受着徽州文化传承基因的潜在机制所驱使,是一种对徽州文化不可割舍的眷恋之情。

平民对徽学研究,在某些方面,做出了开拓性的贡献。20世纪70年代末和80年代初,当"徽州文化""徽学"概念还没有提出的时候,他就已经着意对徽州历史和经济文化的研究。他以徽州清代杰出理财家王茂荫为研究对象,广泛搜集资料,潜心研究。先是撰写《王茂荫的货币观点和他的遭遇》一文发表于《江淮论坛》1981年第1期;继而围绕着"王茂荫研究",在《厦门大学学报》《天津社会科学》和《安徽师范大学学报》等学刊发表了一系列的论文,计达20余万字。他为国内改革开放以后研究王茂荫启开先河,并取得丰硕成果。他在徽州文化的其他领域也有研究成果问世。

平民先生在为人上，廉洁奉公，谦让坦诚，奖掖提携后辈；在为学上，一选定目标，便咬住青山不动摇，不断探索，不断深化。其为人为学，都值得称许。

《陈平民文集》即将付梓，问序于我，有感于多年情谊，勉力写下一些感言，权为序。

2013 年清明于广州幽篁室

以才艺传世，亦不枉此生
——《胡云文集》序

中峰和尚在《勉学赋》中说道："古人学才学艺，而极于达道；今人负学道之名，反流于才艺……今之学者，惟以本具之说相牵，而不思真参实学之究竟。"此言颇有以弃大道而就小艺者为不屑之意。然而古往今来，常有不以文显，而以才艺传世者。

1979 年我执教于中山大学历史系，学校批准我自 5 月 7 日至 7 月 24 日离校作关于徽州历史问题的资料搜集和田野考察。这是继 1965 年之后又一次踏上徽州这一令我魂牵梦绕的神奇的土地。徽州山川清淑，钟灵毓秀，衣冠文物，胜迹无算。关于徽州文献记载的疑团，必须到当地体验方能更好地理解和感悟。我在实地考察中，得到徽州诸多博雅之士的指导和帮助。胡云兄便是突出的一个。据日记记载，我 6 月 18 日入徽州地委招待所西楼 305 房寓宿。当天便有缘与胡云兄结识。倾盖如故，他的热诚令我感到温暖而无所拘束。我从合肥来屯溪前晚不慎摔伤了腿，靠拐杖行走，所以与胡云兄做多次倾谈请教，便安排在所住的招待所内。此时他正在徽州方志办副主任任内，请教他关于当地的历史掌故是最合适不过了。他侃侃道来，所谈远出我所问，得益甚丰。他还特别介绍了绩溪上庄村的历史变迁和胡适一家的历史。7 月 17 日，我专访上庄村，胡云兄回村接待，陪同参观徽墨世家胡开文祖屋和胡适故居。我有幸拜会了他的令尊福同先生。福同老世伯对我这后辈、后学爱护奖掖有加，赠我珍贵的历史资料，还于当晚设家宴款待，并即席吟诗以赠。诗云："赤日炎炎似火烧，踏遍千山万座桥，叶公不辞酷暑苦，历史无情看今朝。我不能诗仍学吟，东施每效西施颦，贵客临门吟一首，西施莫笑东施醜。"老世伯竟自谦乃尔！

胡云兄，乃徽墨世家胡开文长房八世长孙，家学渊源深厚。他幼承庭训，雅好书法，从稚龄直至耄耋，一生手不释笔，勤学不辍。一边遍习古代诸大家，一边从遍布徽州各地的碑林石刻、楹联匾额中汲取养分。"凡操千曲而后晓声，观千剑而后识器。"胡云兄于书法一道，天分、悟性、勤奋三者齐备，既能博采众长，又能结合自己的特点古为今用，一生获奖无数，硕果累累。其书法作品被社会各界广泛收藏，颇得方家的肯定和赞誉。他的隶书高古但绝不呆板，草书放逸而不失法度，前者清奇雅致、刚柔相济；后者枯润得当、云烟满纸，皆各得其妙。

我与徽州结缘半世，深感徽州文化底蕴之深厚。尤其是明清两朝，文风鼎盛，有"东南邹鲁"之称。徽州籍的状元、进士层出不穷；新安理学、新安画派，引领风潮。在书画、篆刻等艺术领域，成绩斐然、蔚为大观。新安画派得徽州山水之灵气，师法自然、气韵高古、清远超逸、境界开阔。徽派篆刻也在明清时期发展至顶峰，开宗立派、影响深远。

胡云兄得徽州整体文化氛围之熏陶，一生勤奋好学，以学报国，国学根底深厚。他气度高远，学识广博，兴趣广泛，多才多艺。晚年以书法扬名，掩盖了他多方面的成就。然而，不以文显而以才艺传世，亦不枉此生矣！

与胡云兄订交近四十年，虽彼此相隔千里，但时兴云树之思，或鱼雁传书，或电话问讯寒暄。一有机缘，便往访聚叙。我们道古说今，畅叙幽情，抵掌以谈，尤其观赏他执掌那如椽大笔挥书楹联时，最令我入迷。2015年冬，我们最后一次在他府上相聚时，他还同我约定了重见的时机。此情此景犹历历眼前，岂料胡云兄竟倏间驾鹤西去！这一噩耗，双方家人和朋友迟迟不肯给我透露，唯恐经受不起幽冥永隔的忧伤。他仙逝一年多了，音容宛在，无法抹去。每当兴念，唯仰视其线条流逸飘脱的书法而嗟悼。我已耄耋之年，早已宣称不再为朋友写序跋之文，但这次破例应胡云哲嗣善风世兄之约，为《胡云文集》写下数言，权充为序，以为之祈祷，以寄托哀思。

2017年10月28日于广州幽篁室

胡成业编著《绩溪牛片羽》序

山川的灵秀之气,潜移默化于人的灵魂,人则以其领悟力,感知大自然,表达大自然的灵蕴。人文精神、人文景观,因之而创建。人因地而杰出,地因人而富有传奇,且历尽沧桑而富丽。王勃的"人杰地灵"(《滕王阁序》)正是人地关系的完美诠译。

徽州有黄山、白岳的钟灵毓秀,是传说中神灵之所在;有新安江的婉约秀美,且以浩瀚的东海为其归宿地。青山绿水与徽人之间,互通灵犀,终于英才辈出,且灿若繁星。经过漫长的历史,不断积淀,于明清酿成辉煌的徽州文化。

人杰地灵,正是徽州的真实写照。

明清时期的徽州,将中国古典的文化底蕴和当代的新潮,完美地融为一体。其体现的中华传统文化的人文景观、人文精神,是难以伦比的。中华文化犹如长江、黄河,是由海纳各地的优秀文化而形成的。徽州文化不仅领中华文化主流的风骚,而且不断通过徽商吸纳各地文化而丰富自身,使之成为中华优秀文化传承的典型。徽州,可以说是优秀的中华传统文化的窗口,是优秀中华传统文化追梦者的精神栖息地。

中华优秀文化在那里都有缩影。凡到过徽州的人,处处都可感受到徽州文化深邃的内涵。从所谓"古建三绝"(明代石坊、祠堂、宅第),到民居的院落、门堂、室饰、古井、古街、小桥、古道,乃至室内陈列的古字画、古家具、古器皿,都折射亮丽的优秀传统文化的光彩。徽州作为中华优秀传统文化浓缩的载体,她实在太博大、太精深、太璀璨,需要我们观摩、领略、解读、研究的也实在太多。

因此,从一个村落,从一个府第,从一个古邑,从一个人物或一个掌故,进行研读,确实不失为一个好方法。绩溪徽州学研究会会长胡成业先生编著的《绩溪牛片羽》一书,为这种研究方法提供了初步的研究成果和可资参考的资料。

绩溪是历史上徽州六县之一。本书内容仅限于绩溪县境内的景观文物和徽人的业绩。或记人,或叙事,或记述民俗风情,或解读地面文物和古籍文献,或对徽商个案作求索。如古村落中有历史特色的"进士村"龙川坑口、

"府第村"古铺冯村、"贾儒村"大村仁里、"适之村"名镇上庄、"举人村"龙井宅坦等,都一一作了记述。对绩溪古邑的历史及名人贤士作了介绍和评述。还探讨了徽商的代表人物和业绩。最后,作者对徽菜和旅游问题,既作历史的追述,又回应现实的需要,从古今结合角度提出建言。本书除收入少量几篇他人的著作外,皆是作者多年在学术上求索的成果。作者在本书中,不仅对乡土历史作探幽索微,而且以古为鉴,投入充满现实感的情怀。我觉得业余作者的长项是,对现实活生生事物的理解能力强。这恰恰是专业作者往往所缺乏的。法国年鉴学派大师马克·布罗赫便把这种能力视为"一个历史学家最重要的才能"。因为现实是历史的延续,两者有内在的联系。在对现实感悟、理解能力的观照下,才有可能对过去的历史看得透沏。

作者乃绩溪本地人,又长期在本地工作。对当地的历史掌故,不仅耳熟能详,而且对有关该县的历史文献,也究心研读。为酷爱乡梓情感所驱使,多年来业余从事乡土历史的研究。退休以后,对这一工作更是不遗余力。早在20世纪70年代,我到绩溪作实地调查研究时,便与他相识,并得到他的帮助。对他一直怀有感激之情。

近日,胡成业先生大著《绩溪牛片羽》脱稿,即将出版。要我写点文字置于卷首。遵嘱写下以上这些,是为序。

2004年12月25日于广州洛溪海龙湾水如轩幽篁室

洪振秋《徽州掌故》序

关于"历史掌故"的知识,历来为历史研究者所重视。记得1965年我到徽州做田野考察,临行前业师梁方仲先生谆谆叮嘱:要向长于地方掌故的老先生请教。遵师之嘱,我曾先后向黟县的程梦余和祁门的胡樵璧等老先生请教徽州历史掌故方面的知识。1979年,我向谢国桢先生请教有关徽州文献问题,谢先生也要我阅读徽州地方掌故《休宁碎事》等书。目下书肆上掌故之书也甚为流行。大有形成掌故学之趋。其实,注重历史掌故是有其道理的。在这简短的一个掌故中往往承载着隐秘,甚至可以演绎出历史的大故事。诚如西方学人诺法利斯(Novalis)所说的:"历史是一个大掌故。"梅里美(Mérimée)也曾说:"我只喜爱历史里的掌故。"伏尔泰就曾剪裁掌故而写成富有艺术趣味的史书。所以,当我奉读洪振秋先生的《徽州掌故》书稿时,怀有特殊的情感,兴趣盎然,并且乐意遵作者之雅嘱,写下我读《徽州掌故》一书的感言。

徽州,虽是区区六县地域,由于山川清淑,钟灵毓秀,衣冠文物,胜迹无算。由此而产生的历史掌故,浩如烟海。又中经加工演绎,有的奇乎又奇,有的扑朔迷离,妙趣横生。更有的借助于名人、名著、名画,而黏附于林林总总的历史文献之中,深藏不露。这就为历史掌故的搜集和研究者,提供了广阔的天地和丰富的资源。

本书的作者洪振秋先生,就是一位为徽州历史掌故的发掘、整理、考订付出了功力,并且取得可喜成绩的一位业余学者。

古来就有文史互通,史蕴诗心,六经皆史的说法。历史作为一门学科独立出来,是清末出现的。① 历史与文学,虽不尽同而可相通。洪先生本是生物学专业出身,由于深厚的国学根底和家学渊源,他在人文学科之间,却能游刃自如,行文富有文学的趣味。他的《徽州掌故》可以当一部散文集,也可当普及历史知识书看。我们知道,除少量的专业学者,可以集中时间研

---

① "历史"一词,是近百年出现的。据顾颉刚说,可能是从司马迁的"文史星历,近乎卜祝之间"演化来的。清末,江楚书局出版了1部无名氏的著作《历代史略》,叙述从唐虞三代至明末史事。应是历史教科书的鼻祖。"历史"二字是《历代史略》简化而来的。

读一部书外，广大读者忙于分内的工作，是没有这个幸运的。但他们却可以忙里偷闲，以小憩一盏茶的时间，读完一篇历史掌故的文章。我觉得历史掌故的书，不失为使历史与广大读者贴近、普及历史知识之一途。这对人们从历史中得到启迪，得到灵感，以寻找人生之理想、人生之梦，是有助益的。

  作者从明清文人的笔记、小说、传说，以及人文遗迹中，将有关徽州人和事的片断史料，加以爬梳、整理，使之构成史事，并对之做出解释。这无疑可增益人们对徽州史事和人文精神的了解。对于一些有争议的史事，作者不惜劳苦，亲临实地考察、采访，而后提出自己的解说。从徽州的风物趣闻，到徽州书画大家的奇闻轶事，都一一道来，侃侃而谈，饶有风趣。

  徽州掌故的内容充实正确，为史家发掘了不少隐秘而缺漏的地方性数据。而其文笔秀雅，询之文学家友人，每加称许。本人得以先睹，既可增益吾之史学，复能赏心聘怀，二乐也。为之序。

2014 年元月 29 日于广州海龙湾水如轩幽篁室

吴宪鸿《故园风》小说集序

2007年春，我到歙县参观徽州古建筑群时，吴宪鸿先生充当我的向导。在他给我解说古徽州建筑过程中，深为他在这方面的识见所折服。他待人谦恭热情的性格，又为我所喜爱。不料偶然的邂逅，竟结下了友谊之缘。他先是给我寄有关徽州古建筑方面研究的文稿，继而寄他创作的短篇小说稿，有时又互通电话，于是日渐熟悉，成为朋友。今年五月，黄山市徽州文化研究院召开年度学术研讨会，我们又幸得相聚。他给我一部他的小说集《故园风》文稿，并征序于我。据他说，他创作的主旨是将徽州的传统文化融入他的小说中，力求直观地形象地体现出古徽州的非物质文化遗产。这一想法正副我意，闻之令我惊喜。

我认为只要忠于现实的小说、戏剧，虽然不是个性的真实，却具有通性的真实。充满现实主义的文艺作品，是传播历史知识的传统途径。用小说来宣传徽州历史文化，无疑是普及、弘扬徽州文化的一个重要手段。从目下的情况看，徽学的研究著作源源推出，但反映徽州历史文化的小说、剧本，却犹如凤毛麟角，难得一见。宪鸿先生从这方面去尝试，去努力，也许能引起良性效应，以徽州历史文化为题材创作的一批批剧本、小说破土而出，蔚成文艺作品生机勃发的局面。这正是我们所期待所企盼的。

历史学可分为叙述史学和诠释史学。前者是用叙述史事的方法，寓褒贬于其中来再现历史。后者则着重于对史事提出问题，进行条分缕析，诠释出历史的真谛。对于徽州历史文化来说，如果说前者是描其形，那么后者是探其神。探索徽州历史文化，除学术研究之外，在我看来，忠于历史现实的小说，既可收历史通例真实的一面，又可呈现历史真实之神韵。历史学先辈张荫麟曾指出，"小说与历史之所以同者，表现为有感情、有生命、有神采的境界。好的小说有史诗性品格。"

这就是为什么历史学家重视研读《金瓶梅》《三言二拍》和《红楼梦》等古典小说，从中理解明清社会现实的理由了。

以徽州历史文化为题材创作的文艺作品，和徽州历史文化的学术研究，同样可收推进徽学研究，弘扬徽州文化之效。作为一个历史从业人员，是不应破门而出，对文学作品轻加品评的。基于徽学研究和反映徽州历史文化的小说，在推进、弘扬徽州文化的层面上有会通之处，所以乐意遵宪鸿先生之嘱，写下以上一些感言。

末了顺带指出的是，对于徽州历史文化，如同宪鸿般众多的本土贤者，不仅是其正宗的传承者，而且承担着弘扬之责。这里所谓的传承，当然是指徽州文化原典精神的激荡，并做解构的创新，而不是回归老路。我曾将徽州本土的贤者称之为"博雅之士"，"博雅"的含义是学识渊博，气质儒雅。从他们身上映射出的文化名门世家的文化底蕴，也隐喻此地是历史上世家大族聚集之地。

2011年8月6日于广州海龙湾水如轩幽篁室

周维平著《胡雪岩与胡适家世家乡》序

首次与绩溪县宅坦村村长周维平先生相见,是在一次国际徽学研讨会上。一个最基层的干部,竟然登上学术的堂奥,与专业学者对话,颇感愕然。当看到他的著作和简历后,更为他自学成材,对学术孜孜追求并取得成果而感到惊讶。后来,慢慢思索,又觉得这恰恰是徽州人文环境的产物。

徽州本是历史上世家大族聚集之地。大凡文化名门世家背后都有文化底蕴。诚如国学大师陈寅恪先生所说:"学术文化与大族盛门不可分离。"我没有考证过周先生的先世,但他在徽州有深厚文化底蕴的环境下生长,受到这种文化氛围的浸渍熏陶却是不争的事实。他之所以醉心于乡土学术,并作不懈的追求,显然是徽州的文化基因在起作用和为酷爱桑梓情感所驱使的结果。

胡雪岩和胡适是近代中国商界和学术界的巨擘,中国商业史和学术史上的两大丰碑。这两位名人的家世和家乡,是人们所感兴趣的。关于胡雪岩、胡适家世家乡的有关问题,诸如:公务私谊,家国琐事,以及乡情风习,文物胜迹,胡雪岩籍贯的争议,等等,作者从他俩的家世家乡的角度着眼,对其相关的公私档案、胡氏谱牒、方志传记、近人著述,乃至口述传闻、亲友乡人的回忆,都作了广泛的搜求,并发挥自身熟悉本乡土的优势作了探讨。作者作为同乡晚辈,由于土生土长,耳濡目染,对乡先贤胡雪岩、胡适家世家乡有关问题的探讨,自然较之于那些单靠文本研究者更容易贴近史实。乡人写乡土历史,看来是一长项。在厚积文化底蕴,本乡本土有治学传统的徽州,尤其如此。读了本书,更使我深切地体会到这一点。

从本书看到,有学者根据官方文书、文人的记述,便对胡雪岩籍贯绩溪县提出质疑,经过一番论证后,终于作了否定。从学理推论的角度着眼,似可谓持之有据,言之成理;但是,却忽视了文本与史实(这两者历来是有距离的)。正因为如此,才出现训诂、辨伪、考据的学问。所有用文字写下的东西即所谓"文本",在形成过程中有诸多的环节。它受到主观好恶的局限、时代思潮的影响、价值取向的支配。我们在解读文本过程中,除同样受以上三方面的影响外,还受到一个人视野的宽狭、审视的角度以及思维方法的局限。本书提到的胡雪岩和胡适先人先后或同时编纂的《胡氏族谱》，前后矛盾，互相抵牾，也是源自于此。所以，有识见的史家，固然倚重文本，因为它是借以分析立论的依据；但是也注重文本背后的作者其人，文本的可靠度与他密切相关。据官书文人记载，而作出胡雪岩非绩溪人的结论，正是过分相信文本的缘故。走笔至此，忽然想起对明代惊天地、泣鬼神的人物——徽州人汪直的评价，他之所以迟迟不能脱掉"倭寇"的恶名，亦与文本的解读有关。留下的关于汪直的文献记载，是国家的话语权的表达，是国家和权力支配者当时写下的历史。汪直和与他同一地位的平民一方，缺少话语权，即使是汪直的上奏书，也是胡宗宪根据当时的形势无奈地强加于他的，都非如实反映汪直和胡宗宪的本意。官方与政治精英对汪直的结论，犹如对没有发言权的政治犯所下的判词。我们怎么能据此做出对汪直的评论呢？因此，我深感到正因为历史问题的扑朔迷离而产生的魅力，才引发我们世世代代永无休止的探索。

作者在本书中，大量地引述前人的记载和见解。不轻加论断，不随便发挥。有时只作资料的排比，让史料说话。凡遇到作者熟悉而有把握的，则娓娓道来，说出我们想知道而非得其详的史实。关于胡雪岩、胡适家乡民俗风习部分，即一例。诸如"越主"等乡村祭仪、五猖庙会等乡村迎神赛会的论述，就为历史人类学者提供进一步研究的资料。胡雪岩后裔对先祖籍贯的谈话、通信，乡人对胡适的回忆等珍贵资料，必为胡雪岩、胡适的研究者所欢迎。胡氏族谱编纂过程中的纷争和诸谱间的相互抵牾，也是研究宗族制的极好的史料。还值得注意的是，徽州的方志上缺乏"墟市"的记载，一直为此纳闷。读到本书关于上庄村内墟市的叙述，茅塞顿开。总之，本书难免有粗糙缺失之处，但却体现出乡人写乡土历史的一种"元气淋漓之象"。

此书的正式出版，意味着历史学是社会的公器，并非历史专业人员的专利。诚然，专业化是学术发展所必需的。在中国，学术的专业化是近代发生的事。乡人写乡土历史，只要态度坦诚，其优势是显而易见的。在此之前写在纸上的书、契约、档案，刻在甲骨、竹简、石头上的文字，姑且称之为所谓"文本"，都是一些通文墨而水平不一的所谓文人学士们写下的。其中有所缺失，古今皆同，概莫能外。正因为如此，对留下的文本和当今出版的文本，不仅需要解读，以辨析其真伪，而且需要解读文本背后的人，以判断其识见之高下、有否暗藏玄机。文人人品与为文风格、褒贬相连。古来文献并称，理由也在此。马端临说："文，典籍也；献，贤者也。"献，这里是指人物。有感于有人满足于据文本立论而写下这一段话，以求教于读者、方家。

  2005 年元月 30 日写于广州洛溪海龙湾水如轩 3 梯 302

后 记

我与徽州的结缘久矣！1962年，我在武汉大学历史系本科一毕业，便投到中山大学梁方仲先生门下攻读研究生。这期间就选定徽州社会经济史作为毕业论文题目。1965年，我首次踏入徽州这片神奇的土地，这里的山水、风情、民俗，以及感受到的文化底蕴令我着迷。因此，我与徽州结下了不解之缘，已经记不住多少次踏上这片令我魂牵梦萦的热土。随着我对徽州人文精神和文化底蕴认识的深化，更深切体会到，徽州是明山秀水和人类智慧的完美结合，是一个具有悠久历史文化的载体，是一部承载着绚丽多彩的历史。随着研究的进展，我惊奇地发现徽州的历史文化博大精深，丰富多彩，是一座值得开采的学术富矿。

我对徽州的研究，虽因故而时断时续，但仍然坚持不懈。"文化大革命"过后刚恢复学术研究，我就于1978年开始发表关于徽州历史的论文，迄至今年6月18日，在"首届徽学大会"（合肥）上作题为《新时代与徽学研究琐议》（此稿已在《安徽日报》等媒体发表）的主旨报告为止，就徽州历史文化发表文章跨度长达40多年。如果从我涉足徽州研究算起，则已超过半个多世纪了。

1983年出版的拙作《明清徽州农村社会与佃仆制》一书，囊括了我自20世纪60年代初至80年代初近20年断断续续地就徽州历史文化作思考之所得。因先后承担国家社科重点项目"明清广东社会经济研究"和"近代华南农村研究"，我也曾致力于以珠三角为重点的研究。原先构想还要将两地做比较研究。但岁月不饶人，力不从心，只做了一部分便停顿了。其成果已收入《徽州与粤海论稿》（安徽大学出版社2004年版）一书。

徽学研究，发端于20世纪初。80年代，以"徽学"一名而勃然兴起；90年代走向世界；如今已经成为与敦煌学、藏学并称的三大显学之一。一门新兴的学科，如此快速蓬勃发展，的确令人兴奋。本应继续为徽学加砖添瓦，竭尽绵薄，但是"白发催年老，青阳逼岁除"。在岁月的催逼下，力不从心了。兹将关于徽州历史文化的单篇文稿，以及应邀做的学术报告稿、访谈录等，结集成书。顾其内容杂驳，却皆属徽学范围，故名之曰《徽学研究文存》，姑且视之为徽学家园中留下的雪泥鸿爪可也。

后 记

在学术理念和研究方法推陈出新,学术成果迭出,研究进展日新月异的今天,历时40余年的文稿,自有一些观点和研究途径,已显陈旧,甚至不合时宜。但为了保留原状,以便从中看出学术与时代相连,每每带有时代的烙印。因此,文稿一仍其旧,不作改动。

末了,需要特别提到的是中山大学对我的培养。我的学术生涯是从中山大学起步的。我最具进取心又精力充沛的青壮年时期,也是在中山大学度过的。中山大学对我精心培养呵护,奖掖有加。1979年,为了促使我早日完成《明清徽州农村社会和佃仆制》一书,校领导批准自5月7日至7月24日离校作关于徽州历史问题的资料搜集和田野考察,并提供经费。1980年,校领导特批从8月1日至12月5日共4个多月的假期,并拨专款供我前往北京、武汉、芜湖、上海等地搜集资料。我心中一直感念中山大学对我的恩德。也为我因受到一时的打击,便不顾黄焕秋老校长等的勤慰挽留而决然离开中山大学之举,深感内疚和自责。这也是我刻意将我的文稿回归中山大学出版的缘由了。

2019年7月16日于广州水如轩幽篁室